Real-World Cryptography

리얼월드 암호학

데이비드 웡 지음 / 임지순 옮김

Jpub
제이펍

차 례

PART I   프리미티브: 암호학의 재료

CHAPTER 1   시작하며 3

CHAPTER 2   해시 함수 27

PART II 프로토콜: 암호학의 레시피

옮긴이 머리말 ─────────────────────

2021년 시작된 이 책의 번역 작업은 2022년에 들어서야 마무리할 수 있었고, 그 짧은 시간 안에도 세상은 무척 빠르게 변했습니다.

불과 2020년만 해도 소수의 입에서만 오르내리던 NFT, 메타버스와 같은 테마가 모든 업계의 주목을 받고 있고, 블록체인과 그 애플리케이션의 개발과 활용에 대한 열기도 무척 뜨겁습니다.

블록체인을 이루는, 그리고 웹을 이루는 근간이라고 할 수 있는 암호학 자체도 이전에 비해 많은 조명을 받고 있습니다. 하지만 블록체인에 뛰어들기 위해 기존의 암호학 자료를 참고하는 데에는 한계가 있습니다. 시중에 있는 대부분의 블록체인 관련 기술서는 특정 암호화폐나 블록체인의 아키텍처에 집중하거나, 탈중앙 애플리케이션Dapp을 개발하기 위한 스마트 컨트랙트 개발을 다루는 경우가 대다수입니다. 그렇다고 암호학 책을 찾아보면 지나치게 이론 지향적이고, 현대의 암호학 트렌드(영지식 증명, TEE, 동형 암호, 다자 간 계산 등)는 전혀 다루지 않곤 합니다. '크립토'라고 하면 '크립토그래피(암호학)'보다는 '크립토커런시(암호화폐)'를 먼저 떠올리게 되는 인식의 변화 속에서, 그 모든 것을 가능하게 하는 암호학을 공부하고 싶은 사람들을 위한 책이 바로 이 책입니다.

보안이란 결국 '지키는 것'이며, '지키는 것'을 통해 소유의 경계는 명확해집니다. 보안 기술은 디지털 세상에서의 소유를 다루기 위한 필수적인 기술이며, 디지털 세상의 확장과 함께 그 중요성도 확대될 것입니다. 이 책이 독자 여러분의 여정 속에 큰 도움이 되는 가이드로 자리잡기를 희망합니다.

임지순

Attack at Dawn! 십수 년 전 대칭 키 암호를 배울 때 접했던 평문이다. 전쟁 지령 등 특별한 상황에서나 사용되던 암호가, 디지털이 일반화된 현대에서는 없어서는 안 될 기술이 되었다. 없어서는 안 될 기술 정도가 아니라, 사용되고 있는지도 모르고 동작하는 기술이 되었다. 게다가 암호를 사용해서 투자를 하는 세상이기도 하다. 암호학은 현재 소프트웨어 기술에서 필수적인 요소가 되었다. 이 책은 암호학을 이해하고 개발에 활용하기 위한 기본적인 내용을 신기할 정도로 탄탄하게 설명한다. 특히 2장 해시 함수, 8장 무작위성과 비밀, 9장 보안 전송은 암호학뿐 아니라 소프트웨어 개발에 필요한 중요한 기술이다. 개인적으로는 14장 양자 컴퓨터 시대의 암호학과 15장 차세대 암호학(동형 암호화)은 매우 관심이 많은 주제라 좋은 책을 미리 볼 수 있게 된 것이 큰 행운이었다. 책 서문에 쓰여 있듯 다양한 독자의 지적 호기심을 채워줄 수 있는 좋은 책이라고 생각한다. 좋은 책을 집필한 데이비드 웡 작가와 옮긴이 임지순 님에게 감사의 마음을 전하며, 이 책을 길잡이로 암호학에 들어선 독자 여러분에게 무한한 응원을 보낸다.

조규남, LG유플러스 AI/Data 엔지니어링 담당 전문위원

실무에서 필요한 암호학을 빠르게 습득하기 위한 입문서가 드디어 세상에 나왔다. 대학원 시절 네트워크, 블록체인 등과 연결된 다양한 암호학 개념을 습득하기 위해 정말 고생했던 기억이 있다. 다른 분야와 달리 양질의 도서가 많지 않았고, 이 책에서도 언급하듯 응용 암호학보다는 오래전에 쓰인 고전 암호학 중심 도서만 존재했다. 《리얼월드 암호학》은 이러한 가려운 부분을 잘 긁어주는 서적이다. 기본적인 대칭/비대칭 암호화 알고리즘부터 SSL/TLS, ZKP까지 현대 암호학 및 응용에 대해 알차게 다룬다. 해당 책을 교두보로 삼아 관심 있는 알고리즘 위주로 논문, 구현 코드 등을 살펴본다면 실무에서 큰 도움을 받을 수 있으리라 생각한다.

이재승, 라인 소프트웨어 엔지니어

학부생 때 이 책이 있었다면, 암호학이 어렵고 지루한 분야라는 생각은 하지 않았을지도 모른다. 졸업 후 블록체인 업계에서 일하면서 암호학에 대한 전반적인 이해를 지속적으로 요구받았다. 블록체인은 특히 기술적으로 봤을 때 데이터 저장 방식, 계정, P2P 통신 등 거의 모든 부분에서 암호학이 근간이 되어 돌아가는 하나의 시스템이다. 이 책은 암호학에 조예가 없는 나 같은 사람도 소설 읽듯이 편안하게 읽을 수 있었으며, 암호학 이론뿐 아니라 실제 프로덕션 레벨에서 암호학이 어떻게 사용되는지 전체적인 시야를 갖출 수 있게 해주었다. 컴퓨터 잘하는 선배에게 물어보듯이, 암호학이 이따금 어려워질 때 두고두고 꺼내 읽을 책이다.

장형규, 클레이튼 블록체인 코어 개발자

워렌 버핏은 수영장에 가득 찼던 물이 빠지면 누가 발가벗고 수영하고 있었는지 알 수 있다고 말했다. 금리가 올라가고 풀려 있던 유동성이 회수되면서 블록체인, 코인, NFT의 바람을 타고 실체 없이 우후죽순 생겨났던 부실 기업들은 하나둘 역사의 뒤안길로 사라져가고 있다. 《리얼월드 암호학》은 이런 시점에서 내실을 다질 수 있는 몇 안 되는 소중한 책이다. 기초적인 해시 함수부터 시작해 최근 각광받는 영지식 증명ZKP에 이르기까지 블록체인의 근간을 이루는 핵심 기술의 구체적인 개념들을 친절하게 설명해준다. 또 한 번의 Web 3.0의 봄을 위한 든든한 뿌리와 같은 서적이다. 물이 들어올 때 노를 저을 수 있는 사람은 썰물일 때에도 착실하게 노를 준비해온 사람이다. 이 책과 함께 탄탄한 내실을 다져 만조(滿潮)를 대비해보자.

맹윤호, 이화여자대학교 신산업융합대학 겸임교수, 전 IBM Data & AI Engineer

김미희(이글루코퍼레이션)

양자 암호, 메타버스, 블록체인 등 4차산업혁명의 발전을 위해서는 필수불가결하게 암호를 통한 보안 강화가 필요합니다. 암호학은 중요성에 비해 원리를 이해하기 어려워 깊게 파고들기가 쉽지 않습니다. 이 책에서는 암호학 패러다임에 맞춰 기본적인 암호학의 원리부터 SSL/TLS, 암호화폐, 양자 내성 암호, 차세대 암호학으로 이어지는 암호의 청사진을 다루므로, 보다 쉽게 암호학에 접근하여 다양한 IT에 활용할 수 있으리라 기대해봅니다. 번역서 특유의 문장 느낌이 있기는 했으나 기술적인 오류가 없고 잘 번역되어 있어 읽는 데 크게 불편함을 느끼지 못했습니다.

 신진규(페이하다)

AES, ECC 등 현재 주류인 암호 기술부터 동형 암호, 양자 암호 같은 최신 암호 기술까지 망라되어 있습니다. 다소 어려울 수 있지만 현대 암호 기술을 이해하는 데 큰 도움이 되리라 생각합니다. 초반은 쉬운 책처럼 시작하지만 뒤로 갈수록 난도가 많이 올라가네요. 수식이 꽤 많이 나옵니다.

윤모린(응용 개발자)

암호학을 다루는 개념서이자 실용서라 생각합니다. 암호학에 관심이 있는 분부터 전문가분까지 흥미롭게 읽을 수 있을 듯합니다. 개인적으로는 암호화폐의 원리를 설명하는 12장이 가장 흥미로웠습니다.

이용진(SAP Labs Korea)

mTLS, TLS/SSL, RSA 등과 같이 개발을 하면서 사용했던 암호화에 대해 잘 설명해줍니다. 암호화가 어떻게 시작되었고 어떤 알고리즘이 있는지 A부터 Z까지 자세히 설명해줘서 너무 좋았습니다. 암호화를 궁금해하는 분들은 읽어볼 만합니다. 다만 전반적으로 내용의 깊이가 있기에 초보자들보다는 암호화에 대해 어느 정도 이해하는 사람들에게 더 도움이 될 것 같습니다. 수학적인 내용과 알고리즘 내용을 중심으로 설명하고 있어서 암호학을 모르는 사람들은 이해하기 어려울 것 같습니다. 입문용이 아니라 심화 과정이므로 암호학에 대해서 정리하고 싶은 사람들에게 잘 맞는 내용인 것 같습니다. 알고리즘에 대한 상세한 이야기를 덜어내 입문자용 책을 만들어도 좋을 것 같습니다.

이재열(프리랜서)

암호학에 입문하고자 하는 사람들에게 더할 나위 없이 좋은 책입니다. 암호학을 공부하기 위해서 코세라도 찾아보고, 관련 학교 수업도 들어보긴 했습니다만, 국내 도서 중에 암호학에 입문하기 좋은 교재가 어디 있냐고 물으면 이 책을 추천하게 되지 않을까 싶을 정도로 내용이 탄탄하면서도 폭넓게 잘 다루고 있다고 생각합니다. 개발 보안에 관심 있는 소프트웨어 엔지니어나 암호학을 비롯해 보안 분야 전반에 관심 있는 분들에게 무조건 이 책을 추천하고 싶습니다! 너무 만족스럽습니다!

제이펍은 책에 대한 애정과 기술에 대한 열정이 뜨거운 베타리더의 도움으로
출간되는 모든 IT 전문서에 사전 검증을 시행하고 있습니다.

이 책을 집어 들면서 독자 여러분은 이런 질문을 할 수도 있다. 왜 암호화 책이 또 나온 걸까? 아니면 이렇게 생각할 수도 있다. 이 책을 꼭 읽어야 하나? 이에 답하려면 모든 것이 언제 시작되었는지 이야기해야 한다.

수년간의 집필

오늘날 우리는 구글, 빙, 바이두 등에서 거의 모든 것에 대한 지식을 얻을 수 있다. 그러나 암호학에 관해서는 검색을 통해 얻을 수 있는 자료가 굉장히 부족하다. 필자는 오래전부터 이를 겪어왔으며 그 결핍이 주는 좌절감을 잘 이해하고 있다.

학창 시절에 필자는 수업에서 차분 전력 분석 공격을 구현해야 했다. 이 공격은 알려진 최초의 사이드채널 공격이었으며, 당시 암호학 분석의 전환점과도 같았다. 차분 전력 분석 공격은 마법과 같다. 기기가 무언가를 암호화하거나 복호화하는 동안 기기의 전력 소비를 측정하여 기기의 비밀을 추출할 수 있다. 그 과정에서 필자는 훌륭한 논문에 훌륭한 개념이 담겨 있다 해도 그 명료성과 가독성은 엉망일 때가 많다는 것을 깨달았다. 논문의 저자가 말하고자 하는 바가 이해가 되지 않아 벽에 머리를 박기도 하고, 논문을 설명하는 온라인 자료를 찾지 못해 절규하기도 했다.

필자는 머리를 좀 더 세게 들이박았고, 마침내 이해하게 되었다. 그리고 이 시련을 겪게 될 필자와 같은 사람들을 도울 수 있지 않을까 하는 생각이 들었다. 동기부여를 받은 필자는 다이어그램을 몇 개 그리고, 애니메이션을 적용한 다음 이를 살펴보는 과정을 녹화했다. 이것이 필자의 암호화에 대한 첫 번째 유튜브 영상이었다(https://www.youtube.com/watch?v=gbqNCgVcXsM).

비디오를 업로드한 후 몇 년이 지난 후에도 여전히 인터넷에서 모르는 사람들이 감사의 댓글을 달

아주곤 한다. 바로 어제, 필자가 이 서문을 쓰고 있을 때 누군가가 이런 댓글을 달았다. "논문을 이해하는 데 몇 시간이 걸릴지 모르는 저 같은 사람들의 시간을 아껴주는 엄청난 설명이네요. 감사합니다!"

이보다 좋은 보상이 어디 있을까! 교육 환경의 반대편에서 스스로를 시험하는 이 모험의 첫 단계는 더 많은 것을 하고 싶게 하는 원동력이 되었다. 영상을 더 많이 만들기 시작했고, 그다음에는 블로그를 시작하여 암호학에 대해 글을 쓰기 시작했다(https://cryptologie.net).

필자는 이 책을 쓰기 전에, 이 서문 이후에 나올 많은 개념을 설명하는 약 500여 개의 글을 쌓아올렸다. 이것은 모두 연습에 불과했다. 필자의 마음속에는 매닝 출판사가 집필 제안을 하기 몇 년 전부터 책을 쓰려는 아이디어가 서서히 성숙해가고 있었다.

실세계 암호학자의 커리큘럼

필자는 이론 수학에서 학사 학위를 마쳤지만, 그다음 단계가 무엇인지 몰랐다. 또한 필자는 평생 프로그래밍을 해왔고 이 둘을 조화시키고 싶었다. 자연스럽게, 두 가지 장점을 모두 가지고 있는 것처럼 보이는 암호학에 호기심을 갖게 되었고 내키는 대로 여러 책을 읽기 시작했다. 삶의 소명을 빨리 발견한 셈이다.

그러나 몇 가지 거슬리는 부분이 있었다. 특히, 모든 자료에 역사로 시작하는 긴 서론이 있었다. 필자는 항상 기술적인 것에만 관심이 있었다. 암호학에 관한 책을 쓴다면 비즈네르Vigenère 암호, 시저 Caesar 암호 및 기타 역사의 흔적에 대해 한 줄도 쓰지 않을 것이라고 스스로 맹세했다. 그리고 보르도 대학교에서 암호학 석사를 취득한 후, 현실 세계에 들어갈 준비가 되었다고 생각했다. 물론 이는 철없는 생각이었다.

필자는 당시의 학위가 충분하다고 믿었지만, 필자가 공격하려고 했던 실세계의 프로토콜에 대해서는 거의 아무것도 배우지 못했다. 타원 곡선의 수학을 배우는 데 많은 시간을 보냈지만, 이것이 암호학 알고리즘에서 어떻게 사용되었는지에 대해서는 아무것도 알지 못했다. 학교에서 배운 것이라곤 LFSR, ElGamal, DES, 그리고 이후 다시 볼 일이 없었던 일련의 암호학 프리미티브cryptography primitive들뿐이었다.

필자가 업계에서 얻은 첫 직장은 마타사노Matasano(현 NCC 그룹)였고, 여기서 맡은 첫 작업은 가장 인기 있는 SSL/TLS 구현인 OpenSSL(기본적으로 전체 인터넷을 암호화하는 코드)을 감사audit하는 작업이었다. 당시의 소감은? 매일 심한 두통을 안고 집에 돌아왔던 기억이 난다. 라이브러리와 프로토콜이 얼마나 엉망진창인지! 그때는 필자가 몇 년 후 최신 버전 프로토콜인 TLS 1.3의 공동 저자가 될 줄은 몰랐다.

하지만 당시에 이미 필자는 이렇게 생각했다. '이건 내가 학교에서 배웠어야 하는 것 아닌가? 지금 배우고 있는 것을 학교에서 배웠다면 실세계로 나올 준비가 되었겠지!' 결국 지금 필자는 암호학 분야의 보안 전문가가 되었고, 실세계 암호학 애플리케이션을 검토review하고 있고, 암호학 알고리즘을 구현, 사용, 검증하고, 어떤 알고리즘을 사용할 것인지 조언하고 있다. 암호학 학위를 마친 사람이 하고 싶은 일을 하고 있는 것이다. 이것이 필자가 필자 자신이 쓰고 있는 이 책의 첫 번째 독자인 이유다. 이 책은 과거의 필자에게 현실 세계에 대비하기 위해 보내는 책이기도 하다.

대다수 버그의 원천

필자는 컨설팅 업무를 통해 OpenSSL, 구글의 암호화된 백업 시스템, 클라우드플레어의 TLS 1.3 구현, 레츠 인크립트Let's Encrypt의 인증 기관 프로토콜, Z캐시 암호화폐의 새플링Sapling 프로토콜, 임 곗값 프록시 같은 많은 실제 암호학 애플리케이션을 감사하게 되었다. 누사이퍼NuCypher의 재암호화 체계, 그리고 안타깝게도 공개적으로 언급할 수 없는 수십 가지의 다른 실세계 암호학 애플리케이션도 있다.

초기에 필자는 잘 알려진 회사가 통신을 암호화하기 위해 작성한 커스텀 프로토콜을 감사하는 임무를 받았다. 임시 키를 제외한 거의 모든 항목에 서명을 사용하고 있는 것으로 나타났다. 이는 전체 프로토콜을 쉽게 대체할 수 있어, 전체 프로토콜을 완전히 망가뜨렸다. 보안 전송 프로토콜에 대한 경험이 있는 사람이 저지르는 초보적인 실수지만 사람들이 놓치고 있는 부분이다. 당시의 고객은 자신의 암호화폐를 만들어 운영할 만큼 충분히 경험이 있다고 자부하던 사람들이다. 당시 필자가 취약점을 설명하자 엔지니어로 가득 찬 방에서 30초 동안 침묵이 이어졌던 기억이 난다.

이런 이야기는 여러 번 반복되었다. 어떤 암호화폐를 감사할 때는 서명된 내용이 모호하기 때문에 이미 존재하는 트랜잭션으로부터 트랜잭션을 위조하는 방법을 찾았다. TLS 구현을 살펴보다가 RSA 구현을 깨는 몇 가지 미묘한 방법을 찾기도 했다. 이는 RSA의 창시자 중 한 명과 함께 작성한 백서로 변환되었고, 그 결과 수십 개의 오픈소스 프로젝트에서 여러 공통 보안 취약점 및 노출Common Vulnerabilities and Exposures, CVE이 보고되었다. 얼마 전에는 책을 집필하면서 새로운 매트릭스Matrix 채팅 프로토콜 관련 내용을 읽는 동안, 인증 프로토콜이 손상되어 종단 간 암호화가 중단되었음을 깨달았다. 불행히도 암호학을 사용할 때는 뚫릴 수 있는 디테일이 너무 많다. 이 시점에서 필자는 관련 내용을 쓰고자 했다. 그래서 이 책에는 이러한 일화들이 많이 포함되어 있다.

필자는 직무의 일환으로 다양한 프로그래밍 언어로 된 암호학 라이브러리와 애플리케이션을 검토하기도 했다. 버그를 발견하고(예: 고랭의 표준 라이브러리에 있는 CVE-2016-3959), 라이브러리에 숨겨진 버그의 함정을 조사했으며(예: 필자의 논문 〈How to Backdoor Diffie-Hellman(디피-헬먼을 백도어하는 법)〉), 어떤 라이브러리를 쓸지에 대해 조언했다. 개발자들은 어떤 라이브러리를 사용해야 하는지 전혀 몰랐고, 필자는 항상 그 답이 까다롭다는 것을 알았다.

필자는 계속해서 디스코Disco 프로토콜(https://discocrypto.com, https://embeddeddisco.com)을 발명하고 1,000줄 미만의 코드로 모든 기능을 갖춘 암호학 라이브러리를 여러 언어로 작성했다. 디스코는 SHA-3 및 Curve25519의 순열이라는 두 가지 암호학 프리미티브에만 의존했다. 1,000줄의 코드로 구현된 이 두 가지만으로 개발자는 모든 유형의 인증된 키 교환, 서명, 암호화, MAC, 해싱, 키 파생 등을 수행할 수 있었으며, 이는 필자에게 좋은 암호학 라이브러리가 무엇인지에 대한 독특한 관점을 주었다.

필자는 이 책이 이런 종류의 실용적인 통찰력을 담고 있기를 바랐다. 그렇다 보니 장마다 좋은 암호학 라이브러리를 사용하여 다양한 프로그래밍 언어로 암호학을 적용하는 방법에 대한 예제를 포함했다.

새로운 책의 필요성?

필자가 블랙햇Black Hat(유명한 보안 콘퍼런스)에서 연례 암호학 교육 세션 중 하나를 진행할 때 한 학생이 다가와서 암호학에 대한 좋은 책이나 온라인 과정을 추천할 수 있는지 물었다. 필자는 그 학생에게 보네Boneh와 쇼프Shoup의 책을 읽고 코세라Coursera에 있는 보네의 'Cryptography I'을 수강하라고 조언했던 것으로 기억한다(이 책의 말미에도 이 둘을 추천 자료로 언급한다).

그 학생은 대답했다. "아, 보긴 했는데요, 너무 이론적이던데요!" 이 대답은 아직도 기억 속에 남아 있다. 처음에는 동의하지 않았지만, 차차 그 학생이 옳았다는 것을 깨달았다. 대부분의 자료는 상당히 무거운 수학을 다루지만, 암호학을 다루는 대부분의 개발자는 수학을 다루기를 원하지 않는다. 이런 개발자를 위한 다른 자료는 없을까?

당시에 가장 많이 읽히던 두 책은 《Applied Cryptography(응용 암호학)》과 《Cryptography Engineering(암호공학)》(두 책 모두 브루스 슈나이어Bruce Schneier의 저서)였다. 그러나 이 책들은 시대를 따라가지 못하게 되었다. 전자는 블록 암호에 4개의 장을 할애했고 그중 한 장 전체가 연산의 암호문 모드를 다뤘지만, 인증된 암호화에 대해서는 전혀 다루지 않았다. 더 최신작인 후자는 각주에서 타원 곡선 암호학에 대해 한 번 언급했다. 반면에 필자의 비디오나 블로그 게시물 중 상당수는 일부 암호학 개념에 대한 좋은 주요 자료로 추천받고 있었다. 필자는 어떻게든 특별한 일을 할 수 있다는 것을 알았다.

점차 많은 학생이 암호화폐에 관심을 갖기 시작했고, 그에 대해 점점 더 많은 질문을 하게 되었다. 동시에 필자는 점점 더 많은 암호화폐 애플리케이션을 감사하기 시작했다. 필자는 이후 암호화폐 리브라Libra(현 디엠Diem)의 보안을 이끌기 위해 페이스북(현 메타Meta)으로 이직했다. 당시 암호화폐는 지금까지 실제 사용이 거의 또는 전혀 없는 매우 흥미로운 암호학 프리미티브(영지식 증명, 집계 서명, 임곗값 암호학, 다자 간 계산, 합의 프로토콜, 암호학 누산기, 검증 가능한 랜덤 함수, 검증 가능한 지연 함수 등등)로 가득한 뜨거운 분야였다. 그러나 암호화폐에 대한 챕터가 포함된 암호학 서적은 없다. 이 책이 아마 그 최초가 될 것이다.

필자는 학생, 개발자, 컨설턴트, 보안 엔지니어 등의 사람들에게 현대 응용 암호학이 무엇인지 알려주는 무언가를 쓸 수 있으리라 생각했다. 공식은 거의 없지만 많은 도표로 가득 차 있고, 역사는 거의 없지만 실제로 목격한 암호학 실패에 대한 현대적인 이야기로 가득하고, 레거시 알고리즘에 대한 내용은 거의 없지만 TLS, 노이즈 프로토콜 프레임워크, 시그널 프로토콜, 암호화폐, HSM, 임곗값 암호학 등 대규모로 사용되는 사례로 가득한 책 말이다. 이 책은 이론적인 암호학을 다루지는 않으나 비밀번호 인증 키 교환, 영지식 증명, 양자 내성 암호 등 실용적인 내용으로 가득 차 있다.

매닝 출판사가 2018년에 필자에게 연락하여 암호학에 관한 책을 쓰고 싶냐고 물었을 때 필자는 이미 답을 알고 있었다. 쓰고 싶은 것이 있었다. 누군가가 집필 기회와 집필에 시간을 할애할 핑계를 주기를 기다리고 있었다. 공교롭게도 매닝은 '실세계real-world' 시리즈를 내고 있었고, 필자는 자연스럽게 이 책을 해당 시리즈의 일부로 출판할 것을 제안했다. 여러분 앞에 놓인 이 책은 2년 이상의 노력과 많은 애정의 결과다. 여러분의 마음에 들었으면 한다.

감사의 글 ─────────────────────

마리나 마이클스Marina Michaels의 지속적인 도움과 통찰력에 감사드린다. 마리나가 없었다면 이 책은 나오지 못했을 것이다.

기술적 피드백과 편집상의 피드백을 남겨주고 토론하며 정정을 이끌어준 라이브북 커뮤니티의 다음 분들에게 감사를 표한다. Frances Buran, Sam Zaydel, Michael Rosenberg, Pascal Knecht, Seth David Schoen, Eyal Ronen, Saralynn Chick, Robert Seacord, Eloi Manuel, Rob Wood, Hunter Monk, Jean-Christophe Forest, Liviu Bartha, Mattia Reggiani, Olivier Guerra, Andrey Labunov, Carl Littke, Yan Ivnitskiy, Keller Fuchs, Roman Zabicki, M K Saravanan, Sarah Zennou, Daniel Bourdrez, Jason Noll, Ilias Cherkaoui, Felipe De Lima, Raul Siles, Matteo Bocchi, John Woods, Kostas Chalkias, Yolan Romailler, Gerardo Di Giacomo, Gregory Nazario, Rob Stubbs, Ján Jančár, Gabe Pike, Kiran Tummala, Stephen Singam, Jeremy O'Donoghue, Jeremy Boone, Thomas Duboucher, Charles Guillemet, Ryan Sleevi, Lionel Rivière, Benjamin Larsen, Gabriel Giono, Daan Sprenkels, Andreas Krogen, Vadim Lyubashevsky, Samuel Neves, Steven (Dongze) Yue, Tony Patti, Graham Steel.

또한 이 책을 더 나은 책으로 만들어준 다음 리뷰어분들에게도 감사를 표한다. Adhir Ramjiawan, Al Pezewski, Al Rahimi, Alessandro Campeis, Bobby Lin, Chad Davis, David T Kerns, Domingo Salazar, Eddy Vluggen, Gábor László Hajba, Geert Van Laethem, Grzegorz Bernas', Harald Kuhn, Hugo Durana, Jan Pieter Herweijer, Jeff Smith, Jim Karabatsos, Joel Kotarski, John Paraskevopoulos, Matt Van Winkle, Michal Rutka, Paul Grebenc, Richard Lebel, Ruslan Shevchenko, Sanjeev Jaiswal, Shawn P Bolan, Thomas Doylend, William Rudenmalm.

이 책을 쓰기 시작한 지 2년이 넘었다. 필자는 원래 현실 세계에서 사용되는 암호학 유형에 대해 알아야 할 모든 것을 소개하고자 했다. 물론 불가능한 일이다. 어떤 분야든 한 권의 책으로 요약할 수는 없다. 그래서 독자에게 얼마나 많은 디테일을 제공하고 싶은지와, 얼마나 많은 영역을 다루고자 하는지 사이에서 균형을 유지해야 했다. 균형을 찾은 결과가 독자 여러분에게 잘 맞았으면 하는 바람이다. 기업과 제품이 구현하고 사용하는 암호학을 가르치는 실용적인 책을 찾고 있고, 실제 암호학이 내부에서 어떻게 작동하는지 궁금하지만 모든 내용과 구현 디테일이 포함된 책을 찾고 있지는 않다면, 이 책은 당신을 위한 책이다.

대상 독자

다음은 이 책을 유용하게 쓸 수 있는 대상 독자의 목록이다.

학생

컴퓨터 공학, 보안 또는 암호학을 공부하고 있고, 이 분야에서 직업을 구하거나 학계로 진출하기 위해 실세계에서 사용되는 암호학에 대해 배우고 싶다면 이것은 당신을 위한 교과서다. 서문에서 말했듯이 필자도 한때 그런 학생이었고, 그때 원하는 책을 썼기 때문이다.

보안 실무자

필자가 응용 암호학을 가르쳤을 때 수강한 대부분의 학생이 침투 테스터, 보안 컨설턴트, 보안 엔지니어, 보안 설계자 및 기타 보안 직군에 종사하고 있었다. 덕택에 암호학 전문가가 아닌 사람들에게 복잡한 암호학 개념을 설명하기 위해 받은 많은 질문으로 이 책의 자료를 개선했다. 필자 자신도 보안 실무자로서, 필자가 대기업에서 감사에 착수한 암호학 기술과 그 과정에서 알게 되거나 발견한 버그를 이 책에 담았다.

암호학을 직간접적으로 사용하고자 하는 개발자

이 책은 주로 보안 실무자도 암호학자도 아닌, 클라이언트 및 동료와 나눈 많은 토론을 통해 쓸 수 있었다. 오늘날에는 암호학을 건드리지 않고 코드를 작성하는 것이 점점 더 어려워지고 있으므로 사용 중인 암호학에 대해 어느 정도 이해해야 한다. 이 책은 다양한 프로그래밍 언어로 된 코딩 예제를 사용하여 이해에 도움을 준다.

다른 분야가 궁금한 암호학자

이 책은 필자와 같은 사람들에게 유용한 응용 암호학 입문서다. 다시 말하지만 이 책은 필자가 스스로를 위해 쓴 책이기도 하다. 필자가 그럭저럭 이 책을 잘 썼다면, 이론 암호학자는 응용 암호학 세계가 어떤 모습인지 이 책을 통해 빠르게 이해할 수 있을 것이다. 대칭 암호화 작업을 하는 사람이라면 관련 장을 읽고 암호로 인증된 키 교환을 신속하게 파악할 수 있을 것이고, 프로토콜로 작업하는 사람이라면 양자 암호학을 빠르게 이해할 수 있을 것이다.

제품을 위해 공부하는 엔지니어와 PM

이 책은 필자가 더 제품 지향적이라고 생각하는 질문에 답하고자 노력했다. 가령 이런 질문이다. '특정 접근 방식의 장단점은 무엇인가?', '나는 어떤 위험을 감수하고 있는가?', '이 경로가 규정 준수에 도움이 되는가?', '정부와 협력하려면 어떤 작업을 해야 하는가?'

실세계 암호학이 궁금한 호기심 많은 사람들

위에 해당하는 사람 중 하나가 아니라고 해서 이 책의 대상 독자가 아니라는 법은 없다. 실제 세계에서 사용되는 암호학이 궁금하다면 이 책을 볼 자격은 충분하다. 이 점을 기억하자. 필자는 암호학의 역사를 가르치지 않을 것이고, 컴퓨터 과학의 기초를 가르치지 않을 것이다. 따라서 이 책을 읽기 전에 최소한 암호학에 대해 들어봤어야 한다.

선행 학습 정보

이 책을 최대한 활용하려면 무엇이 필요할까? 이 책은 사용자가 컴퓨터와 인터넷이 작동하는 방식에 대한 기본적인 이해가 있다고 가정하고, 최소한 **암호화**encryption에 대해 들어본 적이 있다고 가정한다. 이 책은 실세계 암호학에 관한 것이므로, 컴퓨터에 익숙하지 않거나 이전에 암호화라는 단어를 들어본 적이 없다면 상황을 파악하기 어려울 것이다.

컴퓨터와 인터넷에 대한 기본적인 지식과 더불어 비트와 바이트가 무엇인지 알고 있고, XOR, 시프트와 같은 비트 연산을 보거나 사용한 적이 있다면 정말 도움이 될 것이다. 모르면 이 책을 읽을 수 없는가? 그렇지는 않지만, 책을 읽는 과정에서 인터넷 검색을 하기 위해 여기저기서 몇 분 동안 멈추게 될 수도 있다.

사실, 아무리 배경지식이 많다 해도 이 책을 읽을 때는 인터넷에서 더 많은 정보를 얻기 위해 때때로 멈춰야 할 것이다. 필자가 (부끄럽게도) 용어를 사용하기 전에 정의하는 것을 잊었거나, 독자가 용어를 알고 있을 것이라고 잘못 가정했을 수도 있기 때문이다. 어쨌든 필자는 다양한 개념을 최대한 어린이에게 설명하듯 소개하고자 했기에 큰 문제가 되지는 않을 것이다.

마지막으로, 필자가 암호학이라는 단어를 사용할 때 독자 여러분의 뇌는 대개 수학에 대해 생각하고 있을 것이다. 수학 생각에 얼굴이 찡그려진다면, 수학에 대해 너무 걱정할 필요가 없다는 기쁜 사실을 전하고자 한다. 이 책은 모든 작동 방식에 대한 직관을 얻을 수 있도록 통찰력을 가르치고, 가능하면 수학적인 핵심을 피하려고 노력했다.

물론 집필에 수학이 전혀 관여하지 않았다면 거짓말일 것이다. 수학 없이 암호학을 가르치는 방법은 없다. 수학을 잘한다면 도움이 되지만, 그렇지 않다 해도 이 책의 대부분을 읽는 데 방해가 되지는 않는다. 일부 장에 조금 어려운 수학이 포함되어 있긴 한데, 특히 양자 암호 및 차세대 암호에 대한 마지막 장(14~15장)이 그렇다. 그러나 불가능한 것은 없으며, 의지력을 가지고 행렬곱 등 모르는 수학에 대해서는 인터넷 검색을 통해 습득하면 도움이 될 것이다. 이런 내용을 건너뛰기로 결정했다면 노력의 과실인 16장으로 바로 진행해도 좋다.

책의 구성

이 책은 두 부분으로 나뉜다. 1부는 순서대로 구성되어 있으며 대부분의 암호학 프리미티브를 다룬다. 더 복잡한 시스템과 프로토콜을 구성하기 위해 레고처럼 사용하게 될 것들이다.

- 1장은 실세계 암호학에 대한 소개로, 무엇을 배울 것인지 소개한다.
- 2장에서는 바이트열에서 고유 식별자를 만드는 데 사용되는 기본 암호학 알고리즘인 해시 함수에 대해 설명한다.
- 3장에서는 데이터 인증과 아무도 메시지를 수정하지 못하도록 하는 방법을 설명한다.

- 4장에서는 두 참가자가 관찰자로부터 통신을 숨길 수 있는 암호화를 설명한다.
- 5장에서는 다른 사람과 대화식으로 공통 비밀을 협상할 수 있는 키 교환을 소개한다.
- 6장에서는 여러 사람이 한 사람에게 보내는 메시지를 암호화할 수 있는 비대칭 암호화를 설명한다.
- 7장에서는 서명, 즉 암호학에서의 펜과 종이 서명에 대해 설명한다.
- 8장에서는 무작위성과 비밀을 관리하는 방법을 설명한다.

이 책의 2부는 이러한 프리미티브로 구성된 시스템을 다룬다.

- 9장에서는 SSL/TLS 프로토콜을 통해 기기 간 연결을 보호하기 위해 암호화와 인증이 사용되는 방법을 설명한다.
- 10장에서는 종단 간 암호화에 대해 설명한다. 종단 간 암호화는 서로가 서로를 어떻게 신뢰할 수 있는지에 관한 것이다.
- 11장에서는 장치가 사람을 인증하는 방법과 사람이 장치가 서로 동기화하는 데 도움을 주는 방법을 소개한다.
- 12장에서는 암호화폐의 기초 분야를 소개한다.
- 13장에서는 키 추출을 방지하는 데 사용할 수 있는 하드웨어 암호화를 집중 조명한다.

두 개의 보너스 장이 있다. 14장에서는 양자 후 암호학에 대해, 15장에서는 차세대 암호학에 대해 설명한다. 이 두 분야는 최근 현실적인 성능을 갖추게 되어 제품화되고 산업에 진출하기 시작했다. 이 마지막 두 장을 건너뛰는 것은 독자 여러분의 선택이지만, 책을 다시 선반에 놓기 전에 16장은 꼭 읽기를 바란다. 16장에서는 암호학 전문가(이 책을 모두 읽은 독자 여러분)가 명심해야 하는 다양한 도전과 교훈을 요약한다. 〈스파이더맨〉의 벤이 말했듯 "큰 힘에는 큰 책임이 따른나."

책 표지에 실린 그림은 〈Indienne de quito(키토 원주민)〉이라는 제목이 붙어 있다. 이 삽화는 1797년 프랑스에서 출간된 《Costumes de Différents Pays(여러 나라의 복식)》 화집에서 가져온 것으로, 자크 그라세 드 생소뵈르Jacques Grasset de Saint-Sauveur(1757~1810)가 여러 나라의 드레스 의상을 손으로 정교하게 그리고 채색했다. 생소뵈르의 풍부한 작품들은 불과 200년 전만 해도 세계 각 도시와 지역의 문화가 얼마나 다양했는지를 생생하게 보여준다. 지리적으로 떨어져 있으면서, 사람들은 다른 언어와 방언을 사용했다. 거리나 시골에서 어디에 살고 있으며, 무엇을 사고 파는지, 어떤 계층에 속하는지를 단지 옷차림만으로도 쉽게 확인할 수 있었다.

그 이후로 우리가 옷을 입는 방식은 변했고, 풍부했던 지역별 다양성은 희미해졌다. 지금은 마을, 지역, 나라는 고사하고, 서로 다른 대륙에 사는 사람들을 구분하는 것도 어렵다. 아마도 우리는 문화적 다양성 대신에 더 다양해진 개인적 삶, 또는 빠른 속도로 변해가는 기술적인 생활을 선택했던 것 같다.

비슷비슷한 책들이 가득한 요즘, 매닝Manning 출판사는 두 세기 전 여러 지역의 다채로운 생활상을 보여주는 자크 그라세 드 생소뵈르의 그림 중 하나를 표지에 실어 IT 업계의 독창성과 진취성을 기리고자 한다.

프리미티브:
암호학의 재료

실세계 암호학을 접하려는 여러분을 환영한다! 이 책은 2부로 구성되며, 각 부는 8개의 장으로 구성했다. 이 책은 실제 세계에서 통용되는 암호학 지식의 대부분을 다룬다.

1부는 내용을 순서대로 구성했지만 각 장에서 선행 학습 조건을 알려주므로 반드시 순서대로 읽지는 않아도 된다. 처음 8개 장은 암호학의 기본 요소를 소개한다. 각 장에서는 새로운 요소를 소개하며 역할, 원리, 응용 방법 등을 살펴본다. 1부에서 익힌 추상적인 개념과 통찰력을 모두 2부에서 응용할 수 있을 것이다.

그럼 행운을 빈다!

PART I

Primitives:
The ingredients
of cryptography

1

시작하며

여행자여, 안전띠를 동여맬지어다. 당신은 경이로움과 신비의 세계, 암호학의 세계로 들어가려 한다. **암호학**cryptography은 악의적인 문자로 인해 문제가 발생하는 상황을 막기 위해 고대로부터 발달한 주술이다. 책에는 악의로부터 자신을 방어하는 데 필요한 주문이 적혀 있다. 많은 사람이 이 주술을 배우려 도전했지만 도중에 살아남은 사람은 거의 없다. 흥미진진한 모험이 여러분을 기다리고 있다!

이 책에서 암호학 알고리즘이 어떻게 편지를 보호하고, 당사자를 식별하고, 적으로부터 보물을 보호할 수 있는지 알아본다. 암호학은 세상의 모든 보안과 개인 정보 보호의 기초이기에 암호학의 바다를 항해하는 여정은 순조롭지만은 않을 것이다. 사소한 실수조차 치명적일 수 있다.

> **NOTE** 내용이 너무 어렵더라도 계속 읽어나가자. 한 번에 모두 이해할 필요는 없다.

1.1 암호학은 프로토콜을 보호한다

우리의 여정은 암호학cryptography을 소개하며 시작된다. 암호학은 방해 행위로부터 **프로토콜**protocol 을 방어하는 것을 목표로 하는 과학이다. 프로토콜이 뭘까? 간단히 말해서 프로토콜은 한 명 이상 의 사람이 무언가를 달성하기 위해 따라야 하는 단계의 목록이다. 예를 들어 다음과 같은 전제를 상상해보자. 당신은 몇 시간 정도 마법검을 내려두고 낮잠을 좀 자고 싶다. 이를 위한 프로토콜을 한 가지 구성해보면 다음과 같다.

1. 땅에 무기를 놓는다.

2. 나무 아래서 낮잠을 잔다.

3. 땅에서 무기를 들어 올린다.

물론 이는 좋은 프로토콜이 아니다. 낮잠을 자는 사이 누군가가 마법검을 훔칠 수 있기 때문이다. 여기서 암호학의 역할은 마법검을 훔쳐가려는 적의 존재를 고려하는 것이다.

고대에는 통치자와 장군 사이에 배신과 쿠데타가 빈번해서, **신뢰할 수 있는 사람과 기밀 정보를 공유 할 방법**을 찾는 것이 매우 중요했다. 여기에서 암호학의 개념이 탄생했다. 암호학이 오늘날과 같은 진지한 분야로 받아들여지기까지는 수 세기의 시간과 노력이 필요했다. 이제 암호학은 혼란스럽고 악의가 가득한 세계 속에서 가장 기본적인 서비스를 제공하기 위해 곳곳에서 쓰이고 있다.

이 책은 실용적 암호학을 다룬다. 오늘날 사용되는 암호학 프로토콜을 다루기 위해서 다양한 컴퓨 터 과학을 다룰 것이다. 또한 암호학이 어떤 요소로 구성되어 있으며 모든 것이 어떻게 결합되어 있 는지도 보여준다. 일반적인 암호학 책은 보통 암호의 발견으로 시작하여 암호의 역사를 안내하지만 이런 설명은 의미가 없다고 보기에 실무적인 내용을 다룰 것이다. 컨설턴트로서 대기업의 암호학 애 플리케이션을 검토하거나 현장에서 엔지니어로 사용했던 암호학에 대해 직접 목격한 내용을 공유할 것이다.

무시무시한 수학 공식은 (거의) 없을 것이다. 이 책은 암호학의 신비를 풀고, 무엇이 쓸 만한지 소개 하고, 실생활 속의 암호학이 어떻게 구성되어 있는지에 대한 직관을 제공한다. 대상 독자는 호기심 많은 사람들, 엔지니어, 모험심이 강한 개발자, 연구자다. 1장에서는 암호학의 세계에 대한 여행을 시작한다. 암호학의 다양한 종류와 그중 중요한 것, 그리고 어떻게 전 세계가 그것들을 사용하는 데 동의하게 되었는지 알아볼 것이다.

1.2 대칭 암호학: 대칭 암호화란?

암호학의 기본 개념 중 하나는 **대칭 암호화**symmetric encryption다.[1] 책에 나오는 대부분의 암호학 알고리즘에서 사용되므로 매우 중요하다. 첫 번째 프로토콜 사례를 통해 이 새로운 개념을 알아보자.

앨리스Alice 여왕이 멀리 있는 성에 사는 밥Bob 경에게 편지를 보내야 하는 상황을 가정하자. 앨리스 여왕은 밥 경에게 귀중한 메시지를 전하기 위해 충성스러운 전령messenger에게 믿음직한 말을 타고 위험한 땅을 가로질러 떠나도록 요청한다. 그러나 그녀는 전령을 완전히 믿지 못한다. 충성스러운 전령은 수년 동안 여왕을 섬겼지만 여왕은 전달 중인 메시지가 전령을 포함한 모든 사람에게 비밀로 유지되기를 원한다! 아마 그 편지에는 논란거리가 될 만한 왕국의 가십거리가 적혀 있을 것이다.

앨리스 여왕에게 필요한 것은, 중개인 없이 밥 경에게 메시지를 전달하는 행위를 모방한 프로토콜이다. 이는 암호학(또는 순간이동)을 도입하지 않는 한 실제 푸는 것이 불가능한 문제다. 이를 해결하기 위해 오래전에 발명된 암호학적 알고리즘이 바로 **대칭 암호화 알고리즘**symmetric encryption algorithm(**사이퍼**cipher라고도 함)이다.

NOTE   이 책에서는 **프리미티브**primitive[2]라는 단어를 암호화 알고리즘의 한 종류인 것처럼 사용한다. 프리미티브는 암호학에서 가장 작고 유용한 구성 요소로 볼 수 있으며, 프로토콜을 만들기 위해 다른 프리미티브와 함께 쓰이기도 한다. 전문 용어는 아니지만 각종 문서에 자주 등장하므로 이런 의미로 사용된다는 점을 알아두면 좋다.

암호화 프리미티브를 사용하여 전령에게서 앨리스 여왕의 메시지를 숨기는 방법을 살펴보자. 프리미티브가 두 가지 함수를 제공하는 블랙박스(내부에 무엇이 있는지, 또는 내부에서 무엇을 하는지 알 수 없다)라 상상해보자. 두 가지 함수는 다음과 같다.

---

1   옮긴이 encryption과 **cryptography** 모두 한국어로 번역하면 '암호화'에 해당하는 의미를 가진다. 이 책에서는 cryptography를 '암호학'으로 옮기되, 필요에 따라 '암호화'와 혼용했다.
2   옮긴이 사전적으로는 '원시적인' 또는 '원시적인 것'을 뜻한다.

- ENCRYPT
- DECRYPT

첫 번째 함수 ENCRYPT는 **비밀 키**secret key(보통 큰 숫자)와 **메시지**message를 받아서 작동한다. 그런 다음 무작위로 보이는 일련의 숫자를 출력한다. 원하면 노이즈 데이터를 좀 넣을 수 있다. 이렇게 암호화된 메시지를 출력이라 부를 것이다(그림 1.1).

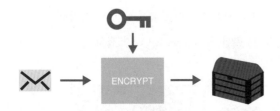

그림 1.1 **ENCRYPT 함수는 메시지와 비밀 키를 사용하여 암호화된 메시지를 출력한다. 이는 무작위 노이즈처럼 보이는 일련의 긴 숫자다.**

두 번째 함수인 DECRYPT는 첫 번째 함수의 역함수다. 동일한 비밀 키와 첫 번째 함수의 출력(암호화된 메시지)을 취한 다음 원본 메시지를 내놓는다(그림 1.2).

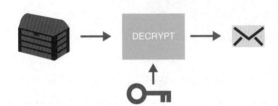

그림 1.2 **DECRYPT 함수는 암호화된 메시지와 비밀 키를 받아 원본 메시지를 반환한다.**

이 새로운 프리미티브를 사용하려면 먼저 앨리스 여왕과 밥 경이 현실에서 만나 어떤 비밀 키를 사용할지 정해야 한다. 나중에 앨리스 여왕은 ENCRYPT 함수를 사용하여 비밀 키의 도움으로 메시지를 보호할 수 있다. 그다음 그녀는 암호화된 메시지를 그녀의 전령에게 전달하고, 전령은 이를 밥 경에게 전달한다. 밥 경은 동일한 비밀 키를 사용하여 암호화된 메시지에 DECRYPT 함수를 사용하여 원본 메시지를 복구한다(그림 1.3).

이 과정에서 전령이 가진 메시지는 무작위로 보이고, 숨겨진 메시지의 내용에 대한 내용을 전혀 알 수 없었다. 암호화 덕분에 안전하지 않은 프로토콜을 안전한 프로토콜로 강화했다. 앨리스 여왕은 새로운 프로토콜 덕분에 밥 경에게 기밀 편지를 전달하면서도 밥 경 외에는 아무도 내용을 모르게 할 수 있었다.

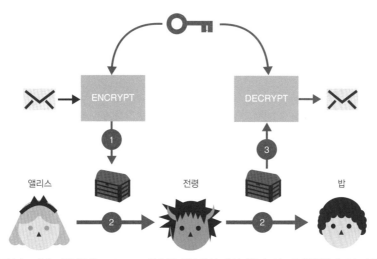

그림 1.3 (1) 앨리스는 비밀 키와 함께 ENCRYPT 함수를 사용하여 메시지를 노이즈로 변환한다. (2) 다음으로 앨리스는 암호화된 메시지를 자신의 전령에게 전달한다. 전령은 원본 메시지에 대해 전혀 알지 못한다. (3) 밥은 암호화된 메시지를 받은 후 앨리스가 사용한 것과 동일한 비밀 키와 함께 DECRYPT 함수를 사용하여 원래 내용을 복구할 수 있다.

비밀 키를 사용하여 대상을 노이즈로 만들어 무작위와 구별할 수 없도록 만드는 과정은 암호학에서 프로토콜을 보호하는 일반적인 방법이다. 다음 장에서 더 많은 암호화 알고리즘을 배우면 더 자세히 알게 될 것이다.

대칭 암호화는 **대칭 암호학**symmetric cryptography 또는 **비밀 키 암호학**secret key cryptography이라는 더 큰 범주의 암호학 알고리즘의 일부인데, 이러한 알고리즘에서는 암호학 프리미티브에 의해 노출된 서로 다른 함수에서 동일한 키를 사용한다. 나중에 다시 알아보겠지만 키가 둘 이상일 수도 있다.

1.3 케르크호프스의 원칙: 키만은 비밀로 지키자

(앞에서 본 암호화 프리미티브처럼) 암호학 알고리즘을 하나 설계하기란 쉬운 일이지만, '안전한' 암호학 알고리즘을 설계하는 것은 고된 일이다. 책에서 그러한 알고리즘을 만드는 법을 다루진 않지만 좋은 알고리즘을 알아보는 방법은 다루기로 한다. 주어진 작업에 한 가지 이상의 선택이 존재하기에 좋은 알고리즘을 고르기란 쉽지 않지만 암호학 역사의 반복된 실패와 커뮤니티에서 배운 교훈에서 힌트를 찾을 수 있다. 과거를 살펴보면서, 어떤 암호학 알고리즘이 신뢰할 수 있는 보안을 갖춰갔는지 살펴볼 것이다.

수백 년이 흘러 많은 왕비와 영주가 세상을 떠났다. 점점 실용적인 기술이 등장하며 종이 편지는 주요 의사소통 수단으로부터 멀어졌다. 오늘날 우리는 강력한 컴퓨터와 인터넷을 쓸 수 있다. 이러한 도구는 더 실용적이지만 달리 말하면 악의적인 전령도 훨씬 더 강력해졌다는 것을 의미한다. 이제 악의적인 전령은 어디에나 있다. 우리가 종종 들르는 스타벅스의 Wi-Fi, 인터넷을 구성하고 메시지를 전달하는 다양한 서버, 심지어 우리 알고리즘을 실행하는 기계에도 있다. 우리가 웹사이트에 요청을 보내는 동안 적들은 더 많은 메시지를 관찰할 수 있고, 이러한 메시지가 잘못된 전선을 통과하는 동안 아무도 눈치채지 못하게 메시지를 나노초 단위로 변경하거나 복사할 수 있다.

최근 역사를 보면 국가의 비밀 조직이나 독립 연구원에 의해 암호화 알고리즘이 깨져 메시지를 보호하지 못하는 사례가 많이 있다. 이러한 사례를 통해 좋은 암호를 만드는 방법을 이해할 수 있다.

NOTE 암호화 알고리즘이 **깨지는 경우**는 여러 가지가 있다. 암호화 알고리즘의 경우, 알고리즘을 공격하는 여러 방법을 상상할 수 있다. 비밀 키가 공격자에게 노출되거나 키의 도움 없이 메시지를 해독decrypt할 수 있거나, 메시지의 정보 일부가 암호화된 메시지를 보는 것만으로도 드러나는 경우 등이다. 알고리즘을 약화시킬 수 있는 모든 수단은, 알고리즘을 깨뜨리는 것으로 간주해야 한다.

암호화의 오랜 시행착오 과정에서 강력한 개념이 나왔다. 암호학 프리미티브의 보안성에 대한 확신을 얻으려면 프리미티브를 전문가가 공개적으로 분석해야 한다는 점이다. 그동안은 **모호함을 바탕으로 한 보안**을 신뢰하고 있었기 때문에 문제가 되었던 것이다. 이것이 **암호학자**cryptographer(알고리즘을 만드는 사람)가 보안을 분석하기 위해 **암호 분석가**cryptanalyst(알고리즘을 깨는 사람)의 도움을 받는 이유다(사실 암호학자가 암호 분석가의 역할을 하거나, 그 반대인 경우가 많다).

암호학자

암호 분석가

암호학 프리미티브

일례로, 고급 암호화 표준Advanced Encryption Standard, AES 암호화 알고리즘의 경우, 미국 국립표준기술연구소National Institute of Standards and Technology, NIST에서 주최한 국제 대회의 산물이었다.

NOTE NIST는 미국의 국가 기관으로 정부 관련 기능, 기타 공공 또는 민간 조직에서 사용하기 위한 표준을 정의하고 지침을 개발하는 역할을 한다. NIST에서 AES 등 널리 사용되는 많은 암호화 기본 형식을 표준화했다.

AES 대회는 몇 년 동안 이어졌으며, 전 세계의 많은 암호 분석가가 자원해 모여 다양한 후보 알고리즘을 깨는 작업을 진행했다. 몇 년간의 절차를 거쳐 충분한 신뢰가 형성되자, 경쟁에서 살아남은 단 하나의 암호화 알고리즘이 '고급 암호화 표준AES' 그 자체로 지명되었다. 오늘날 대부분의 사람들은 AES가 견고한 암호화 알고리즘이라고 믿고 있으며, 웹 브라우징을 비롯한 거의 모든 암호화에 AES가 널리 사용되고 있다.

공개된 암호화 표준을 구축하는 것은 케르크호프스의 원칙Kerckhoffs' principle이라는 개념과 관련이 있다. 이 원칙은 대략 다음과 같다. '우리가 가장 많이 사용하는 알고리즘을 적이 발견하지 못하리라고 기대하는 건 어리석은 일이다. 차라리 적에게 공개적으로 개방하자.'

앨리스 여왕과 밥 경의 적들이 메시지를 암호화하는 방법을 정확히 알고 있다면 그들의 암호화 알고리즘이 어떻게 안전할 수 있을까? 정답은 **비밀 키**다! 키의 비밀은 알고리즘 자체가 아니라 프로토콜을 안전하게 만드는 것이다. 이는 책에서 공통적으로 다루는 주제다. 우리가 실제 세계에서 배우고 사용하는 모든 암호화 알고리즘은 자유롭게 연구하고 사용할 수 있다. 이러한 알고리즘에 대한 입력으로 사용되는 비밀 키만 비밀로 유지된다. 이 원칙은 1644년 장 로베르 뒤 칼레Jean Robert du Carlet의 "ars ipsi secreta magistro(거장조차 알 수 없는 비밀)"라는 표현에서 비롯했다. 다음 절에서는 완전히 다른 종류의 암호학 프리미티브를 살펴본다. 지금까지 배운 내용을 그림 1.4에 도식화했다.

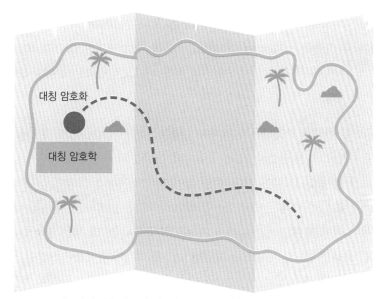

그림 1.4 지금까지 배운 암호화 알고리즘. AES는 대칭 암호화 알고리즘의 일종이며,
대칭 암호화 알고리즘은 더 넓은 개념인 대칭 암호학에 속하는 암호학 프리미티브다.

1.4 비대칭 암호학: 키 두 개가 하나보단 낫지

앞에서 대칭 암호학을 설명할 때 앨리스 여왕과 밥 경이 대칭 키를 결정하기 위해 한 번 만났다고 가정했다. 이는 그럴듯한 시나리오로, 많은 프로토콜이 실제로 이와 같이 작동한다. 하지만 이러한 방식은 참가자가 많은 프로토콜에서는 실용적이지 않다. 구글, 페이스북, 아마존 및 기타 수십 개의 웹사이트에 안전하게 접근하기 위해 웹 브라우저가 미리 이러한 사이트를 한번 만나봐야 한다고?

이 문제를 **키 배포**key distribution라 한다. 키 배포 문제는 대략 1970년대 후반에 **비대칭 암호학** asymmetric cryptography, 또는 **공개 키 암호학**public key cryptography이라는 암호학 알고리즘이 개발될 때까지 꽤 오랫동안 난제였다. 비대칭 암호학은 일반적으로 서로 다른 함수에 서로 다른 키를 사용하거나(대칭 암호학에 사용되는 단일 키와 반대), 서로 다른 참가자에게 서로 다른 관점을 제공한다. 이번 절에서는 이것이 의미하는 바를 설명하고, 공개 키 암호학이 사람들 간의 신뢰를 설정하는 데 어떻게 도움이 되는지 설명하기 위해 여러 비대칭 프리미티브를 소개할 것이다. 다음 장에서 이러한 각 암호학 프리미티브에 대해 더 자세히 이야기할 것이므로 여기에서는 대략적인 개념만 소개한다.

1.4.1 비밀을 공유하는 방법, 키 교환

첫 번째로 살펴볼 비대칭 암호학 프리미티브는 **키 교환**key exchange이다. 최초로 발표된 공개 키 알고리즘은 그 작성자 두 사람의 성(디피Diffie와 헬먼Hellman)을 따서 명명된 DH 키 교환 알고리즘이다. DH 키 교환 알고리즘의 주 목적은 두 당사자 간의 공통 비밀을 설정하는 것이다. 공통 비밀은 다른 목적(대칭 암호화 프리미티브의 키 등)으로 사용할 수 있다.

5장에서 디피-헬먼이 어떻게 작동하는지 자세히 설명하겠지만 여기서는 키 교환을 이해하기 위해 간단한 비유를 들어본다. 다른 암호학 알고리즘과 마찬가지로 키 교환은 참여자가 공통으로 사용하는 파라미터 세트를 가지고 시작해야 한다. 예를 들어 앨리스 여왕과 밥 경이 정사각형(■)을 사용하기로 동의했다고 하자. 다음 단계는 각자 사용할 임의의 모양을 선택하는 것이다. 둘은 각자의 비밀 장소로 이동한 후 보이지 않는 곳에서 앨리스 여왕은 삼각형(▲)을, 밥 경은 별(★)을 선택한다. 앨리스와 밥이 선택한 모양은 반드시 비밀로 유지되어야 한다! 여기에서 선택한 모양이 곧 **비밀 키**private key에 해당한다(그림 1.5 참조).

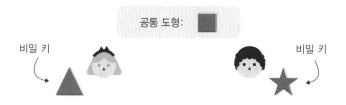

그림 1.5 DH(디피-헬먼) 키 교환의 첫 번째 단계는 두 참가자가 모두 비밀 키를 생성하도록 하는 것이다. 이 예시에서 앨리스 여왕은 삼각형을 비밀 키로 선택하고, 밥 경은 별을 비밀 키로 선택한다.

두 사람은 비밀 키를 선택한 후, 비밀 모양을 처음에 같이 사용하기로 한 공통 모양(사각형)과 개별적으로 결합한다. 이 결합을 통해 고유한 모양이 만들어지는데 이는 **공개 키**public key가 된다. 공개 키는 공개 정보로 간주되므로 앨리스 여왕과 밥 경은 이제 공개 키를 교환할 수 있다(그림 1.6)

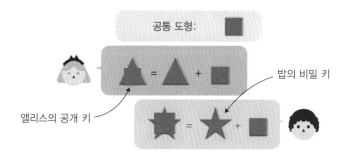

그림 1.6 두 참가자가 공개 키를 교환하는 DH 키 교환의 두 번째 단계. 참가자는 비밀 키를 공통 모양과 결합하여 공개 키를 만들어낸다.

이제 이 알고리즘을 공개 키 알고리즘이라 부르는 이유를 알 수 있을 것이다. 비밀 키와 공개 키로 구성된 **키 쌍**key pair이 필요하기 때문이다. DH 키 교환 알고리즘의 마지막 단계는 매우 간단하다. 앨리스 여왕은 밥 경의 공개 키를 가져와서 여왕의 비밀 키와 결합한다. 밥 경은 앨리스 여왕의 공개 키를 가져와서 이를 자신의 비밀 키와 결합한다. 이제 양쪽의 결과가 동일하다. 예시에서는 별, 정사각형, 삼각형을 결합한 모양이 된다(그림 1.7).

앨리스의 비밀 키	밥의 공개 키	공유된 비밀	앨리스의 공개 키	밥의 비밀 키

그림 1.7 두 참가자가 동일한 공유 비밀을 생성하는 DH 키 교환의 마지막 단계.
이를 위해 앨리스 여왕은 자신의 비밀 키를 밥 경의 공개 키와 결합하고 밥 경은 자신의 비밀 키와 앨리스 여왕의 공개 키를 결합한다. 공개 키를 관찰하는 것만으로는 공유된 비밀을 얻을 수 없다.

이제 이 공유된 비밀의 사용은 프로토콜 참여자에게 달려 있다. 책에서 몇 가지 예를 볼 수 있는데 가장 확실한 시나리오는 공유된 비밀이 필요한 알고리즘에서 이를 사용하는 것이다. 예를 들어 앨리스 여왕과 밥 경은 이제 공유된 비밀을 키로 사용하여 대칭 암호화 프리미티브로 다른 메시지를 암호화할 수 있다.

1. 앨리스와 밥은 각자의 비밀 키를 가리는 공개 키를 교환한다.

2. 다른 참가자의 공개 키와 각자의 비밀 키를 사용하여 공유된 비밀을 만들 수 있다.

3. 공개 키 교환을 관찰자로서는 정보 탈취를 위해 공유된 비밀을 계산하기에 정보가 충분하지 않다.

[NOTE] 위 예에서 3번은 쉽게 우회할 수 있다. 실제로 비밀 키에 대한 지식 없이도 공개 키를 결합하여 공유된 비밀을 생성할 수 있다. 이는 비유의 한계일 뿐이지만 키 교환이란 무엇인지 이해하기에 충분하다.

그런데 실제로는 DH 키 교환은 그리 안전하지 않다. 몇 초 정도 시간을 내어 그 이유를 생각해보자.

앨리스 여왕은 그녀가 받는 모든 공개 키를 밥 경의 공개 키로 받아들이기 때문에 교환을 가로채서 공개 키를 공격자의 것으로 바꿀 수 있다. 공격자는 이를 통해 앨리스 여왕에게 밥 경 행세를 할 수 있다(밥 경에게도 앨리스 여왕 행세를 할 수 있음). 이러한 상황을, **중간자**man-in-the-middle, MITM가 프로토콜을 성공적으로 공격했다고 말한다. 이 문제를 해결하려면 어떻게 해야 할까? 이후 장들에서 알아보겠지만 이 문제를 해결하려면 이 프로토콜을 다른 암호학 프리미티브로 보강하거나 밥 경의 공개 키가 무엇인지 미리 알고 있어야 한다. 그런데 이렇게 되면 뭔가 원점으로 돌아간 것 같지 않은가?

이전에는 앨리스 여왕과 밥 경이 공유된 비밀을 알아야 했다. 이제 앨리스 여왕과 밥 경은 각자의 공개 키를 알아야 한다. 어떻게 알 수 있을까? 미리 만나서? 이렇게 닭과 달걀의 문제가 다시 반복되는 것일까? 5장에서 알아보겠지만 실제로 공개 키 암호학은 신뢰 문제를 해결하지는 못한다. 다만 참가자가 많을 때 절차를 단순화하는 효과는 있다.

키 교환에 대해서는 이쯤 다루고, 더 자세한 내용은 5장에서 다루기로 하자. 이제 다음 절로 넘어가서 몇 가지 비대칭 암호학 프리미티브를 더 다뤄본다(그림 1.8).

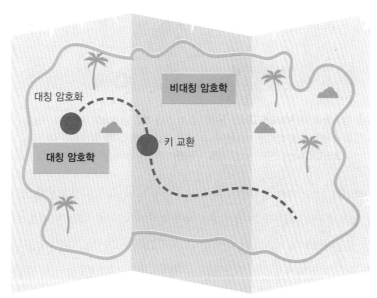

그림 1.8 **지금까지 배운 암호학 알고리즘. 암호학 알고리즘의 두 가지 큰 클래스는 대칭 암호학(대칭 암호화 사용) 및 비대칭 암호학(키 교환 사용)이다.**

1.4.2 비대칭 암호화, 대칭 암호화와는 다르다!

DH 키 교환 알고리즘의 발명 이후, 빠르게 후속 발명이 이루어졌다. 로널드 리베스트Ronald Rivest, 아디 샤미르Adi Shamir, 레너드 애들먼Leonard Adleman의 성을 따서 명명된 **RSA 알고리즘**RSA algorithm 이 그것이다. RSA에는 공개 키 암호화 알고리즘(또는 비대칭 암호화)과 (디지털) 서명 체계라는 두 가지 프리미티브를 포함한다. 두 프리미티브 모두 **비대칭 암호학**asymmetric cryptography이라는 더 큰 암호학 알고리즘의 일부다. 이번 절에서는 각 프리미티브의 역할과 응용 방법을 알아보자.

우선 비대칭 암호화는 앞에서 다룬 대칭 암호화 알고리즘과 유사한 목적을 가지고 있다. 즉, 기밀성을 확보하기 위해 메시지를 암호화한다. 그러나 두 참가자가 동일한 대칭 키를 사용하여 메시지를 암호화하고 해독하는 대칭 암호화와 비대칭 암호화는 매우 다르다.

- 두 가지 키, 공개 키와 비밀 키로 작동한다.
- 비대칭적 관점을 제공한다. 즉, 누구나 공개 키로 암호화할 수 있지만 비밀 키의 소유자만 메시지를 해독할 수 있다.

이제 간단한 비유를 통해 비대칭 암호화를 사용하는 방법을 알아보자. 앨리스 여왕은 비밀 키(및 연관된 공개 키)를 가지고 있다. 그녀의 공개 키를 누구나 사용할 수 있도록 공개된 열린 상자라고 생각해보자(그림 1.9).

그림 1.9 **비대칭 암호화를 사용하려면 앨리스 여왕이 먼저 공개 키를 공개해야 한다**(여기서는 열린 상자로 나타냄).
이제 누구나 공개 키를 사용하여 그녀에게 보내는 메시지를 암호화할 수 있다.
그리고 그녀는 연결된 비밀 키를 사용하여 암호를 해독할 수 있어야 한다.

이제 누구든지 여왕의 공개 키를 사용하여 여왕에게 보내는 메시지를 암호화할 수 있다. 이 비유에서 당신이 열린 상자에 메시지를 넣고 닫는다고 상상해보자. 상자가 닫히면 앨리스 여왕 외에는 열 수 없다. 상자는 관찰자로부터 메시지의 비밀을 효과적으로 보호한다. 그런 다음 닫힌 상자(또는 암호화된 콘텐츠)를 앨리스 여왕에게 보내면 여왕은 그녀의 비밀 키(그녀만 알고 있다!)를 사용하여 암호를 해독할 수 있다(그림 1.10).

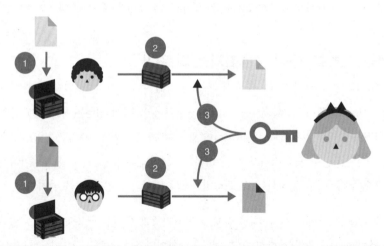

그림 1.10 **비대칭 암호화: (1) 누구나 앨리스 여왕의 공개 키를 사용하여 그녀에게 보내는 메시지를 암호화할 수 있다.**
(2) 여왕은 메시지를 수신한 후, (3) 비밀 키를 사용하여 내용을 해독할 수 있다.
여왕 외에는 누구도 여왕에게 보내는 메시지를 볼 수 없다.

지금까지 배운 암호학 프리미티브를 그림 1.11에 요약해보겠다. 실세계 암호학 세계 여행을 떠나는데 이제 마지막 하나만 알면 된다!

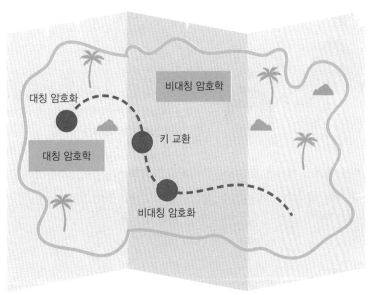

그림 1.11 지금까지 배운 암호학 알고리즘은 대칭 암호학(대칭 암호화 사용)과
비대칭 암호학(키 교환 및 비대칭 암호화 사용)이다.

1.4.3 디지털 서명: 펜과 종이의 서명과 그리 다르지 않다

RSA는 비대칭 암호화 알고리즘과 더불어 **디지털 서명**digital signature 알고리즘도 제공한다. 이 디지털 서명 암호학 프리미티브의 발명은 앨리스와 밥 사이에 신뢰를 구축하는 데 엄청난 도움이 되었다. 실제 서명과도 유사하다. 아파트를 임대할 때 계약서에 넣는 그 서명 말이다.

"누가 내 서명을 위조하면?" 같은 질문을 당연히 할 수 있다. 실제로 현실 세계의 서명은 그리 철저한 보안을 제공하지 못한다. 반면 암호화 서명은 동일한 방식임에도 사용자의 이름이 담긴 암호화 인증서를 제공한다. 암호화 서명은 **위조가 불가능**하며 다른 사람이 쉽게 확인할 수 있다. 수표에 쓰던 구식 서명과 비교하면 상당히 유용하다!

그림 1.12에서 상정하는 프로토콜은 앨리스 여왕이 그녀가 밥 경을 신뢰한다는 것을 데이비드David 경에게 알리고 싶어 하는 상황이다. 이는 다중 참여 환경에서 신뢰를 구축하는 방법, 그리고 비대칭 암호화를 사용하는 법에 대한 전형적인 예다. 앨리스 여왕은 "나, 앨리스 여왕은 밥 경을 신뢰한다"라고 쓰인 종이에 서명함으로써 데이비드 경에게 밥 경을 신뢰해야 한다고 알릴 수 있다. 데이비드 경이 이미 앨리스 여왕과 그녀의 서명 알고리즘을 신뢰하고 있다면 밥 경을 신뢰할 수 있다.

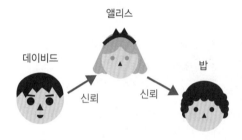

그림 1.12 데이비드 경은 이미 앨리스 여왕을 신뢰하고 있다. 앨리스 여왕이 밥 경을 신뢰하기 때문에 데이비드 경도 밥 경을 안전하게 신뢰할 수 있을까?

더 자세히 설명하면 앨리스 여왕은 RSA 서명 체계와 그녀의 비밀 키를 사용하여 "나, 앨리스 여왕은 밥을 신뢰한다"라는 메시지에 서명할 수 있다. 이는 무작위 노이즈처럼 보이는 서명을 생성한다 (그림 1.13 참조).

그림 1.13 앨리스 여왕은 메시지에 서명하기 위해 자신의 비밀 키를 사용하고 서명을 생성한다.

그러면 누구나 다음을 결합하여 **서명을 확인**할 수 있다.

- 앨리스의 공개 키
- 서명된 메시지
- 서명

결과는 그림 1.14와 같이 **참**(서명이 유효함) 또는 **거짓**(서명이 유효하지 않음) 중 하나가 된다.

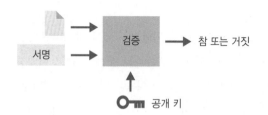

그림 1.14 앨리스 여왕의 서명을 확인하려면 서명된 메시지와 앨리스 여왕의 공개 키도 필요하다. 결과는 서명의 유효성을 검사하거나 무효화하는 것이다.

지금까지 세 가지 서로 다른 비대칭 프리미티브에 대해 배웠다.

- DH 키 교환
- 비대칭 암호화

- RSA를 사용한 디지털 서명

이 세 가지 암호화 알고리즘은 비대칭 암호학에서 가장 잘 알려져 있고 일반적으로 사용되는 프리미티브다. 아직 이 세 가지가 실제 문제 해결에 어떻게 쓰일지 감이 안 오겠지만 걱정하지 말자. 많은 애플리케이션에서 보안을 위해 이 세 가지를 매일같이 사용하고 있다. 자, 지금까지 배운 모든 암호학 알고리즘으로 그림을 완성할 시간이다(그림 1.15 참조).

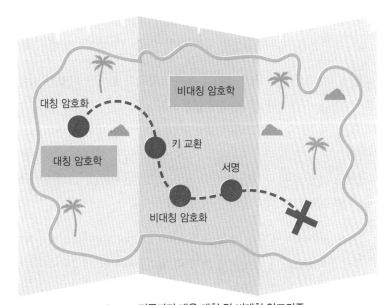

그림 1.15 지금까지 배운 대칭 및 비대칭 알고리즘

1.5 암호학의 분류

앞 절에서 두 가지 큰 분류의 알고리즘을 소개했다.

- **대칭 암호학**(또는 비밀 키 암호학): 비밀 하나가 사용된다. 여러 참가자가 비밀을 알고 있는 경우 이를 **공유된** 비밀이라고 한다.
- **비대칭 암호학**(또는 공개 키 암호학): 참가자들은 비밀에 비대칭적인 관점을 가지고 있다. 예를 들어 일부는 공개 키를 알고 있고, 일부는 공개 키와 비밀 키 모두를 알고 있다.

암호학의 프리미티브에는 대칭 및 비대칭 암호화만 있는 것은 아니며, 서로 다른 하위 분류를 나누기는 쉽지 않다. 하지만 책을 읽다 보면 알게 될 것이다. 책에서 다루는 내용 대부분은 대칭 및 비대칭 프리미티브에 관한 것이다. 이는 오늘날 암호학에서 쓰이는 요소의 상당 부분이 여기에 속하기 때문이다. 암호학을 나누는 또 다른 방법은 다음과 같다.

- **수학 기반 구성**: 인수 분해와 같은 수학적 문제에 의존한다(예: 디지털 서명 및 비대칭 암호화를 위한 RSA 알고리즘).
- **휴리스틱 기반 구성**: 암호 분석가의 관찰 및 통계 분석에 의존한다(예: 대칭 암호화를 위한 AES).

보통 수학 기반 구성이 휴리스틱 기반 구성보다 훨씬 느리기 때문에 이렇게 범주를 나누면 속도라는 요소도 들어가게 된다. 간단히 말하면 보통 대칭 구성은 휴리스틱(효과가 있는 것으로 보이는 방법)을 바탕으로 하는 반면, 대부분의 비대칭 구성은 수학 문제(어려운 것으로 알려진)를 바탕으로 한다.

암호학의 모든 것을 엄격하게 분류하기란 어렵다. 실제로 암호학에 대한 다양한 책이나 강의를 보면 정의와 분류가 제각각이다. 사실 이러한 분류는 대부분의 암호학 프리미티브를 고유한 보안 요구를 충족하는 고유한 도구로 보기 때문에 그리 유용하지 않다. 결국 이러한 도구는 프로토콜을 만드는 레고 블록으로 사용할 수 있다. 따라서 이러한 도구로 프로토콜을 보호하는 방법을 이해하려면 각 도구가 어떻게 작동하고 어떤 종류의 보안을 제공하는지 이해해야 한다. 그래서 이 책의 1부는 가장 유용한 암호학 프리미티브들과 그 보안 속성을 소개한다.

이 책의 대다수 개념은 처음에는 상당히 복잡할 수 있다. 그러나 모든 것과 마찬가지로, 많이 읽고 익숙해질수록 더 자연스러워지고 더 많이 추상화할 수 있다. 이 책의 역할은 독자 머릿속의 추상화를 돕고, 암호학 프리미티브의 역할에 대한 개념을 심고, 프리미티브를 결합하여 보안 프로토콜을 만드는 방법을 이해하도록 돕는 것이다. 중간중간 각 구성의 인터페이스를 이야기하고 실제 사용 및 결합의 예를 보여줄 것이다.

원래 암호학의 정의는 간단했다. 앨리스 여왕과 밥 경이 비밀 메시지를 교환하기 위한 방법 이상도 이하도 아니었다. 그러나 이제 더 이상 암호학은 간단하지 않다. 오늘날 암호학이 무엇인지 설명하기는 상당히 복잡하다. 암호학은 다양한 실질적 요구 사항, 발견, 문제 해결을 통해 유기적으로 성장했다. 결국 암호학은 적대적인 프로토콜 환경에서도 프로토콜을 보호하기 위한 수단이 되었다.

암호화가 어떻게 도움이 될 수 있는지 정확히 이해하려면 이러한 프로토콜이 달성하려는 목표를 이해해야 한다. 이것이 곧 효용성에 해당한다. 이 책에서 배울 대부분의 암호학 프리미티브와 프로토콜은 다음 속성 중 하나 이상을 가진다.

- **기밀성**confidentiality: 정보를 보면 안 될 사람에 대해 일부 정보를 마스킹하고 보호하는 속성이다. 예를 들어 암호화는 전송 중인 메시지를 마스킹한다.

- **인증**authentication: 대화 상대를 식별하는 것이다. 예를 들어 메시지가 실제로 앨리스 여왕에게서 온 것인지 확인한다.

물론 이는 여전히 암호학의 효용을 크게 단순화한 것이다. 대부분의 디테일은 프리미티브의 보안성에 있다. 프로토콜에서 암호학 프리미티브를 사용하는 방법에 따라 서로 다른 보안성을 얻을 수 있다.

이 책을 통해 우리는 새로운 암호학 프리미티브와, 프리미티브를 결합하여 기밀성, 인증과 같은 보안성을 확보하는 방법을 배울 것이다. 일단 지금은 암호학이 적대적인 상황에서 프로토콜의 안전을 제공한다는 사실을 인정하자. "적대적인 상황"이 명확하게 정의되어 있지는 않지만 우리의 프로토콜을 깨려고 시도하는 사람들이 가득한 상황이라 보면 된다. 참가자, 관찰자, 중간자MITM 등 누구든지 될 수 있으며, 이는 현실 속 상황과 같다. 결국 암호학은 악의적 행위자로부터의 방어를 위해 만들어진 실용적인 분야이기 때문이다.

1.6 이론 암호학 vs 실세계 암호학

1993년 브루스 슈나이어Bruce Schneier는 암호학과 관련된 응용프로그램을 구축하려는 개발자와 엔지니어를 대상으로 하는 책인 《Applied Cryptography(응용 암호학)》을 발표했다. 2012년경, 케니 패터슨Kenny Paterson과 나이젤 스마트Nigel Smart는 동일한 대상을 위한 연례 콘퍼런스인 '리얼월드 크립토Real World Crypto(실세계 암호)'를 개최했다. 그런데 응용 암호학과 실세계 암호는 무엇을 의미할까? 암호학이 두 가지가 있다는 건가?

질문에 답하기 위해서는 먼저 암호학자와 암호 분석가의 암호학, 즉 **이론 암호학**theoretical cryptography을 정의해야 한다. 이 분야의 종사자는 대부분 대학에서 일하는 학계 출신이지만 때로는 업계 또는 정부의 특정 부서에서 근무한다. 이들은 암호학의 모든 것을 연구하며 연구 결과를 도서, 논문, 학회, 콘퍼런스 발표 등을 통해 국제적으로 공유한다. 그러나 이들이 하는 모든 작업이 유용하거나 실용적인 것은 분명 아니다. 종종 '개념 증명proof of concept' 코드도 안 나오는 경우가 있다. 어떤 컴퓨터도 연구를 실행할 만큼 강력하지 않으므로 어쨌든 이치에 맞지 않는다. 물론 이론 암호학도 가끔 굉장히 유용하고 실용적인 결과를 내서 실세계 암호학이 되기도 한다.

실세계 암호학real-world cryptography 혹은 **응용 암호학**applied cryptography은 주변의 모든 애플리케이션에서 찾을 수 있는 보안의 기초다. 보통은 그 존재가 눈에 보이지는 않지만 인터넷에서 은행 계좌에 로그인할 때마다 우리와 함께한다. 친구에게 메시지를 보낼 때도 마찬가지다. 휴대전화를 분실했을 때 사용자를 보호하는 데에도 쓰인다. 실세계 암호학이 어디에나 있는 이유는 공격자가 어디에나 있으며 공격자는 적극적으로 시스템을 관찰하고 해를 입히려 하기 때문이다. 이 분야의 실무자는 일반적으로 업계 출신이지만 때때로 학계의 도움을 받아 알고리즘과 설계 프로토콜을 검사한다. 결과는 보통 콘퍼런스, 블로그, 오픈소스 소프트웨어 등의 형태로 공유된다.

보통 실세계 암호학은 실제 고려 사항에 대해 깊이 들어간다. 이를테면 알고리즘이 제공하는 정확한 보안 수준은 무엇인가? 알고리즘을 실행하는 데 얼마나 걸리는가? 프리미티브에 필요한 입력과 출력의 크기는 얼마인가? 등이다. 제목을 통해 이미 짐작하겠지만 실세계의 암호학은 이 책의 주제다. 이론 암호학은 다른 책들의 주제지만 책의 마지막 장에서 이론 암호학의 최신 내용도 일부 다룰 것이다. 미래의 실세계 암호학이 배양되고 있는 곳을 들여다보는 기회가 될 것이다.

이제 개발자와 엔지니어가 실제 애플리케이션에 사용할 암호학을 어떻게 선택하는지 알아보자.

1.7 이론에서 현실로: 암호학의 현실화를 위한 시뮬레이션

맨 위에는 어려운 수학적 문제를 제안하고 해결하는 암호 분석가가 있다. (...) 그리고 맨 아래에는 데이터를 암호화하려는 소프트웨어 엔지니어가 있다.

—타이 두엉Thai Duong (<So you want to roll your own crypto?>, 2020)

필자는 암호학 분야에서 꽤 오랫동안 일하고 연구해왔지만 암호학 프리미티브가 실제 애플리케이션에서 쓰이는 패턴을 발견한 적은 한 번도 없다. 이 바닥은 꽤 혼란스럽다. 이론적 프리미티브가 채택되기 앞서 수많은 사람들이 프리미티브를 가공하여 업계에 적용 가능하게, 대규모로 적용해도 안전하게 만들고 있다. 음… 어떻게 쉽게 설명할 수 있을까?

독자 여러분은 어드벤처 게임을 플레이해본 적이 있는가? 보통 어느 정도 이야기가 진행되다가 선택지 분기가 발생하고, 게이머가 어떤 분기를 선택하느냐에 따라 이후의 이야기가 달라진다. 각 선택지는 번호를 통해 이후의 이야기와 이어진다. 아래에 이어질 내용도 이러한 어드벤처 게임과 같다! 이야기를 읽고 암호학자로서 개념을 현실화하기 위한 여정을 시뮬레이션해보자.

시작: 먼저 자신의 캐릭터를 정의하자. 선택지는 세 가지다. 암호학자인 앨리스, 민간 산업에서 일하고 문제에 대한 해결책을 찾는 데이비드, 그리고 정부 기관에서 일하며 암호학을 공부했던 이브Eve다.

- 앨리스를 선택했다면, 1단계로.

- 데이비드를 선택했다면, 2단계로.

- 이브를 선택했다면, 3단계로.

1단계: 연구자들은 연구를 해야 한다. 당신은 대학, 사기업, 비영리단체 연구팀, 또는 NIST나 NSA 와 같은 정부 연구 기관에서 일하는 연구원이다. 그래서 연구 자금은 넉넉하며 여러 가지를 연구할 수 있는 기회와 동기가 부여된다.

- 새로운 프리미티브를 발명한다면, 4단계로.

- 새로운 조합 또는 프로토콜을 발명한다면, 5단계로.

- 공개 대회를 개최한다면, 6단계로.

2단계: 업계는 암호학을 필요로 한다. 이 업무에서는 새로운 표준이 필요해지는 일이 다반사다. 예를 들어 Wi-Fi 얼라이언스는 Wi-Fi 프로토콜에 대한 표준을 만들기 위해 관심 있는 회사들이 자금을 지원하는 비영리 단체다. 또 다른 예로, 신용카드 번호를 다룰 때 사용할 알고리즘과 프로토콜이 필요해진 은행이 연합하여 PCI-DSSPayment Card Industry Data Security Standard를 만들기도 했다.

- 가장 필요한 영역의 연구에 자금을 지원하기로 한다. 1단계로.

- 새로운 프리미티브, 혹은 프로토콜의 표준화를 진행한다. 5단계로.

- 공개 대회를 개최한다면, 6단계로.

3단계: 정부는 암호학을 필요로 한다. 당신은 국가의 정부를 위해 일하고 있으며 새로운 알고리즘을 출시해야 한다. 예를 들어 NIST는 연방 정보 처리 표준, **FIPS**Federal Information Processing Standards 를 발행하는 임무를 맡고 있다.

미국 정부와 거래하는 회사도 이러한 알고리즘을 사용한다. 이렇게 쓰인 많은 표준이 성공 사례를 기록했고 사람들은 정부 기관이 내는 표준을 신뢰하는 경향이 있으나 실패 사례가 없는 것은 아니다.

2013년 에드워드 스노든Edward Snowden의 폭로에 의해, NSA가 숨겨진 스위치가 포함된 백도어 알고리즘을 의도적으로 표준에 포함시켰다는 사실이 밝혀졌다(번슈타인Bernstein 외, 〈Dual EC: A

Standardized Back Door〉참조). 이 **백도어**backdoor는 NSA만이 접근할 수 있었고, 정부가 국민의 암호화를 깰 수 있게 하는 일종의 마법의 암호 역할을 할 수 있었다. 이 사건으로 인해 정부 기관의 표준 및 제안에 대한 신뢰가 크게 떨어졌다. 최근 2019년에 러시아의 표준 GOST에도 동일한 백도어가 들어 있었던 것으로 밝혀졌다.

> 암호학자들은 2006년에 NIST에서 채택하고, 나중에 163개국을 회원으로 둔 ISO에서 채택한 표준에 이 기관이 취약점을 심어놓았다고 오랫동안 의심해왔다. 밝혀진 N.S.A. 메모에 따르면 2007년 두 명의 마이크로소프트 암호학자가 발견한 치명적인 약점이 해당 기관에서 설계한 것임을 확인하는 것으로 보인다. N.S.A. 표준을 작성하고 국제 그룹에 적극적으로 밀어붙이는 시도를 하며 내부적으로 이를 "기교의 도전a challenge in finesse"이라 불렀다.
>
> ―뉴욕 타임스 (<N.S.A. Able to Foil Basic Safeguards of Privacy on Web(N.S.A.는 웹의 기본적 개인 정보 보호를 망가뜨릴 수 있다)>, 2013)

- 연구에 자금을 지원한다. 1단계로.
- 공개 대회를 개최한다. 6단계로.
- 사용 중인 프리미티브, 혹은 프로토콜의 표준화를 진행한다. 7단계로.

4단계: 연구자로서 당신은 불가능한 일을 해냈다. 새로운 개념을 발명한 것이다. 물론 세상에 이미 많은 암호화 기법이 있지만 그럼에도 매년 암호학 분야에서 새로운 프리미티브가 제안되고 있다. 어떤 것은 구현이 불가능한 것으로 판명될 것이고, 또 일부는 결국 구현될 것이다. 실제 구현체를 제안의 일부로 포함시켰을 수도 있고, 아니면 개념만 제시한 후 누군가가 구현하기를 기다려야 할 수도 있다.

- 프리미티브를 구현한다. 5단계로.
- 프리미티브의 구현이 불가능한 것으로 드러났다. 처음으로 복귀.

5단계: 새로운 조합 또는 프로토콜을 제안한다. 암호학자 또는 암호학자의 팀으로서 당신은 개념을 실체화하는 새로운 알고리즘을 제안한다. 예를 들어 **AES**는 암호화 체계의 인스턴스화다(AES는 처음에 빈센트 레이먼Vincent Rijmen과 조앤 대먼Joan Daemen이 제안하였고, 둘의 이름을 합친 레인댈Rijndael이라는 이름의 조합을 만들었다). 이제 다음 절차는?

- 누군가가 이 조합을 구현한다. 5단계로.
- 이걸로 공개 대회에 참가하고 우승한다! 6단계로.
- 제안한 작업에 엄청난 관심이 쏟아진다. 표준화를 해낼 수 있을 것 같다! 7단계로.

- 이 조합을 특허로 출원하기로 한다. 8단계로.
- 당신, 또는 누군가가 이 조합을 구현해보기로 결심한다. 9단계로.

6단계: 알고리즘 대회에서 승리한다. 암호학자들이 가장 좋아하는 행사가 바로 공개 대회다! 예를 들어 AES는 전 세계의 연구원을 초청하여 경쟁하는 대회였다. 수십 번의 제출과 암호 분석가의 분석 라운드(몇 년이 소요될 수 있음) 후, 제출된 목록은 몇 가지 후보(AES의 경우 단일 후보)로 축소된 후 표준화로 이어진다.

- 수년간의 경쟁 끝에 당신의 조합이 대회에서 승리했다! 7단계로.
- 아쉽지만 경쟁을 통과하지 못했다. 처음으로 복귀.

7단계: 알고리즘 또는 프로토콜이 표준화된다. 표준은 일반적으로 정부나 표준화 기구에서 발행한다. 목표는 상호 운용성을 최대화하기 위해 모든 사람의 이해를 일치시키는 것이다. 예를 들어 NIST는 정기적으로 암호화 표준을 게시한다. 암호학 분야에서 잘 알려진 표준화 기구는 **IETF**Internet Engineering Task Force로, 다양한 인터넷 표준(TCP, UDP, TLS 등)의 배후에 있으며 책에서 자주 언급하게 될 것이다. IETF의 표준을 **RFC**Request For Comments라 하며 표준을 작성하려는 거의 모든 사람이 작성할 수 있다.

> 투표를 하지 않는다는 점을 강조하기 위해 '허밍' 전통도 도입했다. 의장은 좌중의 분위기를 파악하기 위해 찬반 질문을 던지고, 손을 들어 올리는 대신 각 의견에 대해 회의 참여자가 허밍(콧노래)을 하도록 요청한다.
>
> ―RFC 7282 (<On Consensus and Humming in the IETF(IETF의 합의 및 허밍)>, 2014)

때로는 회사에서 직접 표준을 게시하기도 한다. 예를 들어 RSA Security LLC(RSA 알고리즘 창시자가 자금을 지원)는 당시 회사에서 사용했던 알고리즘과 기술을 합법화하기 위해 **공개 키 암호학 표준**Public Key Cryptography Standards, PKCS이라는 15개의 문서를 발표했다. 요즘은 이런 사례가 매우 드물다. 대다수 회사는 자체 문서를 내지 않고 IETF를 통해 프로토콜이나 알고리즘을 RFC로 표준화한다.

- 당신의 알고리즘, 또는 프로토콜이 구현되었다. 9단계로.
- 아무도 이 표준을 신경쓰지 않는다. 처음으로 복귀.

8단계: 특허가 만료된다. 암호학에서 특허가 등록되었다는 것은 보통 아무도 알고리즘을 사용하지 않는다는 것을 의미한다. 그런데 특허가 만료된 후 프리미티브에 대한 새로운 관심이 생기는 일이 적지 않다. 가장 인기 있는 예는 아마도 슈노어Schnorr 서명일 것이다. 슈노어 서명은 1989년 슈노어 자신이 알고리즘에 대한 특허를 등록하기 전까지는 가장 인기 있는 서명 체계였다. 슈노어 서명이 특허를 통해 독점적 권리를 가지게 되자, NIST는 DSA라는 뒤떨어진 알고리즘을 표준화하게 된다 (요즘에는 많이 사용되지 않는다). 슈노어 서명에 대한 특허는 2008년에 만료되었고, 이후 이 알고리즘은 인기를 회복하기 시작했다.

- 너무 오랜 시간이 지났다. 알고리즘은 완전히 잊혔고 앞으로도 잊힌 상태일 것이다. 처음으로 복귀.
- 만들어낸 조합 위에 다른 사람들이 새로운 조합을 쌓아올리기 시작한다. 5단계로.
- 사람들이 이 조합을 원하지만 실제로 표준화되기만을 기다리고 있다. 7단계로.
- 어떤 개발자가 당신의 알고리즘을 구현하고 있다! 9단계로.

9단계: 조합, 또는 프로토콜이 구현된다. 구현자는 문서나 표준을 읽고 이해한 후 이를 쓰기 쉽고 안전하게 구현하는 어려운 과제를 떠안고 있다. 암호화를 사용하는 방식에서 많은 치명적인 버그가 발생할 수 있으므로 구현은 쉬운 작업이 아니다.

- 이 구현을 뒷받침할 표준이 필요하다고 결정하게 된다. 7단계로.
- 암호학 라이브러리에 대한 엄청난 관심이 쏟아진다! 10단계로.

10단계: 개발자가 애플리케이션에서 프로토콜 또는 프리미티브를 사용하기 시작했다. 개발자에게 필요한 것을 암호학 라이브러리가 해결해주고 있다!

- 프리미티브가 개발자의 필요를 해결해주지만 표준이 없어서 어려움이 있다. 7단계로.
- 자신만의 프로그래밍으로 이 프로토콜 또는 프리미티브를 만들고 싶다. 9단계로.
- 누군가가 라이브러리를 오용했거나 보안이 뚫렸다. 게임 끝.

어떤가? 프리미티브가 실세계로 갈 수 있는 방법은 많다. 가장 좋은 방법은 수년간의 분석, 구현자 친화적인 표준, 우수한 라이브러리 등을 갖추는 것이다. 최악의 방법은 잘못된 알고리즘을 잘못된 방법으로 구현하는 것이다. 그림 1.16에서 모범적 사례를 볼 수 있다.

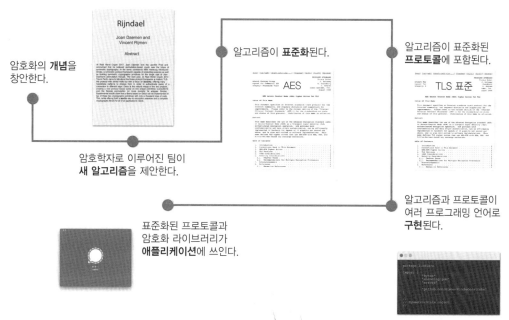

암호화의 **개념**을
창안한다.

알고리즘이 **표준화**된다.

알고리즘이 표준화된
프로토콜에 포함된다.

암호학자로 이루어진 팀이
새 알고리즘을 제안한다.

표준화된 프로토콜과
암호화 라이브러리가
애플리케이션에 쓰인다.

알고리즘과 프로토콜이
여러 프로그래밍 언어로
구현된다.

그림 1.16 암호 알고리즘의 이상적인 수명주기는 암호학자가 백서에서 개념을 기술하면서 시작된다. 예를 들어 AES는 대칭 암호화 개념을 기술한 것이다(그 외에도 많은 대칭 암호화 알고리즘이 있다). 다음은 표준화다. 모든 사람이 상호 운용성을 극대화하기 위해 특정 방식으로 구현하는 데 동의한다. 이후 여러 언어로 표준을 구현하여 현실화가 이루어진다.

1.8 경고장

누구든 자신이 깨뜨릴 수 없는 알고리즘을 만들 수 있다. 최고의 암호학자도, 가장 무지한 아마추어도.

—브루스 슈나이어 (<Memo to the Amateur Cipher Designer
(아마추어 암호 설계자에게 보내는 메시지)>, 1998)

경고하건대 암호학은 마스터하기 어렵다. 책을 다 읽은 후 복잡한 암호학 프로토콜을 만들어낼 수 있다고 생각한다면 오산이다. 이 책을 통해 새로운 것을 배우고 무엇이 가능한지 알고 무엇이 어떻게 작동하는지 알 수는 있겠지만 암호학의 마스터가 될 수는 없을 것이다.

이 책은 성배가 아니다. 사실 이 책의 마지막 페이지를 넘기면서 얻게 될 교훈은 명확하다. 진짜 모험은 혼자 떠나면 안 된다는 점이다. 드래곤을 물리치려면 풍부한 인벤토리와 좋은 파티가 필요하다. 달리 말하면 암호학은 복잡하며 이 책에서 배운 내용만으로 실전에 활용하기란 쉽지 않다. 복잡한 시스템을 구축하려면 수년 동안 이 분야를 연구한 전문가가 필요하다. 하지만 이 책에서 암호화를 언제 사용해야 하는지, 또는 어떤 문제가 생겼을 때 직면한 문제를 해결하기 위해 사용할 수 있는 암호학 프리미티브와 프로토콜이 무엇인지, 그리고 이러한 모든 암호학 알고리즘이 표면에서 어떻게 작동하는지는 배울 수 있다. 명심했다면 다음 장으로 나아가자.

요약

- 프로토콜은 여러 참가자가 기밀 메시지 교환과 같은 일을 하기 위한 단계별 절차다.
- 암호학은 적대적인 환경에서 프로토콜을 보호하기 위한 것이다. 보통 비밀을 필요로 한다.
- 암호학 프리미티브는 암호학 알고리즘의 종류다. 예를 들어 대칭 암호화는 암호학 프리미티브며, AES는 특정한 대칭 암호화 알고리즘이다.
- 서로 다른 암호학 프리미티브를 분류하는 방법 중 하나는 대칭 및 비대칭 암호학의 두 가지 유형으로 나누는 것이다. 대칭 암호학은 하나의 키를 사용하는 반면 비대칭 암호학은 두 개의 키를 사용한다.
- 암호학의 속성은 분류하기 어렵지만 대부분 인증 또는 기밀성이라는 두 가지 속성 중 하나를 제공하는 것을 목표로 한다. 인증은 무언가 또는 누군가의 진위 여부를 확인하는 것이고, 기밀성은 데이터 또는 ID의 프라이버시에 관한 것이다.
- 실세계 암호학은 기술 응용 분야에서 어디든 적용할 수 있기에 중요하지만 그에 비해 이론 암호학은 쓸모가 많지 않다.
- 이 책에 실린 대부분의 암호학 프리미티브는 오랜 표준화 과정을 거쳐 합의되었다.
- 암호학은 복잡하며, 암호학 프리미티브를 구현하거나 사용하는 데는 많은 위험이 도사리고 있다.

해시 함수

해시 함수의 역할은 명료하다. 바로 모든 것에 고유한 식별자를 붙이는 것이다. 이번 장에서는 바로 이 첫 번째 암호학의 구성 요소로 **해시 함수**hash function를 소개한다. 해시 함수는 암호학의 모든 곳에 있다. 이 함수는 데이터를 입력으로 받고 고유한 바이트 문자열을 생성한다. 동일한 입력이 주어지면 해시 함수는 항상 동일한 바이트 문자열을 생성한다. 아무것도 아닌 것처럼 보일 수 있지만 이 간단한 함수는 암호학의 수많은 조합을 만드는 데 매우 유용하게 쓰인다. 이 장에서는 해시 함수에 대해 알아야 할 모든 것을 알아본다.

2.1 해시 함수란?

웹서핑을 하는 독자의 눈앞에 다운로드 버튼이 있다. DOWNLOAD라는 글자가 쓰인 버튼, 이것을 클릭하면 파일이 포함된 다른 웹사이트로 이동하는 것 같다. 그 아래에는 이해할 수 없는 긴 문자열이 있다.

```
f63e68ac0bf052ae923c03f5b12aedc6cca49874c1c9b0ccf3f39b662d1f487b
```

그다음에는 일종의 약어로 보이는 sha256sum이 보인다. 익숙한 상황인가? 아마 언젠가 그런 이상한 문자열을 동반한 무언가를 다운로드했을 것이다(그림 2.1).

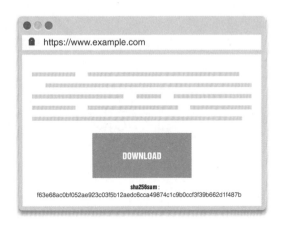

그림 2.1 파일이 포함된 외부 웹사이트로 연결되는 웹페이지. 첫 번째 페이지가 파일의 해시 또는 다이제스트를 제공하여 다운로드한 파일에 대한 무결성을 보장하므로 외부 웹사이트는 파일의 내용을 수정할 수 없다.

그 문자열의 쓰임새는 다음과 같다.

1. 버튼을 클릭하여 파일을 다운로드한다.

2. SHA-256 알고리즘을 사용하여 다운로드한 파일을 **해시**hash한다.

3. 출력(다이제스트digest)을 웹페이지에 표시된 긴 문자열과 비교한다.

이를 통해 올바른 파일을 다운로드했는지 확인할 수 있다.

> **NOTE** 해시 함수의 출력을 **다이제스트**digest, 또는 해시라고 한다. 책에서는 두 단어를 같은 의미로 사용한다. 이를 **체크섬**checksum, 또는 **섬**sum이라고 부르는 경우도 있지만 이러한 용어는 **주**로 비암호학 해시 함수에서 사용되며 혼란을 초래할 수 있기 때문에 이 책에서는 사용하지 않을 것이다. 다른 코드베이스나 문서에서는 다른 용어를 사용할 수 있으므로 유념하자.

해시에 쓰이는 인기 있는 라이브러리 중 하나로 OpenSSL이 있다. 맥OS를 비롯한 여러 시스템에서 기본적으로 제공되는 다목적 CLI를 통해 사용할 수 있다. 예를 들어 터미널을 열고 다음 명령을 입력하자.

```
$ openssl dgst -sha256 downloaded_file
f63e68ac0bf052ae923c03f5b12aedc6cca49874c1c9b0ccf3f39b662d1f487b
```

이 명령은 SHA-256 해시 함수를 사용하여 입력(downloaded_file)을 고유 식별자(명령에 의해 반환된 값)로 변환한다. 그럼 이러한 절차를 통해 무엇을 얻을 수 있을까? 바로 무결성과 진본성을 얻을 수 있다. 다운로드한 파일이 실제로 다운로드하려는 파일임을 알 수 있다.

이 모든 것은 **제2 역상 저항성**second preimage resistance이라는 해시 함수의 보안 속성 덕분이다. 제2 역상 저항성이란 해시 함수의 출력에 해당하는 긴 문자열 f63e…을 생성할 수 있는 해시 함수의 입력이 유일하다는 성질을 의미한다. 즉, 이 다이제스트는 다운로드한 입력 파일과 일대일 대응되며, 공격자가 사용자가 다운로드하는 파일 대신 다른 파일을 심어도 사용자는 해시 함수의 출력 덕분에 속지 않을 수 있다.

> **16진 표기법**
>
> 긴 출력 문자열 f63e…는 16진수로 표시된 이진 데이터를 나타낸다. 16진수란 0에서 9까지의 숫자와 a에서 f까지의 문자를 사용하여 데이터의 여러 비트를 나타내는 표기법이다. 같은 문자열을 2진수로, 즉 0과 1로 표시할 수도 있지만 그러면 상당한 공간을 차지할 것이다. 16진 표기법을 사용하면 8비트(1바이트)가 발생할 때마다 2개의 알파벳, 혹은 숫자로 표현이 가능하다. 사람이 읽을 수 있으며 공간을 덜 차지한다. 사람의 가독성을 위해 이진 데이터를 변환하는 다른 방법도 있지만 가장 널리 사용되는 두 가지 인코딩은 16진, 64진 표기법이다. 진법이 클수록 이진 문자열을 표시하는 데 필요한 공간이 줄어들지만 특정 시점부터는 사람이 읽을 수 있는 표기 문자가 부족해진다.

해시 함수의 다이제스트는 웹페이지 소유자가 게시하는 것이며, 웹페이지를 수정할 수 있는 모든 사람이 바꿀 수 있다. 즉 다이제스트를 게시한 웹페이지, 그 소유자, 그리고 페이지를 불러오는 메커니즘을 모두 신뢰할 수 있어야 올바른 파일을 내려받았다는 사실을 확신할 수 있다(파일 다운로드를 제공하는 주소 자체는 신뢰할 필요가 없다). 이런 점을 감안하면 **해시 함수만으로는 무결성을 얻을 수 없다.** 다운로드한 파일의 무결성 및 진본성은 다이제스트를 제공하는 신뢰할 만한 메커니즘(이 경우 HTTPS)과 다이제스트를 통해 확보할 수 있다. HTTPS에 대해서는 9장에서 따로 다룰 예정이며 지금은 HTTPS가 마법처럼 웹사이트와 안전하게 통신할 수 있다고 생각해두자.

그림 2.2에서는 해시 함수를 블랙박스로 시각화했다. 이 블랙박스는 하나의 입력을 받아 하나의 출력을 낸다.

해시 함수 → f63e68ac0…

그림 2.2 해시 함수는 임의의 길이의 입력(파일, 메시지, 비디오 등)을 받아 고정된 길이 출력(예: SHA-256의 경우 256비트)을 생성한다. 동일한 입력을 해시하면 동일한 다이제스트(또는 해시)가 생성된다.

이 함수의 입력은 어떤 크기든 될 수 있다. 입력이 비어 있을 수도 있다. 출력은 항상 동일한 길이를 가지며 **결정론적**deterministic이다. 결정론적이란 동일한 입력이 주어지면 항상 동일한 결과를 생성한다는 뜻이다. 예시에서 SHA-256은 항상 256비트(32바이트)의 출력을 제공하며, 이는 항상 16진수로 된 64개의 알파벳 및 숫자로 인코딩된다. 해시 함수의 중요한 속성은 알고리즘을 되돌릴 수 없다는 것이다. 즉, 주어진 출력을 가지고 입력을 찾을 수 없다. 해시 함수의 이러한 속성을 단방향one-way이라 한다.

해시 함수가 실제로 어떻게 작동하는지 감을 잡기 위해, 아까와 같이 OpenSSL CLI를 사용하여 SHA-256 해시 함수로 다른 입력을 해시해보자. 터미널에서 다음 명령을 입력하고 결과를 확인해보자.

```
$ echo -n "hello" | openssl dgst -sha256
2cf24dba5fb0a30e26e83b2ac5b9e29e1b161e5c1fa7425e73043362938b9824    ← 같은 입력을 해시하면
$ echo -n "hello" | openssl dgst -sha256                               같은 결과를 얻는다.
2cf24dba5fb0a30e26e83b2ac5b9e29e1b161e5c1fa7425e73043362938b9824
$ echo -n "hella" | openssl dgst -sha256                            ← 입력을 아주 살짝만 바꾸어도
70de66401b1399d79b843521ee726dcec1e9a8cb5708ec1520f1f3bb4b1dd984      완전히 다른 결과를 얻는다.
$ echo -n "this is a very very very very very very
→ very very very long sentence" | openssl dgst -sha256             입력의 길이와 무관하게 출력의 길이는
1166e94d8c45fd8b269ae9451c51547dddec4fc09a91f15a9e27b14afee30006      항상 동일하다.
```

다음 절에서는 해시 함수가 가지는 보안 속성을 살펴본다.

2.2 해시 함수의 보안 속성

응용 암호학에서 해시 함수는 세 가지 보안 속성을 제공하기 위해 정의된 구조다. 다음 절에서 보겠지만 이 정의는 시간이 지남에 따라 변경되었다. 지금은 현 시점에서 해시 함수의 세 가지 강력한 기반을 정의하겠다. 이를 알아야 해시 함수가 언제 유용한지, 언제 유용하지 않은지 알 수 있다.

첫 번째는 **역상 저항성**pre-image resistance이다. 이 속성은 주어진 출력을 입력으로 바꾸는 역함수를 누구도 만들 수 없는 성질이다. 그림 2.3에서 볼 수 있듯, 해시 함수는 믹서기와 같아서 만들어진 스무디에서 재료를 회수하는 것은 불가능하다. 즉, 이 함수는 일방향성이다.

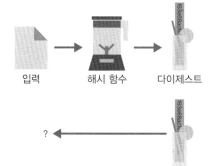

그림 2.3 해시 함수(그림에서 믹서기로 표현)에 의해 생성된 다이제스트가 주어졌을 때, 사용된 원래 입력을 해시 함수로 찾는 것은 불가능하다(또는 기술적으로 너무 어려워서 사실상 불가능하다). 이 보안 속성을 역상 저항성이라 한다.

CAUTION 입력값의 범위가 굉장히 좁다면 어떻게 될까? 'oui' 또는 'non'과 같은 문자열이 입력이라 가정해보자. 그러면 누군가가 가능한 모든 알파벳 3글자 단어를 해시하는 방법으로 입력이 무엇인지 알아낼 수 있다. 입력 공간이 작다면? 예를 들어 "나는 월요일 오전 3시에 집에 갈 것이다"라는 긴 문장을 해시하면, 문장에서 바뀌는 부분이 요일, 시간처럼 일부에 불과해 공격자가 가능한 모든 요일과 시간을 시도하다 보면 올바른 해시값을 찾아낼 수 있을 것이다. 따라서 이 첫 번째 보안 속성, 역상 저항성은 '너무 작거나 예측 가능한 것을 숨길 수 없다'는 명백한 단점을 가진다.

두 번째 속성은 **제2 역상 저항성**second pre-image resistance이다. 앞에서 파일의 무결성을 보호하고자 할 때 이미 이 보안 속성을 다룬 바 있다. 이 속성의 의미는 입력과 입력에 해당하는 다이제스트가 주어졌을 때 해당 다이제스트를 생성하는 다른 입력을 찾을 수 없다는 뜻이다(그림 2.4).

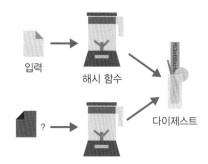

그림 2.4 입력과 입력에 해당하는 다이제스트가 주어졌을 때 해당 다이제스트를 생성하는 다른 입력을 찾을 수 없다. 이 보안 속성을 제2 역상 저항성이라고 한다.

이 속성은 공격자가 첫 번째 입력을 제어하지 않는 상황을 전제로 한다. 이를 이해하는 것이 해시 함수에 대한 다음 보안 속성을 이해할 때 중요하다.

마지막 세 번째 속성은 **충돌 저항성**collision resistance이다. 이는 아무도 동일한 출력을 만드는 두 개의 다른 입력을 생성할 수 없도록 보장한다(그림 2.5). 이 속성은 공격자가 두 입력을 선택할 수 있는 상황을 전제로 한다.

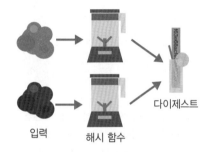

입력　　해시 함수　　다이제스트

그림 2.5 **동일한 출력값(오른쪽)을 발생시키는 두 개의 입력을 찾을 수는 없다. 이 보안 속성을 충돌 저항성이라 한다.**

충돌 저항성과 제2 역상 저항성이 구분이 잘 안 될 수도 있다. 둘의 차이점을 잘 생각해보자.

무작위 오라클

해시 함수는 일반적으로 예측할 수 없으며 무작위로 다이제스트를 출력하게 설계되었다. 이렇게 설계하는 이유는, 앞에서 살펴본 해시 함수의 보안 속성(충돌 저항성 등)으로 프로토콜이 항상 안전하다는 것을 증명할 수 없기 때문이다. 대신 많은 프로토콜이 **무작위 오라클**random oracle이라는, 가상의 이상적인 참가자가 사용되는 모델을 통해 증명된다. 무작위 오라클 프로토콜에서는 무작위한 입력을 무작위 오라클에 요청으로 보낼 수 있다. 무작위 오라클은 완전히 무작위적인 출력을 내놓으며(해시 함수처럼), 동일한 입력을 두 번 주면 동일한 출력을 두 번 내놓는다.

이러한 무작위 오라클이 진짜 해시 함수를 대체할 수 있는지는 알 수 없기 때문에 증명 여부도 논쟁의 여지가 있다. 하지만 해시 함수가 더 이상적일 것이라 여겨졌던 많은 프로토콜에서 이 방법을 사용하여 보안을 입증했다.

2.3 해시 함수의 보안 제약

지금까지 해시 함수의 세 가지 보안 속성을 살펴보았다.

- 역상 저항성
- 제2 역상 저항성
- 충돌 저항성

보안 속성은 그 자체로는 의미가 없다. 보안 속성은 해시 함수를 어떻게 사용하냐에 따라 의미를 가진다. 그러므로 실제 해시 함수를 살펴보기 전에 이러한 보안 속성의 몇 가지 제약을 이해하는 것이 중요하다.

첫째, 이러한 보안 속성은 해시 함수를 사용하고 있다고 가정한다. 필자가 'yes', 또는 'no'라는 단어를 해시하고 다이제스트를 게시한다고 생각해보자. 공격자가 필자가 두 단어 중 하나를 해시한다는 사실을 알면, 두 단어를 모두 해시해보고 결과를 필자가 해시한 결과와 비교할 수 있다. 지금은 어떤 비밀도 없고, 해시 알고리즘은 공개되어 있기 때문에 자유롭게 할 수 있다. 그렇기에 해시 함수의 역상 저항성은 깨질 수 있다고 생각할 수도 있지만 반론을 하자면 이 예시에서는 입력의 '무작위성'이 충분하지 않았다. 또한 해시 함수는 임의의 길이의 입력을 받아들이고 항상 같은 길이의 출력을 생성하므로 동일한 길이의 동일한 해시 출력을 발생시키는 입력은 무한히 존재할 수 있다. '이렇게 되면 제2 역상 저항성이 깨지는 것 아닌가?'라고 생각할 수 있다. 제2 역상 저항성은 같은 출력을 만드는 다른 입력을 찾는 것이 매우 어렵기 때문에, 구현이 이론적으로 아예 불가능하지는 않지만 실질적으로는 불가능하다.

둘째, 다이제스트의 크기가 중요하다. 이는 결코 해시 함수만의 특성이 아니다. 모든 암호학 알고리즘에서 파라미터의 크기는 중요한 요소다. 다음과 같은 극단적인 예를 상상해보자. 길이 2비트의 출력을 무작위적으로, 균일하게uniformly 생성하는 해시 함수가 있다(즉 모든 출력 중 00은 25%, 01은 25%의 비율을 가진다). 이 경우에는 몇 번 해시를 하다 보면 충돌이 생겨난다. 임의의 입력 문자열 몇 개를 해시하다 보면 동일한 출력 해시를 만드는 입력 2개를 찾을 수 있다. 그렇기에 해시 함수가 실제로 생성해야 하는 **최소 출력 크기**minimum output size는 256비트(또는 32바이트)다. 이는 상당한 길이의 출력이기에 컴퓨터의 역사에서 한 획을 긋는 획기적인 사건이 발생하지 않는 한 충돌에 도달할 수는 없다.

그럼 이 256비트는 어떻게 나온 수일까? 실제 암호학에서 알고리즘은 최소 128비트의 보안을 목표로 한다. 이는 알고리즘을 깨고자 하는 공격자가 약 2^{128}회의 작업을 수행해야 함을 의미한다(예를 들어 길이 128비트의 가능한 모든 입력 문자열을 시도하려면 2^{128}회의 작업이 필요하다). 해시 함수가 앞에서 언급한 세 가지 보안 속성을 모두 제공하려면 세 가지 공격 모두에 최소 128비트의 보안을 제공해야 한다. 가장 쉬운 공격은 일반적으로 **생일 경계**birthday bound로 인한 충돌을 찾는 것이다.

생일 경계

생일 경계는 생일 문제가 일부 직관적이지 않은 결과를 드러낸다는 확률 이론에서 유래되었다. 한 방에 여러 사람이 있을 때, 최소 50%의 확률로 두 사람이 같은 생일을 가지려면(충돌하려면) 한 방에 몇 명이 필요한가? 정답은 무작위로 23명을 뽑으면 이 확률에 도달하기에 충분하다는 것이다! 좀 이상하다고 여겨지는가?

이를 **생일 역설**birthday paradox이라 한다. 2^N가지 가능성이 있는 공간에서 문자열을 무작위로 생성할 때, 약 $2^{N/2}$개의 문자열을 생성하면 충돌을 발견할 확률을 50%로 예상할 수 있다.

해시 함수가 256비트의 임의 출력을 생성하는 경우 모든 출력의 공간 크기는 2^{256}이다. 이는 2^{128}개의 다이제스트를 생성한 후 충돌이 발견될 가능성이 높다는 의미다(생일 경계). 128비트의 보안이 목

표로 하는 숫자라면 해시 함수도 최소한 256비트 출력을 제공해야 한다.

특정 제약 조건으로 인해 개발자가 다이제스트를 **잘라내어**truncate 크기를 줄여야 하는 상황도 있을 수 있다. 이론적으로는 가능하지만 이는 보안을 크게 저하시킬 수 있다. 128비트 보안을 달성하려면 최소한 다음과 같은 다이제스트 길이가 필요하다.

- 충돌 저항성을 위해서는 256비트
- 역상 저항성 및 제2역상 저항성을 위해서는 128비트

즉, 어떤 속성이 더 중요한지에 따라 해시 함수의 출력을 잘라 더 짧은 다이제스트를 사용할 수도 있다는 뜻이다.

2.4 해시 함수의 실사용

앞에서 말했듯 실전에서 해시 함수는 보통 단독으로 쓰이지 않는다. 해시 함수는 보통 다른 요소와 결합하여 암호학 프리미티브, 또는 암호학 프로토콜을 구성한다. 이 책에서 해시 함수를 써서 더 복잡한 객체를 만드는 많은 예를 살펴보겠지만 이번 절에서는 해시 함수가 실제 세계에서 사용되는 대표적인 몇 가지 방법을 알아보자.

2.4.1 커밋

상장된 주식이 다음 달에 가치가 상승하여 $50에 도달할 것이라는 것을 알고 있지만 친구들에게 이를 절대 말할 수 없다고 상상해보자(아마도 비밀유지 계약 때문에). 말하고 싶어 입이 근질근질할 것이다. 자랑은 인간의 본성이니까(부정하지 말자). 이때 간접적으로 말하는 방법은 "X라는 주식이 다음 달에 50달러로 오를 것이다"라는 문장을 커밋(약정)commit하는 것이다. 방법은 다음과 같다. 이 문장을 해시하고hash 출력 내용을 친구에게 준다. 한 달 후, 문장을 공개한다. 친구는 받은 문장을 해시해서 실제로 동일한 출력임을 확인할 수 있다.

이것을 커밋 체계commitment scheme라 부른다. 암호학에서 커밋은 두 가지 속성을 가진다.

- **숨기기**: 커밋은 기본값을 숨겨야 한다.
- **바인딩**: 커밋은 하나의 값을 숨겨야 한다. 즉, 값 x로 커밋하면 나중에 다른 값 y가 나올 수 없다.

> **연습 문제**
> 해시 함수가 커밋 체계로 사용되는 경우 숨김 및 바인딩을 제공하는지 알 수 있는가?

2.4.2 서브리소스 무결성

간혹 웹페이지가 외부 자바스크립트 파일을 가져오는 경우가 있다. 예를 들어 많은 웹사이트에서 CDN을 사용하여 자바스크립트 라이브러리 또는 웹 프레임워크 관련 파일을 페이지로 가져온다. CDN은 이러한 파일을 방문자에게 신속하게 전달하기 위해 전략적 위치에 배치된다. 헌데 CDN이 악의적으로 악성 자바스크립트 파일을 제공한다면 이는 실제로 큰 문제가 될 수 있다. 이에 대응하기 위해 웹페이지는 가져오기 태그에 다이제스트를 포함시킬 수 있는 **서브리소스 무결성**subresource integrity이라는 기능을 사용할 수 있다.

```
<script src="https://code.jquery.com/jquery-2.1.4.min.js"
integrity="sha256-8WqyJLuWKRBVhxXIL1jBDD7SDxU936oZkCnxQbWwJVw="></script>
```

이는 이 장의 도입부에서 이야기한 것과 정확히 같은 시나리오다. 자바스크립트 파일을 받으면 브라우저는 이를 해시(SHA-256 사용)하고, 페이지에 하드코딩된 다이제스트에 해당하는지 확인한다. 일치 여부가 확인되면 무결성이 검증된 자바스크립트 파일을 실행한다.

2.4.3 비트토렌트

전 세계의 사용자(피어peer)는 **비트토렌트**BitTorrent 프로토콜을 사용하여 서로 간에 직접 파일을 공유한다(P2P 방식). 피어는 파일을 배포하기 위해 파일을 청크chunk로 자르고 각 청크를 개별적으로 해시한다. 각 청크의 해시는 다운로드할 파일을 나타내는 신뢰의 원천으로서 공유된다.

비트토렌트에는 피어가 다른 피어로부터 파일의 서로 다른 청크를 얻을 수 있도록 하는 몇 가지 메커니즘이 있다. 결국 전체 파일의 무결성은 다운로드된 각 청크를 해시하고 그 출력을(청크에서 파일을 재조립하기 전에) 알려진 다이제스트와 일치시켜서 확인한다. 예를 들어 다음 '마그넷 링크'는 우분투 OS v19.04를 나타낸다. 이 링크는 파일에 대한 메타데이터와 모든 청크의 다이제스트를 해시하여 얻은 다이제스트(16진수)다.

```
magnet:?xt=urn:btih:b7b0fbab74a85d4ac170662c645982a862826455
```

2.4.4 토르

토르Tor 브라우저의 목표는 개인에게 익명으로 인터넷을 탐색할 수 있는 기능을 제공하는 것이다. 토르 브라우저의 또 다른 기능은 물리적 위치를 추적하기 어려운 숨겨진 웹페이지를 만드는 것이다. 이러한 페이지에 대한 연결은 웹페이지의 공개 키를 사용하는 프로토콜을 통해 보호된다(9장에서 세션 암호화를 다룰 때 그 작동 방식을 자세히 알아볼 것이다). 일례로 마약계의 이베이로서 FBI에 압수수색을 당하고 문을 닫았던 '실크로드'는 토르 브라우저에서 silkroad6ownowfk.onion을 통해 접속할 수 있었다. 이 base32 문자열은 실제로 실크로드의 공개 키 해시를 나타낸다. 따라서 .onion 주소를 알면 방문하는 숨겨진 웹페이지의 공개 키를 인증할 수 있으며, 올바른 페이지와 대화하고 있는지 확인할 수 있다. 이해가 잘 안 된다고? 걱정하지 말자. 9장에서 다시 설명할 것이다.

> **연습 문제**
> 그런데 이 문자열이 256비트(32바이트)를 나타낼 방법은 없다. 그렇지 않은가? 2.3절에서 배운 내용에 따르면 이것은 안전할 수 없는데, 어떻게 안전한 것일까? 'Dread Pirate Roberts(실크로드 웹마스터의 가명)[1]'는 웹사이트 이름이 포함된 해시를 어떻게 얻었을까?

이번 절의 예에 따르면 해시 함수는 다음과 같은 상황에서 **내용의 무결성**content integrity 또는 인증 authenticity을 제공했다.

- 누군가가 내용을 조작할 수 있다.
- 해시를 안전하게 전달할 수 있다.

보안을 위해 우리는 무언가를, 또는 누군가를 **인증**authenticate한다고 표현한다. 이때 중요한 것은 해시를 안전하게 전달할 수 없다면 누구나 해시를 다른 해시로 대체할 수 있다는 점이다! 따라서 해시 자체만으로는 무결성을 얻을 수 없다. 다음 장에서 메시지 인증 코드에 대한 내용을 다루며 비밀을 통해 이 문제를 어떻게 해결하는지 살펴본다. 이제 실제로 사용할 수 있는 해시 함수 알고리즘이 무엇인지 살펴보자.

2.5 표준화된 해시 함수

앞에서 SHA-256을 언급했는데 이는 우리가 사용할 수 있는 해시 함수 중 하나일 뿐이다. 계속해서 당대에 권장할 만한 해시 함수를 알아볼 텐데, 그 전에 암호화 해시 함수가 아니지만 실제 애플리케이션에서 사용하는 다른 알고리즘을 가볍게 알아보자.

첫째, CRC32와 같은 함수는 암호화 해시 함수가 아니라 오류 감지 코드 함수다. 몇 가지 간단한 오류를 감지하는 데 도움이 되지만 앞서 언급한 보안 속성은 제공하지 않으며, 해시 함수와 혼동하지

---

1 [옮긴이] https://ko.wikipedia.org/wiki/로스_울브리히트 참고

않아야 한다(가끔 해시 함수라고 불림에도). CRC32의 출력은 보통 **체크섬**이라 부른다.

둘째, MD5 및 SHA-1과 같은 유명한 해시 함수는 오늘날에는 뚫린 것으로 보고 있다. 둘 다 1990년대에 표준화되고 널리 받아들여진 해시 함수였지만 MD5와 SHA-1은 서로 다른 연구팀에 의해 각각 2004년과 2016년에 깨진 것으로 알려졌다. 이러한 해시 함수가 깨진 이유는 컴퓨터 성능의 발달 덕이기도 하지만 근본적으로는 해시 함수의 설계 방식 자체에서 결함이 발견되었기 때문이다.

끝나지 않는 레거시

연구진에 의해 충돌 저항성이 깨지기 전까지 MD5와 SHA-1은 좋은 해시 함수로 여겨졌다. 아직까지도 이 두 해시 함수의 역상 저항성 및 제2 역상 저항성은 깨지지 않았다. 물론 우리는 안전한 알고리즘에 대해서만 다룰 생각이기에 그건 별로 상관없다. 그럼에도 알고리즘의 역상 저항성에만 의존하고 충돌 저항성에는 의존하지 않는 시스템에서 MD5 및 SHA-1을 사용하는 사람들이 여전히 있다. 이런 사람들은 레거시 및 이전 버전과의 호환성 이유로 인해 해시 함수를 보다 안전한 것으로 업그레이드할 수 없다고 주장한다. 이 책은 훗날 실제 암호학의 미래를 위한 한 줄기 빛이 되고자 하기에, 이러한 구식 해시 함수를 언급하는 것은 이번이 마지막이 될 것이다.

다음 두 절에서는 가장 널리 사용되는 두 가지 해시 함수인 SHA-2 및 SHA-3을 소개한다(그림 2.6).

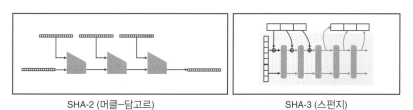

SHA-2 (머클–담고르)　　　　　SHA-3 (스펀지)

그림 2.6 **가장 널리 쓰이는 해시 함수인 SHA-2와 SHA-3. SHA-2는 머클–담고르 구조를 기반으로 하는 반면 SHA-3은 스펀지 구조를 기반으로 한다.**

2.5.1 SHA–2 해시 함수

해시 함수가 무엇인지와 어떻게 사용하는지 대략 알았으니 실제로 어떤 해시 함수를 사용할 수 있는지 알아보자. 이제부터 두 절에 걸쳐서 가장 널리 사용되는 두 가지 해시 함수를 소개하고 작동 방식을 알아볼 것이다. 추상적인 수준의 설명 이상으로 깊게 들어갈 의도는 아니지만 이러한 암호학 프리미티브가 처음에 암호학자에 의해 어떻게 설계되었는지 살펴보면 흥미로울 것이다.

가장 널리 채택된 해시 함수는 **SHA-2**Secure Hash Algorithm 2다. SHA-2는 NSA에서 발명하고 2001년 NIST에서 표준화했다. SHA-2는 NIST에서 이전에 표준화했으나, 노후화된 SHA-1의 공식 후속 표준이기도 하다. SHA-2에는 4가지 다른 버전이 있고 각각 224, 256, 384, 512비트의 출력을 생성한다. 각각의 공식 이름은 SHA-224, SHA-256, SHA-384, SHA-512으로 알고리즘 버전(2)이 생략되어 있다. 또 다른 두 버전, SHA-512/224 및 SHA-512/256은 SHA-512의 결과를 잘라서 각각 224비트 및 256비트 출력을 제공한다.

다음 터미널 세션에서는 OpenSSL CLI를 사용하여 SHA-2의 각 변형을 호출한다. 동일한 입력으로 다른 변형을 호출하면 완전히 다른 지정된 길이의 출력이 생성된다.

```
$ echo -n "hello world" | openssl dgst -sha224
2f05477fc24bb4faefd86517156dafdecec45b8ad3cf2522a563582b
$ echo -n "hello world" | openssl dgst -sha256
b94d27b9934d3e08a52e52d7da7dabfac484efe37a5380ee9088f7ace2efcde9
$ echo -n "hello world" | openssl dgst -sha384
fdbd8e75a67f29f701a4e040385e2e23986303ea10239211af907fcbb83578b3
➥ e417cb71ce646efd0819dd8c088de1bd
$ echo -n "hello world" | openssl dgst -sha512
309ecc489c12d6eb4cc40f50c902f2b4d0ed77ee511a7c7a9bcd3ca86d4cd86f
➥ 989dd35bc5ff499670da34255b45b0cfd830e81f605dcf7dc5542e93ae9cd76f
```

오늘날 주로 쓰이는 것은 SHA-256이다. SHA-256은 세 가지 보안 속성에 필요한 최소 128비트의 보안을 제공한다. 보안에 더 엄격한 애플리케이션은 SHA-512를 사용한다. 다음으로 SHA-2가 작동하는 방식을 간략하게 알아보자.

XOR 연산

다음 내용을 이해하려면 XOR(배타적 OR) 연산을 이해해야 한다. XOR은 비트 연산bitwise operation의 일종으로, 암호학 분야에서 널리 사용되므로 반드시 기억해야 한다. 다음 그림에서 XOR 연산의 예를 볼 수 있다.

XOR

$$1 \oplus 0 = 1$$
$$1 \oplus 1 = 0$$
$$0 \oplus 1 = 1$$
$$0 \oplus 0 = 0$$

배타적 OR, 또는 XOR(종종 $\oplus$로 표시됨)은 2개 비트를 가지고 연산을 수행한다. 두 피연산자가 모두 1인 경우를 제외하고는 OR 연산과 비슷하다.

이 모든 것은 **압축 함수**compression function라는 특수 함수로 시작된다. 압축 함수는 어떤 크기의 두 입력을 받아서 한쪽 입력의 크기에 해당하는 하나의 출력을 생성한다. 쉽게 말해 몇 개의 데이터를 받고 더 적은 데이터를 반환한다(그림 2.7).

그림 2.7 **압축 함수는 크기 X와 Y(여기서는 둘 다 16바이트)의 두 가지 다른 입력을 받아 X 또는 Y 크기의 출력을 반환한다.**

압축 함수를 만드는 방법에는 여러 가지가 있지만 SHA-2는 **블록 암호**block cipher(고정 크기의 데이터 블록을 암호화할 수 있는 암호)에 의존하는 **데이비스-메이어**Davies-Meyer 방법(그림 2.8 참조)을 사용한다. 1장에서 AES 블록 암호를 간단히 언급한 적이 있는데 자세한 설명은 4장에서 이어질 테니 압축 함수를 일종의 블랙박스로만 인지해두자.

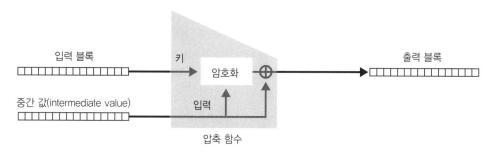

그림 2.8 **데이비스-메이어 구조를 통해 만들어진 압축 함수의 도식화.**
압축 함수의 첫 번째 입력(입력 블록)은 블록 암호의 키로 사용된다. 두 번째 입력(중간 값)은 블록 암호에 의해 암호화될 입력으로 사용되고, 그다음에는 블록 암호의 출력과 XOR될 때 다시 사용된다.

SHA-2는 이러한 압축 함수를 반복적으로 호출하여 메시지를 해시하는 알고리즘(랄프 머클Ralph Merkle과 이반 담고르Ivan Damgård가 독립적으로 발명)인 **머클-담고르**Merkle–Damgård 구조다. 구체적으로 는 다음 두 단계를 거쳐 작동한다.

먼저 해시하려는 입력에 패딩을 적용한 다음 입력을 압축 함수에 맞는 블록으로 자른다. 여기서 **패 딩**padding은 길이를 블록 크기의 배수로 만들기 위해 입력에 특정 바이트를 추가하는 것을 의미한 다. 패딩된 입력을 동일한 블록 크기로 자르면 압축 함수의 첫 번째 인수에 맞출 수 있다. 예를 들어 SHA-256의 블록 크기는 512비트다. 그림 2.9는 이 단계를 보여준다.

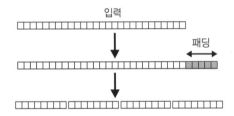

그림 2.9 머클-담고르 구조의 첫 번째 단계는 입력 메시지에 패딩을 추가하는 것이다. 이 단계를 거치면 입력 길이가 사용 중인 압축 함수의 입력 크기의 배수가 될 것이다(예: 8바이트). 이 그림의 예에서는 원래 27바이트인 입력 끝에 5바이트 패딩을 추가하여 32바이트로 만들고, 패딩한 메시지를 8바이트의 4개 블록으로 자른다.

둘째, 압축 함수의 이전 출력을 압축 함수에 대한 두 번째 인수로 사용하여 압축 함수를 메시지 블록에 반복적으로 적용한다. 최종 출력이 **다이제스트**가 된다(그림 2.10).

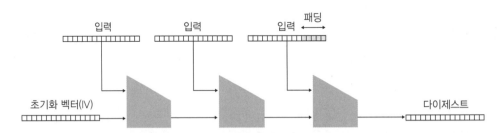

그림 2.10 머클-담고르 구조는 해시할 입력의 각 블록과 이전 압축 함수의 출력에 압축 함수를 반복적으로 적용한다. 압축 함수에 대한 최종 호출은 다이제스트를 직접 반환한다.

이것이 SHA-2의 작동 방식이다. 최종 다이제스트가 출력될 때까지 입력 조각에 대해 압축 함수를 반복적으로 호출한다.

NOTE 머클-담고르 구조는 압축 함수 자체가 있는 한 충돌 저항성을 가진다는 증명이 이미 이루어졌다. 따라서 **임의 길이 입력을 가지는 해시 함수**의 보안은 **고정 크기** 압축 함수의 보안과 같고, 설계 및 분석이 더 용이해진다. 여기에 머클-담고르 구조의 독창성이 있다.

처음에는 압축 함수의 두 번째 인수를 보통 "nothing-up-my-sleeve" 값으로 고정하고 표준화된다. SHA-256의 경우 첫 번째 소수의 세곱근을 사용하여 이 값을 도출한다. nothing-up-my-sleeve 값은 (백도어 생성 등의 목적으로) 해시 함수를 일부러 약하게 만드는 값을 선택하지 않았음을 확실히 한다는 의미로 암호학 커뮤니티에서 사용되는 값이다. 이는 암호학에서 널리 사용되는 개념이다.

CAUTION SHA-2는 사용하기에 완벽한 해시 함수지만 비밀을 해시하기에는 적합하지 않다. 머클-담고르 구조의 단점 때문인데, SHA-2를 비밀에 사용하는 경우 특정 공격(길이 확장 공격length extension attack이라 함)에 취약하다. 관련 내용을 다음 장에서 더 자세히 이야기하겠다.

2.5.2 SHA-3 해시 함수

앞서 언급했듯 MD5 및 SHA-1 해시 함수는 모두 최근에 깨졌다. 이 두 함수는 앞 절에서 설명한 것과 동일한 머클-담고르 구조를 사용했고, SHA-2가 길이 확장 공격에 취약하다는 사실 때문에 NIST는 2007년에 새로운 표준인 SHA-3에 대한 공개 대회를 조직하기로 결정했다. 이번 절에서는 새로운 표준을 소개하고 내부 작동을 대략적으로 알아본다.

2007년에는 서로 다른 국제 연구팀에서 64개 후보자가 SHA-3 대회에 참가했다. 5년 후, 경쟁 후보 중 하나인 Keccak이 우승하여 SHA-3라는 이름을 갖게 되었고 2015년에 SHA-3은 FIPS 간행물 202(https://nvlpubs.nist.gov/nistpubs/FIPS/NIST.FIPS.202.pdf)에서 표준화되었다.

SHA-3은 앞서 이야기한 세 가지 보안 속성을 가지며 SHA-2의 다양한 버전만큼 많은 보안을 제공한다. 또한 길이 확장 공격에 취약하지 않으며 암호를 해시하는 데 사용할 수도 있어서 현재 주로 권장되는 해시 함수다. SHA-2처럼 여러 버전이 있고, 각 버전은 SHA-3-224, SHA-3-256, SHA-3-384, SHA-3-512와 같은 이름을 가지므로 SHA-3로부터 파생됨을 나타낸다. SHA-2와 비슷하게 SHA-3-256은 256비트의 출력을 제공한다. 앞으로 몇 페이지에 걸쳐 SHA-3의 작동 방식을 알아보자.

SHA-3은 **순열**permutation 위에 구축된 암호화 알고리즘이다. 순열을 이해하기 위해 간단한 예를 들어보자. 왼쪽에 원소로 이루어진 집합이 있고, 오른쪽에도 동일한 집합이 있다. 이제 왼쪽의 각 원소에서 오른쪽으로 향하는 화살표를 그린다. 각 원소에는 시작하고 끝나는 화살표가 하나만 있을 수 있다. 화살표를 다 그리면 하나의 순열이 완성된다(그림 2.11). 정의에 따르면 모든 순열은 **가역적**이다. 즉, 출력으로부터 입력을 찾을 수 있다.

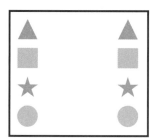
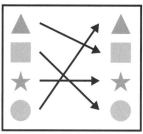
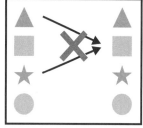

양쪽에 동일한 원소로
구성된 집합이 있다.

화살표를 그리면
순열이 생성된다.

각 원소는 하나의 화살표에만
연결될 수 있다.

그림 2.11 네 가지 다른 모양으로 만든 순열의 예. 중간 그림의 화살표로 설명된 순열을 사용하여
주어진 모양을 변형할 수 있다.

SHA-3는 머클-담고르와는 다른 구조인 **스펀지 구조**sponge construction로 제작되었다. 이는 입력을 받아 동일한 크기의 출력을 반환하는 **keccak-f**라는 특정 순열을 기반으로 한다.

keccak-f가 어떻게 설계되었는지는 자세히 설명하지 않겠지만 AES 알고리즘과 (키가 없다는 점만 제외하고) 실질적으로 유사하기 때문에 4장에서 어느 정도 간접적으로 다룬다. AES의 발명가 중 한 명이 SHA-3의 발명가 중 한 사람이기에 이는 우연이 아니다.

8비트 순열을 예로 들어 스펀지 구조가 어떻게 작동하는지 알아본다. 순열은 고정되어 있기 때문에 그림 2.12와 같이 가능한 모든 8비트 입력에 대해 만들 수 있는 순열 매핑의 예를 상상할 수 있다. 순열에 대한 이전 설명에서 모양으로 표현할 것을 8비트 문자열로 대체했다고 볼 수도 있다(000…은 삼각형, 100…은 정사각형 등).

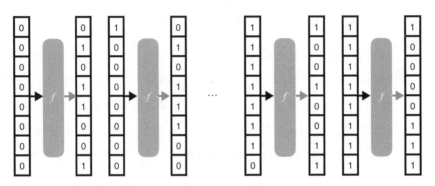

그림 2.12 특정 순열 f를 사용하는 스펀지 구조. 입력에 대한 순열을 만들어서 8비트의
모든 가능한 입력과 8비트의 모든 가능한 출력 사이의 매핑을 생성한다.

스펀지 구조에서 순열을 사용하려면 입력과 출력을 r(rate) 부분과 c(capacity) 부분으로 임의로 나누는 방식도 정의해야 한다. 좀 낯설겠지만 익숙해지길. 그림 2.13은 이 과정을 보여준다.

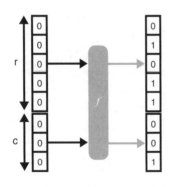

그림 2.13 순열 f는 크기가 8비트인 입력을 동일한 크기의 출력
으로 무작위화한다. 스펀지 구조에서 이 순열의 입력과 출력은
r(rate)과 c(capacity) 두 부분으로 나누어진다.

r과 c의 위치는 임의적이다. SHA-3도 여러 버전이 있고, 버전마다 다른 파라미터를 사용한다. c는 비밀로 취급해야 하며 c가 클수록 스펀지 구조가 더 안전하다고 한다.

어쨌든 해시 함수라면 무언가를 해시할 수 있어야 한다. 그렇지 않은가? 그렇지 않으면 쓸모가 없다.

해시를 위해서는 순열 입력의 r과 입력을 XOR(⊕)하면 된다. 처음에는 0이 무더기로 나올 것이다. 앞서 설명했듯 c는 비밀로 취급되므로 c에 대한 XOR 연산은 하지 않는다. 그림 2.14를 참고하자.

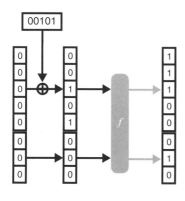

그림 2.14 입력 00101의 5비트를 흡수하기 위해 r이 5비트인 스펀지 구조는 5비트를 r(0로 초기화됨)과 XOR한다. 이후 순열의 상태는 무작위화된다.

얻은 출력은 이제 무작위로 보일 것이다(물론 순열은 가역적이기에 입력이 무엇인지 쉽게 찾을 수 있다). 더 큰 입력을 수집하려면 어떻게 해야 할까? 사실 SHA-2에서와 비슷하다.

1. 필요한 경우 입력에 패딩을 추가하고 입력을 r만큼의 크기의 블록으로 나눈다.

2. 순열 입력으로 각 블록을 XOR하고 각 블록이 XOR된 후 **상태**state(마지막 작업에 의해 출력되는 중간 값)를 순열하면서permute 순열을 반복적으로 호출한다.

단순화를 위해 이 설명의 나머지 부분에서는 패딩을 생략했지만 패딩은 이를테면 0과 00과 같은 입력을 구별하는 프로세스의 중요한 단계다. 그림 2.15에서 이 두 단계를 볼 수 있다.

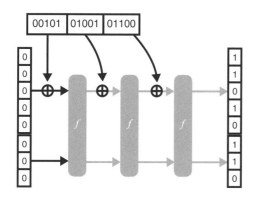

그림 2.15 스펀지 구조는 r보다 큰 입력을 흡수하기 위해 입력 블록을 비율로 반복적으로 XOR하고 결과를 순열한다.

지금까지는 좋았지만 아직 다이제스트를 생성하지는 못했다. 다이제스트를 만들기 위해서는 단순히 스펀지의 마지막 상태의 r을 사용하면 된다(다시 말하지만 c는 건드리지 않았다). 더 긴 다이제스트를 얻기 위해 그림 2.16과 같이 상태의 r 부분을 계속 순열하고 읽을 수 있다.

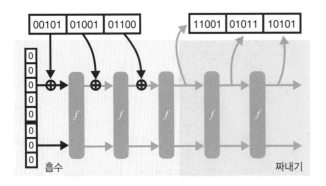

그림 2.16 스펀지 구조로 다이제스트를 얻기 위해 상태를 반복적으로 순열하고 필요한 만큼의 r(상태의 상단 부분)을 받아온다.

이것이 SHA-3가 작동하는 방식이다. 스펀지 구조라는 이름에 걸맞게 입력을 받는 과정을 **흡수**absorbing라 부르고, 다이제스트를 생성하는 과정을 **짜내기**squeezing라 한다. 스펀지는 기본적으로 1,600비트 순열로, SHA-3의 버전에 따라 서로 r과 c 값을 가진다.

SHA-3는 무작위 오라클

앞에서 무작위 오라클을 설명한 바 있다. 무작위 오라클은 입력에 대해 완벽하게 무작위적인 출력을 반환하고 동일한 입력으로 두 번 쿼리하면 동일한 출력을 반복하는 이상적인 가상의 구조다. 스펀지 구조에서 사용하는 순열이 충분히 무작위적으로 보인다는 전제하에 스펀지 구조는 충분히 무작위 오라클처럼 동작한다. 그런데 순열에서 이러한 보안 속성을 어떻게 증명할 수 있을까? 최선의 접근 방식은 설계에 대한 강한 자신감을 얻을 때까지 여러 번 깨뜨리려고 시도하는 것이다(SHA-3 표준을 위한 경합이 이렇게 진행되었다). SHA-3이 무작위 오라클로 모델링될 수 있다는 사실은 SHA-3이 해시 함수에서 기대할 수 있는 보안 속성을 가진다는 의미가 된다.

2.5.3 두 가지 XOF, SHAKE와 cSHAKE

지금까지 해시 함수 표준, SHA-2와 SHA-3을 소개했다. 이들은 임의의 길이의 입력을 받아 무작위로 보이는 고정 길이 출력을 생성하는, 잘 정의된 해시 함수다. 이후 장에서 알아보겠지만 암호학 프로토콜은 종종 이러한 종류의 프리미티브를 필요로 하지만 해시 함수 다이제스트의 고정 크기에 의해 제약을 받는 것을 원하지 않는다. 이러한 이유로 SHA-3 표준은 **확장 가능한 출력 함수**extendable output function, XOF('조프'로 발음한다)라는 보다 다재다능한 프리미티브를 도입했다. 이번 절에서는 두 개의 표준화된 XOF, SHAKE와 cSHAKE를 소개한다.

SHA-3과 함께 FIPS 202에 기술된 **SHAKE**는 임의의 길이의 출력을 반환하는 해시 함수로 볼 수 있다. SHAKE는 기본적으로 SHA-3과 구조가 동일하지만 속도가 더 빠르며 짜내기 단계에서 원하는 만큼 순열 연산을 할 수 있다. 다양한 크기의 출력을 생성할 수 있어서 다이제스트를 생성할 때뿐 아니라 난수를 생성하거나 키를 유도하는 작업 등에도 매우 유용하다. SHAKE의 다양한 응용에 대해서는 뒤에서 다시 다룰 것이다. 일단은 원하는 길이의 출력을 제공한다는 점을 제외하면 SHAKE와 SHA-3이 같다고 생각해두자.

이 구조는 암호학에 매우 유용해서 NIST는 SHA-3이 표준화된 지 1년 후 **cSHAKE**customizable SHAKE라는 커스텀 SHAKE를 다루는 특별 간행물, 800-185를 발행했다. cSHAKE는 커스텀 문자열도 입력으로 받는다는 점을 제외하면 SHAKE와 거의 비슷하다. 이러한 커스텀 문자열은 비어 있을 수도 있고, 그 외의 원하는 문자열일 수 있다. 먼저 cSHAKE를 사용하는 예를 의사 코드로 살펴보자.

```
cSHAKE(input="hello world", output_length=256, custom_string="my_hash")
-> 72444fde79690f0cac19e866d7e6505c
cSHAKE(input="hello world", output_length=256, custom_string="your_hash")
-> 688a49e8c2a1e1ab4e78f887c1c73957
```

보다시피 cSHAKE는 SHAKE와 SHA-3만큼 결정론적이지만 출력된 두 다이제스트가 다르다. 서로 다른 커스텀 문자열이 사용되었기 때문이다. **커스텀 문자열**customization string을 사용하면 XOF를 커스텀화할 수 있다! 증명 작업을 위해 서로 다른 해시 함수를 사용해야 하는 프로토콜에서 이러한 특성을 유용하게 쓸 수 있다. 이런 특성을 **도메인 분리**domain separation라 부른다.

여기서 암호학의 황금률 한 가지를 언급하자면, 동일한 암호학 프리미티브가 다른 용처에 사용되는 경우 동일한 키(키가 필요한 경우)와 함께 사용하거나 도메인 분리를 적용해선 안 된다. 뒤에서 암호학 프로토콜을 알아볼 때 도메인 분리의 더 많은 예를 알아보기로 한다.

CAUTION NIST가 지정하는 알고리즘은 바이트보다는 비트 단위로 파라미터를 사용하는 경향이 있다. 앞의 예에서는 256비트 길이를 사용했다. 여기서 혼동의 여지가 생기는데, 16바이트를 요청했는데 프로그램이 비트 단위를 사용하는 바람에 16비트 길이의 요청을 받고 2바이트를 반환하는 등의 상황이 생길 수 있다. 이 문제를 비트 공격bit attack이라고도 한다.

암호학의 모든 것과 마찬가지로 키, 파라미터, 출력과 같은 암호학적 문자열의 길이는 시스템 보안과 밀접하게 연관되어 있다. SHAKE 또는 cSHAKE에서는 너무 짧은 출력을 요청하지 않는 것이 중요하다. 충돌 공격에 대해 128비트 보안을 제공하므로 256비트 출력을 사용하면 절대 잘못될 수 없다. 하지만 실제 암호화는 더 짧은 암호학적 값을 사용할 수 있는 제한된 환경에서 작동해야 하는 경우가 있다. 이는 시스템의 보안을 주의 깊게 분석하면 가능하다. 예를 들어 값을 사용하는 프로토콜에서 충돌 저항성이 중요하지 않은 경우, SHAKE 또는 cSHAKE에서 128비트 길이의 출력만 사용해서 역상 저항성만을 확보할 수 있다.

2.5.4 튜플해시, 모호성을 해결하다

지금까지 아래와 같은 다양한 유형의 암호학 프리미티브와 암호화 알고리즘에 대해 이야기했다.

- 길이 확장 공격에 취약하지만, 비밀을 해시하지 않는 경우라면 여전히 널리 사용되는 SHA-2 해시 함수
- 최근 추천하는 해시 함수, SHA-3 해시 함수
- 출력 길이가 가변적이기에 해시 함수보다 더 다재다능한 XOF 도구인 SHAKE와 cSHAKE

이번에는 cSHAKE를 기반으로 하고 cSHAKE와 동일한 표준으로 지정된 편리한 함수, **튜플해시** TupleHash를 알아보자. 튜플해시는 튜플tuple(목록)을 해시할 수 있는 흥미로운 함수다. 튜플해시가 무엇이고, 왜 유용한지 알아보고자 한 가지 일화를 소개한다.

필자는 몇 년 전 업무의 일부로 암호화폐를 검토하는 임무를 받았다. 그 암호화폐는 보통의 암호화폐가 가지는 기본 기능(계정, 지불 등)이 있었다. 사용자 간의 거래 트랜잭션transaction에는 누가 누구에게 얼마를 보내는지에 대한 메타데이터가 포함되었다. 또한 트랜잭션 처리에는 네트워크 보상을 위한 소액의 수수료도 포함되어 있었다.

예를 들어 앨리스는 네트워크에 트랜잭션을 보낼 수 있지만 트랜잭션이 승인되려면 해당 트랜잭션이 자신에게서 왔다는 증거가 포함되어야 한다. 이를 위해 그녀는 트랜잭션을 해시하고 서명한다 (1장에서 비슷한 예를 다룬 바 있다). 누구나 트랜잭션을 해시하고 해시의 서명을 확인하여 이것이 앨리스가 전송하려는 트랜잭션인지 확인할 수 있다. 그림 2.17은 트랜잭션이 네트워크에 도달하기 전에 가로채는 MITM이 트랜잭션을 조작할 수 없음을 보여준다. 해시가 변경되었고 서명이 새 트랜잭션의 다이제스트를 증명하지 않기 때문이다.

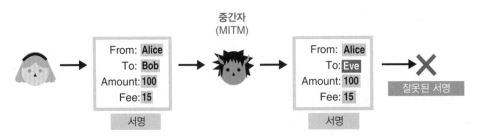

그림 2.17 앨리스는 트랜잭션 해시를 통해 트랜잭션과 서명을 보낸다.
MITM이 트랜잭션을 변조하려고 시도하면 해시가 달라지므로 첨부된 서명도 달라진다.

7장에서도 다루겠지만 이러한 공격자는 새 다이제스트에서 앨리스의 서명을 위조할 수 없다. 그리고 사용된 해시 함수의 제2 역상 저항성 덕분에 공격자는 동일한 다이제스트로 해시되는 완전히 다른 트랜잭션을 찾을 수 없다.

그럼 이제 MITM을 걱정할 필요가 없는 것일까? 그렇지는 않다. 안타깝게도 필자가 검토하던 암호화폐의 경우 각 필드를 단순히 연결하면 트랜잭션이 해시되는 것을 알 수 있었다.

```
$ echo -n "Alice""Bob""100""15" | openssl dgst -sha3-256
34d6b397c7f2e8a303fc8e39d283771c0397dad74cef08376e27483efc29bb02
```

완전히 괜찮아 보였던 것이 실제로는 암호화폐의 지불 시스템을 완전히 망가뜨렸다. 이렇게 하면 공격자가 해시 함수의 제2 역상 저항성을 깨뜨릴 수 있다. 잠시 시간을 내어 동일한 다이제스트, 34d6…으로 해시되는 다른 트랜잭션을 찾는 방법을 생각해보자.

수수료 필드에서 금액 필드로 숫자 하나만 이동시키면 어떻게 될까? 앨리스가 서명한 동일한 다이제스트에 대해 다음 트랜잭션이 해시되는 것을 볼 수 있다.

```
$ echo -n "Alice""Bob""1001""5" | openssl dgst -sha3-256
34d6b397c7f2e8a303fc8e39d283771c0397dad74cef08376e27483efc29bb02
```

이렇게 되면 밥이 조금 더 많은 돈을 받기를 원하는 MITM 공격자는 서명을 무효화하지 않고도 트랜잭션을 수정할 수 있다. 눈치 빠른 독자는 지금쯤 깨달았을 것이다. 튜플해시는 이 문제를 해결할 수 있다. 튜플해시는 모호하지 않은 인코딩을 사용하여 목록을 정확하게 해시한다. 실제로 일어나는 일은 다음과 비슷하다(||는 문자열 연결 연산자).

```
cSHAKE(input="5"||"Alice"||"3"||"Bob"||"3"||"100"||"2"||"10",
→ output_length=256, custom_string="TupleHash"+"anything you want")
```

이번에는 트랜잭션의 각 필드를 연산자로 연결하는 방식으로 입력을 구성한다. 이로써 어떻게 문제가 해결되는지 이해하기 위해 잠시 생각해보자. 일반적으로 입력을 해싱하기 전에 항상 **직렬화**serialization를 확인하여 모든 해시 함수를 안전하게 사용할 수 있다. 입력을 직렬화한다는 것은 입력을 역직렬화(원래 입력을 복구)하는 방법이 항상 존재함을 의미한다. 데이터를 **역직렬화**deserialization할 수 있다면 필드 구분에 모호함이 없을 것이다.

2.6 비밀번호 해시

지금까지 여러 가지 해시 함수, 또는 확장 해시 함수를 살펴보았다. 다음 장으로 넘어가기 전에 마지막으로 비밀번호 해시를 다뤄본다.

다음 시나리오를 상상해보자. 웹사이트(이를 통해 웹마스터가 됨)가 하나 있다. 사용자가 사이트에 회원 가입하고 로그인할 수 있는 두 가지 기능이 있는 두 개의 웹페이지를 만든다. 그런데 갑자기 사용자 비밀번호를 어떻게 저장할지 궁금해졌다. 데이터베이스에 일반 텍스트로 저장할까? 처음에는 이렇게 해도 문제가 없을 것 같다. 하지만 이는 완벽하지 않다. 사람들은 어디에서나 동일한 비밀번호를 재사용하는 경향이 있으며, 보안이 뚫려 공격자가 모든 사용자의 비밀번호를 가져가면 이는 사용자에게도, 플랫폼의 평판에도 큰 문제가 될 것이다. 조금 더 생각해보면 이 데이터베이스를 훔칠 수 있는 공격자는 모든 사용자로 로그인할 수 있다. 확실히 암호를 일반 텍스트로 저장하는 방식은 이상적이지 않으며, 이를 처리하는 더 나은 해결책이 필요하다.

한 가지 해결책은 비밀번호를 해시하고 다이제스트만 저장하는 것이다. 이 경우 누군가가 웹사이트에 로그인할 때 다음과 같은 흐름으로 전개될 것이다.

1. 사용자의 비밀번호를 받는다.

2. 사용자가 준 비밀번호를 해시하고 원래 비밀번호는 제거한다.

3. 이전에 저장한 다이제스트와 새로 해시한 다이제스트를 비교한다. 일치하면 사용자가 로그인한 것이다.

이 흐름을 통해 제한된 시간 동안 사용자의 비밀번호를 처리할 수 있다. 그럼에도 서버에 침입한 공격자는 자신이 감지되기 전까지 이 흐름에서 비밀번호를 기록하기 위해 은밀하게 남아 있을 수 있다. 아직 완벽한 상황은 아니지만 이 방법으로 사이트 보안이 개선되었다. 보안 분야에서는 이런 방어를 **심층 방어**defense in depth라 부르며, 이는 모든 계층을 뚫을 수는 없으리라 바라며 불완전한 방어책들을 계층화하는 행위다. 이는 실세계 암호학의 기본 기조이기도 하다. 그러나 이 해결책에는 다른 문제가 있다.

- 공격자가 해시된 암호를 검색하면 무차별 대입 공격brute force attack 또는 완전 검색exhaustive search(가능한 모든 암호 시도)을 수행할 수 있다. 전체 데이터베이스에 대입, 또는 검색을 시도한다. 이상적으로는 공격자가 한 번에 하나의 해시된 암호만 공격할 수 있도록 속도를 떨어뜨려야 한다.

- 해시 함수는 빨라야 한다. 그런데 공격자는 이를 악용하여 무차별 대입을 할 수 있다. 이상적으

로는 그러한 공격을 늦출 수 있는 메커니즘이 있어야 한다.

첫 번째 문제는 보통 **솔트**salt를 통해 해결할 수 있다. 솔트란 공개되어 있으며 각 사용자마다 다른 임의의 값으로, 해싱할 때 사용자의 비밀번호와 함께 솔트를 사용한다. 어떤 의미에서는 cSHAKE 로 사용자별 커스텀 문자열을 사용하는 것과 같다. 이를 통해 모든 사용자에 대해 다른 해시 함수 를 효과적으로 생성할 수 있다. 각 사용자는 다른 해시 함수를 사용하기 때문에 공격자는 훔친 암 호 해시의 전체 데이터베이스에 테스트하기 위해 아주 거대한 암호 테이블(레인보 테이블rainbow table 이라고도 한다)을 미리 계산해야 하는 상황에 놓이게 된다.

두 번째 문제는 의도적으로 느리게 설계된 **암호 해시**password hash로 해결된다. 현재 가장 앞선 기술 은 2013년부터 2015년까지 진행된 비밀번호 해시 대회Password Hashing Competition(https://password-hashing.net)의 우승작인 **Argon2**다. 집필 시점(2021년)에서, Argon2는 RFC(https://datatracker.ietf.org/doc/draft-irtf-cfrg-argon2/)로 표준화될 예정이다. 실전에서는 PBKDF2, bcrypt, scrypt와 같은 다른 비표준 알고리즘도 사용된다. 문제는 이러한 파라미터가 안전하지 않은 파라미터와 함께 사용될 수 있으므로 실제로 설정하기가 쉽지 않다는 점이다.

또한 Argon2 및 scrypt만이 **메모리 하드**memory hard 특성을 가지고 있기에 공격자의 최적화를 방어 한다. 메모리 하드란 알고리즘이 메모리 접근 최적화를 통해서만 최적화될 수 있음을 의미한다. 다 시 말해 다른 부분을 최적화해도 얻을 것이 거의 없다. 메모리 접근 최적화는 전용 하드웨어 개발로 도 어렵기 때문에(CPU 주위에 엄청나게 많은 캐시를 배치해야 한다) 메모리 하드 특성을 가진 알고리즘 은 어떤 장치에서도 실행되는 속도가 느리다. 이 속성을 통해 공격자가 속도 이점을 얻지 못하게 만 들 수 있다.

그림 2.18은 이 장에서 살펴본 다양한 해시 함수를 도식화했다.

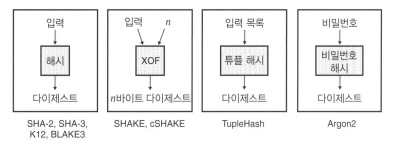

그림 2.18 이 장에서는 4가지 유형의 해시 함수를 살펴보았다. (1) 임의 길이 입력에 대해 고유한 무작위로 보이는 식별자를 제공하는 일반 해시 함수, (2) 임의 길이의 출력을 제공하는 확장 가능한 출력 함수 XOF, (3) 해시 값을 명확하게 나열하는 튜플 해시 함수, (4) 비밀번호를 안전하게 저장하기 위해 쉽게 최적화할 수 없는 비밀번호 해시 함수.

요약

- 해시 함수는 충돌 저항성, 역상 저항성, 제2 역상 저항성을 가진다.
    - 역상 저항성은 다이제스트를 가지며, 그에 해당하는 입력을 찾을 수 없어야 함을 의미한다.
    - 제2 역상 저항성은 주어진 입력과 다이제스트의 쌍으로부터 동일한 다이제스트를 해시하는 다른 입력을 찾을 수 없어야 함을 의미한다.
    - 충돌 저항성은 동일한 출력으로 해시되는 임의의 두 개의 입력을 찾을 수 없어야 함을 의미한다.
- 가장 널리 사용되는 해시 함수는 SHA-2지만 길이 확장 공격에 대한 내성이 부족하므로 권장하는 해시 함수는 SHA-3이다.
- SHAKE는 해시 함수처럼 작동하지만 임의의 길이의 다이제스트를 제공하는 XOF다.
- cSHAKE(커스텀 SHAKE)를 사용하면 다른 XOF처럼 동작하는 SHAKE 인스턴스를 쉽게 만들 수 있다. 이를 도메인 분리라 한다.
- 해시 함수의 제2 역상 저항성이 깨지는 것을 피하려면 해시되기 전에 입력 객체를 직렬화해야 한다. 튜플해시와 같은 알고리즘이 이를 자동으로 처리한다.
- 비밀번호 해시를 위해 특별히 설계된 느린 해시 함수가 있으며 가장 최근의 알고리즘은 Argon2다.

메시지 인증 코드

해시 함수와 비밀 키를 혼합하면 데이터 무결성을 보호하기 위한 암호학 프리미티브인 **메시지 인증 코드**message authentication code, MAC를 얻을 수 있다. 비밀 키라는 요소는 모든 보안의 기반이 된다. 키가 없으면 기밀성이 있을 수 없고, 인증도 있을 수 없다. 해시 함수가 임의의 데이터에 대한 인증 또는 무결성 제공할 수 있는 이유도 변조할 수 없으며 신뢰할 수 있는 채널 덕분이다. 이 장에서는 MAC를 사용하여 이러한 신뢰할 수 있는 채널을 생성하는 방법과 MAC의 다양한 역할을 설명한다.

NOTE 이 장을 이해하려면 2장의 해시 함수에 대한 내용을 숙지해야 한다.

3.1 MAC의 대표적 예, 무상태성 쿠키

시나리오를 하나 가정해보자. 당신은 웹페이지다. 밝고, 알록달록하고, 충성도가 높은 사용자 커뮤니티를 거느린 웹페이지다. 당신과 상호작용하기 위해서는 방문자가 먼저 자격 증명을 보내 로그인해야 하며, 그다음 당신이 자격 증명을 확인해야 한다. 자격 증명이 사용자가 처음 등록할 때 사용한 것과 일치하면 사용자를 **인증**한 것이다.

물론 웹 브라우징 경험은 하나의 요청이 아니라 많은 요청으로 이루어진다. 사용자가 모든 요청에 대해 다시 인증하지 않도록 하기 위해, 브라우저가 사용자 자격 증명을 저장하고 각 요청에 대해 자동으로 자격 증명을 보내게 할 수 있다. 브라우저에는 **쿠키**cookie라는 기능이 있다! 쿠키는 자격 증명만을 위한 것이 아니다. 쿠키에는 각 요청 내에서 사용자가 웹페이지에게 보내고자 하는 모든 것을 저장할 수 있다.

이 단순한 접근 방식은 잘 작동하지만, 그럼에도 사용자 암호와 같은 민감한 정보를 브라우저의 일반 텍스트로 저장하고 싶지는 않을 것이다. 보통 사용자가 로그인한 직후 생성되는 임의의 문자열을 세션 쿠키로 전달하는 경우가 가장 많다. 웹 서버는 임의의 문자열을 사용자의 닉네임으로 임시 데이터베이스에 저장한다. 브라우저가 세션 쿠키를 어떻게든 공개하는 일이 생긴다 해도, 사용자의 암호에 대한 정보는 유출되지 않는다(물론 유출된 세션 쿠키로 사용자를 흉내 내는 데 사용될 수 있다). 또한 웹 서버는 서버 쪽에 있는 쿠키를 삭제하여 세션을 종료할 수 있다.

이 접근 방식에는 문제가 없지만 확장성이 아주 좋은 편은 아니다. 서버가 많은 경우 모든 서버가 사용자와 임의의 문자열 쌍을 관리하게 하는 것은 성가실 것이다. 대신 브라우저 측에 더 많은 정보를 저장하게 하는 방법이 있다. 이제부터 이 방법을 알아보자.

단순한 방식으로 쿠키에 임의의 문자열 대신 사용자 이름을 포함하도록 할 수도 있지만, 이렇게 되면 공격자가 쿠키에 포함된 사용자 이름을 수동으로 수정하여 모든 사용자를 가장할 수 있으므로 문제의 소지가 크다. 이때 2장에서 배운 해시 함수가 도움이 될 것이다. 해시 함수를 써서 사용자가 자신의 쿠키를 변조하는 것을 어떻게 방지할 수 있을까? 잠시 생각해보자.

그럼 사용자 이름뿐 아니라 해당 사용자 이름의 다이제스트도 쿠키에 저장하는 방법을 생각해볼 수 있다. SHA-3과 같은 해시 함수를 사용하여 사용자 이름을 해시하는 것이다(그림 3.1). 효과가 있을까?

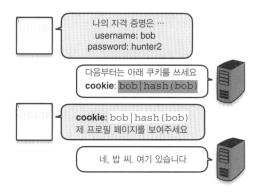

그림 3.1 웹 서버는 브라우저의 요청을 인증하기 위해 브라우저에 사용자 이름과 사용자 이름의 해시를 쿠키에 저장하도록 요청하고, 브라우저는 이후의 모든 요청에서 이 쿠키 정보를 보낸다.

이 방식에는 큰 문제가 있다. 해시 함수는 공개 알고리즘이며, 악의적인 사용자는 새 데이터로 언제든지 해시를 계산할 수 있다. 즉, 해시의 원본(출처)origin을 신뢰할 수 없다면 데이터 무결성을 보장할 수 없다! 실제로 그림 3.2는 악의적인 사용자가 쿠키의 사용자 이름을 수정하면 쿠키의 다이제스트 부분을 다시 계산할 수도 있음을 보여준다.

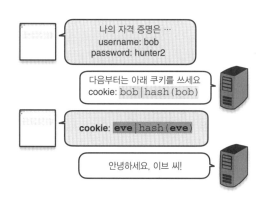

그림 3.2 악의적인 사용자는 쿠키에 포함된 정보를 수정할 수 있다. 쿠키에 사용자 이름과 해시가 포함되어 있으면 공격자가 둘 다 수정하여 다른 사용자를 가장할 수 있다.

하지만 우리에게는 여전히 해시가 필요하다. 다른 방법은 없을까? 해시 함수와 비슷하면서도 이 상황에 딱 맞는 프리미티브가 있다. 바로 MAC다.

MAC는 해시 함수와 같이 입력을 받는 알고리즘이면서 비밀 키도 사용한다. 그런 다음 **인증 태그**authentication tag라는 고유한 출력을 생성한다. 이 프로세스는 결정론적이다. 동일한 비밀 키와 동일한 메시지가 주어지면 MAC는 동일한 인증 태그를 생성한다(그림 3.3).

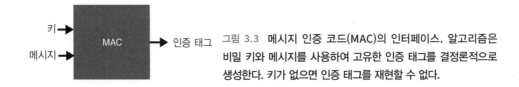

그림 3.3 **메시지 인증 코드(MAC)의 인터페이스. 알고리즘은 비밀 키와 메시지를 사용하여 고유한 인증 태그를 결정론적으로 생성한다. 키가 없으면 인증 태그를 재현할 수 없다.**

이제부터 사용자가 쿠키를 조작할 수 없도록 하기 위해 이 새로운 프리미티브를 사용할 것이다. 사용자가 처음 로그인할 때 비밀 키와 사용자 이름을 통해 인증 태그를 생성하고, 사용자 이름과 인증 태그를 쿠키에 저장하도록 한다. 공격자는 비밀 키를 모르기 때문에 다른 사용자 이름으로 유효한 인증 태그를 위조할 수 없다.

쿠키의 유효성을 검사하려면 동일한 작업을 하면 된다. 비밀 키와 쿠키에 포함된 사용자 이름으로부터 인증 태그를 생성하고, 쿠키에 포함된 인증 태그와 일치하는지 확인한다. 일치한다면 이 쿠키는 사용자가 보낸 것이 맞는다. 유효한 인증 태그를 생성할 수 있는 유일한 사람이 사용자이기 때문이다(그림 3.4).

그림 3.4 **악의적인 사용자는 자신의 쿠키를 위조하더라도 새 쿠키에 대한 유효한 인증 태그를 위조할 수 없다. 결과적으로 웹페이지는 쿠키의 진위와 무결성을 확인할 수 없으므로 요청을 버리게 된다.**

MAC는 키를 알고 있기 때문에 계산할 수 있는 비밀 해시 함수와 같다. 해시 함수를 키로 개인화한 것이라 볼 수도 있다. 해시 함수와의 관계는 여기서 그치지 않는다. 이 장의 뒷부분에서 해시 함수로부터 MAC를 만드는 사례를 살펴본다. 이제 실제 코드를 통해 다른 예를 살펴보자.

3.2 코드 예제

지금까지의 예에서는 MAC를 사용하는 사용자가 한 명뿐이었다. 이번에는 사용자 수를 늘려서 MAC가 실제로 어떻게 사용되는지 확인하는 코드를 작성해보겠다. 사용자가 다른 사람과 의사 소통을 하고 싶고, 자신의 메시지가 노출되어도 괜찮은 상황이라고 가정하자. 하지만 여전히 메시지의 무결성은 중요하다. 누군가가 메시지를 조작해서는 안 된다! 이를 위한 해결책은 통신 무결성을 보호하기 위해 통신 당사자가 동일한 비밀 키와 MAC를 사용하도록 하는 것이다.

가장 널리 사용되는 MAC인 **해시 기반 메시지 인증 코드**hash-based message authentication code, HMAC를 러스트Rust 프로그래밍 언어로 사용하는 예를 살펴보자. HMAC는 내부에서 해시 함수를 사용하는 메시지 인증 코드다. 다른 해시 함수와도 호환되지만 대부분 SHA-2와 함께 사용된다. 다음 코드에서 볼 수 있듯 보내는 부분은 단순히 키와 메시지를 받고 인증 태그를 반환한다.

예제 3.1 러스트에서 인증된 메시지 보내기

```
use sha2::Sha256;
use hmac::{Hmac, Mac, NewMac};

fn send_message(key: &[u8], message: &[u8]) -> Vec<u8> {      비밀 키와 SHA-256 해시 함수를
    let mut mac = Hmac::<Sha256>::new(key.into());  ◀──────  사용하여 HMAC를 인스턴스화

    mac.update(message);  ◀──────  HMAC에 대한
                                   추가 입력 버퍼

    mac.finalize().into_bytes().to_vec()  ◀──────
}                                              인증 태그를 반환
```

받는 쪽에서도 프로세스는 비슷하다. 메시지와 인증 태그를 모두 수신한 사용자는 동일한 비밀 키로 자신의 태그를 생성한 다음 일치 여부를 확인할 수 있다. 암호화와 마찬가지로 이 작업을 수행하려면 양측이 동일한 비밀 키를 공유해야 한다. 다음 코드는 받는 쪽이 어떻게 작동하는지 보여준다.

예제 3.2 러스트에서 인증된 메시지 받기

```
use sha2::Sha256;
use hmac::{Hmac, Mac, NewMac};

fn receive_message(key: &[u8], message: &[u8],       받는 쪽은 동일한 키와 메시지에서
    authentication_tag: &[u8]) -> bool {             인증 태그를 다시 생성해야 함
        let mut mac = Hmac::<Sha256>::new(key);  ◀──────
        mac.update(message);  ◀──────

        mac.verify(&authentication_tag).is_ok()      복제된 인증 태그가 수신한
}                                                    인증 태그와 일치하는지 확인
```

이 프로토콜은 완벽하지 않다. 리플레이 공격replay attack이 가능하기 때문이다. 메시지와 해당 인증 태그를 나중에 생성한 이후 이를 전송해도 일치하는 것으로 인식하게 되지만, 이것이 리플레이(다시 재생)인지 아닌지 감지할 방법이 없다. 이에 대한 해결책은 이 장의 뒷부분에서 설명할 것이다. 이제

MAC가 무엇에 사용될 수 있는지 알았으므로 다음 절에서 MAC의 몇 가지 함정에 대해 알아볼 것이다.

3.3 MAC의 보안 속성

다른 암호학 프리미티브와 마찬가지로, MAC에도 고유한 특성과 함정이 있다. 이번 절에서는 MAC의 보안 속성과 MAC를 올바르게 사용하는 방법을 알아보자. 이번 절의 주요한 내용은 다음과 같다.

- MAC는 인증 태그 위조에 대해 내성이 있다.
- 인증 태그의 보안을 위한 최소 길이가 있다.
- 단순하게 인증하면 메시지를 리플레이할 수 있다.
- 인증 태그의 검증에서 버그가 발생하기 쉽다.

3.3.1 인증 태그의 위조

MAC의 일반적인 보안 목표는 새 메시지의 **인증 태그 위조**authentication tag forgery를 방지하는 것이다. 즉, 비밀 키 k를 모르면 위조하고자 하는 선택한 메시지 m에 대한 인증 태그 $t = MAC(k, m)$을 계산할 수 없음을 의미한다. 인수가 없으면 함수를 계산할 수 없는, 아주 상식적인 구조다.

하지만 MAC는 그보다 훨씬 더 많은 보안을 제공한다. 실제 애플리케이션 중에는 공격자가 일부 제한된 메시지의 인증 태그를 얻을 수 있는 경우가 많다. 예를 들어 이 장 초반에서 소개한 시나리오에서는 사용자가 사용 가능한 닉네임을 등록하면서 거의 임의의 인증 태그를 얻을 수 있다. 따라서 MAC는 이렇게 보다 강력한 공격자에 대해서도 안전해야 한다. 보통 공격자는 많은 수의 임의 메시지에 대한 인증 태그를 생성하도록 요청할 수 있지만, MAC는 공격자가 이전에 본 적 없는 메시지의 인증 태그를 위조할 수 없다는 증명을 가지고 있다.

[NOTE] 이러한 극단적 속성을 증명하는 것이 쓸모가 있는지 의아해할 수 있다. 공격자가 임의의 메시지에 대한 인증 태그를 직접 요청할 수 있다면 보호할 것이 남아 있기는 할까? 하지만 이것이 실제로 암호학에서 보안 증명의 역할이다. 가장 강력한 공격자를 가정하고, 그때도 공격자가 희망이 없음을 보여주는 것이다. 실제로 공격자는 일반적으로 덜 강력하므로, 강력한 공격자조차 나쁜 일을 할 수 없다면 덜 강력한 공격자의 영향은 더 적을 것이라 확신할 수 있다.

따라서 **MAC를 사용하면 비밀 키가 노출되지 않는 한** 이러한 위조로부터 보호받을 수 있다. 이것은 비밀 키가 충분히 임의적이어야 하고(8장에서 자세히 다룰 예정), 충분히 커야 함(보통 16바이트)을 의미한다. 또한 MAC는 2장에서 본 것과 같은 모호성을 이용한 공격에 취약하다. 구조에 대한 인증을 생성하려면 MAC로 인증하기 전에 구조를 직렬화해야 한다. 그렇지 않으면 쉽게 위조가 이루어질 수 있다.

3.3.2 인증 태그의 길이

MAC를 공격할 수 있는 또 다른 가능한 방법은 **충돌**collision이다. 해시 함수에 대한 충돌을 찾는 것은 $HASH(X) = HASH(Y)$를 충족하는 두 개의 입력 X와 Y를 찾는 것을 의미한다. 이 정의를 MAC에 대해 확장하면 입력 X, Y에 대해 $MAC(k, X) = MAC(k, Y)$일 때를 충돌로 정의할 수 있다.

2장에서 생일 경계를 알아보았듯, 알고리즘의 출력 길이가 작으면 높은 확률로 충돌을 찾을 수 있다. 예를 들어 MAC에서 64비트 인증 태그를 생성하는 서비스에 접근할 수 있는 공격자는 훨씬 적은 수(2^{32})의 태그를 요청하여 높은 확률로 충돌을 찾을 수 있다. 실제로 충돌을 악용하는 사례는 많지 않지만 충돌 저항성이 중요한 몇 가지 시나리오가 있다. 그래서 인증 태그는 충돌 공격을 제한하는 크기를 가져야 한다. 일반적으로 사용되는 128비트 인증 태그는 충분한 저항성을 가진다.

> [인증 태그 2^{64}개 요청]에 걸리는 시간은, 비밀 키 K를 변경하지 않는 한 연속 1 Gbps 링크에서 250,000년이 걸린다.
>
> —RFC 2104 (<HMAC: Keyed-Hashing for Message Authentication
> (HMAC: 메시지 인증을 위한 키 해시)>, 1997)

해시 함수의 출력은 256비트가 되길 바라면서 인증 태그에는 128비트를 사용하는 것이 직관적이지 않게 느껴질 수 있다. 그러나 해시 함수는 오프라인으로 계산할 수 있는 공개 알고리즘이므로 공격자가 공격을 크게 최적화하고 병렬화할 수 있다. 보통 MAC와 같은 키 함수를 사용하면 공격자는 **오프라인**에서 공격을 효율적으로 최적화할 수 없으며, 강제로 사용자에게 인증 태그를 직접 요청해야 하므로 공격이 훨씬 느려진다. 128비트 인증 태그를 쓸 때 충돌 확률을 50%로 만들기 위해서는 공격자로부터 2^{64}개의 **온라인** 쿼리가 필요하다. 그럼에도 인증 태그의 길이를 늘리고 싶다면 256비트로 지정하는 것도 가능하다.

3.3.3 리플레이 공격

리플레이 공격replay attack은 아직까지 언급하지 않았던 공격 방식이다. 이제부터 리플레이 공격에 노출되는 시나리오를 살펴보자.

앨리스와 밥이 안전하지 않은 연결을 사용하여 공개적으로 통신한다고 가정해보자. 둘은 변조로부터 메시지를 보호하기 위해 각 메시지에 인증 태그를 추가한다. 더 구체적으로 말하면 둘 다 서로 다른 두 개의 비밀 키를 사용하여 각 연결 부분을 보호한다(그림 3.5).

그림 3.5 두 개의 키 k1, k2를 공유하는 두 사용자는 인증 태그와 함께 메시지를 교환한다. 인증 태그는 메시지의 방향에 따라 k1 또는 k2로 계산한다. 악의적인 관찰자는 사용자에게 메시지 중 하나를 리플레이할 수 있다.

이 시나리오에서는 악의적인 관찰자가 메시지 중 하나를 받는 사람에게 리플레이하는 것을 막을 수 없다. MAC에 의존하는 프로토콜은 이를 인식하고 이에 대한 방비책을 마련해야 한다. 그중 한 가지 방법은 그림 3.6과 같이 MAC 입력에 카운터를 추가하는 것이다.

잘못된 인증 태그

그림 3.6 두 개의 키 k1 및 k2를 공유하는 두 사용자는 인증 태그와 함께 메시지를 교환한다. 이러한 태그는 메시지 방향에 따라 k1 또는 k2에서 계산된다. 악의적인 관찰자는 사용자에게 메시지 중 하나를 리플레이한다. 하지만 피해자가 카운터를 증가시켰기 때문에 카운터 2를 통해 인증 태그가 생성되었고, 이는 공격자가 보낸 태그와 일치하지 않는다. 이를 통해 피해자는 공격자가 리플레이한 메시지를 거부할 수 있다.

실전에서 카운터는 64비트로 고정된 길이를 가지는 경우가 많다. 이렇게 하면 카운터가 완전히 갱신되기 전까지 2^{64}개의 메시지를 보낼 수 있다. 물론 공유 암호가 자주 순환하는 경우(즉 X개의 메시지를 보낸 후 참가자가 새 공유 암호 사용에 동의하는 경우), 키 순환 후 카운터 크기를 0으로 재설정할 수 있다(동일한 카운터를 서로 다른 두 개의 키와 함께 재사용해도 된다고 납득해야 한다). 다시 말하지만 모호성 공격에 대비하기 위해 카운터는 **고정된 길이**를 가진다.

> **연습 문제**
> 가변 길이 카운터를 쓰면 공격자가 어떻게 인증 태그를 위조할 수 있을까?

3.3.4 주기적 인증 태그 검증

중요한 문제를 다루고자 한다. 이 문제는 필자가 기술 감사 과정에서 여러 번 발견했던 취약점이기도 하다. 인증 태그 검증 시, 수신한 인증 태그와 계산한 인증 태그의 비교가 **상수 시간**constant time 내에 이루어져야 한다. 즉 수신된 태그가 올바른 크기라고 가정할 때 비교에 항상 동일한 시간이 소요되어야 한다. 두 인증 태그를 비교하는 데 걸리는 시간이 일정하지 않은 것은 비교 중 두 태그가 다른 순간이 반영되었기 때문일 수 있다. 이렇게 되면 검증에 걸리는 시간을 측정한 후 유효한 인증 태그를 바이트 단위로 다시 생성해서 공격하는 것이 가능하다. 이러한 유형의 공격을 **타이밍 공격** timing attack이라 한다. 다음 페이지 만화에서 비유를 통해 설명하고 있다.

다행히도 MAC를 구현하는 암호학 라이브러리는 인증 태그를 상수 시간에 검증할 수 있는 편리한 함수도 제공한다. 실제로 구현하는 예로 예제 3.3에서 고랭Golang으로 상수 시간에 인증 태그를 비교하도록 구현하는 방법을 볼 수 있다.

예제 3.3 고랭에서 상수 시간에 비교하기

```
for i := 0; i < len(x); i++ {
  v |= x[i] ^ y[i]
}
```

여기서 핵심은 분기가 없다는 점이다. 왜 이것이 중요한지는 독자의 생각할 거리로 남겨두겠다.

3.4 실세계의 MAC

이제 MAC가 무엇이며 어떤 보안 속성을 제공하는지 알았으니, 사람들이 실제 환경에서 어떻게 사용하는지 살펴보자.

3.4.1 메시지 인증

MAC는 두 시스템 또는 두 사용자 간의 통신이 변조되지 않도록 하기 위해 여러 곳에 쓰인다. 통신이 평문으로 이루어질 때나, 암호문으로 이루어질 때나 모두 필요하다. 통신이 평문으로 전송될 때 MAC가 어떻게 쓰이는지는 지금까지 이미 설명했으며, 통신이 암호문으로 이루어질 때 MAC가 어떻게 쓰이는지는 4장에서 설명할 것이다.

3.4.2 키 파생

MAC의 한 가지 특징은 해시 함수처럼 무작위로 보이는 바이트를 생성한다는 점이다. 이 속성을 사용하면 하나의 키를 구현하고 이를 통해 난수를 생성하거나 더 많은 키를 생성할 수 있다. 8장에서는 이 장에서 다루는 MAC 알고리즘 중 하나인 HMAC를 사용하여 키를 만들어내는 HMAC 기반 키 파생 함수HMAC-based key derivation function, HKDF를 소개할 것이다.

의사 난수 함수(PRF)

가변 길이 입력을 받아 고정 크기의 임의 출력을 생성하는 모든 함수의 집합을 상상해보자. 이 집합에서 무작위로 함수 하나를 선택하고, 이를 키 없이 MAC로 사용할 수 있다면 정말 편할 것이다. 어떤 함수를 쓸지만 동의하면 된다(키에 동의하는 것과 비슷하게). 아쉽게도 이런 모든 함수의 집합은 너무 커서 우리가 가질 수 없지만, 이를 흉내 내는 정도의 설계를 통해 임의의 함수를 선택하는 에뮬레이션을 할 수 있다. 이러한 구조를 **의사 난수 함수** pseudorandom function, PRF라고 부른다. HMAC를 비롯한 실용적인 MAC가 PRF 구조를 가지고 있다. 키 인수로 난수가 지정되며, 다른 키를 선택하는 것은 임의의 함수를 선택하는 것과 같다.

연습 문제
주의: 모든 MAC가 PRF인 것은 아니다. 왜일까?

3.4.3 쿠키의 정합성

사용자의 브라우저 세션을 추적하려면 (메타데이터와 연결된) 임의의 문자열을 보내거나, 수정할 수 없도록 인증 태그가 첨부된 메타데이터를 직접 보내면 된다. 이것은 앞의 소개 예제에서 설명한 방식과 같다.

3.4.4 해시 테이블

프로그래밍 언어는 일반적으로 비암호화 해시 함수를 사용하는 **해시 테이블**hash table(해시맵, 사전, 연관 배열 등이라고도 함)이라는 데이터 구조를 가지고 있다. 서비스가 비암호화 해시 함수의 입력을 공격자가 제어할 수 있도록 이 데이터 구조를 노출하면 **서비스 거부**denial of service, DoS 공격이 발생할 수 있으며, 공격자는 서비스를 사용할 수 없게 만들 수 있다. 이를 피하기 위해 비암호화 해시 함수는 일반적으로 프로그램 시작 시 난수화된다.

대다수 애플리케이션에서는 비암호화 해시 함수 대신 무작위의 키가 있는 MAC를 사용한다. 대다수 프로그래밍 언어(러스트, 파이썬, 루비 등) 또는 중요 애플리케이션(리눅스 커널 등)이 이런 방식을 사용한다. 이들 모두 짧은 인증 태그에 최적화된 MAC인 **SipHash**를 사용하며 프로그램 시작 시 난수화된 키를 생성한다.

3.5 실무에서의 MAC

지금까지 MAC는 정보의 무결성과 신뢰성을 보호하기 위해 하나 이상의 당사자 간에 사용할 수 있는 암호화 알고리즘임을 배웠다. 널리 사용되는 MAC는 우수한 임의성도 가지고 있기에, 다양한 유형의 알고리즘(예: 11장에서 배울 시간 기반 일회성 비밀번호, TOTP 알고리즘)에서 결정론적으로 난수를 생성하는 데 자주 사용된다. 이번 절에서는 오늘날 사용할 수 있는 두 가지 표준화된 MAC 알고리즘인 HMAC와 KMAC를 살펴보겠다.

3.5.1 해시 기반 MAC, HMAC

가장 널리 사용되는 MAC는 **HMAC**이다. 1996년에 M. 벨라레M. Bellare, R. 카네티R. Canetti, H. 크라프지크H. Krawczyk가 발명했으며 RFC 2104, FIPS 간행물 198, ANSI X9.71에 수록되었다. HMAC는 이름에서 알 수 있듯이 키와 함께 해시 함수를 사용하는 방법이다. 해시 함수를 사용하여 MAC를 만드는 것은 널리 쓰이는 개념이다. 해시 함수는 널리 구현되어 있고, 소프트웨어에서 속도가 빠르며 대부분의 시스템에서 하드웨어 지원의 이점을 얻을 수 있기 때문이다. 2장에서는 **길이 확장 공격**length-extension attack의 가능성 때문에 SHA-2를 해시 비밀에 직접 사용해서는 안 된다고 언급한 바가 있다(이 장의 끝에서 더 자세히 설명한다). 그럼 해시 함수를 키가 있는 함수로 어떻게 변환할 수 있을까? 이것이 HMAC의 역할이다. HMAC의 내부는 그림 3.7과 같이 동작한다.

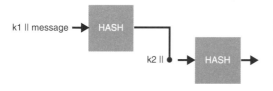

그림 3.7 HMAC는 키 k1과 입력 메시지를 연결(||)해서 해시한 다음, 그 출력과 키 k2를 연결해서 해시한다. k1과 k2는 둘 다 비밀 키 k에서 결정론적으로 파생된다.

1. 먼저 기본 키에서 두 개의 키를 생성한다.

   $$k1 = k \oplus ipad$$

   $$k2 = k \oplus opad$$

   여기서 $ipad$(내부 패딩) 및 $opad$(외부 패딩)는 상수이며, $\oplus$는 XOR 연산의 기호다.

2. 키 $k1$을 메시지와 연결하고 해시한다.

3. 2의 결과를 키 $k2$와 연결하고 한 번 더 해시한다.

4. 최종 인증 태그를 생성한다.

HMAC는 커스텀화가 가능하기에 인증 태그의 크기는 사용된 해시 함수에 따라 결정된다. 예를 들어 HMAC-SHA256은 SHA-256을 사용하여 256비트의 인증 태그를 생성하고, HMAC-SHA512는 512비트의 인증 태그를 생성하는 식이다.

CAUTION 크기를 줄이기 위해 HMAC의 출력을 잘라낼 수도 있지만 앞에서 이야기했듯 인증 태그는 최소 128비트여야 한다. 사실 일부 애플리케이션은 제한된 양의 쿼리를 명시적으로 처리하기 때문에 출력을 64비트로 자른다. 장단점이 있으므로 표준을 벗어나는 구현을 위해서는 신중해져야 한다.

HMAC는 증명을 용이하게 하고자 이러한 방식으로 구성되었다. 여러 논문에 걸쳐서, HMAC는 해시 함수가 암호학적 보안 속성을 제대로 보유하는 한 위조에 대해 안전한 것으로 입증되었다. 덕택에 HMAC를 많은 해시 함수와 함께 사용할 수 있다. 오늘날 HMAC는 대부분 SHA-2와 함께 사용된다.

3.5.2 cSHAKE 기반 MAC, KMAC

SHA-3은 길이 확장 공격에 취약하지 않아(실제로 SHA-3 대회의 요구 사항이었다), 굳이 SHA-3와 HMAC를 함께 쓸 필요 없이 SHA-3-256(key || message)를 사용해도 실전에서 잘 작동한다. 이것이 바로 **KMAC**다.

KMAC는 2장에서 다룬 확장 가능한 출력 함수(XOF), SHAKE의 커스텀 버전인 cSHAKE를 사용한다. KMAC는 MAC 키, 입력, 요청된 출력 길이를 명확하게 인코딩한다(KMAC는 일종의 확장 가능한 출력 MAC다). 그리고 이것을 cSHAKE에 입력으로 전달한다(그림 3.8). 또한 KMAC는 'KMAC'를 함수 이름으로 사용하고(cSHAKE를 커스텀화하기 위해), 커스텀 문자열을 인수로 받을 수도 있다.

흥미로운 점은 KMAC가 요청된 출력 길이도 받기에 출력 길이가 다른 여러 호출은 완전히 다른 결과를 제공하며 이는 일반적인 XOF와 다른 특성이다. 덕택에 KMAC는 실전에서 다양한 목적으로 쓰인다.

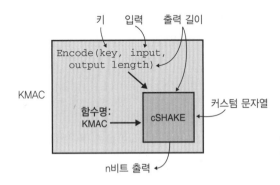

그림 3.8 KMAC는 단순히 cSHAKE의 래퍼다. 키를 사용하기 위해 키, 입력, 출력 길이를 cSHAKE에 대한 입력으로(명확하게) 인코딩한다.

3.6 SHA-2와 가변 길이 공격

앞에서 SHA-2가 **길이 확장 공격**에 저항성을 가지지 못하기에 SHA-2로 비밀을 해시해서는 안 된다고 여러 번 언급했다. 이번 절에서는 이 공격에 대해 간단히 다루어보고자 한다.

도입부에서 쿠키의 무결성을 보호하기 위해 간단하게 SHA-2만 사용하려 했던 시나리오로 돌아가 보지. 이는 충분한 보안이 될 수 없는데 사용자가 쿠키를 조작하고(예: `admin=true` 필드를 추가) 쿠키에 대한 해시를 다시 계산할 수 있기 때문이다. 실제로 SHA-2는 공개된 함수며 어떤 사용자든 사용할 수 있다(그림 3.9).

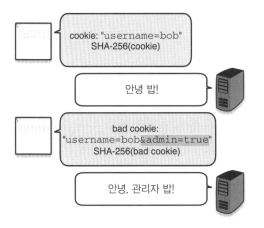

그림 3.9 웹페이지는 쿠키와 해당 쿠키의 해시를 사용자에게 보낸다. 사용자는 이후에 요청을 보낼 때마다 자신을 인증하기 위해 쿠키를 보내야 한다. 불행히도 악의적인 사용자는 쿠키를 조작하고 해시를 다시 계산하여 무결성 검사를 방해할 수 있다. 조작된 쿠키는 웹페이지에서 유효한 것으로 수락된다.

이 방법을 개선하는 법은 해시에 비밀 키를 추가하는 것이었다. 이렇게 하면 MAC와 마찬가지로 비밀 키가 필요하므로 사용자가 다이제스트를 다시 계산할 수 없다. 페이지는 변조된 쿠키(tampered_cookie)를 받은 후 SHA-256(key ¦¦ tampered_cookie)을 계산한다. 여기서 ¦¦는 두 값의 연결을 나타내며, 해시 결과는 악의적인 사용자가 보낸 것과 일치하지 않게 된다(그림 3.10).

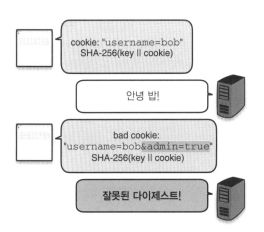

그림 3.10 쿠키의 해시를 계산할 때 키를 사용하면 쿠키를 조작하려는 공격자가 새 쿠키에 대한 다이제스트를 제대로 계산할 수 없다고 생각했겠지만 적어도 SHA-256에서는 그렇지 않다.

공교롭게도 SHA-2는 입력과 다이제스트의 쌍으로부터 다른 입력과 다이제스트를 계산할 수 있다는 매우 곤란한 성질을 가지고 있다. SHA-256(secret ¦¦ input1)을 사용하는 그림 3.11을 살펴보자.

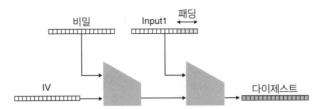

그림 3.11 SHA-256은 쿠키(여기서는 input1)와 연결된 비밀을 해시한다. SHA-256은 초기화 벡터(IV)부터 시작해서 머클-담고르 구조를 사용하여 입력 블록에 대해 압축 함수를 반복적으로 호출한다.

그림 3.11의 input1이 문자열 "user=bob"이라 상상해보자. 이 시점에서 얻은 다이제스트는 사실상 해시 함수의 중간 상태다. 그런데 공격자가 패딩 부분이 입력의 일부인 것처럼 가장하여 머클-담고르 계산을 계속한다면? 그림 3.12에서 다이제스트를 가져와서 (input1 ‖ 패딩 ‖ input2)의 해시를 계산하는 공격의 예를 보여준다. 이 예에서 input2는 "&admin=true"다.

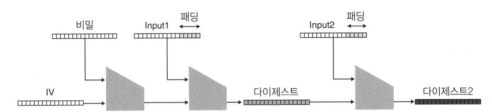

그림 3.12 쿠키의 SHA-256 해시 출력(중간의 다이제스트)은 해시를 더 많은 데이터로 확장하여 input1과 첫 번째 패딩 바이트, 비밀을 연결한 해시와 input2를 연결한 후 해시(오른쪽 다이제스트)를 생성하는 데 사용된다.

이 취약점으로 인해 작업이 완료되지 않은 것처럼 주어진 다이제스트에서 해시를 계속할 수 있다. 그림 3.13에서 알 수 있듯 이는 프로토콜을 깨뜨린다.

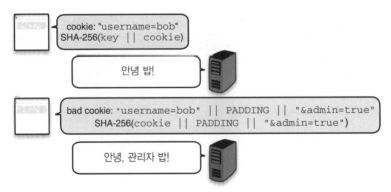

그림 3.13 성공적으로 길이 확장 공격을 사용한 공격자는 쿠키를 변조하고 이전 해시를 사용하여 올바른 해시를 계산한다.

첫 번째 패딩이 입력의 일부가 됨으로써 일부 프로토콜의 악용을 방지할 수 있지만 공격자는 간단한 변경을 통해 다시 취약점을 만들어낸다. 그렇기에 SHA-2로 비밀을 해시하면 안 된다. 물론 이에 대한 몇 가지 대안이 있으며(예: SHA-256(k ¦¦ message ¦¦ k) 등) HMAC도 그중 하나다. 따라서 SHA-2를 사용하려면 HMAC를 사용하고, SHA-3을 사용하려면 KMAC를 사용하자.

요약

- MAC는 동일한 키를 공유하는 하나 이상의 당사자가 메시지의 무결성과 신뢰성을 확인할 수 있도록 하는 대칭 암호학 알고리즘이다.

  - 메시지 및 관련 인증 태그의 신뢰성을 확인하기 위해 메시지의 인증 태그와 비밀 키를 다시 계산한 다음 두 인증 태그를 비교한다. 두 인증 태그가 서로 다르면 메시지가 변조된 것이다.

  - 수신된 인증 태그와 계산된 인증 태그를 항상 상수 시간에 비교해야 한다.

- MAC는 기본적으로 메시지 무결성을 보호하지만 메시지가 리플레이되는 공격을 감지하지는 못한다.

- 표준화되어 널리 쓰이는 MAC로 HMAC와 KMAC 표준이 있다.

- 다른 해시 함수와 함께 HMAC를 사용할 수 있다. 실제로 HMAC는 종종 SHA-2 해시 함수와 함께 사용된다.

- 인증 태그의 충돌 및 위조를 방지하기 위해 인증 태그의 길이는 최소 128비트여야 한다.

- MAC를 빌드하는 데 SHA-256을 직접 사용하면 프로토콜이 깨질 수 있으므로 절대 사용하지 말자. 대신 HMAC와 같은 함수를 사용하자.

CHAPTER 4

인증 암호화

NOTE 메시지 인증 코드를 다루는 3장을 읽은 후 이 장을 읽기를 권한다.

이번 장에서 다룰 내용

- 대칭 암호화 vs 인증 암호화
- 대표적인 인증 암호화 알고리즘
- 그 외의 대칭 암호화

기밀성confidentiality은 원치 않는 눈으로부터 데이터를 숨기는 것이며, 암호화encryption는 이를 달성하는 방법이다. 암호학은 암호화를 위해 탄생한 학문이며 초기 암호학자들은 대부분을 암호화에 집중했다. "관찰자들이 우리의 대화를 이해하지 못하도록 어떻게 막을 수 있을까?"가 암호학자들의 주된 논제였다. 과학과 기술의 발전은 처음에는 비공개로 꽃을 피우고 정부와 군대에만 혜택을 주었지만 이후에는 전 세계적으로 개방된다. 오늘날 암호화는 현대 생활의 다양한 측면에서 개인 정보 보호 및 보안을 위해 모든 곳에서 사용된다. 이 장에서는 암호화가 무엇인지, 어떤 문제를 해결하는지, 오늘날의 애플리케이션이 암호학 프리미티브를 어떻게 사용하는지 알아본다.

4.1 암호문이란?

마치 엄마가 눈치채지 못하도록 형제자매들과 은어로 얘기하는 것과 같다.

—Natanael (https://twitter.com/Natanael_L, 2020)

앨리스와 밥이 개인적으로 몇 가지 메시지를 교환하려 한다고 가정해보자. 앨리스와 밥은 다양한 매체(메일, 전화, 인터넷 등)를 사용할 수 있으며 이러한 각 매체는 기본적으로 안전하지 않다. 우편 배달부는 편지를 열 수 있다. 통신 사업자는 통화 및 문자 메시지를 감시할 수 있다. 앨리스와 밥 사이에 있는 인터넷 서비스 제공자 또는 네트워크의 모든 서버는 교환되는 패킷의 내용에 접근할 수 있다.

고민할 필요 없이 앨리스와 밥의 구세주인 **암호화 알고리즘**encryption algorithm(**사이퍼**cipher라고도 함)을 소개한다. 지금은 이 새로운 알고리즘이 앨리스가 밥에게 보내는 메시지를 **암호화**encrypt하는 데 사용할 수 있는 블랙박스라고 상상하자. 앨리스는 메시지를 암호화하여 무작위로 보이는 메시지로 변환한다. 이러한 암호화 알고리즘은 다음 두 가지를 필요로 한다.

- **비밀 키**: 암호화 알고리즘의 보안은 키의 **비밀성**에 직접적으로 의존하기 때문에 예측할 수 없고 임의적인 특성을 지니며 잘 보호되어야 한다. 비밀과 무작위성에 관한 내용은 8장에서 자세히 알아본다.
- **평문**: 암호화하려는 내용이다. 텍스트, 이미지, 비디오 등 비트로 변환할 수 있는 모든 것이 될 수 있다.

이 암호화 프로세스는 암호화된 콘텐츠인 **암호문**ciphertext을 생성한다. 앨리스는 매체 중 하나를 안전하게 사용하여 해당 암호문을 밥에게 보낼 수 있다. 암호문은 비밀 키를 모르는 사람에게 무작위로 보일 것이며 메시지 내용(평문)에 대한 정보는 유출되지 않는다. 밥이 이 암호문을 받으면 **복호화 알고리즘**decryption algorithm을 사용하여 암호문을 원래의 평문으로 되돌릴 수 있다. 복호화에는 다음과 같은 요소가 필요하다.

- **비밀 키**: 앨리스가 암호문을 생성하는 데 사용한 것과 동일한 비밀 키다. 두 알고리즘에 동일한 키가 사용되기에 때때로 키를 대칭 키symmetric key라 한다. 그래서 이 방법을 대칭 암호화라고 표현하기도 한다.
- **암호문**: 밥이 앨리스로부터 수신한 암호화된 메시지다.

그다음 과정으로 원본 평문을 볼 수 있다. 그림 4.1은 이 흐름을 보여준다.

1. 앨리스와 밥이 실제로 만나 키를 합의한다.

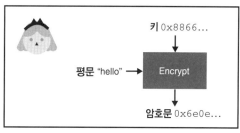

2. 앨리스는 합의한 대칭 키와 암호화 알고리즘으로 메시지를 암호화한다.

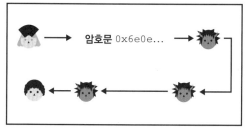

3. 밥에게 암호문을 보낸다. 이 과정에서 관찰자는 메시지의 내용을 알 수 없다.

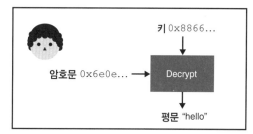

4. 밥이 대칭 키와 복호화 알고리즘으로 메시지를 복호화한다.

그림 4.1 앨리스(오른쪽 상단)는 0x8866…(약칭 16진수) 키를 사용하여 일반 텍스트 hello를 암호화한다. 그런 다음 앨리스가 밥에게 암호문을 보낸다. 밥(오른쪽 하단)은 동일한 키와 복호화 알고리즘을 사용하여 수신된 암호문을 복호화한다.

암호화를 통해 앨리스는 자신의 메시지를 무작위로 보여도 상관없으며, 밥에게 안전하게 전송할 수 있는 메시지로 변환할 수 있다. 밥은 복호화를 통해 암호화된 메시지를 원래 메시지로 되돌릴 수 있다. 이 새로운 암호학 프리미티브는 메시지에 기밀성(또는 비밀성 또는 프라이버시)을 부여한다.

NOTE 앨리스와 밥은 동일한 대칭 키를 사용하는 데 어떻게 합의할까? 지금은 둘 중 한 명이 예측할 수 없는 키를 생성하는 알고리즘에 접근했고, 키를 교환하기 위해 직접 만났다고 가정한다. 실제로 기업에서도 어떻게 비밀을 공유해서 프로토콜을 형성할지 여부를 정하는 것이 해결해야 할 큰 과제 중 하나다. 이 책에서 이 문제의 다양한 해결책을 볼 수 있다.

이 장의 제목인 '인증 암호화'가 의미하는 바를 아직 소개하지 않았다. 지금까지는 암호화에 대해서만 이야기했다. 암호화만으로는 안전하지 않지만(나중에 자세히 설명한다), 인증 암호화 프리미티브를 소개하기 전에 암호화의 작동 방식을 먼저 알아보는 것이 좋을 것이다. 먼저 암호화의 주요 표준인 AES를 설명하겠다.

4.2 AES 블록 암호화

1997년에 NIST는 **고급 암호화 표준**Advanced Encryption Standard, AES을 위한 공모를 시작했는데, 이는 오래된 징후를 보이기 시작한 이전 암호화 표준인 데이터 암호화 표준Data Encryption Standard,

DES 알고리즘을 대체하기 위한 것이었다. 이 경쟁은 3년 동안 지속되었으며 그동안 여러 국가의 암호 전문가 팀이 서로 다른 15가지 설계를 제출했다. 마지막에는 빈센트 레이먼Vincent Rijmen과 요안 다먼Joan Daemen이 제출한 레인달Rijndael 하나만이 우승작으로 지명되었다. 2001년 NIST는 FIPS(연방 정보 처리 표준) 197 간행물에서 AES를 발표했다. FIPS 표준에서 설명하는 알고리즘인 AES는 오늘날에도 여전히 사용되는 주요 암호다. 이 절에서는 AES가 어떻게 작동하는지 알아볼 것이다.

4.2.1 AES가 제공하는 보안의 수준

AES에는 3가지 버전이 있다. AES-128은 128비트(16바이트)의 키를 사용하고, AES-192는 192비트(24바이트)의 키를 사용하며, AES-256은 256비트(32바이트)의 키를 사용한다. 키의 길이에 따라 보안 수준이 결정된다. **크면 클수록** 더 강력해진다. 그럼에도 대부분의 애플리케이션은 AES-128을 사용하는데 이것만으로도 충분한 보안(128비트 보안)을 제공하기 때문이다.

비트 보안bit security이라는 용어는 일반적으로 암호화 알고리즘의 보안 수준을 나타내는 데 사용된다. 예를 들어 AES-128은 우리가 알고 있는 최고의 공격에 약 2^{128}번의 작업을 수행하도록 지정한다. 이 숫자는 엄청나게 커서, 대부분의 애플리케이션이 목표로 하는 보안 수준이다.

비트 보안은 상한선이다

128비트 키가 128비트 보안을 제공한다는 사실은 AES에만 해당된다. 이는 황금률이 아니며, 일부 다른 알고리즘에서 사용되는 128비트 키는 이론적으로 128비트 미만의 보안을 제공한다. 128비트 키는 128비트보다 낮은 보안을 제공할 수는 있지만 그 이상을 제공할 수는 없다(항상 무차별 대입 공격이 있다). 가능한 모든 키를 시도하려면 최대 2^{128}회의 작업이 필요하므로 보안 수준은 최소 128비트가 된다.

2^{128}은 얼마나 큰 수일까? 2의 거듭제곱 승수를 하나씩 늘릴 때마다 크기는 두 배가 된다. 2^3은 2^2의 두 배다. 2^{100}를 계산하는 것은 거의 불가능한데 그 두 배(2^{101})는 얼마나 거대할지 생각해보자. 2^{128}에 도달하려면 128회의 제곱이 필요하다! 풀어서 쓰면 2^{128}은 340구 2823양 6692자 938해 4634경 6337조 4607억 6821만 1456에 해당한다. 상상할 수 없을 만큼 크고, 실제로 그러한 숫자에 도달할 수는 없을 것 같다. 이 정도 경우의 수로 크고 복잡한 공격을 수행하려면 필요한 공간 역시 상상을 초월할 것이다.

AES-128은 오랫동안 안전하게 유지될 것으로 예상된다. 적어도 암호 분석의 발전을 통해 알고리즘 공격에 필요한 작업 수를 줄이는 취약점이 발견되지 않는다는 의미다.

4.2.2 AES의 인터페이스

암호화를 위한 AES 인터페이스를 살펴보면 다음과 같다.

- 알고리즘은 앞에서 다룬 가변 길이 키를 사용한다.
- 정확히 128비트의 평문을 사용한다.
- 정확히 128비트의 암호문을 출력한다.

AES는 고정된 크기의 평문을 암호화하기 때문에 **블록 암호**block cipher라 한다. 이 장의 뒷부분에서 다루겠지만 일부 다른 암호는 임의의 길이의 평문을 암호화할 수 있다.

복호화 작업은 이와 정확히 반대다. 동일한 키, 128비트 암호문을 사용하여 원래의 128비트 평문을 반환한다. 즉 복호화는 암호화를 되돌린다. 이는 암호화 및 복호화 작업이 **결정론적**이기 때문에 가능하다. 몇 번을 호출해도 동일한 결과를 생성한다.

기술적으로 키가 있는 블록 암호는 **순열**이다. 즉, 가능한 모든 평문을 가능한 모든 암호문에 매핑한다(그림 4.2 참조). 키를 변경하면 해당 매핑이 변경된다. 순열 역시 가역적이다. 암호문에서 평문으로 돌아가는 매핑이 존재한다(존재하지 않으면 복호화가 작동하지 않는다).

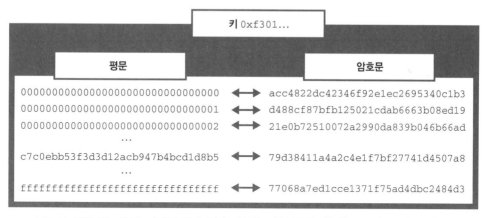

그림 4.2 키가 있는 암호는 순열로 볼 수 있다. 가능한 모든 평문을 가능한 모든 암호문에 매핑한다.

물론 가능한 모든 평문과 관련 암호문을 나열할 여유는 없다. 128비트 블록 암호의 경우 2^{128}개의 매핑이 된다. 대신 순열처럼 작동하고, 키에 의해 무작위로 지정되는 AES와 같은 구조를 설계한다. 이를 **의사 난수 순열**pseudorandom permutations, PRP이라고도 한다.

4.2.3 AES의 내부

AES의 내부를 더 자세히 살펴보고 내부에 무엇이 있는지 살펴보자. AES는 암호화 과정에서 평문의 **상태**state를 4×4 바이트 행렬로 본다(그림 4.3).

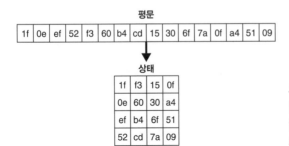

그림 4.3 **AES 알고리즘을 입력하면 16바이트의 일반 텍스트가 4×4 행렬로 변환된다. 이 상태는 암호화되어 최종적으로 16바이트 암호문으로 변환된다.**

실전에서 중요한 건 아니지만 이것이 AES가 정의되는 방식이다. 내부적으로 AES는 고정 크기 블록을 암호화하는 대칭 암호학 프리미티브인 **블록 암호**처럼 작동한다. AES에는 원래 입력(평문)에서 시작하여 여러 번 반복하는 라운드 함수도 있다(그림 4.4).

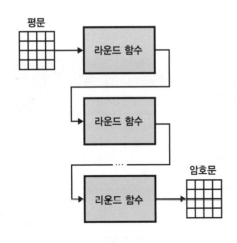

그림 4.4 **AES는 상태를 암호화하기 위해 상태에 대해 라운드 함수를 반복한다. 라운드 함수는 비밀 키를 포함한 여러 인수를 취한다(표기의 단순화를 위해 다이어그램에서 누락되었다).**

라운드 함수를 호출할 때마다 상태가 계속 바뀌고 결국 암호문이 생성된다. 각 라운드는 기본 대칭 키에서 파생된 다른 **라운드 키**round key를 사용한다(이 구간을 **키 스케줄**key schedule이라 한다). 이를 통해 대칭 키의 비트를 약간만 변경하면 완전히 다른 암호화가 가능하다(이 원리를 **확산**diffusion이라 부른다).

라운드 함수round function는 상태의 바이트를 혼합하고 변환하는 여러 작업으로 구성된다. 특히 AES의 라운드 함수는 4가지 다른 하위 함수를 사용한다. 하위 함수의 세부적인 작동 방식을 여기에 모두 쓸 수는 없지만(궁금하다면 AES에 대한 책을 따로 참고하자), 함수의 이름만 나열하자면 SubBytes, ShiftRows, MixColumns, AddRoundKey와 같다. 처음 세 가지는 쉽게 되돌릴 수 있지만(작업의 출력으로부터 입력을 찾을 수 있음) 마지막 것은 그렇지 않다. 라운드 키와 상태에 대해 배타적 논리합(XOR)을 수행하므로 결과를 되돌리기 위해서는 라운드 키에 대한 지식이 필요하다. 라운드 함수의 내부는 그림 4.5에서 볼 수 있다.

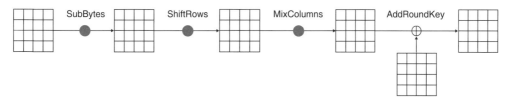

그림 4.5 **AES의 일반적인 라운드 함수**(첫 번째 및 마지막 라운드에서 일부 작업이 생략되었다). 네 가지 다른 함수가 상태를 변환한다. 각 함수는 가역적이기에 복호화가 가능하다. 원 안의 더하기 기호(⊕)는 XOR 연산의 기호다.

AES의 라운드 함수의 반복(일반적으로 적은 라운드 수에서는 실용적이다) 횟수는 암호 분석을 방해하도록 정해졌다. 예를 들어 AES-128의 3라운드 변형에 대해서는 매우 효율적인 **전체 중단**total break(키를 알아내는 공격)이 존재한다. 반복이 많아질수록 사이퍼는 일반 텍스트를 원래의 일반 텍스트와 전혀 유사하지 않은 것으로 변환한다. 평문을 약간만 변경해도 완전히 다른 암호문을 반환한다. 이 원리를 **눈사태 효과**avalanche effect라 한다.

NOTE 실세계 암호학 알고리즘의 비교 지표는 보통 보안, 크기, 속도다. 앞에서 이미 AES의 보안과 크기에 대해 이야기했다. 보안은 키 크기에 따라 다르며, 한 번에 128비트 데이터 블록을 암호화할 수 있다. 속도로 넘어가자면, 많은 CPU 공급 업체가 하드웨어에서 AES를 구현했다. 예를 들어 AES-NI(AES New Instructions)는 인텔 및 AMD CPU에서 사용할 수 있는 일련의 명령 세트로 AES에 대한 암호화 및 복호화를 효율적으로 구현하는 데 사용할 수 있다. 실제로 이러한 특별 명령 세트는 AES를 매우 빠르게 만든다.

이 시점에서 AES를 사용하여 128비트보다 크거나 작은 크기를 암호화하는 방법이 궁금한 독자도 있을 것이다. 이제부터 알아보자.

4.3 암호화된 펭귄, 그리고 CBC 모드

AES 블록 암호와 그 내부에 대해 조금 알아보았으니, 실제로 사용하는 방법을 살펴보자. 블록 암호의 문제점은 블록 자체만 암호화할 수 있다는 것이다. 정확히 128비트가 아닌 것을 암호화하려면 **패딩**padding, 그리고 **작동 모드**mode of operation를 사용해야 한다. 이 두 가지 개념이 무엇인지 알아보자.

긴 메시지를 암호화한다고 상상해보자. 단순하게 접근하면 메시지를 16바이트(AES의 블록 크기)짜리 블록으로 나눌 수 있다. 나눠진 평문의 마지막 블록이 16바이트보다 작은 경우, 평문의 길이가 16바이트가 될 때까지 끝에 바이트를 더 추가할 수 있다. 이것이 바로 패딩이다!

패딩 바이트padding byte를 선택하는 방법에는 여러 가지가 있지만 패딩의 가장 중요한 요소는 가역성이다. 암호문을 복호화한 후에는 패딩을 제거하여 패딩되지 않은 원래 메시지를 찾아낼 수 있어야 한다. 예를 들어 무작위 개수의 바이트를 추가하면 작동하지 않는다. 무작위 바이트가 원본 메시지의 일부인지 여부를 식별할 수 없기 때문이다.

가장 널리 사용되는 패딩 메커니즘은 1990년대 말 RSA라는 기업에서 발표한, PKCS#7 표준에 처음 등장한 **PKCS#7 패딩**이다. PKCS#7 패딩은 한 가지 규칙을 가지고 있다. 각 **패딩 바이트**의 값은 필요한 패딩 길이로 설정되어야 한다. 평문이 이미 16바이트라면? 그럼 전체 블록 하나를 통째로 16바이트짜리 패딩으로 추가한다(그림 4.6). 패딩을 제거하려면 평문의 마지막 바이트 값을 확인하고 제거할 패딩 길이를 계산하면 된다.

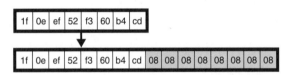

그림 4.6 평문의 길이가 블록 크기의 배수가 아니라면 블록 크기의 배수에 도달하는 데 필요한 길이로 채워진다. 그림에서 평문은 8바이트이므로 AES에 필요한 최대 16바이트까지 평문을 채우기 위해 8바이트(08이 들어간 바이트)를 패딩으로 추가한다.

그런데 여기에 큰 문제가 하나 있다. 지금까지 긴 메시지를 암호화하기 위해 16바이트 블록으로 나누었다(그리고 마지막 블록을 패딩했다). 이 단순한 방식을 **전자 코드북**electronic codebook, ECB 작동 모드라 한다. 암호화는 결정론적이므로, 동일한 평문 블록을 두 번 암호화하면 동일한 암호문이 생성된다. 이는 각 블록을 개별적으로 암호화함으로써 결과로 나오는 암호문에 반복적인 패턴이 있을 수 있음을 의미한다.

뭐가 문제지? 하고 생각할 수 있지만 이러한 반복을 허용하면 많은 문제가 발생한다. 확실한 점은 평문에 대한 정보가 누설된다는 것이다. 이에 대한 가장 유명한 예가 그림 4.7에 나와 있는 **ECB 펭귄**이다.

128비트 이상의 평문을 안전하게 암호화하기 위해 암호화를 '무작위화'하는 더 나은 작동 모드가 있다. AES에서 가장 널리 사용되는 작동 모드 중 하나는 **암호 블록 연쇄**cipher block chaining, CBC다. CBC는 암호화를 무작위화하기 위해 **초기화 벡터**initialization vector, IV라는 추가 값을 취함으로써

AES뿐만 아니라 모든 결정론적 블록 암호에 대해 작동한다. 따라서 IV는 블록 크기의 길이(AES의 경우 16바이트)와 같으며, 임의적이고 예측할 수 없어야 한다.

원래의 펭귄

ECB 암호화한 펭귄

그림 4.7 유명한 ECB 펭귄은 전자 코드북(ECB) 작동 모드를 사용하여 펭귄 이미지를 암호화한 것이다. ECB는 반복되는 패턴을 숨기지 않기 때문에 원래 암호화된 내용을 암호문만 보고 추측할 수 있다 (이미지는 위키피디아에서 가져왔다).

CBC 작동 모드로 암호화하려면 임의의 16바이트의 IV를 생성한 다음(8장에서 이 방법을 다룬다), 생성된 IV를 암호화하기 전에 평문의 첫 16바이트와 XOR한다. 이는 암호화를 효과적으로 무작위화한다. 실제로 이 작동 모드에서 동일한 평문을 두 번 암호화해도 IV가 다르면 두 개의 다른 암호문을 렌더링한다.

암호화할 평문이 더 있다면 이전 암호문(이전에 IV를 사용한 것처럼)을 사용하여 암호화하기 전에 평문의 다음 블록과 XOR한다. 이렇게 하면 다음 암호화 블록도 무작위로 지정된다. 무언가의 암호화는 예측할 수 없으며 실제 IV를 만드는 데 사용한 만큼 무작위성이다. 그림 4.8은 CBC 암호화의 과정을 보여준다.

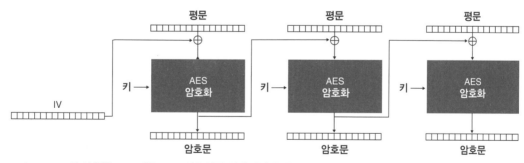

그림 4.8 **AES를 사용한 CBC 작동 모드.** 암호화를 위해 패딩된 평문(16바이트의 여러 블록으로 분할) 외에 임의의 초기화 벡터(IV)를 사용한다.

CBC 작동 모드로 복호화를 하려면 위 작업을 반대로 하면 된다. IV가 필요하므로 암호문과 함께 평문을 전송해야 한다. IV는 임의적이므로 값이 드러나도 정보가 누출되지 않는다(그림 4.9).

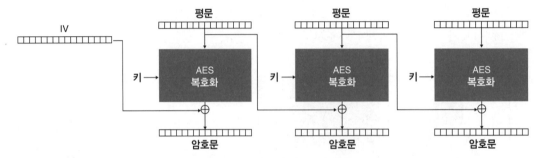

그림 4.9 **AES를 사용한 CBC 작동 모드. 복호화를 위해서는 연결된 초기화 벡터(IV)가 필요하다.**

IV와 같은 추가 파라미터는 암호학에서 널리 사용된다. 하지만 이를 제대로 이해하지 않고 쓰면 취약점의 큰 원인이 된다. CBC 작동 모드에서 IV는 **고유해야**(반복할 수 없음) 할 뿐 아니라 **예측할 수 없어야** 한다(실제로 무작위여야 한다). 이러한 요구 사항은 여러 가지 이유로 충족되지 않을 수 있다. 일부 암호학 라이브러리에서는 개발자가 IV의 요구사항을 제대로 이해하지 못한 덕에 CBC로 암호화할 때 IV를 지정해 버려서 무작위로 자동 생성할 가능성을 제거했다.

CAUTION IV가 반복되거나 예측 가능하면 암호화가 다시 결정론적이 되어 여러 가지 영리한 공격이 가능해진다. 그 대표적 사례가 TLS 프로토콜을 공격할 수 있는 유명한 BEAST 공격Browser Exploit Against SSL/TLS(SSL/TLS에 대한 브라우저 공격)이다. 다른 알고리즘에서는 IV에 대한 요구 사항이 다를 수 있기에 항상 매뉴얼을 잘 읽어야 한다. 위험한 세부 사항은 작은 글씨에 있다.

작동 모드와 패딩만으로는 여전히 암호문을 안전하게 쓰기에 충분하지 않다. 다음 절에서 그 이유를 알아본다.

4.4 인증이 필요하면? AES-CBC-HMAC

지금까지도 한 가지 근본적인 결함을 해결하지 못했다. CBC에서 공격자는 여전히 암호문과 IV를 수정할 수 있다. 실제로 이를 방지하는 무결성 메커니즘은 없다! 암호문 또는 IV의 변경으로 인해 복호화에 예기치 않은 변경이 있을 수 있다. 예를 들어 AES-CBC(CBC 작동 모드와 함께 사용되는 AES)에서 공격자는 IV 및 암호문의 비트를 뒤집음으로써 평문의 특정 비트를 뒤집을 수 있다(그림 4.10).

따라서 암호 또는 작동 모드를 있는 그대로 사용해서는 안 된다. 암호문 및 관련 파라미터(여기서는 IV)를 수정하면 경보가 트리거되도록 하는 일종의 무결성 보호가 필요하다.

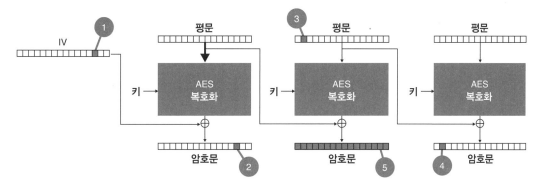

그림 4.10 **AES-CBC 암호문을 가로채는 공격자는 다음을 수행할 수 있다. (1) IV가 공개되어 있으므로 IV의 비트를 뒤집으면(예: 1에서 0으로) (2) 첫 번째 평문 블록도 약간 뒤집힌다. (3) 비트 수정은 암호문 블록에서도 발생할 수 있다. (4) 변경 사항은 다음 복호화된 평문 블록에 영향을 미친다. (5) 암호문 블록의 변조는 해당 블록의 복호화를 뒤섞는 데 직접적인 영향을 미친다.**

암호문의 수정을 방지하기 위해 3장에서 본 **MAC**를 사용할 수 있다. AES-CBC의 경우, 일반적으로 무결성을 제공하기 위해 SHA-256 해시 함수와 함께 **HMAC**를 사용한다. 그다음 평문을 패딩하고 암호문과 IV 모두에 암호화한 후 MAC를 적용한다. 그렇지 않으면 공격자가 걸리지 않고 IV를 수정할 수 있다.

CAUTION 이 구조를 **Encrypt-then-MAC**(암호화 후 MAC)라 한다. **MAC-then-Encrypt**(MAC 후 암호화)와 같은 대안은 때때로 영리한 공격(유명한 보드네이 패딩 오라클Vaudenay padding oracle 공격 등)으로 이어질 수 있으므로 실전에서는 피해야 한다.

생성된 인증 태그는 IV 및 암호문과 함께 전송할 수 있다. 일반적으로 그림 4.11과 같이 모두 연결된다. 또한 AES-CBC 및 HMAC에 서로 다른 키를 사용하는 것이 가장 좋다.

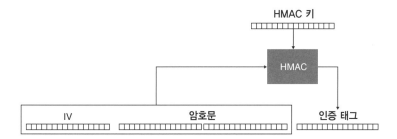

그림 4.11 **AES-CBC-HMAC 구성은 일반적으로 공개 IV, 암호문, 인증 태그의 순서로 연결되는 세 가지 인수를 생성한다.**

복호화 전에 태그를 확인해야 한다(3장에서 보았듯이 상수 시간에). 이러한 알고리즘의 조합을 **AES-CBC-HMAC**라 하며, 이는 보다 현대적인 일체형 구조가 채택되기 전까지 가장 널리 사용되는 인증 암호화 모드 중 하나였다.

CAUTION 사실 AES-CBC-HMAC는 개발자에게 가장 친숙한 구조가 아니다. 제대로 구현되지 않은 경우가 많고, 올바르게 사용되지 않으면 위험하기 때문이다(예: 각 암호화의 IV는 **예측할 수 없어야 함**). 이 알고리즘이 여전히 널리 사용되고 잘 작동하기 때문에 몇 페이지를 할애해서 소개했지만 실전에서는 다음에 소개할 최신 구조를 더 권한다.

4.5 올인원 구조: 인증 암호화

암호화의 역사는 아름답지 않다. 인증 없는 암호화는 위험하다는 인식이 부족할 뿐 아니라, 인증을 잘못 적용하는 개발자의 시스템적 실수도 잦다. 이러한 이유로 개발자의 암호화 사용을 단순화하는 일체형 구조를 표준화하려는 많은 연구가 등장했다. 이번 절에서는 이 새로운 개념과 널리 채택된 두 가지 표준, AES-GCM과 ChaCha20-Poly1305를 소개한다.

4.5.1 AEAD

데이터를 암호화하는 가장 최근의 방법은 **연관 데이터 인증 암호화**authenticated encryption with associated data, AEAD라는 일체형 구조를 사용하는 것이다. 이 구조는 AES-CBC-HMAC와 비슷하게 암호문에서 발생할 수 있는 수정 사항을 감지하는 동시에 평문의 기밀성을 유지하며 **연관 데이터**associated data를 인증하는 방법도 제공한다.

연관 데이터 인수는 선택 사항이며, 비워도 되고 평문의 암호화 및 복호화와 관련된 메타데이터를 포함시킬 수도 있다. 이 데이터는 암호화되지 않으며 암호문과 함께 암시되거나 전송된다. 또한 암호문의 크기는 기존의 방법보다 큰데, 추가 인증 태그(일반적으로 암호문의 끝에 추가됨)를 포함하기 때문이다.

암호문을 복호화하려면 암시된, 또는 전송된 것과 동일한 연관 데이터를 사용해야 한다. 결과는 원래의 평문, 또는 암호문이 전송 중 수정되었음을 나타내는 오류 둘 중 하나다. 그림 4.12에서 예시를 볼 수 있다.

암호학 라이브러리cryptographic library를 사용하여 인증 암호화 프리미티브로 암호화 및 복호화하는 방법을 살펴보자. 이를 위해 다음 예제 4.1과 같이 자바스크립트 프로그래밍 언어와 웹 크립토 API Web Crypto API(저수준 암호화 함수를 제공하는 대부분의 브라우저에서 지원되는 공식 인터페이스)를 사용한다.

1. 앨리스와 밥이 실제로 만나서 키에 대해 합의한다.

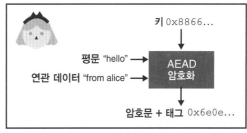

2. 앨리스는 공유 키와 함께 AEAD 암호화 알고리즘을 사용하여 밥에게 보내는 메시지를 암호화한다. 선택적으로 연관 데이터를 추가할 수 있다.

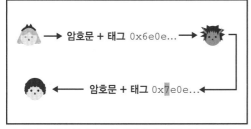

3. 밥에게 암호문과 태그를 전송한다. 중간에 관찰자가 이를 탈취하여 암호문을 조작한다.

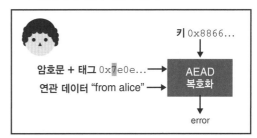

4. 밥이 합의된 키로 AEAD 복호화 알고리즘을 사용해서 조작된 암호문을 복호화한다. 복호화는 실패한다.

그림 4.12 앨리스와 밥은 공유 키를 합의하기 위해 직접 만났다. 다음으로 앨리스는 키와 함께 AEAD 암호화 알고리즘을 사용하여 밥에게 보내는 메시지를 암호화할 수 있다. 앨리스는 선택적으로 일부 연관 데이터를 인증할 수 있다. 예를 들어 메시지의 발신자 등이 여기에 해당한다. 밥은 암호문과 인증 태그를 받은 후 동일한 키와 연관 데이터를 사용하여 암호를 복호화할 수 있다. 연관된 데이터가 올바르지 않거나 암호문이 전송 중에 수정된 경우 복호화가 실패한다.

예제 4.1 자바스크립트에서 AES-GCM을 사용한 인증 암호화

```
let config = {
    name: 'AES-GCM',
    length: 128          ←──── 128비트 보안을 위한 128비트 키 생성
};
let keyUsages = ['encrypt', 'decrypt'];
let key = await crypto.subtle.generateKey(config, false, keyUsages);

let iv = new Uint8Array(12);     ←──── 무작위로 12바이트 IV 생성
await crypto.getRandomValues(iv);

let te = new TextEncoder();
let ad = te.encode("some associated data");  ←──┐ 연관 데이터를 사용하여 평문을 암호화.
let plaintext = te.encode("hello world");       │ 복호화하려면 동일한 IV 및 연관 데이터를
                                                  │ 사용해야 함
let param = {
    name: 'AES-GCM',
    iv: iv,
    additionalData: ad
```

```
};
let ciphertext = await crypto.subtle.encrypt(param, key, plaintext);

let result = await window.crypto.subtle.decrypt(          IV, 암호문 또는 연관 데이터가 변조된 경우
    param, key, ciphertext);                              복호화에서 예외가 발생
new TextDecoder("utf-8").decode(result);
```

웹 크립토 API는 저수준 API이므로 개발자가 실수를 할 여지가 많다. 예를 들어 위험한 패턴인 IV를 지정할 수도 있다. 이 목록에서는 가장 널리 사용되는 AEAD인 AES-GCM을 사용했다. 다음 절에서 이 AES-GCM를 더 알아보자.

4.5.2 AES-GCM AEAD

가장 널리 사용되는 AEAD는 **갈루아/카운터 모드**Galois/Counter Mode가 있는 AES(AES-GCM이라고도 함)다. AES에 대한 하드웨어 지원을 활용하며, 고성능을 위해 이를 효율적으로 구현할 수 있는 MAC(GMAC)를 사용하여 설계되었다.

AES-GCM은 2007년부터 NIST의 특별 간행물(SP 800-38D)에 포함되었으며 인터넷에서 웹사이트에 대한 연결을 보호하는 데 사용되는 여러 버전의 TLS 프로토콜을 포함하여 암호학 프로토콜에 사용되는 주요 암호다. AES-GCM은 효과적으로 웹을 암호화한다고 말할 수 있다.

AES-GCM은 카운터Counter, CTR 작동 모드와 GMAC 메시지 인증 코드를 결합했다. 먼저 CTR 모드가 AES와 어떻게 작동하는지 살펴보자. 그림 4.13은 CTR 모드와 함께 AES를 사용하는 방법을 보여준다.

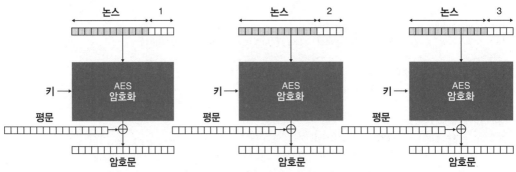

그림 4.13 **AES 암호와 카운터 작동 모드(CTR 모드)를 결합한 AES-CTR 알고리즘.** 고유한 논스(nonce)는 카운터와 연결되고 암호화되어 키 스트림을 생성한다. 그다음 키 스트림이 평문의 바이트와 XOR된다.

AES-CTR은 AES를 사용하여 평문 대신 숫자(1부터 시작)로 연결된 논스를 암호화한다. 이 새로운 인수, "숫자와 연결된 논스"는 IV와 동일한 목적을 수행한다. 즉, 작동 모드에서 AES 암호화를 무작위화할 수 있다. 그러나 그 요구 사항은 CBC 모드의 IV와 약간 다르다. 논스는 고유해야 하며, 예측할 수 없어야 한다. 이 16바이트 블록이 암호화된 결과를 **키 스트림**keystream이라 하며 실제 평문과 XOR되어 암호화를 완성한다.

NOTE   IV와 마찬가지로 논스nonce는 암호학에서 일반적인 용어로, 다른 암호학 프리미티브에도 많이 쓰인다. 논스의 요구 사항은 제각기 다를 수 있지만 기본적으로는 반복되지 않아야 한다. 그러나 늘 그렇듯 중요한 것은 내용이지 이름이 아니다. 실제로 AES-GCM의 논스를 IV라 부르기도 한다.

AES-CTR의 논스는 96비트(12바이트)며 암호화되는 16바이트의 대부분을 차지한다. 남은 4바이트, 즉 32비트는 1부터 시작하여 최대값인 $2^{4 \times 8} - 1 = 4{,}294{,}967{,}295$에 도달할 때까지 각 블록 암호화에 대해 증가하는 카운터 역할을 한다. 즉 최대 4,294,967,295개의 128비트 블록을 동일한 논스(69 GB 미만)로 암호화할 수 있다.

동일한 논스가 두 번 사용되면 동일한 키 스트림이 생성된다. 두 암호문을 함께 XOR하면 키 스트림이 취소되고 두 평문의 XOR을 복구할 수 있게 된다. 공격자가 두 평문 중 하나의 내용을 알고 있으면 두 평문이 모두 노출된다.

그림 4.14는 CTR 모드의 흥미로운 측면을 보여준다. 패딩이 필요하지 않다는 점이다. 블록 암호(AES)를 스트림 암호로 변환한다고 할 수 있다. 평문을 바이트 단위로 암호화한다.

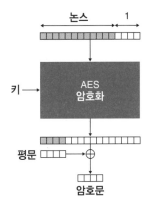

그림 4.14 AES-CTR의 키 스트림이 평문보다 길면 평문과 XOR하기 전에 평문의 길이만큼 잘린다. 이렇게 하면 AES-CTR이 패딩 없이 작동할 수 있다.

스트림 암호

스트림 암호는 암호의 또 다른 범주다. 블록 암호화와는 다르다. 키 스트림과 XOR하여 암호문을 암호화하는 데 직접 사용할 수 있기 때문이다. 패딩이나 작동 모드가 필요하지 않으므로 암호문이 평문과 같은 길이를 가질 수 있다.

실제로 CTR 작동 모드를 통해 블록 암호를 스트림 암호로 쉽게 변환할 수 있기에 두 범주의 암호 사이에는 큰 차이가 없다. 그러나 이론적으로 블록 암호는 다른 범주의 프리미티브를 구성할 때 유용하다는 이점이 있다(2장에서 해시 함수의 사례로 본 것과 유사하다).

여기서 또 하나 주목할 점은, 기본적으로 암호가 암호화하는 길이를 숨기지 않는다는 점이다. 그렇기에 공격자가 암호화되는 부분에 영향을 줄 수 있는 경우 암호화 전에 압축을 사용하면 공격이 발생할 수 있다.

AES-GCM의 두 번째 부분은 GMAC로, 키 해시(**GHASH**라고 함)로 구성된 MAC다. 기술적인 측면에서 GHASH는 거의 XOR된 범용 해시almost XORed universal hash, AXU며, 달리 표현하면 차이를 **예측할 수 없는 함수**difference unpredictable function, DUF라고도 한다. 이러한 함수의 요구 사항은 해시보다 약하다. 예를 들어 AXU는 충돌 방지가 필요하지 않다 보니 GHASH는 훨씬 더 빨라질 수 있다. 그림 4.15는 GHASH 알고리즘을 보여준다.

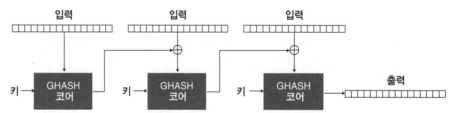

그림 4.15 GHASH는 CBC 모드와 유사한 방식으로 키를 받아 블록별로 입력을 흡수한다.
16바이트의 다이제스트를 생성한다.

GHASH로 무언가를 해시하려면 입력을 16바이트 블록으로 나눈 다음 CBC 모드와 유사한 방식으로 해시한다. 이 해시는 키를 입력으로 사용하므로 이론적으로 MAC로 사용할 수 있지만 한 번만 쓸 수 있는 **일회성 MAC**one-time MAC다(그렇지 않으면 알고리즘이 뚫린다). 이상적이지 않은 방법이므로 웨그먼-카터Wegman-Carter 기법을 사용하여 GHASH를 **다회성 MAC**many-time MAC로 변환한다(그림 4.16).

GMAC는 AES-CTR(및 다른 키)을 사용하여 GHASH 출력을 효과적으로 암호화한다. 다시 말하지만 논스는 고유해야 한다. 그렇지 않으면 영리한 공격자가 GHASH에서 사용하는 인증 키를 복구할 수 있다. 이는 치명적인 약점이며 이로 인해 인증 태그를 쉽게 위조할 수 있다.

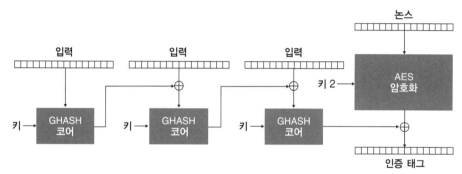

그림 4.16 GMAC는 GHASH를 키와 함께 사용하여 입력을 해시한 다음 이를 다른 키와 AES-CTR로 암호화하여 인증 태그를 생성한다.

마지막으로 AES-GCM은 앞에서 다룬 Encrypt-then-MAC 구성과 유사한 CTR 모드와 GMAC가 얽힌 조합이라 볼 수 있다. 전체 알고리즘에 대한 도식을 그림 4.17에서 볼 수 있다.

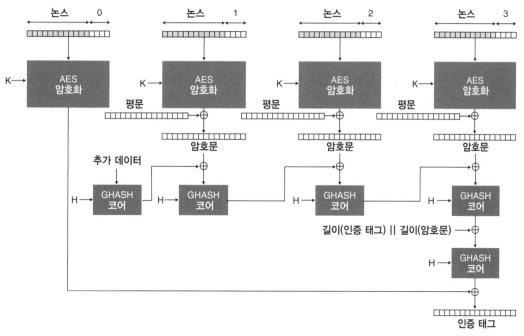

그림 4.17 AES-GCM은 AES-CTR을 대칭 키 K와 함께 사용하여 평문을 암호화하고 GMAC를 사용한 인증 키 H를 통해 관련 데이터와 암호문을 인증하는 방식으로 작동한다.

암호화를 위한 카운터는 1에서 시작하며, 카운터 0은 GHASH에 의해 생성된 인증 태그를 암호화하기 위해 남긴다. GHASH는 차례로 독립적인 키 H를 사용한다. 키 K를 사용하여 모두 0인 블록을 암호화한다. 이렇게 하면 키 K로 다른 키를 유도할 수 있으므로 두 개의 다른 키를 가질 필요가 없다.

앞서 말했듯이 AES-GCM의 12바이트 논스는 고유해야 하고 반복되지 않아야 한다. 무작위일 필요는 없다. 어떤 사람들은 이를 1에서 시작하여 암호화할 때마다 늘어나는 **카운터**로 사용한다. 이경우 사용자가 논스를 선택할 수 있는 암호학 라이브러리를 사용해야 하는데, 이를 통해 논스의 최댓값에 도달하기 전에 $2^{12 \times 8} - 1$개의 메시지를 암호화할 수 있다. 이는 실질적으로 현실에서 도달할 수 없는 거대한 수다.

카운터가 있다는 것은 **상태**를 유지해야 함을 의미한다. 잘못된 시점에 충돌이 생기면 논스 재사용이 발생할 수 있다. 그래서 **임의의 논스**random nonce를 사용하기를 선호하는 경우가 많다. 실제로 어떤 라이브러리는 개발자가 논스를 선택하도록 허용하지 않고 무작위로 생성한다. 이렇게 하면 실제로 발생해서는 안 되는 높은 확률의 반복을 피할 수 있다. 그러나 암호화된 메시지가 많을수록 논스가 더 많이 사용되며, 충돌 가능성이 높아진다. 2장에서 언급한 생일 경계 원칙에 따라 무작위로 논스를 생성할 때는 동일한 키로 $2^{92/3} \approx 2^{30}$개 이상의 메시지를 암호화하지 않는 것이 좋다.

> ### 생일 경계 극복
>
> 2^{30}개의 메시지는 상당히 많은 메시지다. 일반적인 상황이라면 이렇게 큰 수에 도달하지는 못하겠지만, 실전에서 암호화는 종종 합리적인 한계를 넘어서 버린다. 수명이 긴 특정 시스템은 초당 많은 메시지를 암호화해야 하므로 결국 이러한 한계에 도달한다. 예를 들어 비자는 하루에 1억 5천만 건의 거래를 처리한다. 고유 키로 암호화해야 하는 경우 일주일 만에 최대 2^{30}개의 메시지 제한에 도달한다. 이러한 극단적인 경우에는 **키 재입력**rekeying(암호화에 사용되는 키 변경)이 해결책이 될 수 있다. 동일한 키로 암호화할 수 있는 최대 메시지 수를 개선하는 것을 목표로 하는 연구 분야도 있으며, 이 분야를 **생일 경계 극복**beyond birthday-bound이라 부른다.

4.5.3 ChaCha20-Poly1305

두 번째로 설명할 AEAD는 **ChaCha20-Poly1305**이다. 이는 ChaCha20 스트림 암호와 Poly1305 MAC라는 두 가지 알고리즘의 조합이다. 둘 다 대니얼 J. 번슈타인Daniel J. Bernstein이 별도로 설세한 것으로, 하드웨어 지원을 사용할 수 없을 때 느린 AES와 달리 소프트웨어에서 사용할 때 빠른속도를 위해 설계되었다. 2013년 구글은 저사양 프로세서에 의존하는 안드로이드 OS에 사용하기위해 Cha-Cha20-Poly1305 AEAD를 표준화했다. 요즘에는 OpenSSH, TLS, 노이즈Noise와 같은인터넷 프로토콜에서 널리 채택되고 있다.

ChaCha20은 원래 대니얼 J. 번슈타인이 2005년경에 설계한 Salsa20 스트림 암호를 수정한 것으로, ESTREAM 대회(https://www.ecrypt.eu.org/stream/)에서 지명된 알고리즘 중 하나였다. 다른 스트림암호와 마찬가지로 이 알고리즘도 평문과 같은 길이를 가지는 일련의 임의의 바이트, **키 스트림**을 생성하고 이를 평문과 XOR하여 암호문을 생성한다. 복호화할 때도 동일한 알고리즘이 동일한 키 스트림을 생성하는 데 사용되며, 암호문과 XOR되어 평문을 반환한다. 그림 4.18에서 두 흐름을 모두 볼 수 있다.

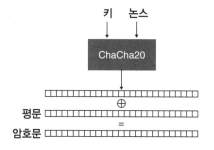

그림 4.18 ChaCha20은 대칭 키와 고유한 논스를 사용하여 작동한다. 그런 다음 평문(또는 암호문)과 XOR되어 암호문(또는 평문)을 생성하는 키 스트림을 생성한다. 암호문과 평문의 길이가 같기에 길이를 보존하는 암호화에 해당한다.

내부적으로 ChaCha20은 **블록 함수**block function를 반복적으로 호출하여 키 스트림의 64바이트 블록을 많이 생성함으로써 키 스트림을 생성한다. 블록 함수는 다음과 같은 인수를 취한다.

- AES-256과 같은 256비트(32바이트) 키
- AES-GCM과 같은 92비트(12바이트) 논스
- AES-GCM과 같은 32비트(4바이트) 카운터

암호화 프로세스는 AES-CTR과 동일하다(그림 4.19).

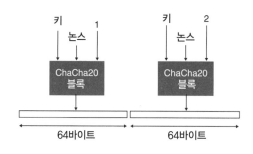

그림 4.19 ChaCha20의 키 스트림은 충분한 바이트가 생성될 때까지 내부 블록 함수를 호출하여 생성된다. 하나의 블록 함수 호출은 64바이트의 임의 키 스트림을 생성한다.

1. 충분한 키 스트림이 생성될 때까지 매번 카운터를 증가시키면서 블록 함수를 실행한다.
2. 키 스트림을 평문과 같은 길이로 자른다.
3. 평문과 키 스트림을 XOR한다.

카운터의 상한선을 고려해도 ChaCha20을 사용하면 (비슷한 논스에 의해 파라미터화되는) AES-GCM에서와 같이 많은 메시지를 암호화할 수 있다. 이 블록 함수가 생성된 출력이 훨씬 크기 때문에 암호화할 수 있는 메시지의 크기도 영향을 받는다. $2^{32} \times 64$바이트, 즉 274 GB 크기의 메시지를 암호화할 수 있다. 논스를 재사용하여 평문을 암호화하면 AES-GCM과 유사한 문제가 발생한다. 관찰자는 두 암호문을 XOR하여 두 평문의 XOR을 얻을 수 있으며 논스에 대한 인증 키를 복구할 수도 있다. 이는 공격자가 메시지를 위조할 수도 있는 심각한 문제다!

논스와 카운터의 크기

논스와 카운터의 크기는 (사실상) 항상 제각각이지만(AES-GCM, ChaCha20-Poly1305 모두) 표준에서 권장하는 값이 있다. 그러나 일부 암호학 라이브러리는 다른 크기의 논스를 허용하고, 일부 애플리케이션은 더 큰 메시지(또는 더 많은 메시지)의 암호화를 허용하기 위해 카운터(또는 논스)의 크기를 늘린다. 한 구성 요소의 크기를 늘리면 필연적으로 다른 구성 요소의 크기가 줄어든다.

이를 방지하기 위해서는 하나의 키로 많은 수의 메시지를 암호화할 수도 있고, XChaCha20-Poly1305와 같은 다른 표준을 사용할 수도 있다. XChaCha20-Poly1305 표준은 논스의 크기를 늘리면서 나머지는 그대로 유지한다. 이는 시스템에서 카운터를 추적하는 대신 무작위로 논스를 생성해야 하는 경우에 중요하다.

ChaCha20 블록 함수 내부에는 상태가 형성된다. 그림 4.20은 이 상태를 보여준다.

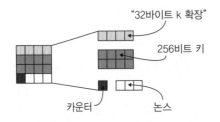

"32바이트 k 확장"

256비트 키

카운터   논스

그림 4.20 ChaCha20 블록 함수의 상태. 각각 32바이트의 16개 워드(정사각형으로 나타냄)로 구성된다. 첫 번째 줄은 상수를, 두 번째와 세 번째 줄은 32바이트 대칭 키를 저장한다. 다음 워드는 4바이트 카운터를, 마지막 3개 워드는 12바이트 논스를 저장한다.

그런 다음 이 상태는 라운드 함수를 20번 반복하여 64바이트의 키 스트림으로 변환한다(그래서 알고리즘 이름에 20이 붙는다). AES 및 해당 라운드 함수로 수행한 작업과 유사하다. 라운드 함수 자체는 라운드당 4번 **QR**Quarter Round **함수**를 호출하며, 라운드 번호가 홀수인지 짝수인지에 따라 매번 내부 상태의 다른 워드에 작용한다. 그림 4.21은 이 과정을 보여준다.

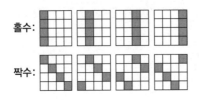

홀수:

짝수:

그림 4.21 ChaCha20의 한 라운드는 상태에 포함된 모든 워드에 영향을 준다. QR 함수는 4개의 인수만 사용하므로 상태의 16개 워드를 모두 수정하려면 다른 워드(다이어그램에서 회색으로 표시됨)에 대해 최소 4번 이상 호출해야 한다.

MAC.QR 함수는 QR 함수는 4개의 다른 인수를 사용하고 Add, Rotate, XOR 작업만 사용하여 업데이트한다. 이를 ARX 스트림 암호라 한다. 따라서 Cha-Cha20은 소프트웨어에서 구현하기가 매우 쉽고 빠르다. **Poly1305**는 이전에 이야기한 GMAC와 마찬가지로 웨그먼-카터 기술을 통해 생성된 MAC다(그림 4.22).

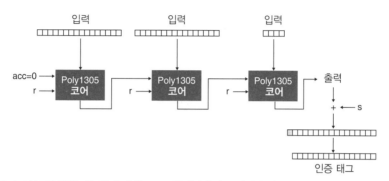

그림 4.22 **Poly1305의 핵심 기능은 초기에 0으로 설정된 추가 누산기와 인증 키 r을 사용하여 한 번에 한 블록씩 입력을 흡수한다. 출력은 핵심 기능의 다음 호출에 누산기로 공급된다. 결국 출력은 인증 태그가 되기 위해 임의의 값 s에 추가된다.**

그림에서 r은 GMAC의 인증키 H와 같이 이 체제의 인증 키로 볼 수 있다. 그리고 s는 결과를 암호화하여 여러 용도로 MAC를 안전하게 만들기에 각 용도에 고유해야 한다.

Poly1305 코어 함수 Poly1305 core function는 키를 누산기(처음에는 0으로 설정) 및 인증할 메시지와 혼합한다. 연산은 간단한 곱셈과 상수 P를 쓰는 모듈로 연산이다.

NOTE 이 설명에 많은 세부 사항이 누락되어 있다는 점에 주의하자. 데이터를 인코딩하는 방법이나 작업을 수행하기 전에 일부 인수를 채워야 하는 방법에 대해서는 거의 언급하지 않았다. 전체적으로 어떻게 작동하는지 직관적으로 이해하고자 할 때는 중요하지 않은 내용이라 생략했다.

결국 ChaCha20과 0으로 설정된 카운터를 사용하여 키 스트림을 생성하고 Poly1305에 필요한 16바이트 r 및 16바이트 s 값을 도출할 수 있다. 그림 4.23에서 결과 AEAD 암호를 볼 수 있다.

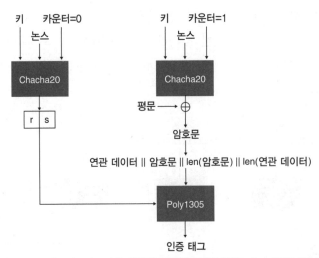

그림 4.23 ChaCha20-Poly1305는 ChaCha20을 사용하여 평문을 암호화하고 Poly1305 MAC에서 요구하는 키를 유도하는 방식으로 작동한다. 그런 다음 Poly1305를 사용하여 암호문과 관련 데이터를 인증한다.

일반 ChaCha20 알고리즘은 먼저 Poly1305에 필요한 인증 비밀 r 및 s를 도출하는 데 사용된다. 카운터가 증가하면 ChaCha20을 사용하여 평문을 암호화한다. 그다음 연관 데이터와 암호문(및 그 길이)이 Poly1305로 전달되어 인증 태그를 생성한다.

복호화에도 똑같은 과정이 적용된다. ChaCha20은 먼저 수신된 태그를 통해 암호문 및 연관 데이터의 인증을 확인한다. 그런 다음 암호문을 복호화한다.

4.6 그 밖의 대칭 암호화

지금까지 배운 대칭 암호화 알고리즘을 복습해보자.

- **인증되지 않은 암호화**: 작동 모드는 있지만 MAC가 없는 AES다. 암호문이 변조될 수 있으므로 실제로는 안전하지 않다.
- **인증 암호화**: AES-GCM 및 ChaCha20-Poly1305는 가장 널리 사용되는 두 가지 암호화다.

이쯤에서 이 장을 마무리해도 괜찮겠지만 실세계 암호학이 항상 합의된 **표준**에 관한 것은 아니다. 크기, 속도, 형식 등의 제약 역시 중요한 고려 사항이다. 그러므로 AES-GCM 및 ChaCha20-Poly1305가 적합하지 않을 때 유용할 수 있는 다른 종류의 대칭 암호화도 간략히 소개하겠다.

4.6.1 키 래핑

논스 기반 AEAD의 문제점 중 하나는 모두 논스가 필요하다는 것인데, 이는 추가적인 공간을 필요로 한다. 그런데 키를 암호화할 때 암호화된 항목이 이미 무작위고, 높은 확률로 반복되지 않기 때문에(또는 반복되더라도 큰 문제가 아니기 때문에) 무작위화가 필요하지 않을 수도 있다. 키 래핑에 대한 잘 알려진 표준 중 하나는 NIST의 Special Publication 800-38F 〈Recommendation for Block Cipher Modes of Operation: Methods for Key Wrapping〉이다. 이러한 키 래핑 알고리즘은 추가적인 논스 또는 IV를 사용하지 않으며, 암호화 대상에 따라 암호화를 무작위화한다. 따라서 암호문 옆에 논스나 IV를 추가로 저장할 필요가 없다.

4.6.2 논스 오용 방지 인증 암호화

2006년 필립 로거웨이Phillip Rogaway는 **합성 초기화 벡터**synthetic initialization vector, SIV라는 새로운 키 래핑 알고리즘을 발표했다. 로거웨이는 SIV가 키를 암호화하는 데 유용할 뿐 아니라, 논스 반복에 더 관대한 일반 AEAD 체계로도 유용하다고 말한다. 이 장에서 배웠듯이 AES-GCM 또는 ChaCha20-Poly1305에서 반복되는 논스는 치명적인 결과를 초래할 수 있다. 이는 두 평문의 XOR을 드러낼 뿐 아니라, 공격자가 인증 키를 복구하고 메시지의 유효한 암호화를 위조하도록 허용한다.

논스 오용 방지 알고리즘의 요점은, 동일한 논스로 두 개의 평문을 암호화하면 두 개의 평문이 동일한지 여부만 알 수 있다는 것이다. 이상적이지는 않지만 최소한 인증 키를 유출하지는 않게 된다. 이 체계는 많은 관심을 모았고 이후 RFC 8452 〈AES-GCM-SIV: Nonce Misuse-Resistant Authenticated Encryption〉에서 표준화되었다. SIV 이면의 트릭은 암호화하기 위해 AEAD에서 사용되는 논스가 평문 자체에서 생성되므로 결국 두 개의 다른 평문이 동일한 논스에서 암호화될 가능성이 매우 낮다는 것이다.

4.6.3 디스크 암호화

랩톱 또는 휴대전화의 저장소를 암호화하는 데는 몇 가지 제약이 있다. 속도가 빨라야 하고(그렇지 않으면 공격자가 알아차릴 수 있음) 제자리에서만 수행할 수 있다(대부분의 장치에서 공간 절약이 중요함). 암호화를 확장할 수 없으므로 논스와 인증 태그가 필요한 AEAD는 적합하지 않다. 대신 인증되지 않은 암호화가 사용된다.

비트플립 공격bitflip attack으로부터 보호하기 위해, 하나의 비트플립이 전체 블록의 복호화를 스크램블하는 방식으로 데이터의 큰 블록(이를테면 수천 바이트)을 암호화한다. 이렇게 하면 공격자는 목표를 달성하기 전에 장치를 다운시킬 가능성이 더 크다. 이러한 구조를 **와이드 블록 암호**wide-block cipher라 하는데, 이 접근 방식은 **가난한 방식의 인증**poor man's authentication이라고도 한다.

리눅스 시스템과 일부 안드로이드 장치는 ChaCha 암호를 감싸고 2019년 구글에서 표준화한 광역 블록 구조인 아디안텀Adiantum을 사용하여 이 접근 방식을 채택했다. 그러나 대부분의 장치는 비이상적인 솔루션을 사용한다. 마이크로소프트와 애플은 모두 AES-XTS를 사용하는데 이는 와이드 블록 암호 인증 방식이 아니다.

4.6.4 데이터베이스 암호화

데이터베이스의 데이터를 암호화하는 것은 까다롭다. 요점은 데이터베이스 침해로부터 데이터 누출을 방지하는 것이므로, 데이터를 암호화하고 해독하는 데 사용되는 키는 데이터베이스 서버와 분리된 곳에 저장해야 한다. 클라이언트는 데이터 자체를 갖고 있지 않으므로 데이터를 쿼리할 수 있는 방식이 크게 제한된다.

가장 간단한 솔루션은 **투명한 데이터 암호화**transparent data encryption, TDE로, 단순히 선택한 열을 암호화한다. 일부 시나리오에서는 잘 작동하지만 암호화되는 행과 열을 식별하는 관련 데이터를 인증하는 데 주의해야 한다. 그렇지 않으면 암호화된 콘텐츠가 바꿔치기될 수 있다. 또한 암호화된 데이터를 검색할 수 없으므로 쿼리할 때는 암호화되지 않은 열만 사용해야 한다.

검색 가능한 암호화searchable encryption는 이 문제를 해결하는 것을 목표로 하는 연구 분야다. 다양한 방안이 제안됐지만 아직 좋은 방안은 없는 것 같다. 서로 다른 스키마는 서로 다른 수준의 "검색 가능성"과 서로 다른 보안 저하를 가져오게 된다. 예를 들어 블라인드 인덱싱blind indexing을 사용하면 정확히 일치하는 항목을 검색할 수 있고, 순서 보존 및 순서 공개 암호화를 사용하면 결과를 정렬할 수 있다. 결론적으로 이러한 솔루션들의 보안은 사실상 상충 관계에 있으므로 주의 깊게 살펴봐야 한다.

요약

- 암호화(또는 대칭 암호화)는 데이터의 기밀성을 보호하는 데 사용할 수 있는 암호학 프리미티브다. 보안은 비밀로 유지해야 하는 대칭 키에 의존한다.
- 대칭 암호화는 보안을 위해 인증되어야 한다(인증 암호화). 그렇지 않으면 암호문이 변조될 수 있다.
- 인증 암호화는 메시지 인증 코드를 사용하여 대칭 암호화 알고리즘으로 구성할 수 있다. 그러나 가장 좋은 방법은 AEAD 알고리즘을 사용하는 것이다. AEAD는 오용하기 어려운 올인원 구조

이기 때문이다.

- 두 당사자가 동일한 대칭 키를 알고 있으면 인증 암호화를 사용하여 통신을 숨길 수 있다.

- AES-GCM 및 ChaCha20-Poly1305는 가장 널리 채택된 두 가지 AEAD다. 오늘날 대부분의 애플리케이션에서는 이 중 하나를 사용한다.

- 논스를 재사용하면 AES-GCM 및 ChaCha20-Poly1305의 인증이 중단된다. AES-GCM-SIV와 같은 체계는 논스 오용 방지 기능이 있는 반면 키 암호화는 논스가 필요하지 않으므로 이러한 문제를 피할 수 있다.

- 실세계 암호학은 제약 조건의 영향을 받으며 AEAD가 모든 시나리오에 항상 들어맞는 것은 아니다. 새로운 구조의 개발이 필요한 데이터베이스 또는 디스크 암호화가 대표적인 예다.

키 교환

. . . .

이번 장에서 다룰 내용

- 키 교환의 정의와 유용성

- 디피-헬먼과 타원 곡선 디피-헬먼 키 교환

- 키 교환의 보안 고려 사항

. . . .

이제 첫 번째 비대칭 암호학 프리미티브인 키 교환을 통해 **비대칭 암호학**(공개 키 암호학이라고도 함)의 영역에 진입했다. **키 교환**은 말 그대로 키를 교환한다. 예를 들어 앨리스는 밥에게 키를 보내고 밥은 앨리스에게 키를 보낸다. 이를 통해 두 피어가 공유 비밀에 동의할 수 있으며, 인증된 암호화 알고리즘으로 통신을 암호화하는 데 사용할 수 있다.

CAUTION   이 책의 서두에서 암시했듯 비대칭 암호학에는 훨씬 더 많은 수학이 포함되어 있다. 따라서 다음 장은 조금 더 어렵겠지만 낙심하지 말 것! 이 장에서 배우게 될 내용은 동일한 원리를 기반으로 하는 다른 많은 프리미티브를 이해하는 데 도움이 될 것이다.

NOTE   이 장을 이해하려면 메시지 인증 코드에 대한 3장과 인증 암호화에 대한 4장을 읽어야 한다.

5.1 키 교환이란?

새로운 시나리오를 하나 세우자. 앨리스와 밥은 비밀리에 의사 소통하기를 원하지만 아직 직접 만난 적은 없다. 즉 키 교환이 필요한 상황이 준비되었다.

통신을 암호화하기 위해 앨리스는 4장에서 배운 인증 암호화 프리미티브를 사용할 수 있다. 밥도 동일한 대칭 키를 알아야 하기에 앨리스는 대칭 키를 생성하여 밥에게 보낸다. 그 후에는 키를 사용하여 통신을 암호화하게 된다. 하지만 공격자가 대화를 엿듣고 있다면 어떻게 될까? 이제 공격자는 대칭 키를 갖고 앨리스와 밥이 서로에게 보내는 모든 암호화된 콘텐츠를 복호화할 수 있다! 이 지점에서 키 교환이 필요해진다. 키 교환을 사용하면 공격자가 재현할 수 없는 대칭 키를 얻을 수 있다.

키 교환은 앨리스와 밥이 각각 키를 생성하는 것으로 시작된다. 이를 위해 둘 다 비밀 키private key(또는 비밀 키secret key)와 공개 키public key라는 **키 쌍**을 생성하는 키 생성 알고리즘을 사용한다. 그런 다음 앨리스와 밥은 각자의 공개 키를 서로에게 보낸다. **공개 키**는 외부에서 누구나 관찰할 수 있음을 의미한다. 그다음 앨리스는 밥의 공개 키와 자신의 비밀 키를 사용하여 공유 비밀을 계산한다. 마찬가지로 밥은 앨리스의 공개 키와 함께 자신의 비밀 키를 사용하여 동일한 공유 비밀을 얻을 수 있다(그림 5.1).

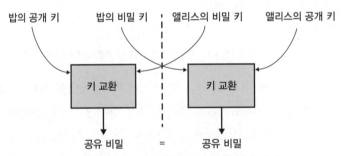

그림 5.1 키 교환의 인터페이스. 공유 비밀을 생성하기 위해 피어의 공개 키와 비밀 키를 사용한다. 피어는 공개 키와 비밀 키를 사용하여 동일한 공유 비밀을 얻을 수 있다.

키 교환의 대략적인 작동 방식을 알았으니 이제 처음 시나리오로 돌아가 키 교환이 어떻게 도움이 되는지 생각해보자. 앨리스와 밥은 키 교환을 시작함으로써 인증 암호화 프리미티브의 키로 사용할 공유 비밀을 생성한다. 교환을 관찰하는 중간자(MITM) 공격자는 동일한 공유 비밀을 도출할 수 없기 때문에 통신을 복호화할 수 없다(그림 5.2).

MITM은 대칭 키를 관찰한다.   MITM은 공유 비밀을 도출할 수 없다.

그림 5.2 **두 참가자 간의 키 교환을 통해 비밀 키에 동의할 수 있지만 중간자(MITM) 공격자는 키 교환을 관찰하고도 동일한 비밀 키를 도출할 수 없다.**

여기서 MITM은 수동적이다. 능동적인 MITM은 키 교환을 가로채고 양쪽을 가장할 수 있다. 이렇게 공격하면 앨리스와 밥은 서로 키에 동의했다고 생각하여 MITM과 키 교환을 수행한다. 이것이 가능한 이유는 둘 중 누구도 그들이 받는 공개 키가 실제로 누구의 것인지 확인할 방법이 없기 때문이다. 키 교환이 **인증되지 않았다는** 의미다! (그림 5.3)

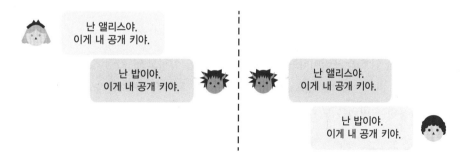

그림 5.3 **인증되지 않은 키 교환은 능동적인 MITM 공격자에게 취약하다. 실제로 공격자는 연결의 양쪽을 가장하고 두 개의 개별 키 교환을 수행할 수 있다.**

인증된 키 교환을 위한 다른 시나리오도 살펴보자. 현재 시간을 확인할 수 있는 서비스를 실행하고 싶다고 해보자. MITM 공격자가 이 정보를 수정해서는 안 될 것이다. 가장 좋은 방법은 3장에서 배운 메시지 인증 코드(MAC)를 사용하여 응답을 인증하는 것이다. MAC에는 키가 필요하므로 키를 생성하여 모든 사용자와 수동으로 공유할 수 있다. 그런데 이렇게 하면 모든 사용자가 다른 사용자와 함께 사용 중인 MAC 키를 소유하고 있으며, 언젠가는 이 키를 사용하여 이전에 다른 사용자에 대해 MITM 공격을 수행할 수 있다. 사용자마다 다른 키를 설정할 수도 있지만 역시 이상적인 방법은 아니다. 서비스에 연결하려는 모든 새 사용자에 대해 새 MAC 키를 사용하여 서비스와 사용자 모두를 수동으로 프로비저닝해야 하기 때문이다. 서버 측에서 할 일이 없다면 훨씬 좋지 않을까?

여기서 키 교환이 등장한다! 서비스가 키 교환 키 쌍을 생성하고, 서비스의 공개 키로 새로운 사용자를 프로비저닝하도록 하면 된다. 이를 **인증된 키 교환**authenticated key exchange이라 한다. 사용자는 서버의 공개 키를 알고 있으므로 능동적인 MITM 공격자도 키 교환의 서버 쪽을 가장할 수 없다. 악의적인 사람이 할 수 있는 일은 직접 키 교환을 수행하는 것이다(연결의 클라이언트 측이 인증되지 않았기 때문에). 양측이 인증을 받는 경우를 **상호 인증된 키 교환**mutually authenticated key exchange이라 한다.

이 시나리오는 매우 일반적이며, 키 교환 프리미티브를 사용하면 사용자가 증가해도 확장성을 가진다. 그러나 서비스의 수도 증가하면 확장성이 떨어진다! 인터넷이 이에 대한 좋은 예다. 세상에는 많은 웹사이트와 안전하게 통신하려는 많은 브라우저가 있다. 브라우저에서 방문할 수 있는 모든 웹사이트의 공개 키를 하드코딩해야 하고, 더 많은 웹사이트가 온라인 상태가 되면 어떻게 될까?

키 교환은 유용하지만, 그 자매품이라 할 수 있는 프리미티브인 **디지털 서명**이 없으면 어떤 시나리오에서도 제대로 확장되지 않는다. 7장에서는 새로운 암호학 프리미티브와 이것이 시스템에서 신뢰를 확장하는 데 어떻게 도움이 되는지 알아볼 것이다. 실전에서 키 교환을 직접적으로는 거의 사용하지 않는다. 보통 키 교환은 더 복잡한 프로토콜의 구성 원소일 뿐이다. 특정 상황에서만 자체적으로 유용하게 쓰일 수 있다(앞에서 본 수동적 관찰자의 사례가 대표적이다).

이제 실제로 키 교환 암호학 프리미티브를 사용하는 방법을 살펴보자. 가장 잘 알려진, 널리 사용되는 C/C++ 키 교환 라이브러리로 libsodium이 있다. 다음 목록은 키 교환을 수행하기 위해 실제로 libsodium을 사용하는 방법을 보여준다.

예제 5.1 C로 구현한 키 교환

```
unsigned char client_pk[crypto_kx_PUBLICKEYBYTES];
unsigned char client_sk[crypto_kx_SECRETKEYBYTES];     클라이언트의 키 쌍 생성
crypto_kx_keypair(client_pk, client_sk);


unsigned char server_pk[crypto_kx_PUBLICKEYBYTES];     서버의 공개 키를 얻을 수 있는 방법이
obtain(server_pk);                                     있다고 가정


unsigned char decrypt_key[crypto_kx_SESSIONKEYBYTES];   libsodium은 하나가 아닌 두 개의 대칭 키를 파생
unsigned char encrypt_key[crypto_kx_SESSIONKEYBYTES];   시키며, 각 키는 단일 방향을 암호화하는 데 사용됨


if (crypto_kx_client_session_keys(decrypt_key, encrypt_key,
    client_pk, client_sk, server_pk) != 0) {  ◄──────  생성한 비밀 키와 서버의 공개 키로
    abort_session();  ◄──                              키 교환을 수행
}                        공개 키 형식이 잘못된 경우
                         함수는 오류를 반환
```

libsodium은 개발자에게 많은 세부 정보를 숨기면서도 안전하게 사용할 수 있는 인터페이스를 노출한다. 이 경우 libsodium은 **X25519** 키 교환 알고리즘을 사용하는데, 이 알고리즘은 이 장의 뒷부분에서 자세히 알아볼 것이다. 다음 절에서 키 교환에 사용되는 다양한 표준, 그리고 이러한 표준의 작동 원리를 알아보자.

5.2 DH 키 교환

1976년 휫필드 디피Whitfield Diffie와 마틴 헬먼Martin E. Hellman은 〈New Direction in Cryptography (암호학의 새로운 방향)〉이라는 제목의 논문을 발표하며(대단한 제목이다!) 디피-헬먼Diffie-Hellman, DH 키 교환 알고리즘을 최초로 공개했다. DH는 발명된 최초의 키 교환 알고리즘이자 첫 번째로 공식화된 공개 키 암호학 알고리즘 중 하나다. 이 절에서는 이 알고리즘의 수학적 기초, 작동 방식, 그리고 암호학 애플리케이션에서 이를 사용하는 방법을 지정하는 표준을 알아볼 것이다.

5.2.1 군론

DH 키 교환은 오늘날 대부분의 공개 키 암호학의 기반이 되는 **군론**group theory이라는 수학 분야를 토대로 만들어졌다. 그러므로 이 장에서는 군론의 기본을 설명한다. 필자는 이러한 알고리즘이 어떻게 작동하는지에 대한 좋은 통찰력을 제공하기 위해 최선을 다하고 있지만 아쉽게도 수학 없이 이를 설명할 수 있는 우회적인 방법이 없다.

먼저 질문, **군**group이란 무엇인가? 두 가지로 답할 수 있다.

- 원소의 집합
- 각 원소에 대해 정의된 특수한 이항 연산(예: + 또는 ×)

집합과 연산이 어떠한 속성을 만족하면 군이 된다. 그리고 군이 있으면 마법 같은 일을 할 수 있다(나중에 더 자세히 다룬다). DH는 **곱셈군**multiplicative group에서 작동한다. 곱셈군이란 곱셈이 이항 연산으로 정의되어 사용되는 군이다. 그러므로 설명에서는 곱셈군을 예로 사용한다. 여기서 × 기호는 생략하도록 한다(예를 들어 $a \times b$를 ab로 쓸 것이다).

더 구체적으로 알아보자. 집합과 그 연산이 군이 되려면 다음 속성이 필요하다(개념 이해를 돕기 위해 그림 5.4에서 이러한 속성을 시각적으로 설명한다).

닫힘	결합법칙	항등원	역원

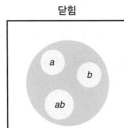 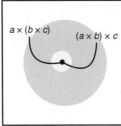 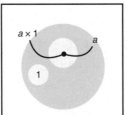 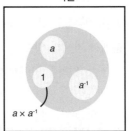

| 군에 속한 어떤 a, b에 대해서든 $a \times b$는 군 내에 존재한다. | 군에 a, b, c가 속해 있을 때 $a \times (b \times c) = (a \times b) \times c$이다. | 군에 a가 속해 있을 때 $a \times 1 = a$다. | 군에 속한 어떤 a에 대해서든 $a \times a^{-1} = 1$인 a^{-1}이 존재한다. |

그림 5.4 군의 네 가지 속성: 닫힘, 결합법칙, 항등원, 역원

- **닫힘**: 두 원소에 대해 연산을 수행하면 그 결과는 동일한 집합 내의 다른 원소에 해당한다. 예를 들어 군의 두 원소 a와 b에 대해 $a \times b$는 군 내의 다른 원소에 해당한다.

- **결합법칙**: 한 번에 여러 원소에 대한 연산을 임의의 순서로 수행할 수 있다. 예를 들어 군에 속한 세 원소 a, b, c에 대해 $a(bc)$와 $(ab)c$는 동일하다.

- **항등원**: 특정 피연산자와 항등원의 연산을 수행하면 그 결과는 피연산자와 동일하다. 예를 들어 곱셈군의 항등원은 1이다. 군의 모든 원소 a에 대해 $a \times 1 = a$이기 때문이다.

- **역원**: 군에 속하는 모든 원소는 그에 해당하는 역원이 군 내에 존재한다. 예를 들어 군의 원소 a에 대해 $a \times a^{-1} = 1$을 충족하는 역원 $a^{-1}(1/a)$이 군 내에 존재한다.

군에 대한 이러한 설명이 다소 추상적일 수 있다. 이제 실제로 DH에서 군을 어떻게 사용하는지 알아보자. 첫째, DH는 1, 2, 3, 4, ⋯, $p - 1$과 같은 양의 정수 집합으로 구성된 군을 사용한다. 여기서 p는 소수, 1은 항등원이다. 표준마다 p에 서로 다른 숫자를 지정하는데, 공통적으로 군을 보호하기 위해 큰 소수를 사용한다.

소수

소수는 그 수 자체와 1로만 나눌 수 있는 숫자다. 가장 작은 소수는 2, 3, 5, 7, 11 등이다. 소수는 비대칭 암호화의 모든 곳에 있다! 그리고 다행히도 큰 소수를 찾는 효율적인 알고리즘이 있다. 속도를 높이기 위해 대부분의 암호학 라이브러리는 소수 대신 **유사 소수**pseudo-prime(소수가 될 확률이 높은 숫자)를 찾는다. 흥미로운 점은, 이러한 최적화가 과거에 여러 번 뚫린 적이 있다는 점이다. 가장 악명 높은 사건은 2017년에 ROCA 취약점이 암호학 애플리케이션에 대해 잘못된 소수를 생성하는 백만 개 이상의 장치를 발견했을 때였다.

둘째, DH는 **모듈러 곱셈**modular multiplication을 특수 연산으로 사용한다. 모듈러 곱셈이 무엇인지 설명하기 전에 **모듈러 연산**modular arithmetic이 무엇인지 알아야 한다. 모듈러 연산이란 **모듈러스**modulus라는 특정 숫자를 '감싸는wrap around' 숫자에 관한 것이다. 예를 들어 모듈러스를 5로 설정하면 5를 넘는 숫자는 1로 돌아간다. 6은 1이 되고, 7은 2가 되는 식이다(5는 0이 되겠지만 0이 곱셈군에 없기 때문에 크게 신경 쓰지 않는다).

모듈러 연산을 표현하는 수학적 방법은, 숫자의 **나머지**remainder와 모듈러스로 **유클리드 나누기**Euclidian division를 취하는 것이다. 예를 들어 숫자 7을 5로 유클리드 나눗셈을 하면 $7 = 5 \times 1 + 2$로 표현할 수 있다. 이때 나머지는 2다. 이를 $7 = 2 \bmod 5$로 표기한다($7 \equiv 2 (\bmod 5)$라 표기하기도 한다). 이 식을 '7이 2 모듈로 5와 일치한다'라고 읽을 수 있다. 유사하게 아래와 같이 표현할 수 있다.

- $8 = 1 \bmod 7$
- $54 = 2 \bmod 13$
- $170 = 0 \bmod 17$

이러한 개념을 묘사하는 고전적인 방법은 시계다(그림 5.5).

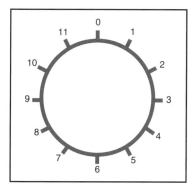
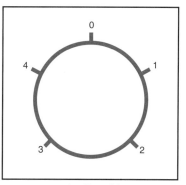

일반 시계는 모듈러스가 12라고 할 수 있다.
12는 0, 13은 1, 14는 2 등등…

5의 모듈로 정수.
5는 0, 6은 1 등등…

그림 5.5 소수 5의 모듈로 정수 군은 숫자 4 다음에 0으로 재설정되는 시계로 나타낼 수 있다.
따라서 5는 0, 6은 1, 7은 2, 8은 3, 9는 4, 10은 0이 된다.

모듈러 곱셈은 이러한 숫자 집합에 대해 매우 자연스럽게 정의할 수 있다. 다음 곱셈을 예로 살펴보자.

$$3 \times 2 = 6$$

앞에서 살펴본 대로 표현하면 6은 1 모듈로 5와 일치하므로 식을 다음과 같이 다시 쓸 수 있다.

$$3 \times 2 = 1 \bmod 5$$

아주 간단하지 않은가? 앞의 식에 따르면 3은 2의 역원이고 그 반대의 경우도 마찬가지임을 알 수 있다. 다음과 같이 쓸 수도 있다.

$$3^{-1} = 2 \bmod 5$$

상황에 따라 모듈러스 부분(여기서는 mod 5)은 식에서 생략하기도 한다. 그러니 이 책에서 가끔 모듈러스를 생략하더라도 놀라지 말자.

> **NOTE** 양수와 소수의 모듈로 연산에서 0만 역원을 갖지 못한다($0 \times b = 1 \bmod 5$를 충족하는 원소 b를 찾을 수 있을까?). 이것이 군의 원소 중 하나로 0을 포함하지 않는 이유다.

자, 이제 모듈러 곱셈을 통해 p에 대해 엄격하게 양의 정수 1, 2, ⋯, $p - 1$의 집합을 포함하는 군을 갖게 되었다. 이렇게 만든 군은 두 가지 특성을 가지게 된다.

- **가환성**commutative: 연산 순서는 중요하지 않다. 예를 들어 군의 두 원소 a와 b가 주어지면 $ab = ba$다. 이 속성을 가진 군을 **갈로아군**Galois group이라 한다.
- **유한 필드**: 더 많은 속성과 추가적인 연산을 가지는 갈로아군이다(이 예에서는 숫자를 더할 수도 있다).

마지막 속성에 따라 이러한 유형의 군에 대해 정의된 DH를 유한 필드 디피-헬먼finite field Diffie-Hellman, FFDH라고도 한다. 군의 개념을 어느 정도 이해했다면 **부분군**subgroup에 대해서도 이야기할 수 있다. 부분군은 단순히 군에 포함된 군으로, 군의 원소의 부분집합이다. 부분군의 원소에 대한 연산은 또 다른 부분군 원소를 생성하고, 부분군의 모든 원소는 같은 부분군 내에 역원을 가지는 등의 특성도 유지된다.

순환부분군cyclic subgroup은 하나의 **생성원**generator(베이스base라고도 함)에서 생성할 수 있는 부분군이다. 생성원은 자신을 계속해서 곱하여 순환부분군을 생성한다. 예를 들어 생성원 4는 숫자 1과 4로 구성된 부분군을 정의한다.

- $4 \bmod 5 = 4$
- $4 \times 4 \bmod 5 = 1$

- $4 \times 4 \times 4 \bmod 5 = 4$ (처음부터 다시 시작하게 된다)

- $4 \times 4 \times 4 \times 4 \bmod 5 = 1$

- 계속 …

NOTE $4 \times 4 \times 4$를 4^3으로 쓰기도 한다.

모듈러스가 소수일 때 군의 모든 원소는 부분군의 생성원이다. 이러한 서로 다른 부분군은 서로 다른 **차수**order를 가질 수 있다(그림 5.6).

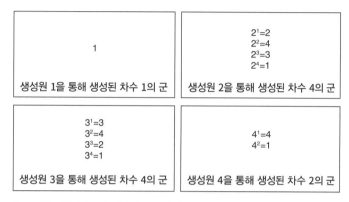

그림 5.6 **곱셈군 모듈로 5의 다른 부분군.** 이들은 모두 숫자 1(항등원)을 포함하고 서로 다른 차수(원소의 수)를 가진다.

지금까지 배운 내용을 요약하면 다음과 같다.

- 군은 이항 연산을 가진 수의 집합으로 몇 가지 속성(닫힘, 결합법칙, 항등원, 역원)을 가진다.

- DH는 최대 소수(포함되지 않음)와 모듈러 곱셈에 의해 형성된 갈로아 군(가환성을 갖는 군)에서 작동한다.

- DH 군의 모든 원소는 부분군의 생성원이다.

군은 수많은 다양한 암호학 프리미티브의 중심이다. 군론을 직관적으로 잘 이해하면 다른 암호학 프리미티브가 어떻게 작동하는지 이해할 수 있을 것이다.

5.2.2 디피-헬먼의 기반, 이산 로그 문제

DH 키 교환의 보안은 군의 **이산 로그 문제**discrete logarithm problem를 기반으로 하며, 이 문제는 해결하기 어렵다고 알려져 있다. 이 절에서는 이 문제를 간략하게 알아보자.

생성원 3으로 만들어낼 수 있는 원소 중에서 임의의 원소를 제공한다고 상상해보자. 예를 들어 주어진 2 = 3^x mod 5에서 알려지지 않은 x에 대해 "x는 무엇인가?"라는 질문을 받았을 때, 이에 답하는 것은 베이스 3에서 2의 이산 로그를 찾는 작업과 같다. 이러한 군의 이산 로그 문제는 주어진 군의 원소를 생성하기 위해 생성원에 자신을 곱한 횟수를 찾는 것이다. 중요한 개념이다! 계속하기 전에 잠시 생각해보자.

예제 군에서는 3이 답이라는 것을 빠르게 찾을 수 있다(3^3 = 2 mod 5이므로). 그러나 5보다 훨씬 큰 소수를 선택하면 상황이 훨씬 더 복잡해지고 해결하기 어려워진다. 이것이 디피-헬먼의 비밀 소스다. 이제 DH에서 키 쌍을 생성하는 방법을 충분히 이해했다.

1. 모든 참가자는 큰 소수 p와 생성원 g에 동의해야 한다.

2. 각 참가자는 비밀 키가 되는 난수 x를 생성한다.

3. 각 참가자는 공개 키를 g^x mod p와 같이 파생한다.

이산 로그 문제가 어렵다는 사실은 아무도 공개 키에서 비밀 키를 복구하지 못함을 의미한다(그림 5.7).

$$g, g^2, g^3, \dots, g^{34028236692093846346337460743176821 1456}, \dots \text{mod } p$$

DH 공개 키

그림 5.7 디피-헬먼에서 비밀 키를 선택하는 것은 생성원 g에 의해 생성된 숫자 목록에서 인덱스를 선택하는 것과 같다. 이산 로그 문제는 숫자만으로 인덱스를 찾는 것이다.

이산 로그를 계산하는 알고리즘이 있지만 실전에서 효율적이지 않다. 반면에 문제에 대한 해 x로 g^x mod p를 확인할 수 있는 매우 효율적인 알고리즘은 있다. 모듈러 지수를 계산하는 최신 기술로 **제곱 및 곱셈**square and multiply이 있다. 이 기법은 x비트를 통해 결과를 효율적으로 계산한다.

NOTE 암호학의 모든 것과 마찬가지로, 단순히 추측을 시도해서 해를 찾는 것이 **불가능한 것은 아니다**. 그러나 충분히 큰 파라미터(여기서는 큰 소수)를 선택하면 그러한 해 검색의 효용을 무시할 수 있는 확률로 줄일 수 있다. 이는 수백 년 동안 무작위로 시도해도 해를 찾을 확률이 통계적으로 0에 가깝다는 것을 의미한다.

자, 그럼 DH 키 교환 알고리즘에 이 모든 수학을 어떻게 사용할까? 다음 상황을 상상해보자.

• 앨리스는 비밀 키 a와 공개 키 A = g^a mod p를 가지고 있다.

• 밥은 비밀 키 b와 공개 키 B = g^b mod p를 가지고 있다.

밥의 공개 키를 알고 있는 앨리스는 공유 비밀을 B^a mod p로 계산할 수 있다. 밥은 앨리스의 공개 키와 자신의 비밀 키 A^b mod p를 사용하여 유사한 계산을 수행할 수 있다. 당연히 우리는 이 두 계산이 결국 같은 숫자를 계산한다는 것을 알 수 있다.

$$B^a = (g^b)^a = g^{ab} = (g^a)^b = A^b \text{ mod } p$$

이것이 DH의 마법이다. 외부인의 관점에서 공개 키 A와 B를 관찰하는 것만으로는 키 교환 g^{ab} mod p의 결과를 계산할 수 없다. 다음으로 실제 애플리케이션에서 이 알고리즘과 다양한 표준을 사용하는 방법을 알아보자.

계산적, 결정적 디피-헬먼

이론 암호학에서 g^a mod p와 g^b mod p를 관찰하는 것이 g^{ab} mod p를 계산하는 데 도움이 되지 않는다는 생각을 계산적 디피-헬먼 가정computational Diffie-Hellman assumption, CDH이라 한다. 그리고 g^a mod p, g^b mod p, z mod p가 주어졌을 때 후자의 요소가 두 공개 키(g^{ab} mod p) 간의 키 교환의 결과인지, 아니면 군의 임의의 원소인지 확정할 수 없다는 가정을 결정적 디피-헬먼 가정decisional Diffie-Hellman assumption, DDH이라 한다. 둘 다 암호학에서 다양한 알고리즘을 구축하는 데 사용된 유용한 이론적 가정이다.

5.2.3 디피-헬먼 표준

이제 DH가 어떻게 작동하는지 보았으므로 참가자가 파라미터 집합, 특히 소수 p와 생성원 g에 동의해야 한다는 것을 이해할 수 있다. 이 절에서는 실제 애플리케이션이 이러한 파라미터와 존재하는 다양한 표준을 선택하는 방법을 알아보자.

소수 p부터 시작하자. 앞서 말했듯이 p는 크면 클수록 좋다. DH는 이산 로그 문제를 기반으로 하기에 보안은 문제에 대한 가장 강한 공격 기법과 직접적인 상관관계가 있다. 이 영역의 발전은 알고리즘을 약화시킬 수 있다. 시간이 흐르면서 공격 기법의 발전이 얼마나 빠른지(또는 느린지), 그리고 어느 정도의 보안이면 충분한지에 대한 개념이 잘 정립되었다. 현재 알려진 모범 사례는 2,048비트의 소수를 사용하는 것이다.

NOTE 일반적인 암호화 알고리즘의 파라미터 길이에 대한 권장 사항을 담은 https://keylength.com 문서가 있다. 이 문서는 ANSSI(프랑스), NIST(미국), BSI(독일)와 같은 연구 군 또는 정부 기관에서 생성한 권위 있는 문서에서 가져온 것이다. 각 기관의 권장 사항이 항상 같지는 않지만 비슷한 크기로 수렴하는 경우가 많다.

과거에는 많은 라이브러리와 소프트웨어가 종종 자체 파라미터를 생성하고 하드코딩했는데, 이렇게 만들어진 결과는 보안이 약해지거나 더 심하게는 완전히 뚫리는 것으로 나타났다. 2016년에는 누군 가가 인기 있는 커맨드 라인 도구인 Socat이 1년 전에 기본 DH 군을 뚫린 군으로 수정했다는 사실을 발견하여, 실수인지 의도적인 백도어인지에 대한 의문을 제기했다. 표준화된 DH 군을 사용하면 더 좋을 것 같지만 DH는 불행한 반례 중 하나다. Socat 문제가 발생한 지 불과 몇 달 후, 안토니오 산소Antonio Sanso는 RFC 5114를 읽는 동안 이미 뚫린 DH 군도 표준으로 지정했음을 발견했다.

이러한 모든 문제로 인해 이후 등장하는 프로토콜과 라이브러리는 ECDHElliptic Curve Diffie-Hellman 에 더 이상 DH를 사용하지 않거나 더 나은 표준인 RFC 7919(https://www.rfc-editor.org/info/rfc7919) 에 정의된 군을 사용하는 방향으로 수렴되었다. 이러한 이유로 오늘날 가장 좋은 방법은 다양한 크기와 보안의 여러 군을 정의하는 RFC 7919를 사용하는 것이다. 예를 들어 ffdhe2048은 2,048비트 소수 모듈러스로 정의된 군이다.

$$p = 3231700607131100730015351347782516336248805713348907517458843413926980683413621000279205636264016468545855635793533081692882902308057347262527355474246124574102620252791657297286270630032526342821314576693141422365422094111134862999165747826803423055308634905063555771221918789033272956969612974385624174123623722519734640269185579776797682301462539793305801522685873076119753243646747585546071504389684494036613049769781285429595865959756705128385213278446852292550456827287911372009893187395914337417583782600027803497319855206060753323412260325468408812003110590748428100399496695611969695624862903233807283912 7039$$

그리고 생성원 $g = 2$이다.

> [NOTE] 컴퓨터는 매우 효율적으로 간단한 왼쪽 시프트(<<) 연산을 사용하여 2를 곱할 수 있으므로, 생성원으로 숫자 2를 선택하는 것이 일반적이다.

군의 크기(또는 차수)는 $q = (p - 1)/2$로 지정된다. 이는 비밀 키와 공개 키 모두 크기가 약 2,048비트 임을 의미한다. 실제로 키에 쓰이에는 상당히 크기가 크디(예를 들어 일반적으로 128비트 길이인 대칭 키를 생각해보자). 다음 절에서 타원 곡선을 통해 군을 정의하면 동일한 보안 수준으로 훨씬 더 작은 키를 얻을 수 있음을 알 수 있다.

5.3 ECDH 키 교환

앞에서 알아본 DH 알고리즘은 소수의 곱셈군뿐만 아니라 다른 유형의 군에서도 구현할 수 있다. 또한 수학에서 연구하는 곡선의 일종인 타원 곡선으로도 군을 만들 수 있음이 밝혀졌다. 이 아이디어는 닐 코블리츠Neal Koblitz와 빅터 S. 밀러Victor S. Miller가 1985년에 각각 제안했으며 훨씬 더 늦은

2000년에 타원 곡선을 기반으로 하는 알고리즘이 표준화되기 시작했을 때 채택되었다.

타원 곡선 암호학이 이전 세대의 공개 키 암호학보다 훨씬 작은 키를 제공했기 때문에 응용 암호학 세계는 타원 곡선 암호학을 빠르게 채택했다. DH에서 2,048비트 파라미터를 권장하는 반면, 타원 곡선 계열을 채택했을 때는 256비트 파라미터가 가능했다.

5.3.1 타원 곡선이란?

이제 타원 곡선이 어떻게 작동하는지 알아보자. 우선 타원 곡선은 곡선일 뿐이다! 즉 주어진 a_1, a_2, a_3, a_4, a_6에 대해 다음 방정식을 만족시키는 좌표 x와 y에 의해 정의될 수 있다. 구체적으로 이 방정식은 다음과 같다.

$$y^2 + a_1xy + a_3y = x^3 + a_2x^2 + a_4x + a_6$$

오늘날 보다 실용적인 곡선에서는 이 방정식을 **짧은 바이어슈트라스 방정식**short Weierstrass equation 으로 단순화할 수 있다.

$$y^2 = x^3 + ax + b \ (4a^3 + 27b^2 \neq 0)$$

두 가지 유형의 곡선(**이진 곡선** 및 **특성 3의 곡선**이라 함)에는 이런 단순화가 불가능하지만, 거의 사용되지 않기에 이 장의 나머지 부분에서는 바이어슈트라스 형식을 주로 사용한다. 그림 5.8은 무작위로 두 점을 취한 타원 곡선의 예를 보여준다.

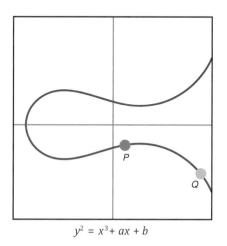

$$y^2 = x^3 + ax + b$$

그림 5.8 **방정식으로 정의된 타원 곡선의 한 예**

수학자들은 어느 시점에 타원 곡선 위에 **군**이 구성될 수 있음을 발견하였다. 그때부터 이러한 군 위에 DH를 구현하는 것이 간단해졌다. 이번 절에서는 타원 곡선 암호학에 숨어 있는 직관을 설명할 것이다.

타원 곡선 위의 군은 종종 **덧셈군**additive group으로 정의된다. 이전 절에서 정의한 곱셈군과 달리 + 기호가 대신 사용된다.

[NOTE] 덧셈이나 곱셈을 사용하는 것은 실제로는 그다지 중요하지 않으며 단지 선호도의 문제일 뿐이다. 대부분의 암호학에서는 곱셈 표기법을 사용하지만 타원 곡선에 대한 문헌은 덧셈 표기법을 중심으로 하고 있으므로 이 책에서는 타원 곡선군을 다룰 때 덧셈을 사용할 것이다.

이번에는 군의 원소를 정의하기 전에 연산을 정의하겠다. 우리의 덧셈 연산은 다음과 같이 정의된다 (그림 5.9).

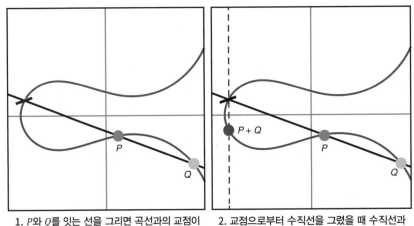

1. P와 Q를 잇는 선을 그리면 곡선과의 교점이 하나 더 만들어진다.
2. 교점으로부터 수직선을 그렸을 때 수직선과 곡선과의 교점이 $P+Q$가 된다.

그림 5.9 **기하학을 사용하여 타원 곡선의 점에 대해 덧셈 연산을 정의할 수 있다.**

1. 덧셈 연산을 할 두 점을 지나는 선을 그린다. 선은 다른 지점에서 곡선과 교점을 만들어낸다.

2. 새로 찾은 이 교점에서 수직선을 그린다. 수직선은 또 다른 지점에서 곡선과 교점을 만들어낸다.

3. 수직선과 곡선의 교점이 원래의 두 점을 더한 결과다.

이 규칙이 들어맞지 않는 두 가지 특별한 경우가 있다. 이를 정의해보자.

• **같은 점끼리 덧셈을 어떻게 할까?** 대답은 (두 점 사이에 선을 그리는 대신) 해당 점으로부터의 접선을 그리는 것이다.

- 1단계(또는 2단계)에서 그린 선이 다른 지점에서 곡선에 닿지 않으면 어떻게 될까? 황당한 경우지만 이 경우에도 연산이 가능해야 하고 결과가 도출되어야 한다. 그 해결책은 결과를 만들어낸 지점으로 정의하는 것이다. 새롭게 만들어낸 이 점을 **무한원점**point at infinity이라 한다(일반적으로 대문자 O로 쓴다). 그림 5.10에서 두 경우를 도식화했다.

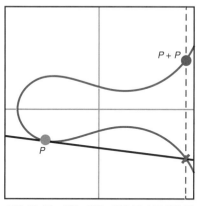 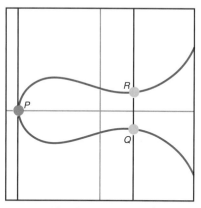

같은 점끼리 더하는 경우, 해당 점과 곡선의 접선을 그리고 접선과 곡선의 교점이 결과가 된다.

두 점을 더한 결과가 무한원점(O)이 될 수도 있다. $P+P=O$, $R+Q=O$

그림 5.10 그림 5.9를 기반으로 하여 타원 곡선의 덧셈은 자체에 점을 추가하거나 두 점이 서로 상쇄되어 무한원점(O)이 되는 경우에도 정의된다.

이 무한원점이라는 것이 황당하게 느껴지겠지만 너무 걱정하지 말자. 덧셈 연산을 위해 인위적으로 만들어낸 것이다. 참고로 이 무한은 0(영)과 비슷한 특성을 가지며 항등원이기도 하다.

$$O + O = O$$

곡선의 임의의 점 P에 대해 다음이 성립한다.

$$P + O = P$$

지금까지 타원 곡선 위에 군을 만들기 위한 조건을 살펴보았다.

- 유효한 점의 집합을 정의하는 타원 곡선 방정식
- 이 집합에서 덧셈 연산이 의미하는 바에 대한 정의
- 무한원점이라는 가상의 점

이미 많은 것을 배웠지만 아직 놓치고 있는 마지막 한 가지가 있다. 타원 곡선 암호학elliptic curve cryptography은 앞에서 논의한 군의 몇 가지 유형 중 유한 필드에 대해 정의된 군을 사용한다. 이는 우리의 좌표가 어떤 큰 소수 p에 대한 숫자 1, 2, …, $p - 1$임을 의미한다. 익숙하지 않은가? 따라서 타원 곡선 암호학을 생각할 때 그림 5.11의 오른쪽과 유사한 그래프를 생각해야 한다.

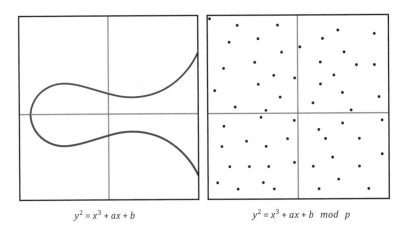

$$y^2 = x^3 + ax + b \qquad\qquad y^2 = x^3 + ax + b \bmod p$$

그림 5.11 **타원 곡선 암호학(ECC)은 실제로 대부분 큰 소수 p의 모듈로 좌표에서 타원 곡선으로 지정된다. 이는 우리가 암호학에서 사용하는 것이 왼쪽 그래프보다 오른쪽 그래프와 훨씬 더 비슷하다는 것을 의미한다.**

그리고 그게 전부다. 이제 우리는 암호학을 수행할 수 있는 군을 갖게 되었으며, 이 군은 디피-헬먼을 위한 소수와 곱셈 연산을 모듈로 숫자(0 제외)로 만든 군과 동일한 방식으로 작동한다. 타원 곡선에 정의된 이 군으로 디피-헬먼을 어떻게 수행할 수 있을까? 이제 이 군에서 이산 로그가 어떻게 작동하는지 보자.

우리가 정의한 덧셈 연산을 통해 다른 점 P를 생성하기 위해 점 G를 x번 더해보자. 이를 $P = G + \cdots + G$(x번)로 쓰거나, 수학적 문법을 새로 정의하여 $P = [x]G$와 같이 쓸 수 있다(x 곱하기 G로 읽는다). 여기에서 P와 G가 주어졌을 때 x를 구하는 것을 **타원 곡선 이산 로그 문제**elliptic curve discrete logarithm problem, ECDLP라 부른다.

[**NOTE**] 이러한 군에서 x는 일반적으로 스칼라scalar이므로, $[x]G$는 스칼라 곱셈이라 한다.

5.3.2 ECDH 키 교환의 작동 원리

이제 타원 곡선에 군을 만들었으므로 동일한 디피-헬먼 키 교환 알고리즘을 인스턴스화할 수 있다. ECDH에서 키 쌍을 생성하려면 다음과 같은 절차가 필요하다.

1. 모든 참가자는 타원 곡선 방정식, 유한 필드(대부분 소수) 및 생성원 G(일반적으로 타원 곡선 암호학에서는 **기준점**base point이라고 함)에 동의한다.

2. 각 참가자는 비밀 키가 되는 난수 x를 생성한다.

3. 각 참가자는 공개 키를 $[x]G$로 파생한다.

짐작하겠지만 타원 곡선 이산 로그 문제에서도 아무도 공개 키를 보고 비밀 키를 복구할 수 없어야 한다(그림 5.12).

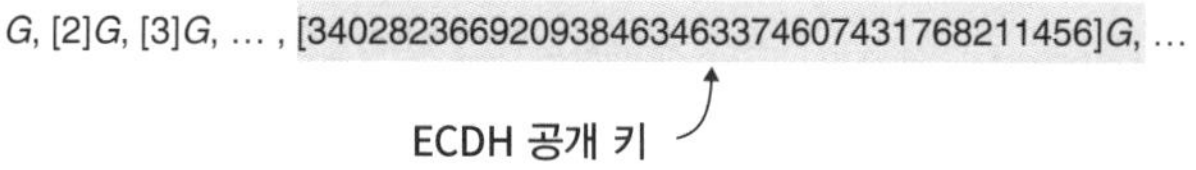

G, [2]G, [3]G, … , [340282366920938463463374607431768211456]G, …
ECDH 공개 키

그림 5.12 **ECDH에서 비밀 키를 선택하는 것은 생성원(또는 기준점) G에 의해 생성된 숫자 목록에서 인덱스를 선택하는 것과 같다. 타원 곡선 이산 로그 문제(ECDLP)는 숫자만으로 인덱스를 찾는 것이다.**

DH 군에 대해 정의한 연산은 곱셈인 반면 타원 곡선에서는 덧셈을 사용하기에 이 모든 것이 약간 혼란스러울 수 있다. 다시 말하지만 사실상 동일하기 때문에 이러한 구분은 전혀 중요하지 않다. 이를 비교한 그림 5.13을 확인해보자.

DH	$1, 2, \ldots, p-1$	$1 \times 1 = 1 \bmod p$ $1 \times a = a \bmod p$	$a \times a^{-1} = 1 \bmod p$	$a^3 = a \times a \times a \bmod p$
	원소의 집합	항등원	곱셈 역원	모듈러 지수화
ECDH	(x, y) in $y^2 = x^3 + ax + b \bmod p$	$O + O = O$ $O + A = A$	$A - A = O$	$[3]A = A + A + A$
	원소의 집합	무한원점	덧셈 역원	스칼라 곱셈

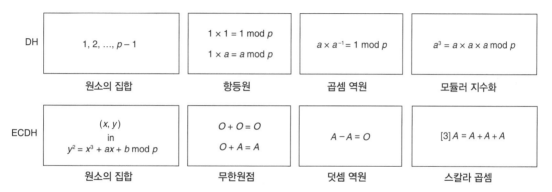

그림 5.13 **디피-헬먼에 사용된 군과 ECDH에 사용된 군 간의 일부 비교**

암호학에서 중요한 것은 해당 연산으로 정의된 군이 있고, 해당 군에 대한 이산 로그가 어렵다는 사실이다. 그림 5.14는 지금까지 본 두 가지 유형의 군에서 이산 로그 문제 간의 차이를 보여준다.

몇 번?
공개 키 = g × … × g mod p
몇 번?
공개 키 = G + ⋯ + G
DC의 이산 로그
ECDH의 이산 로그

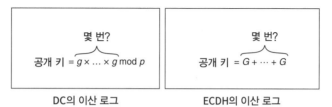

그림 5.14 **타원 곡선 암호학(ECC)에서 이산 로그 문제 모듈로 큰 소수와 이산 로그 문제 간의 비교. 문제는 공개 키에서 비밀 키를 찾는 것이므로 둘 다 DH 키 교환과 관련이 있다.**

마지막 이론 설명으로, 타원 곡선 위에 형성한 군은 소수를 모듈로 하는 엄격한 양의 정수로 형성한 군과 다르다. 이러한 일부 차이로 인해 DH에 대해 알려진 가장 강력한 공격(**인덱스 미적분** 또는 **NFS 공격**으로 알려짐)은 타원 곡선군에서 제대로 작동하지 않는다. 이것이 ECDH에 대한 파라미터가 동일한 보안 수준에서 DH에 대한 파라미터보다 훨씬 낮을 수 있는 가장 큰 이유다.

이론 설명을 마쳤으므로 ECDH 정의로 돌아가보겠다. 다음을 가정해보자.

- 앨리스는 비밀 키 a와 공개 키 $A = [a]G$를 가지고 있다.
- 밥은 비밀 키 b와 공개 키 $B = [b]G$를 가지고 있다.

밥의 공개 키를 알고 있는 앨리스는 공유 비밀을 $[a]B$로 계산할 수 있다. 밥은 앨리스의 공개 키와 자신의 비밀 키 $[b]A$로 유사한 계산을 수행할 수 있다. 당연히 우리는 이 두 계산이 결국 같은 숫자를 계산한다는 것을 알 수 있다.

$$[a]B = [a][b]G = [ab]G = [b][a]G = [b]A$$

수동적인 공격자는 공개 키를 관찰하기만 해서는 공유 지점을 유도할 수 없다. 익숙한 상황이지 않은가? 다음으로 표준을 알아보자.

5.3.3 타원 곡선 디피-헬먼의 표준

타원 곡선 암호학은 1985년에 처음 발표된 이후로 그 힘을 그대로 유지해왔다. (…) 미국, 영국, 캐나다 및 기타 특정 NATO 국가는 모두 정부 전체와 정부 간에 기밀 정보를 보호하기 위해 미래 시스템에 특정한 형태의 타원 곡선 암호학을 채택했다.

　　　　　　　　—NSA (<The Case for Elliptic Curve Cryptography(타원 곡선 암호학 사례)>, 2005)

ECDH의 표순화는 상당히 혼란스러웠다. 많은 표준화 기관이 다양한 곡선을 지정하기 위해 노력했으며, 그 후 어떤 곡선이 더 안전하거나 더 효율적인지에 대한 많은 논쟁이 뒤따랐다. 대부분 대니얼 J. 번슈타인이 주도한 많은 연구에서 NIST에 의해 표준화된 많은 곡선이 NSA에만 알려진 더 약한 유형의 곡선의 일부가 될 수 있다는 사실을 지적했다.

나는 더 이상 상수를 신뢰하지 않는다. 나는 NSA가 업계와의 유착을 통해 그들을 조작했다고 생각한다.

　　　　　　　　—브루스 슈나이어 (<The NSA Is Breaking Most Encryption on the Internet
(NSA는 인터넷에서 대부분의 암호화를 깨고 있다)>, 2013)

현재 사용 중인 대부분의 곡선은 몇 가지 표준에서 온 것으로, 대부분의 애플리케이션은 P-256, Curve25519 두 가지 곡선을 사용한다. 이제부터 이러한 곡선을 살펴보자.

NIST FIPS 186-4, 〈Digital Signature Standard(디지털 서명 표준)〉는 2000년에 서명 표준으로 처음 발표되었으며, ECDH에서 사용할 15개의 곡선을 지정하는 부록이 포함되어 있다. 이 곡선 중 하나인 P-256은 인터넷에서 가장 널리 사용되는 곡선이다. P-256은 2010년에 secp256r1이라는 다른 이름으로 발행된 효율적인 암호화 표준Standards for Efficient Cryptography, SEC 2의 v2, 〈Recommended Elliptic Curve Domain Parameters(타원 곡선 도메인 파라미터 권장 규정)〉에도 수록되었다. P-256은 짧은 바이어슈트라스 방정식으로 정의된다.

$$y^2 = x^3 + ax + b \bmod p$$

여기서 $a = -3$이고, b와 p는 다음과 같다.

b = 41058363725152142129326129780047268409114441015993725554835256314039467401291

$$p = 2^{256} - 2^{224} + 2192 + 2^{96} - 1$$

이것은 소수 차수의 곡선을 정의한다.

n = 115792089210356248762697446949407573529996955224135760342422259061068512044369

즉, 곡선에 정확히 n개의 점이 있음을 의미한다(무한원점 포함). 생성원, 즉 기준점은 다음과 같이 지정된다.

G = (48439561293906451759052585252797914202762949526041747995844080717082404635286, 36134250956749795798585127919587881956611106672985015071877198253568414405109)

곡선은 128비트 보안을 제공한다. 128비트 보안 대신 256비트 보안을 제공하는 다른 암호화 알고리즘을 사용하는 애플리케이션의 경우(예: 256비트 키가 있는 AES), 보안 수준에 맞게 P-521을 동일한 표준에서 사용할 수 있다.

P-256을 신뢰할 수 있을까?

흥미롭게도, FIPS 186-4에 정의된 P-256 및 기타 곡선은 시드seed에서 생성된다. P-256의 경우 시드는 바이트 문자열로 알려져 있다.

0xc49d360886e704936a6678e1139d26b7819f7e90

앞에서 알고리즘 설계를 백도어링할 여지가 없음을 증명하는 것을 목표로 하는 상수, "nothing-up-my-sleeve" 값의 개념을 이야기했다. 안타깝게도 P-256 시드는 곡선의 파라미터를 따라 지정된다는 사실 외에는 다른 설명을 제공할 수 없다.

2016년에 발표된 RFC 7748 〈Elliptic Curves for Security(보안을 위한 타원 곡선)〉은 Curve25519 및 Curve448의 두 가지 곡선을 지정했다. Curve25519는 약 128비트의 보안을 제공하는 반면 Curve448은 타원 곡선에 대한 발전된 공격 기법에 대비하기 위해 약 224비트의 보안을 제공한다. 여기서는 방정식으로 정의된 몽고메리 곡선인 Curve25519에 대해서만 알아보자.

$$y^2 = x^3 + 486662x^2 + x \bmod p, \, (p = 2^{255} - 19)$$

Curve25519의 차수는 다음과 같다.

$$n = 2^{252} + 27742317777372353535851937790883648493$$

사용된 기준점은 다음과 같다.

$$G = (9, \, 14781619447589544791020593568409986887264606134616475288964881837755586237401)$$

ECDH와 Curve25519의 조합을 **X25519**라 부르기도 한다.

5.4 작은 부분군 공격과 그 밖의 보안 고려 사항

오늘날 실전 보안에서는 **DH보다는 ECDH를 사용하기를 권장**한다. 공격 기법이 적고 사용 가능한 구현의 품질이 높으며, 타원 곡선이 고정되어 있고 잘 표준화되어 있기 때문이다(반면 DH 군은 어디에나 있다). 특히 표준화에 대한 부분이 중요하다. DH를 사용한다는 것은, 뚫릴 가능성이 높은 표준(예: RFC 5114), 너무 느슨한 프로토콜(이전 버전의 TLS와 같은 많은 프로토콜은 어떤 DH 군을 사용할지 강제하지 않음), 뚫린 커스텀 DH 군을 사용하는 소프트웨어(예: socat 문제)를 사용하는 것과 마찬가지다.

디피-헬먼을 사용해야 한다면 **표준을 준수**해야 한다. 이전에 언급한 표준은 안전한 소수를 모듈러스로 사용한다. 즉, $p = 2q + 1$ 형식의 소수(여기서 q는 또 다른 소수)다. 요점은 이 형식의 군에는 크기가 2인 작은 군(-1에 의해 생성됨)과 크기가 q인 큰 군이라는 두 개의 부분군만 있다는 것이다(사실상 이것이 최선이다. DH에는 소수군이 없다). 작은 부분군이 2개만 있는 덕에, **작은 부분군 공격**small subgroup attack으로 알려진 유형의 공격 기법을 방지할 수 있다. 안전한 소수는 다음 두 가지 이유로 보안에 충실한 군을 만들어낸다.

- 곱셈군 모듈로 a 프라임 p의 차수는 $p - 1$로 계산된다.
- 군에 속하는 부분군의 차수는 군의 차수의 인수로 결정된다(이것을 라그랑주 정리Lagrange theorem 라 한다).

이에 따르면 곱셈군 모듈로 안전 소수의 차수는 $p - 1 = (2q + 1) - 1 = 2q$로, 인수 2와 q가 있으며 이는 부분군이 차수가 2 또는 q일 수 있음을 의미한다. 이러한 군에서는 작은 부분군의 수가 충분하지 않기 때문에 작은 부분군 공격이 불가능하다. **작은 부분군 공격**이란 공격자가 여러 개의 잘못된 공개 키를 보내 비밀 키의 비트를 점진적으로 유출시키는 공격으로, 잘못된 공개 키가 작은 부분군의 생성원인 키 교환에 대한 공격이다.

예를 들어 공격자는 −1(크기 2의 부분군 생성원)을 공개 키로 선택하여 사용자에게 보낼 수 있다. 키 교환의 일부를 수행하면 그 결과로 나오는 공유 비밀이 작은 부분군(−1 또는 1)의 원소가 된다. 이는 작은 부분군 생성원(공격자의 공개 키)를 비밀 키의 승수로 올렸기 때문이다. 공유 비밀로 무엇을 하느냐에 따라 공격자는 비밀이 무엇인지 추측하고 비밀 키에 대한 일부 정보를 유출시킬 수 있다.

악의적인 공개 키의 예에서 비밀 키가 짝수면 공유 암호는 1이 되고, 비밀 키가 홀수면 공유 암호는 −1이 된다. 결과적으로 공격자는 비밀 키의 최하위 비트인 한 비트의 정보를 알게 되었다. 크기가 다른 많은 부분군이 있으면 공격자는 전체 키가 복구될 때까지 비밀 키를 더 많이 알 수 있는 기회를 얻을 수 있다(그림 5.15).

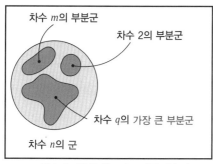
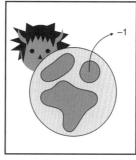
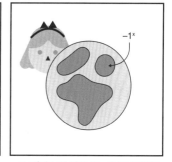

1. 차수가 n인 군에는 서로 다른 차수의 여러 부분군이 있다.

2. 공격자는 부분군의 생성원을 공개 키로 사용한다.

3. 앨리스의 비밀 키 x와 키 교환을 수행함으로써 만들어진 공개 키가 작은 부분군의 원소가 된다.

그림 5.15 소규모 부분군 공격은 부분군이 많은 DH 군을 공격하기에 좋다. 소규모 부분군의 생성원을 공개 키로 선택함으로써 공격자는 누군가의 비밀 키를 조금씩 유출시킬 수 있다.

수신한 공개 키가 올바른 부분군에 있는지 확인하는 것이 좋겠지만 모든 구현이 이를 따르지는 않는다. 2016년에 어떤 연구진이 20개의 서로 다른 DH 구현을 분석한 결과, 공개 키의 유효성을 검사하는 부분이 없음을 발견했다(발렌타Valenta 외, 〈Measuring small subgroup attacks against Diffie-Hellman(디피-헬먼에 대한 소규모 부분군 공격 측정)〉 참조). 사용 중인 DH 구현이 유효성 검사를 수행하는지 확인하자! 공개 키를 부분군의 차수로 올리면 이 작업을 수행할 수 있다. 공개 키가 해당 부분군의 원소인 경우 항등원을 얻게 된다.

반면 타원 곡선은 소수 차수의 군을 허용한다. 즉, 작은 부분군이 없으므로(항등원에 의해 생성된 크기 1의 부분군 제외) 작은 부분군 공격에 대해 안전하다…라고 생각했다. 2000년 빌Biehl, 메이어Meyer, 밀러Muller는 **무효 곡선 공격**invalid curve attack이라는 기법으로 이러한 소수의 타원 곡선군에서도 작은 부분군 공격이 가능함을 발견했다.

무효 곡선 공격의 배경은 다음과 같다. 첫째, 짧은 바이어슈트라스 방정식 $y^2 = x^3 + ax + b$(NIST의 P-256과 유사)를 사용하는 타원 곡선에 대한 스칼라 곱셈을 구현하는 공식은 변수 b와 무관하다. 이것은 공격자가 값 b를 제외하고 동일한 방정식으로 다른 곡선을 찾을 수 있음을 의미하며, 이러한 곡선 중 일부에는 많은 작은 부분군이 있다. 눈치 빠른 독자는 지금쯤 어떻게 공격할지 알았을 것이다. 공격자는 작은 부분군을 나타내는 다른 곡선의 한 지점을 선택하여 대상 서버로 보낸다. 서버는 주어진 포인트와 스칼라 곱을 수행하여, 다른 곡선에서 키 교환을 효과적으로 수행함으로써 키 교환을 계속한다. 이 기법은 결국 소수 곡선에서도 소규모 부분군 공격을 다시 활성화한다.

이 문제를 해결하는 확실한 방법은 공개 키를 다시 확인하는 것이다. 공개 키가 무한원점이 아닌지 확인하고, 수신된 좌표를 곡선 방정식에 연결하여 정의된 곡선의 한 점을 설명하는지 확인하면 쉽게 공격을 막을 수 있다. 그러나 2015년 예거Jager, 슈벵크Schwenk, 소모로프스키Somorovsky는 〈Practical Invalid Curve Attacks on TLS-ECD(HTLS-ECDH에 대한 실용적 무효 곡선 공격)〉에서 몇 가지 인기 있는 구현이 이러한 검사를 수행하지 않는다는 것을 보여주었다. ECDH를 사용한다면 설계 품질(무효 곡선 공격 고려), 사용 가능한 구현 품질, 설계에 따른 타이밍 공격에 대한 저항을 고려했을 때 X25519 키 교환을 사용하는 것이 좋다.

Curve25519에는 한 가지 주의 사항이 있다. 바로 소수 차수의 군이 아니라는 점이다. 이 곡선에는 크기가 8인 작은 부분군과 ECDH에 사용되는 큰 부분군의 두 가지 부분군이 있다. 게다가 원래 설계에선 받은 좌표를 확인하는 규정이 없었다 보니 라이브러리는 이러한 검사를 구현하지 않았다. 이로 인해 이 프리미티브는 다양한 프로토콜에서 특이한 방식으로 문제가 발견되었다(이런 프로토콜 중 하나가 11장에서 다룰 매트릭스 메시징 프로토콜이다).

공개 키를 확인하지 않으면 X25519에서 예기치 않은 동작이 발생할 수 있다. 키 교환 알고리즘에 **기여 동작**contributory behavior이 없기 때문이다. 즉, 양 당사자가 키 교환의 최종 결과에 기여하는 것을 허용하지 않는다. 특히 참가자 중 한 명이 작은 부분군의 한 지점을 공개 키로 전송하여 키 교환 결과가 모두 0이 되도록 강제할 수 있다. RFC 7748은 이 문제를 언급했고, 결과로 나오는 공유 비밀이 모두 0의 출력이 아닌지 확인하도록 제안했지만 여전히 구현자가 확인을 수행할지 여부를 결정할 수 있게 했다! 비표준 방식으로 X25519를 사용하지 않는 한 문제가 발생할 가능성은 거의 없지만 검사를 수행하는 구현인지 항상 확인하는 것이 좋다.

많은 프로토콜이 Curve25519에 의존하기에 이는 단순히 키를 교환하는 것이 아닌 문제였다. 곧 RFC가 될 초안인 리스트레토Ristretto는 Curve25519에 인코딩 레이어를 추가하여 소수 차수 곡선을 효과적으로 시뮬레이션하는 구조다(https://tools.ietf.org/html/draft-hdevalence-cfrg-ristretto-01 참조). 이 구조는 Curve25519의 이점을 취하면서도 소수 필드를 원하는 다른 유형의 암호학 프리미티브에 의해 만들어진 보안 가정을 단순화하기 때문에 주목받고 있다.

요약

- 인증되지 않은 키 교환을 사용하면 두 당사자가 공유 비밀에 동의할 수 있으며, 수동적인 MITM 공격자도 암호를 유도할 수 없다.

- 인증된 키 교환은 활성 MITM이 연결의 한쪽을 가장하는 것을 방지하는 반면, 상호 인증된 키 교환은 능동적인 MITM이 양쪽을 가장하는 것을 방지한다.

- 상대방의 공개 키를 알고 인증된 키 교환을 수행할 수 있지만 항상 확장되는 것은 아니며, 서명을 통해 더 복잡한 시나리오가 가능해진다(7장 참조).

- DH는 최초로 발명된 키 교환 알고리즘이며 오늘날에도 널리 사용된다.

- DH에 쓰이는 권장 표준은 RFC 7919이며 선택할 수 있는 여러 파라미터가 포함되어 있다. 최소 권장 사항은 2,048비트 소수 파라미터다.

- ECDH는 DH보다 키 크기가 훨씬 작다. 128비트 보안의 경우 DH에는 2,048비트 파라미터가 필요한 반면 ECDH에는 256비트 파라미터가 필요하다.

- ECDH에 가장 널리 사용되는 곡선은 P-256 및 Curve25519로, 둘 다 128비트 보안을 제공한다. 256비트 보안의 경우 P-521 및 Curve448이 동일한 표준으로 제공된다.

- 유효하지 않은 키가 대다수 버그의 원인이므로 수신한 공개 키의 유효성을 구현상으로 검증해야 한다.

6

비대칭 암호화와
하이브리드 암호화

이번 장에서 다룰 내용

- 비밀을 공개 키에 담기 위한 비대칭 암호화
- 데이터를 공개 키에 담기 위한 하이브리드 암호화
- 비대칭 암호화와 하이브리드 암호화의 표준

4장에서 데이터를 암호화하는 데 사용되지만 대칭성(양쪽 연결이 동일한 키를 공유해야 함)으로 한계를 가지는 암호학 프리미티브인 인증 암호화에 대해 배웠다. 이 장에서는 키를 모른 채 다른 사람의 키로 암호화하는 프리미티브인 비대칭 암호화를 도입하여 이 한계를 돌파하는 법을 살펴본다. 비대칭 암호화는 키 쌍을 사용하며 대칭 키 대신 공개 키를 사용한다.

비대칭 암호화는 암호화할 수 있는 데이터의 크기와 암호화 속도에 의해 한계를 가지게 되는데 이 한계를 돌파하기 위한, 비대칭 암호화와 인증 암호화를 혼합한 기법인 **하이브리드 암호화**hybrid encryption에 대해서도 알아볼 것이다. 시작하자!

> NOTE   이 장을 이해하려면 4장의 인증된 암호화와 5장의 키 교환을 읽어야 한다.

6.1 비대칭 암호화란?

메시지를 암호화하는 방법을 알기 위한 첫 단계는 **비대칭 암호화**asymmetric encryption(**공개 키 암호화** public key encryption라고도 함)를 이해하는 것이다. 이번 절에서는 비대칭 암호화라는 암호학 프리미티브와 그 속성을 알아볼 것이다. 먼저 실세계 시나리오에서 **암호화된 이메일**을 살펴보자.

당신이 보내는 모든 이메일은 당신과 수신자의 이메일 공급자 사이에 걸쳐 있는 모든 사람이 읽을 수 있도록 "명확하게" 전송되고 있다. 보안을 위해서는 당연히 좋지 않다. 이를 어떻게 해결할까? 4장에서 배운 AES-GCM과 같은 암호학 프리미티브를 사용할 수 있다. 그렇게 하려면 메시지를 보내려는 각 사람에 대해 서로 다른 공유 대칭 암호를 설정해야 한다.

> **연습 문제**
> 모든 사람과 동일한 공유 비밀을 사용하는 것은 매우 좋지 않은 일일 것이다. 왜일까?

그러나 누가 당신에게 메시지를 보내고 싶어 할지 미리 알 수는 없으며, 점점 더 많은 사람들이 당신에게 보내는 메시지를 암호화하기를 원하기에 그때마다 새로운 대칭 키를 생성하고 교환하는 것은 지리한 작업이 될 것이다. 여기서 비대칭 암호화를 도입하면 공개 키를 소유한 모든 사람이 메시지를 암호화할 수 있으므로 절차를 효율화할 수 있다. 또한 메시지를 받는 당사자만이 자신의 비밀 키를 사용하여 이러한 메시지를 복호화할 수 있다. 비대칭 암호화에 대한 설명은 그림 6.1을 참고하자.

그림 6.1 비대칭 암호화를 사용하면 누구나 앨리스의 공개 키를 사용하여 암호화된 메시지를 보낼 수 있다. 연결된 비밀 키를 소유한 앨리스만 이러한 메시지를 복호화할 수 있다.

비대칭 암호화를 설정하려면 먼저 몇 가지 알고리즘을 통해 키 쌍을 생성해야 한다. 다른 모든 암호화 알고리즘의 설정 함수와 마찬가지로 키 생성 알고리즘도 보안 파라미터를 받을 수 있다. 일반적으로 이 보안 파라미터는 "키의 크기는 얼마나 커야 되는가?"에 대한 질문으로 해석할 수 있다. 크면 클수록 더 안전하다. 그림 6.2는 이 단계를 보여준다.

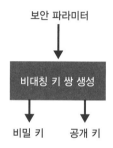

그림 6.2 비대칭 암호화를 사용하려면 먼저 키 쌍을 생성해야 한다. 제공하는 보안 파라미터에 따라 다양한 보안 강도의 키를 생성할 수 있다.

키 생성 알고리즘key generation algorithm은 두 개의 다른 부분으로 구성된 키 쌍을 생성한다. 공개 키 부분은 이름대로 아무 문제 없이 게시 및 공유되어도 상관없지만 비밀 키는 비밀로 유지되어야 한다. 다른 암호학 프리미티브의 키 생성 알고리즘과 마찬가지로 알고리즘의 비트 보안을 결정하기 위해 보안 파라미터가 필요하다. 그러면 누구든지 공개 키 부분을 사용하여 메시지를 암호화할 수 있고, 비밀 키 부분을 사용하여 그림 6.3과 같이 암호를 복호화할 수 있다. 그리고 인증 복호화와 유사하게, 일관성 없는 암호문을 제시하면 복호화가 실패할 수 있다.

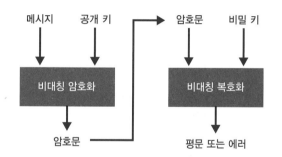

그림 6.3 비대칭 암호화를 사용하면 수신자의 공개 키를 사용하여 메시지(평문)를 암호화할 수 있다. 이어서 수신자는 이전에 사용된 공개 키와 관련된 비밀 키를 사용하여 암호화된 메시지(암호문)를 복호화하기 위해 다른 알고리즘을 사용할 수 있다.

그러고 보니 인증에 대해 이야기하지 않았다. 메시지를 주고받는 양쪽의 입장을 생각해보자.

- 송신자는 앨리스가 소유 중이라 생각하는 공개 키로 암호화하고 있다.
- 앨리스는 메시지를 보낸 사람이 누구인지 확실히 알지 못한다.

지금은 앨리스의 공개 키를 매우 안전한 방법으로 얻었다고 해보자. 디지털 서명을 다루는 7장에서는 실전에서 이 부트스트래핑 문제를 프로토콜로 해결하는 방법을 배우게 된다. 또한 7장에서 암호화 방식으로 앨리스와 소통하는 방법을 배우게 된다. 미리 귀띔을 주자면 메시지 서명이 핵심이다.

다음 절에서는 비대칭 암호화가 실제로 어떻게 사용되는지, 그리고 있는 그대로 사용되는 경우가 거의 없는 이유를 알아본다.

6.2 실전 비대칭 암호화와 하이브리드 암호화

비대칭 암호화가 이메일 암호화를 시작하기에 충분하다고 생각할 수도 있다. 하지만 현실에서 비대칭 암호화는 암호화할 수 있는 메시지의 길이의 제약이 있기 때문에 상당히 제한적이다. 비대칭 암호화 및 복호화의 속도도 대칭 암호화에 비해 느리다. 비트를 조작하는 대칭 프리미티브와 달리 수학 연산을 구현하는 비대칭 구조 때문이다.

이번 절에서는 이러한 제한 사항, 실전에서 실제로 사용되는 비대칭 암호화, 그리고 마지막으로 암호화가 이러한 장애를 극복하는 방법을 알아본다. 이번 절은 비대칭 암호화의 두 가지 주요 사용 사례를 주로 다룬다.

- **키 교환**: 비대칭 암호화 프리미티브를 사용하여 키 교환(또는 키 계약)을 수행하는 것이 매우 자연스러운 것임을 알 수 있다.
- **하이브리드 암호화**: 비대칭 암호화는 암호화할 수 있는 최대 크기로 인해 그 용도가 상당히 제한되어 있다. 더 큰 메시지를 암호화하기 위해 하이브리드 암호화라는 더 유용한 프리미티브를 알아보자.

6.2.1 키 교환 및 키 캡슐화

비대칭 암호화를 사용하여 키 교환을 수행할 수 있다(5장에서 살펴본 것과 같다). 먼저 대칭 키를 생성한 후 그림 6.4에서 볼 수 있듯 앨리스의 공개 키로 암호화한다. 이것을 **키 캡슐화**key encapsulation라고 부른다.

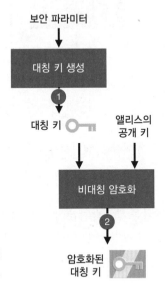

그림 6.4 **비대칭 암호화를 키 교환 프리미티브로 사용하려면**
(1) 대칭 키를 생성한 다음 (2) 앨리스의 공개 키로 암호화한다.

다음으로 암호문을 앨리스에게 보낸다. 앨리스는 이를 복호화하고 대칭 키를 알게 된다. 이제 송신자와 수신자 둘 다 공유 비밀을 갖게 되었다! 그림 6.5는 전체 흐름을 보여준다.

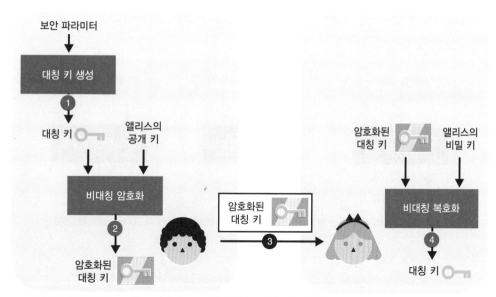

그림 6.5 비대칭 암호화를 키 교환 프리미티브로 사용해서 (1) 대칭 키를 생성하고 (2) 앨리스의 공개 키로 암호화할 수 있다. (3) 이를 앨리스에게 보내고, (4) 앨리스는 연결된 비밀 키로 암호를 복호화할 수 있다. 프로토콜이 끝나면 둘 다 공유 비밀을 갖게 되지만, 암호화된 대칭 키를 관찰하는 것만으로는 아무도 암호를 알아낼 수 없다.

비대칭 암호화를 사용한 키 교환에는 일반적으로 **RSA** 알고리즘이 쓰인다. RSA는 많은 인터넷 프로토콜에서 사용되지만 최근에는 키 교환에 RSA를 점점 **덜** 쓰는 추세며 특히 ECDH를 사용하는 프로토콜에서는 더욱 기피되고 있다. 이는 대부분 역사적 이유(RSA 구현 및 표준에서 많은 취약점이 발견됨)와, ECDH가 제공하는 더 작은 파라미터 크기의 매력 때문이다.

6.2.2 하이브리드 암호화

실전에서 비대칭 암호화는 특정 길이까지만 메시지를 암호화할 수 있다. 예를 들어 RSA로 암호화할 수 있는 평문 메시지의 크기는 키 쌍 생성 중에 사용된 보안 파라미터(더 구체적으로는 모듈러스 크기)에 의해 제한된다. 현재 사용되는 보안 파라미터(4,096비트 모듈러스)를 따르면 메시지의 크기가 최대 약 500개 아스키 문자로 매우 작다. 따라서 대부분의 애플리케이션은 메시지 제한이 사용되는 인증 암호화 알고리즘의 암호화 제한에만 관련된 하이브리드 암호화를 사용한다.

하이브리드 암호화는 실제로 비대칭 암호화와 동일한 인터페이스를 가진다(그림 6.6). 사람들은 공개 키로 메시지를 암호화할 수 있으며 연결된 비밀 키를 소유한 사람은 암호화된 메시지를 복호화할 수 있다. 암호화할 수 있는 메시지의 크기 제한에만 차이가 있다.

하이브리드 암호화의 내부는 단순히 (이름 그대로) **비대칭** 암호학의 기본 요소와 **대칭** 암호학 프리미티브를 결합한 것이다.

그림 6.6 하이브리드 암호화는 암호화할 수 있는 메시지의 크기가 훨씬 더 크다는 점을 제외하고는
비대칭 암호화와 동일한 인터페이스를 가진다.

특히 수신자와 비대화형 키 교환 후 인증 암호화 알고리즘으로 메시지를 암호화한다.

CAUTION 인증 암호화 기본 대신 간단한 대칭 암호화 프리미티브를 사용할 수도 있지만, 대칭 암호화는 암호화된 메시지를 변조하는 사람으로부터 보호하지 못한다. 실전에서 대칭 암호화를 단독으로 사용하지 않는 이유다(4장 참조).

이제 하이브리드 암호화의 작동 방식을 자세히 알아보자! 먼저 앨리스에게 보내는 메시지를 암호화하려면, 대칭 키를 생성하고 이를 사용하여 메시지를 암호화한 다음 그림 6.7과 같이 인증 암호화 알고리즘을 사용한다.

그림 6.7 비대칭 암호화로 하이브리드 암호화를 사용하여 앨리스에게 보내는 메시지를 암호화하려면 (1) 인증 암호화 알고리즘에 대한 대칭 키를 생성한 다음 (2) 대칭 키를 사용하여 앨리스에게 보내는 메시지를 암호화한다.

메시지를 암호화한 후에도 앨리스는 대칭 키를 모르면 암호를 해독할 수 없다. 앨리스에게 대칭 키를 제공하려면 어떻게 해야 할까? 그림 6.8과 같이 앨리스의 공개 키로 대칭 키를 비대칭 암호화한다.

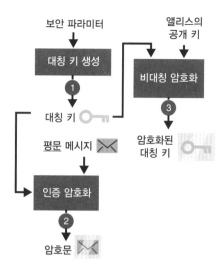

그림 6.8 그림 6.7을 기반으로 (3) 앨리스의 공개 키와 비대칭 암호화 알고리즘을 사용하여 대칭 키 자체를 암호화한다.

이제 두 결과를 모두 앨리스에게 보내자. 여기에는 다음이 포함된다.

- 비대칭 암호화된 대칭 키
- 대칭 암호화된 메시지

이는 앨리스가 메시지를 복호화하기에 충분한 정보다. 그림 6.9에서 전체 흐름을 볼 수 있다.

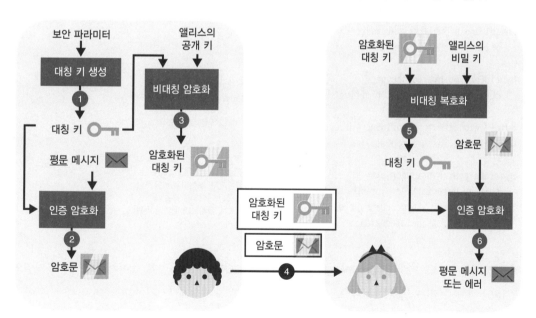

그림 6.9 그림 6.8에서 이어지는 단계로, (4) 암호화된 대칭 키와 암호화된 메시지를 모두 앨리스에게 보낸 후 (5) 앨리스는 자신의 비밀 키를 사용하여 대칭 키를 복호화한다. (6) 그다음 대칭 키를 사용하여 암호화된 메시지를 복호화한다(4단계에서 MITM 공격자가 통신을 변조하면 5단계와 6단계 모두 실패하고 오류가 반환된다).

이렇게 두 세계의 장점을 모두 사용할 수 있다. 비대칭 암호화와 대칭 암호화를 혼합하여 대량의 데이터를 공개 키로 암호화할 수 있다. 여기서 알고리즘의 첫 번째 비대칭 부분을 **키 캡슐화 메커니즘**key encapsulation mechanism, KEM이라 하고, 두 번째 대칭 부분을 **데이터 캡슐화 메커니즘**data encapsulation mechanism, DEM이라 부른다.

다음 절에서 비대칭 암호화와 하이브리드 암호화의 다양한 알고리즘과 표준을 알아보기 전에, 실전에서 암호학 라이브러리를 사용하여 하이브리드 암호화를 수행하는 방법을 살펴보자. 이를 위해 팅크Tink 암호학 라이브러리를 선택했다. 팅크는 회사 안팎의 대규모 팀을 지원하기 위해 구글의 암호화 팀에서 개발했다. 꽤 규모가 큰 프로젝트인 덕에, 개발자가 암호학 프리미티브를 오용하는 것을 방지하기 위한 설계가 되어 있으며 정상적인 함수만 노출되어 있다. 또한 팅크는 여러 프로그래밍 언어(자바, C++, Obj-C, 고랭)에서 사용할 수 있다.

예제 6.1 자바로 구현한 하이브리드 암호화

```
import com.google.crypto.tink.HybridDecrypt;
import com.google.crypto.tink.HybridEncrypt;
import com.google.crypto.tink.hybrid.HybridKeyTemplates.ECIES_P256_HKDF_HMAC_SHA256_AES128_GCM;
import com.google.crypto.tink.KeysetHandle;

KeysetHandle privkey = KeysetHandle.generateNew(          특정 하이브리드 암호화 체계에 대한
    ECIES_P256_HKDF_HMAC_SHA256_AES128_GCM);              키 생성

KeysetHandle publicKeysetHandle =                         게시하거나 공유할 수 있는
    privkey.getPublicKeysetHandle();                      공개 키 부분을 획득

HybridEncrypt hybridEncrypt =
    publicKeysetHandle.getPrimitive(                      공개 키를 알면 누구나 이를 사용하여
        HybridEncrypt.class);                             평문을 암호화하고
byte[] ciphertext = hybridEncrypt.encrypt(               연관 데이터를 인증할 수 있음
    plaintext, associatedData);

HybridDecrypt hybridDecrypt =
    privkey.getPrimitive(HybridDecrypt.class);           동일한 연관 데이터를 사용하여
byte[] plaintext = hybridDecrypt.decrypt(               암호화된 메시지를 복호화.
    ciphertext, associatedData);                         복호화에 실패하면 예외가 발생
```

위 코드에서 ECIES_P256_HKDF_HMAC_SHA256_AES128_GCM라는 문자열이 들어가는데, 이 문자열의 ECIES는 하이브리드 암호화 표준으로 이 장의 뒷부분에서 배우게 될 것이다. 나머지 내용은 아래와 같이 ECIES를 인스턴스화하는 데 사용되는 알고리즘에 해당한다.

- P256은 5장에서 배운 NIST 표준화 타원 곡선이다.

- HKDF는 8장에서 배우게 될 핵심 파생 함수다.

- HMAC는 3장에서 배운 메시지 인증 코드다.

- SHA-256은 2장에서 배운 해시 함수다.

- AES-128-GCM은 4장에서 배운, 128비트 키를 사용하는 AES-GCM 인증 암호화 알고리즘이다.

이제 전체적인 감이 잡히는가? 다음 절에서는 비대칭 암호화와 하이브리드 암호화에서 널리 채택된 두 가지 표준, RSA와 ECIES를 알아보자.

6.3 RSA 비대칭 암호화: 최악과 차악

비대칭 암호화와 하이브리드 암호화를 실제로 정의하는 표준을 살펴볼 때가 됐다. 역사적으로 이 두 가지 프리미티브는 암호 분석가들이 선호하는 편이 아니었으며, 표준과 구현 모두에서 많은 취약점과 약점이 발견되었다. 그래서 이번 절의 시작으로 RSA 비대칭 암호화 알고리즘을 소개하면서도 이를 쓰면 안 되는 이유를 설명한다. 이 장의 나머지 부분에서는 비대칭 및 하이브리드 암호화를 사용하기 위해 따를 수 있는 실제 표준을 다룰 것이다.

- **RSA-OAEP**: RSA를 사용하여 비대칭 암호화를 수행하는 주요 표준
- **ECIES**: ECDH로 하이브리드 암호화를 수행하는 주요 표준

6.3.1 교과서 RSA

먼저 RSA 공개 키 암호화 알고리즘과 몇 년 동안 이 알고리즘이 어떻게 표준화되었는지 알아보자. 이를 알면 RSA를 기반으로 하는 다른 보안 체계를 이해하는 데 도움이 된다.

불행히도 RSA는 1977년에 처음 발표된 이후로 좋지 않은 평판을 얻었다. 이에 대한 견해 중 하나는 RSA를 이해하고 구현하기가 너무 쉽기 때문에 많은 사람들이 스스로 구현하다 보니 취약한 구현체가 많다는 것이다. 흥미로운 견해지만 전체적인 그림을 놓치고 있다. RSA(**교과서 RSA**textbook RSA라고도 한다)를 대충 구현하면 보안에 취약한 것은 사실이지만, RSA의 표준조차 뚫리는 것이 현실이다! 이러한 문제를 이해하려면 먼저 RSA가 작동하는 방식을 익혀야 한다. 5장에서 배운 모듈로 a 소수 p 숫자의 곱셈군을 기억하는가? 이는 양의 정수의 집합이다.

$$1, 2, 3, 4, \cdots, p - 1$$

이 숫자 중 하나가 우리의 메시지라고 상상해보자. p가 충분히 커서 4,096비트라고 가정해보겠다. 메시지는 약 500자를 포함할 수 있다.

[NOTE] 컴퓨터에서 메시지는 일련의 바이트며 숫자로도 해석될 수 있다.

5장에서 숫자(사실상 메시지)를 지수화하면 **부분군**을 형성하는 다른 숫자를 생성할 수 있음을 살펴보았다(그림 6.10).

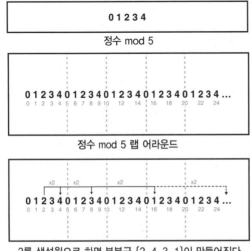

그림 6.10 소수 모듈로 정수(여기서는 5)는 여러 부분군으로 나뉜다. 원소 하나를 생성원으로 선택하고(숫자 2라고 하자) 이를 지수화하여 부분군을 생성할 수 있다. RSA의 경우 생성원이 곧 메시지다.

이는 RSA로 암호화하는 방법을 정의할 때 유용하다. 이를 위해 공개 지수 e(암호화용)와 소수 p를 게시한다(실제로 p는 소수가 될 수 없지만 잠시 무시하자). 메시지 m을 암호화하기 위해 다음 ciphertext(암호문)을 계산한다.

$$\text{ciphertext} = m^e \bmod p$$

예를 들어 $e = 2$ 및 $p = 5$로 메시지 $m = 2$를 암호화하려면 다음을 계산한다.

$$\text{ciphertext} = 2^2 \bmod 5 = 4$$

이것이 RSA를 사용한 암호화의 이면에 있는 개념이다!

[NOTE] 일반적으로 암호화 속도를 높이기 위해 공개 지수 e로 작은 수를 선택한다. 지금까지 살펴본 표준 및 구현은 공개 지수로 소수 65,537을 사용하는 쪽으로 굳어졌다.

자, 이제 사람들이 당신에게 보내는 메시지를 암호화할 수 있는 방법이 생겼다. 그런데 복호화는 어떻게 할까? 어렵지 않다. 생성원을 계속 지수화하면 원래 숫자로 돌아간다는 것을 기억하자(그림 6.11).

이 개념을 통해 복호화를 구현하는 방법을 알 수 있다. 원래의 생성원(메시지)을 복구하기 위해 암호문을 몇 번이나 지수화해야 하는지 찾자. 그런 숫자를 알고 있다고 가정하고, 이 숫자를 **비밀 지수** d(**복호화**decryption의 d)라고 한다. 아래와 같은 암호문을 받았다면,

$$\text{ciphertext} = \text{message}^e \bmod p$$

메시지를 복구할 때는 d의 거듭제곱으로 올리면 된다.

$$\text{ciphertext}^d = (\text{message}^e)^d = \text{message}^{e \times d} = \text{message} \bmod p$$

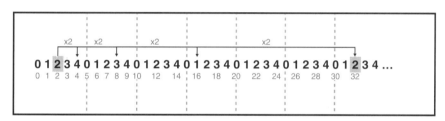

그림 6.11 메시지가 숫자 2라고 가정해보겠다. 이를 지수화하여 그룹에서 다른 숫자를 얻을 수 있다. 우리가 이를 충분히 지수화한다면 우리의 원래 메시지인 2로 돌아간다. 순환적인 그룹이라 할 수 있으며, 이 속성은 메시지가 일정 수준까지 상승한 후 메시지를 복구하는 데 사용할 수 있다.

이 비밀 지수 d를 찾는 수학은 굉장히 까다롭다. 간단히 말하면 공개 지수의 역수와 그룹의 차수(원소 수), order를 mod 연산한 값을 계산한다.

$$d = e^{-1} \bmod \text{order}$$

모듈러 역함수를 계산하는 효율적인 알고리즘(확장 유클리드extended Euclidean 알고리즘 등)이 있으므로 이는 문제가 되지 않는다. 하지만 또 다른 문제가 있다! 소수 p가 주어질 때 차수는 단순히 $p - 1$이므로 **누구나 비밀 지수를 계산하기 쉽다.** d를 제외한 이 방정식의 모든 요소가 공용이기 때문이다.

오일러의 정리

앞에서 비밀 지수 d를 계산하기 위한 식은 어떻게 도출한 것일까? 오일러의 정리Euler's theorem는 1부터 p까지의 정수 중 m과 서로소인 수의 개수 order를 다음과 같이 구한다고 설명한다.

$$m^{order} = 1 \bmod p$$

이 *order*는 결국 정수 모듈로 p에 의해 생성된 곱셈군의 원소 수다. 이는 차례로 모든 정수 배수multiple에 대해 다음이 성립함을 의미한다.

$$m^{1+multiple \times order} = m \times (m^{order})^{multiple} \bmod p = m \bmod p$$

이것은 우리가 풀려는 방정식이 다음과 같음을 의미한다.

$$m^{e \times d} = m \bmod p$$

위 식을 풀면 다음과 같다.

$$e \times d = 1 + multiple \times order$$

이를 다음과 같이 다시 쓸 수 있다.

$$e \times d = 1 \bmod order$$

이것은 정의상 d가 $e \bmod order$의 역수임을 의미한다.

타인이 공개 지수로부터 비밀 지수를 계산하는 것을 방지할 수 있는 한 가지 방법은, 군의 차수를 숨기는 것이다. 이것이 RSA가 뛰어난 점이다. 모듈러스가 더 이상 소수가 아니라 소수 $N = p \times q$ 인 경우(여기서 p와 q는 사용자만 알고 있는 큰 소수), p와 q를 모른다면 곱셈군의 차수를 구할 수가 없다!

> ### RSA 군의 차수
>
> 오일러 파이 함수(N)를 사용하여 숫자 N을 모듈로 곱셈군의 차수를 계산할 수 있다. 이 함수는 N과 같은 소수인 숫자의 개수를 반환한다. 예를 들어 5와 6은 유일한 양의 정수이기 때문에 **서로소**다. 즉, 둘의 공통 인수는 1밖에 없다. 반면에 10과 15는 1과 5로 나누어 떨어지므로 서로소가 아니다. 곱셈군 모듈로 RSA 모듈러스 $N = p \times q$의 차수는 다음과 같다.
>
> $$\varphi(N) = (p - 1) \times (q - 1)$$
>
> N의 인수분해를 모르면 계산하기가 굉장히 어렵다.

요약하자면 RSA가 작동하는 방식은 다음과 같다.

- 키 생성을 위해 다음과 같은 절차를 거친다.

  1. 두 개의 큰 소수 p와 q를 생성한다.

  2. 임의의 공개 지수 e, 또는 $e = 65537$과 같은 고정 지수를 선택한다.

  3. 공개 키는 공개 지수 e와 공개 모듈러스 $N = p \times q$다.

  4. 비밀 지수 $d = e^{-1} \bmod (p - 1)(q - 1)$를 유도한다.

  5. 비밀 키는 비밀 지수 d다.

- 메시지의 암호화를 위해 message^e mod N을 계산한다.
- 암호문의 복호화를 위해 ciphertext^d mod N을 계산한다.

그림 6.12는 RSA가 실제로 어떻게 작동하는지 보여준다.

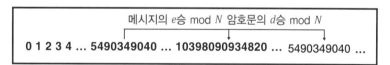

메시지의 e승 mod N 암호문의 d승 mod N

0 1 2 3 4 … 5490349040 … 10398090934820 … 5490349040 …

그림 6.12　**RSA 암호화는 공개 모듈러스 N = p × q과 공개 지수 e로 메시지의 e승에 mod N을 계산한다. RSA 복호화에서는 비밀 지수 d로 암호화된 숫자 d승에 mod N을 계산한다.**

RSA는 **인수분해 문제**factorization problem에 의존한다고 할 수 있다. p와 q에 대한 지식 없이는 아무도 차수를 계산할 수 없다. 따라서 공개 지수에서 비밀 지수를 계산할 수 있는 사람은 아무도 없다. 이것은 디피-헬먼이 이산 로그 문제를 기반으로 하는 방법과 유사하다(그림 6.13).

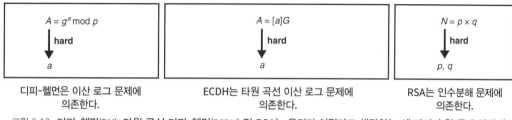

$A = g^a$ mod p

hard

a

디피-헬먼은 이산 로그 문제에
의존한다.

$A = [a]G$

hard

a

ECDH는 타원 곡선 이산 로그 문제에
의존한다.

$N = p \times q$

hard

p, q

RSA는 인수분해 문제에
의존한다.

그림 6.13　**디피-헬먼(DH), 타원 곡선 디피-헬먼(ECDH) 및 RSA는 우리가 어렵다고 생각하는 세 가지 수학 문제 각각에 의존하는 비대칭 알고리즘이다. 즉, 큰 숫자로 인스턴스화할 때 문제를 해결하는 효율적인 알고리즘을 알 수 없다는 것을 의미한다.**

따라서 교과서 RSA는 합성수 $N = p \times q$로 모듈로 연산으로 작동한다. 여기서 p와 q는 비밀로 유지해야 하는 두 개의 큰 소수다. RSA가 작동하는 방식을 이해했으므로 이제 RSA가 실제로 얼마나 안전하지 않은지, 보안을 위해 어떤 표준이 필요한지 살펴보겠다.

6.3.2 RSA PKCS#1 v1.5를 쓰지 않는 이유

여러 가지 이유로 기본적으로 안전하지 않은 "교과서 RSA"에 대해 알아보았다. RSA의 보안 버전을 알아보기 전에 피해야 할 사항을 살펴보겠다.

교과서 RSA를 직접 사용할 수 없는 데에는 여러 가지 이유가 있다. 한 가지 예는 작은 메시지(예: m = 2)를 암호화하는 경우 일부 악의적인 행위자가 0에서 100 사이의 모든 작은 숫자를 암호화하고 암호화된 숫자가 암호문과 일치하는지 빠르게 관찰할 수 있다는 것이다. 일치하는 걸 찾으면 처음에 무엇을 암호화했는지 알게 될 것이다.

표준은 이러한 방식으로 무차별 대입할 수 없을 만큼 메시지를 크게 만듦으로써 문제를 해결한다. 특히 (암호화 전에) **비결정론적**nondeterministic 패딩을 사용하여 메시지 크기를 최대화한다. 예를 들어 RSA PKCS#1 v1.5 표준은 메시지에 임의의 바이트 수를 추가하는 패딩을 정의한다(그림 6.14).

PKCS#1 표준은 실제로 90년대 초반에 RSA 회사에서 작성한 PKCS(공개 키 암호화 표준) 문서 시리즈의 일부로 게시된 RSA를 기반으로 하는 최초의 표준이다. PKCS#1 표준이 일부 알려진 문제를 수정하는 동안, 1998년 블라이헨바허Bleichenbacher는 PKCS#1 v1.5에 대한 공격법을 발견하여 공격자가 표준에 지정된 패딩으로 암호화된 메시지를 복호화할 수 있게 되었다. 이 공격은 백만 개의 메시지가 필요하기 때문에 **백만 메시지 공격**million message attack으로 유명해졌다. 이에 대한 방어법이 나중에 발견되었지만 흥미롭게도 방어법을 안전하게 구현하기가 너무나 어렵다는 사실을 수년에 걸쳐 연구원들이 발견하였고 이 공격법에 대한 재발견이 이루어졌다.

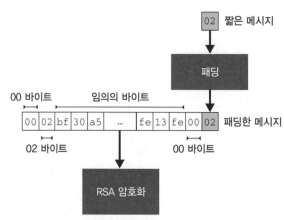

그림 6.14 **RSA PKCS#1 v1.5 표준은 암호화 전에 메시지에 적용할 패딩을 지정한다.** 패딩은 되돌릴 수 있어야 하고(복호화로 제거할 수 있도록) 무차별 대입 공격을 피하기 위해 메시지에 충분한 임의 바이트를 추가해야 한다.

적응 선택 암호문 공격

블라이헨바허의 백만 메시지 공격은 이론 암호학에서 적응적 **선택 암호문 공격**adaptive chosen ciphertext attack, CCA2이라는 유형의 공격이다. CCA2는 특정 공격을 수행하기 위해 공격자가 임의의 RSA 암호화된 메시지(**선택 암호문**)를 제출하고, 이것이 복호화에 어떤 영향을 미치는지 관찰하고 이전 관찰을 기반으로(**적응적으로**) 공격을 계속할 수 있음을 의미한다. CCA2는 암호화 보안 증명에서 공격자를 모델링하는 데 자주 사용된다.

공격이 가능한 이유를 이해하려면 RSA 암호문의 **가단성**malleability을 이해해야 한다. 즉, RSA 암호문은 복호화를 무효화하지 않고 변조할 수 있다. 암호문 $c = m^e \bmod N$을 관찰하면 다음 암호문을 제출할 수 있다.

$$3^e \times m^e = (3m)^e \bmod N$$

복호화는 다음과 같이 된다.

$$((3m)^e)^d = (3m)^{e \times d} = 3m \bmod N$$

여기서는 숫자 3을 예로 사용했지만 원본 메시지에 원하는 숫자를 무엇이든 곱할 수 있다. 실제로 메시지는 (패딩으로 인해) 잘 구성되어야 하며, 따라서 암호문을 변조하면 복호화가 중단되어야 한다. 그럼에도 불구하고 악의적인 수정 후에도 복호화 후에 패딩이 받아들여지는 경우가 있다.

블라이헨바허는 RSA PKCS#1 v1.5에 대한 백만 메시지 공격에서 이 속성을 사용했다. 그의 공격은 암호화된 메시지를 가로채어 수정한 뒤 복호화 주체에게 보내는 방식으로 이뤄진다. 복호화 주체가 암호를 복호화할 수 있는지 관찰함으로써(패딩이 유효함) 메시지 범위에 대한 정보를 얻게 된다. 처음 두 바이트가 0x0002이기 때문에 복호화가 특정 값보다 작다는 것을 알 수 있다. 이를 반복적으로 수행하면 해당 범위를 원래 메시지 자체로 좁힐 수 있다.

블라이헨바허 공격이 잘 알려져 있음에도, 오늘날에도 암호화를 위해 RSA PKCS#1 v1.5를 구현하는 시스템이 많이 사용되고 있다. 필자는 보안 컨설턴트로 일하면서 이 공격에 취약한 많은 애플리케이션을 발견했다. 조심하자!

6.3.3 RSA-OAEP 비대칭 암호화

1998년에 동일한 PKCS#1 표준의 버전 2.0이 **OAEP**Optimal Asymmetric Encryption Padding라는 RSA에 대한 새로운 패딩 체계와 함께 출시되었다. 이전 버전인 PKCS#1 v1.5와 달리 OAEP는 블라이헨바허 공격에 취약하지 않으므로 오늘날 RSA 암호화에 사용하기에 강력한 표준이다. OAEP가 어떻게 작동하고 앞에서 본 공격을 방지하는지 살펴보자.

먼저 대부분의 암호화 알고리즘과 마찬가지로 OAEP에도 키 생성 알고리즘이 있다. 그림 6.15처럼 보안 파라미터를 취한다.

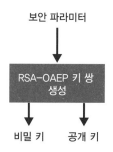

그림 6.15 RSA-OAEP는 많은 공개 키 알고리즘과 마찬가지로 먼저 키 쌍을 생성하며, 이 키 쌍은 암호학 프리미티브가 제공하는 다른 알고리즘에서 나중에 쓰일 수 있다.

이 알고리즘은 보안 파라미터, 즉 비트 수를 사용한다. 디피-헬먼과 마찬가지로 모듈로 숫자 집합과 큰 수의 모듈로 연산이 일어난다. RSA 인스턴스화의 보안은 일반적으로 모듈러스의 크기를 따른다. 이런 부분은 디피-헬먼과 유사하다.

현재 대부분의 지침(https://keylength.com 참조)은 128비트 보안을 제공하기 위해 2,048~4,096비트 사이의 모듈러스를 추정한다. 이러한 추정치의 범위가 상당히 넓다 보니 대부분의 애플리케이션은 4,096비트 파라미터에 보수적으로 정착하는 것 같다.

> **NOTE** 앞에서 RSA의 큰 모듈러스는 소수가 아니라 두 개의 큰 소수 p와 q의 곱 $N = p \times q$임을 살펴보았다. 4,096비트 모듈러스의 경우 일반적으로 키 생성 알고리즘에서 중간을 분할하고 약 2,048비트 크기의 p와 q를 모두 생성한다.

알고리즘은 암호화를 위해 먼저 메시지를 패딩하고 암호화별로 생성된 난수와 혼합한다. 결과는 RSA로 암호화된다. 복호화를 위해서는 그림 6.16과 같이 프로세스를 반대로 한다.

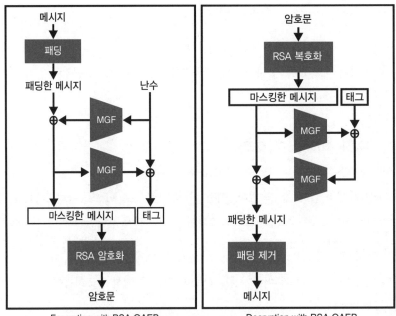

Encryption with RSA-OAEP   Decryption with RSA-OAEP

그림 6.16 RSA-OAEP는 암호화 전에 메시지를 난수와 혼합한다. 복호화 후 혼합을 되돌릴 수 있다. 알고리즘의 중심에 있는 마스크 생성 함수(MGF)는 입력을 무작위화하며, 확대하거나 축소하는 데 사용된다.

RSA-OAEP에서 이러한 혼합을 사용하는 이유는, RSA로 암호화된 것 중 몇 비트가 누출되는 경우에도 평문에 대한 정보를 얻을 수 없도록 하기 위해서다. 실제로 OAEP 패딩을 뒤집으려면 OAEP 패딩한 평문의 (거의)모든 바이트를 얻어야 한다! 또한 블라이헨바허 공격은 암호문을 수정하여 올바른 형식의 평문을 얻기 불가능하기에 더 이상 공격이 불가능해진다.

평문 인식plaintext-awareness은 공격자가 성공적으로 복호화할(물론 암호화의 도움 없이) 암호문 생성을 어렵게 만드는 속성이다. OAEP에서 제공하는 평문 인식으로 인해 블라이헨바허의 공격은 작동하지 않는다.

OAEP 내부에서 MGF는 **마스크 생성 함수**mask generation function를 나타낸다. 사실 MGF는 2장에서 배운 확장 가능한 출력 함수(XOF)의 일종이다. MGF는 XOF보다 먼저 발명되었으므로 카운터로 입력을 반복적으로 해시하는 해시 함수를 사용하여 만들어진다(그림 6.17 참조). 이것이 OAEP가 작동하는 방식이다!

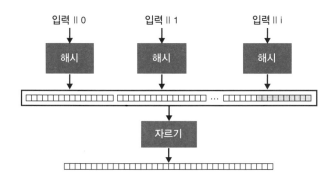

그림 6.17 **마스크 생성 함수(MGF)는** 단순히 임의의 길이 입력을 받아 무작위로 보이는 임의의 길이 출력을 생성하는 함수다. 입력과 카운터를 해싱하고, 다이제스트를 함께 연결하고, 원하는 길이를 얻기 위해 결과를 자르는 방식으로 작동한다.

메인저의 패딩 오라클 공격

OAEP 표준이 출시된 지 불과 3년 후, 제임스 메인저James Manger는 올바르게 구현되지 않은 OAEP에 대한 공격법으로 블라이헨바허 백만 메시지 공격과 유사하지만 더 실용적인 타이밍 공격을 발견했다. 다행스럽게도 PKCS#1 v1.5에 비해 OAEP이 안전하고 훨씬 간단하게 구현 가능하며, 취약점은 훨씬 더 드물다.

게다가 OAEP의 설계는 완벽하지 않다. 더 나은 구조가 제안되었고 수년에 걸쳐 표준화되었다. 한 가지 예는 RSA-KEM으로 보안 증명이 더 강력하며 안전하게 구현하기가 훨씬 쉽다. 그림 6.18에서 이 설계가 얼마나 더 우아한지 알 수 있다.

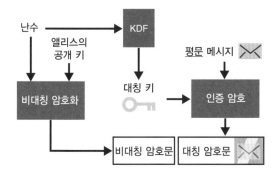

그림 6.18 **RSA-KEM은** RSA에서 난수를 단순히 암호화하여 작동하는 암호화 방식이다. 패딩이 필요하지 않고, 대칭 키를 얻기 위해 키 파생 함수(KDF)를 통해 난수를 전달할 수 있다. 그런 다음 대칭 키를 사용하여 인증 암호화 알고리즘을 통해 메시지를 암호화한다.

여기에서 사용 중인 키 파생 함수key derivation function, KDF에 유의하자. MGF 또는 XOF로 대체할 수 있는 또 다른 암호학 프리미티브다. 무작위성과 비밀에 관한 8장에서 KDF가 무엇인지 더 자세히 다룰 것이다.

오늘날 RSA를 사용하는 대부분의 프로토콜과 애플리케이션은 여전히 안전하지 않은 PKCS#1 v1.5 또는 OAEP를 구현한다. 반면에 키 교환과 하이브리드 암호화 모두에 ECDH를 사용하고자 하는 점점 더 많은 프로토콜이 RSA 암호화에서 멀어지고 있다. 일반적으로 ECDH가 훨씬 더 나은 표준과 훨씬 더 안전한 구현을 통해 더 짧은 공개 키와 장점을 제공하기 때문이다.

6.4. ECIES 하이브리드 암호화

많은 하이브리드 암호화 방식이 존재하지만 가장 널리 채택된 표준은 **타원 곡선 통합 암호화 체계** Elliptic Curve Integrated Encryption Scheme, ECIES다. 이 방식은 ECDH와 함께 사용하도록 지정되었으며 ANSI X9.63, ISO/IEC 18033-2, IEEE 1363a, SECG SEC 1과 같은 많은 표준에 포함되어 있다. 불행히도 모든 표준이 서로 다른 변형을 구현하기에 서로 다른 암호학 라이브러리가 하이브리드 암호화를 다르게 구현한다.

그렇다 보니 필자도 업계에서 하이브리드 암호화를 서로 비슷하게 구현한 사례를 거의 보지 못한다. 성가신 일이긴 하지만 프로토콜의 모든 참가자가 동일한 구현을 사용한 하이브리드 암호화 체계의 세부 정보를 문서화하면 문제가 없다는 교훈을 얻을 수 있다.

ECIES는 6.2절에서 설명한 하이브리드 암호화 방식과 유사하게 작동한다. 차이점은 비대칭 암호화 프리미티브 대신 ECDH 키 교환으로 KEM 부분을 구현한다는 것이다. 이를 단계별로 살펴보자.

먼저 앨리스에게 보내는 메시지를 암호화하려면 앨리스의 공개 키와 여기에서 생성한 키 쌍(이를 **임시**ephemeral **키 쌍**이라 함)으로 (EC)DH 기반 키 교환을 사용한다. 그런 다음 AES-GCM과 같은 인증 대칭 암호화 알고리즘으로 획득한 공유 비밀을 사용하여 앨리스에게 보낼 더 긴 메시지를 암호화할 수 있다(그림 6.19).

그런 다음 임시 공개 키와 암호문을 앨리스에게 보낼 수 있다. 앨리스는 임시 공개 키를 사용하여 자신의 키 쌍과 키 교환을 수행한다. 그러면 결과를 사용하여 암호문을 복호화하고 원본 메시지를 받을 수 있다. 결과는 원본 메시지일 수도 있고, 공개 키 또는 암호화된 메시지가 전송 중 변조된 경우라면 오류가 될 수도 있다. 그림 6.20은 전체 흐름을 보여준다.

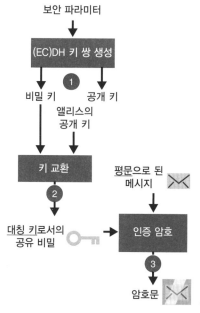

그림 6.19 (EC)DH를 사용한 하이브리드 암호화를 사용하여 앨리스에게 보내는 메시지를 암호화하려면 (1) 임시(타원 곡선) DH 키 쌍을 생성한다. 그런 다음 (2) 임시 비밀 키와 앨리스의 공개 키로 키 교환을 수행한다. (3) 이로써 얻은 공유 비밀을 인증 암호화 알고리즘에 대한 대칭 키로 사용하여 메시지를 암호화한다.

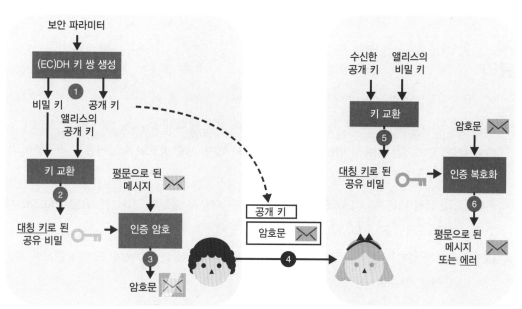

그림 6.20 그림 6.19에 이어서 (4) 임시 공개 키와 암호화된 메시지를 앨리스에게 보낸 후 (5) 앨리스는 자신의 비밀 키와 임시 공개 키를 사용하여 키 교환을 수행한다. (6) 앨리스는 최종적으로 생성된 공유 비밀을 대칭 키로 사용하여 동일한 인증 암호화 알고리즘으로 암호화된 메시지를 복호화한다.

이것이 ECIES가 작동하는 방식이다. IES라고 하는 디피-헬먼을 사용하는 ECIES의 변형도 거의 같은 방식으로 작동하지만 잘 사용하지는 않는 것 같다.

키 교환 출력에서 편향 제거하기

그림 6.20은 과정을 상당히 단순화한 버전이다. 대부분의 인증 암호화 프리미티브는 균일한 임의의 대칭 키를 기대한다. 키 교환의 출력은 일반적으로 균일하게 무작위가 **아니기** 때문에 공유 비밀을 미리 KDF 또는 XOF(2장에서 보았듯이)를 통해 전달해야 한다. 이에 대한 자세한 내용은 8장에서 배우게 된다.

여기서 **균일하게 무작위가 아니라는** 것은 통계적으로 키 교환 결과의 일부 비트가 1보다 자주 0이거나 그 반대일 수 있음을 의미한다. 예를 들어 첫 번째 비트는 항상 0으로 설정될 수 있다.

연습 문제

키 교환 출력을 바로 사용할 수 없는 이유는 무엇일까?

이렇게 사용할 수 있는 다양한 표준을 알아보았다. 다음 장에서는 1부의 마지막이자 가장 중요한 공개 키 암호학 알고리즘이라 할 수 있는 서명에 대해 배울 것이다.

요약

- 메시지를 직접 암호화할 때 비대칭 암호화를 사용하는 경우는 거의 없다. 이는 비대칭 암호화가 암호화할 수 있는 데이터의 크기 제한이 상대적으로 작기 때문이다.

- 하이브리드 암호화는 비대칭 암호화(또는 키 교환)와 대칭 인증 암호화 알고리즘을 결합하여 훨씬 더 큰 메시지를 암호화할 수 있다.

- 비대칭 암호화에 대한 RSA PKCS#1 버전 1.5 표준은 대부분 뚫렸다. 이보다는 RSA PKCS#1 버전 2.2에서 표준화된 RSA-OAEP 알고리즘을 선호한다.

- ECIES는 가장 널리 사용되는 하이브리드 암호화 방식이다. 더 큰 파라미터 크기와 견고한 표준 덕에 RSA 기반 체계보다 선호된다.

- 암호학 라이브러리마다 하이브리드 암호화를 다르게 구현할 수 있다. 상호 운용 가능한 애플리케이션에 동일한 구현을 사용해도 실제로는 문제가 되지 않는다.

CHAPTER

7

서명과 영지식 증명

이번 장에서 다룰 내용

- 영지식 증명과 암호학적 서명
- 암호학적 서명의 표준
- 서명의 특성과 그 함정

이번 장에서는 가장 보편적이고 강력한 암호학 프리미티브 중 하나인 디지털 서명을 배워본다. 간단히 말해서 디지털 서명은 수표 및 계약서에 작성하는 실제 서명과 유사하다. 물론 디지털 서명은 암호화 방식이므로 펜과 종이로 된 서명보다 훨씬 더 많은 보증을 담고 있다.

프로토콜의 세계에서 디지털 서명은 이 책의 두 번째 부분에서 계속해서 접하게 될 다양한 가능성을 열어준다. 이 장에서는 이 새로운 프리미티브가 무엇인지, 실제 세계에서 어떻게 사용할 수 있는지, 현대 디지털 서명 표준이 무엇인지 소개한다. 마지막으로 보안 고려 사항과 디지털 서명 사용의 위험에 대해서도 알아본다.

NOTE 암호학에서는 서명을 **디지털 서명**digital signature 또는 **서명 체계**signature scheme라 한다. 책에서는 용어를 혼용해 사용한다.

이 장을 읽기 전에 다음을 먼저 읽어야 한다.

- 2장의 해시 함수
- 5장의 키 교환
- 6장의 비대칭 암호화

7.1 서명이란?

1장에서 암호학적 서명이 실제 서명과 거의 비슷하다는 사실을 배웠다. 서명은 이해하기 직관적인 암호학 프리미티브 중 하나다.

- 나만의 서명을 사용하여 임의의 메시지에 서명할 수 있다.
- 누구나 메시지에서 서명을 확인할 수 있다.

우리는 비대칭 암호학의 세상에 있기 때문에 여기서 비대칭이 어떻게 쓰이는지 짐작할 수 있을 것이다. **서명 체계**signature scheme는 일반적으로 다음 세 가지 알고리즘으로 구성된다.

- 서명자가 새로운 비밀 키와 공개 키를 생성하는 데 사용하는 키 쌍 생성 알고리즘(공개 키는 모든 사람과 공유될 수 있음).
- 비밀 키와 메시지를 사용하여 서명을 생성하는 서명 알고리즘
- 공개 키, 메시지, 서명을 사용하여 성공 또는 오류 메시지를 반환하는 확인 알고리즘

비밀 키를 **서명 키**signing key라고도 하고, 공개 키를 **검증 키**verifying key라 하는 경우도 있다. 그림 7.1 에서 이 세 가지 알고리즘을 도식화했다.

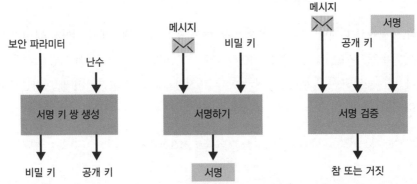

그림 7.1 디지털 서명의 인터페이스. 다른 공개 키 암호학 알고리즘과 마찬가지로 먼저 보안 파라미터와 난수를 취하는 키 생성 알고리즘을 통해 키 쌍을 생성해야 한다. 그런 다음 비밀 키로 서명 알고리즘을 사용하여 메시지에 서명하고, 확인 알고리즘과 공개 키를 사용하여 메시지에 대한 서명의 유효성을 검사할 수 있다. 연결된 비밀 키에 대한 접근 권한이 없으면 공개 키를 검증하는 서명을 위조할 수 없다.

서명은 메시지의 원본과 메시지의 무결성을 인증하는 데 유용하다.

- **원본**origin: 내 서명이 있는 경우 내가 보낸 것이다.

- **무결성**integrity: 누군가가 메시지를 수정하면 서명이 무효화된다.

NOTE 이 두 속성은 인증에 연결되어 있지만, **원본 인증**origin authentication과 **메시지 인증**message authentication(또는 무결성)이라는 두 가지 개별 속성으로 구분되는 경우가 많다.

어떤 면에서 서명은 3장에서 배운 메시지 인증 코드(MAC)와 유사하다. 그러나 MAC와 달리 메시지를 비대칭적으로 인증할 수 있다. 참가자는 비밀 키(서명 키)를 몰라도 메시지가 변조되지 않았는지 확인할 수 있다. 다음으로 이러한 알고리즘이 실제로 어떻게 사용될 수 있는지 알아보자.

> **연습 문제**
> 3장에서 보았듯이 MAC에서 생성된 인증 태그는 타이밍 공격을 피하기 위해 상수 시간에 검증되어야 한다. 서명을 확인할 때도 상수 시간에 확인해야 할까?

7.1.1 실전에서 서명하고 서명을 검증하는 방법

실제 구현 사례를 살펴보자. 이를 위해 유명 파이썬 라이브러리인 pyca/cryptography(https://cryptography.io)를 사용할 것이다. 다음 코드는 단순히 키 쌍을 생성하고, 비밀 키 부분을 사용하여 메시지에 서명한 다음 공개 키 부분을 사용하여 서명을 확인하는 구현의 예시다.

예제 7.1 **파이썬에서 서명하고 서명 검증하기**

```
from cryptography.hazmat.primitives.asymmetric.ed25519 import d25519PrivateKey

private_key = Ed25519PrivateKey.generate()      먼저 비밀 키를 생성한 다음
public_key = private_key.public_key()            공개 키를 생성           널리 사용되는 서명 체계인
                                                                          Ed25519 서명 알고리즘을 사용

message = b"example.com has the public key 0xab70…"   비밀 키를 사용하여 메시지에 서명하고
signature = private_key.sign(message)                 서명 획득

try:
    public_key.verify(signature, message)
    print("valid signature")              공개 키를 사용하여
except InvalidSignature:                   메시지에 대한 서명 검증
    print("invalid signature")
```

앞서 말했듯 디지털 서명은 실제 세계에서 사용 사례가 다양하다. 다음 절에서 예를 살펴보겠다.

7.1.2 서명의 주된 사용: 인증된 키 교환

5장과 6장에서는 두 참가자 간의 키 교환을 수행하는 다양한 방법을 살펴보았으며, 이러한 키 교환이 공유 비밀을 만들어내는 데 유용하며 인증 암호화 알고리즘으로 통신을 보호할 수 있음을 배웠다. 그러나 능동적인 MITM 공격자가 키 교환의 양쪽을 사칭할 수 있으므로, 키 교환은 두 참가자 간의 보안 연결을 설정하는 문제를 완전히 해결하지는 못했다. 그런데 여기에 서명을 도입한다면?

앨리스와 밥이 보안 통신 채널을 설정하려는데 밥이 앨리스의 검증 키를 알고 있다고 가정해보자. 앨리스는 서명 키를 사용하여 키 교환을 인증할 수 있다. 앨리스는 키 교환으로 키 쌍을 생성하고 서명 키로 공개 키 부분에 서명한 다음, 서명과 함께 키 교환 공개 키를 보낸다. 밥은 이미 알고 있는 연결된 검증 키를 사용하여 서명이 유효한지 확인한 다음, 키 교환 공개 키를 사용하여 키 교환을 수행할 수 있다.

이러한 키 교환을 **인증된 키 교환**authenticated key exchange이라 한다. 서명이 유효하지 않으면 밥은 누군가가 키 교환을 능동적으로 MITM하고 있음을 알 수 있다. 그림 7.2는 인증된 키 교환을 보여준다.

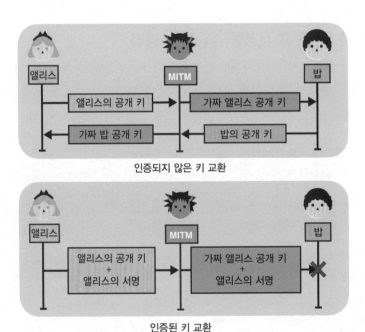

그림 7.2 첫 번째 그림(상단)은 인증되지 않은 키 교환을 나타내며, 이는 공개 키를 가로채서 키를 주고받는 양측을 가장할 수 있는 능동적 MITM 공격자로부터 통신을 보호하지 못한다. 두 번째 그림(아래)은 공개 키에 대한 앨리스의 서명으로 인증된 키 교환의 시작을 나타낸다. 앨리스의 검증 키를 알고 있는 밥은 메시지가 MITM 공격자에 의해 변조된 후에는 서명을 검증할 수 없으므로 키 교환을 중단한다.

예시에서 키 교환은 한쪽에서만 인증된다. 공격자가 앨리스를 가장할 수는 없지만 밥을 가장할 수는 있다. 양측이 인증되면(밥도 키 교환 과정에서 서명) 이러한 키 교환을 **상호 인증된 키 교환**이라 한다. 키 교환에 서명하는 것이 아직 그다지 유용하지 않을 수도 있다. 앨리스의 키 교환 공개 키를 미리 모른다는 문제를 앨리스의 검증 키를 미리 모른다는 문제로 옮겨온 것 같다. 그러므로 다음 절에서는 훨씬 더 의미 있는 인증된 키 교환의 실제 사용 사례를 소개한다.

7.1.3 실세계의 사용 사례: 공개 키 인프라

신뢰가 **전이적**transitive이라고 가정하면 서명이 훨씬 더 강력해진다. 즉, A가 B를 믿고 B가 앨리스를 믿으면 A가 앨리스를 신뢰할 수 있다는 뜻이다.

신뢰의 전이를 통해 시스템의 신뢰를 극단적으로 확장할 수 있다. 특정한 기관이 가진 검증 키에 신뢰한다고 상상해보자. 또한 이 기관이 찰스의 공개 키가 무엇인지, 데이비드의 공개 키가 무엇인지 등을 나타내는 메시지에 서명했다고 상상해보자. 그렇다면 이러한 매핑을 신뢰할 수 있지 않겠는가? 이러한 매핑을 **공개 키 인프라**public key infrastructure, PKI라고 한다. 예를 들어 찰스와 키 교환을 시도할 때 찰스가 자신의 공개 키가 3848처럼 보이는 큰 숫자라고 주장하면 이를 어떻게 신뢰할 수 있을까? "믿음직한" 기관이 "찰스의 공개 키는 3848…"과 같은 메시지에 서명했는지 확인하면 된다.

이 개념의 실제 애플리케이션 중 하나가 **웹 PKI**web public key infrastructure다. 웹 PKI는 웹 브라우저가 매일 방문하는 수많은 웹사이트와 수행하는 키 교환을 인증하는 데 사용된다. 웹 PKI(그림 7.3 참조)를 간략히 설명하자면, 브라우저를 다운로드하면 일부 검증 키가 프로그램에 포함되어 제공된다. 이 검증 키는 수천 개의 웹사이트의 공개 키에 서명하는 역할을 하는 기관에 연결되며, 사용자는 알지 못하는 사이에 이러한 웹사이트를 신뢰할 수 있다. 사용자는 알 수 없지만 이러한 웹사이트는 공개 키에 대한 서명을 얻기 전에 도메인 이름을 진정으로 소유하고 있음을 기관에 증명해야 한다(실제로 사용자의 브라우저는 이 작업을 수행하기 위해 하나의 기관이 아닌 다수의 기관을 신뢰한다).

이번 절에서는 추상적인 관점의 서명을 배웠다. 다음으로 서명이 실제로 어떻게 작동하는지 자세히 알아보는데, 이를 위해서는 먼저 영지식 증명zero-knowledge proof, ZKP을 살펴봐야 한다.

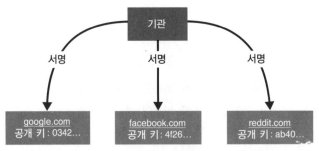

그림 7.3 웹 PKI에서 브라우저는 특정 도메인이 특정 공개 키에 연결되어 있음을 인증하는 기관을 신뢰한다. 웹사이트를 안전하게 방문하기 위해 브라우저는 기관의 서명을 확인하여 웹사이트의 공개 키가 실제로(일부 MITM이 아닌) 해당 웹사이트의 것인지 확인한다.

7.2 ZKP: 서명의 근원

암호학에서 서명이 작동하는 방식을 이해하는 가장 좋은 방법은 서명이 어디에서 왔는지 이해하는 것이다. 이를 위해 먼저 ZKP를 간략하게 알아보자.

페기Peggy가 빅터Victor에게 무언가를 증명하고 싶어 하는 상황을 가정해보자. 예를 들어 페기가 특정 군의 원소의 베이스에 대한 이산 로그를 알고 있음을 증명하려 한다. 다시 말해, 그녀는 특정 군의 생성원 g와 $Y = g^x$가 주어졌을 때 x를 알고 있음을 증명하려고 한다.

물론 가장 간단한 방법은 페기가 값 x(**증인**witness이라고 함)를 보내는 것이다. 이 방법은 간단한 **지식 증명**proof of knowledge이 될 것이며, 빅터가 답을 알아도 괜찮은 상황이라면 문제가 없을 것이다.

폐기가 빅터에게 증인을 알고 있음을 증명하는 데 특정 프로토콜을 사용할 수 있다면, 이론적으로는 '증거를 생성기 위한 프로토콜이 **완전하다**complete'고 표현한다. 이 프로토콜로 폐기가 알고 있는 것을 증명할 수 없다면 이는 쓸모가 없을 것이다.

암호학에서는 검증자에게 증인을 누설하지 않는 지식 증명에 관심이 있다. 이러한 증명을 **영지식 증명**zero-knowledge proof, ZKP라고 한다.

7.2.1 슈노어 식별 프로토콜: 대화형 ZKP

이제 폐기가 x를 공개하지 않고도 x를 알고 있음을 증명할 수 있는 방법을 보여주기 위해, 뚫린 프로토콜로부터 점진적으로 ZKP를 만들어볼 것이다.

암호학에서 이러한 종류의 문제에 접근하는 일반적인 방법은 임의성을 가진 값을 '숨기는' 것이다(암호화가 대표적이다). 그러나 이번에는 단순히 숨기는 것 이상으로, 그것이 존재한다는 것을 증명하고 싶다. 그렇게 하려면 이를 숨길 수 있는 대수적 방법이 필요하다. 간단한 솔루션은 단순히 무작위로 생성된 값 k를 증인에 추가하는 것이다.

$$s = k + x$$

그러면 폐기는 숨겨진 증인 s를 임의의 값 k와 함께 빅터에게 보낼 수 있다. 이 시점에서 빅터는 폐기가 증인을 s에 숨겼다고 믿을 이유가 없다. 실제로 그녀가 증인 x를 모른다면 s는 아마도 임의의 값일 것이다. 빅터는 $Y = g^x$를 알고 있기 때문에 증인 x가 g의 지수에 숨어 있다는 것만 알 수 있다.

폐기가 증인을 정말로 알고 있는지 확인하기 위해 빅터는 폐기가 준 것이 그가 알고 있는 것과 일치하는지 확인할 수 있으며, 이는 g의 지수에서도 수행되어야 한다(여기가 증인이 있는 곳이다). 즉, 빅터는 다음 두 숫자가 같은지 확인한다.

- $g^s \ (= g^{k+x})$
- $Y \times g^k \ (= g^x \times g^k = g^{x+k})$

이 아이디어의 요지는 증인 x를 아는 사람만이 이 방정식을 만족하는 '숨겨진' 증인 s를 구성할 수 있다는 것으로, 지식의 증거다. 그림 7.4에서 이 ZKP 시스템을 요약했다.

그림 7.4 자신이 목격자 x를 알고 있음을 빅터에게 증명하기 위해, 페기는 그것을 숨기고 (임의의 값 k에 추가하여) 숨겨진 증인 s를 대신 보낸다.

그런데 잠깐, 이 계획에는 한 가지 문제가 있다. 안전하지 않다! 실제로 증인 x를 숨기는 방정식에는 하나의 미지수(x 자체)만 있기 때문에 빅터는 단순히 방정식을 뒤집어 증인을 찾아낼 수 있다.

$$x = s - k$$

이 문제를 해결하기 위해 페기는 임의의 값 k 자체를 숨길 수 있다! 이번에는 빅터의 방정식이 여전히 작동하는지 확인하기 위해 (다른 임의의 값에 더하는 대신) 지수에서 임의의 값을 숨겨야 한다.

$$R = g^k$$

이렇게 하면 빅터는 값 k를 알 수 없으므로(5장에서 다룬 이산 로그 문제) 증인 x를 복구할 수 없다. 그럼에도 빅터는 여전히 페기가 x를 알고 있는지 확인하기에 충분한 정보를 가지고 있다! 빅터는 그저 $g^s (= g^{k+x} = g^k \times g^x)$ 가 $Y \times R (= g^x \times g^k)$와 같은지만 확인하면 된다. 그림 7.5에 ZKP 프로토콜에 대한 이 두 번째 시도를 정리했다.

그림 7.5 지식 증명을 영지식으로 만들기 위해, 증명자는 임의의 값 k로 증인 x를 숨긴 다음 임의의 값 자체를 숨길 수 있다.

이 계획에는 마지막 문제가 하나 있다. 페기가 부정행위를 할 수 있다는 점이다. 페기는 x를 몰라도 빅터에게 자신이 x를 알고 있다고 확신시킬 수 있다! 증명을 계산하는 단계를 반대로 하기만 하면 된다. 먼저 임의의 값 s를 생성한 다음, s를 기반으로 값 R을 계산한다.

$$R = g^s \times Y^{-1}$$

그런 다음 빅터는 $Y \times R = Y \times g^s \times Y^{-1}$을 계산하며, 이는 실제로 g^s와 일치한다(값을 계산하기 위해 역함수를 사용하는 페기의 트릭은 다양한 암호학 공격에 사용된다).

NOTE 이론적으로, 페기가 속임수를 쓸 수 없다면(x를 모르면 빅터를 속일 수 없다면) 이 방식은 '건전한sound' 것이다.

ZKP 프로토콜이 제대로 작동하게 하려면, 빅터는 페기가 역이 아닌 R에서 s를 계산하는지 확인해야 한다. 이를 위해 빅터는 프로토콜을 **대화형**interactive으로 수정한다.

1. 페기는 나중에 변경할 수 없도록 임의의 커밋 값 k를 제출해야 한다.
2. 페기의 커밋 값 k를 받은 후 빅터는 프로토콜에 자신의 난수를 삽입한다. 그는 임의의 값 c(**챌린지**challenge라고 함)를 생성하여 페기에게 보낸다.
3. 페기는 임의의 값 k와 챌린지 c를 기반으로 숨겨진 커밋을 계산할 수 있다.

NOTE 2장에서 나중에 공개할 수 있는 값을 커밋하기 위해 해시 함수를 사용하는 커밋 방식에 대해 배웠다. 그러나 해시 함수를 기반으로 하는 커밋 체계는 숨겨진 값에 대한 대수적 계산을 허용하지 않는다. 대신, 단순히 이미 있는 g^k 값으로 생성원을 올릴 수는 있다.

페기는 빅터의 챌린지 c 없이는 마지막 단계를 수행할 수 없고, 빅터는 임의의 커밋 값 k에 대한 약속 없이는 페기에게 c를 보내지 않기 때문에 페기는 k를 기반으로 s를 계산해야 한다. 그림 7.6에서 이 프로토콜을 요약했으며, 이를 **슈노어 식별 프로토콜**Schnorr identification protocol이라 한다.

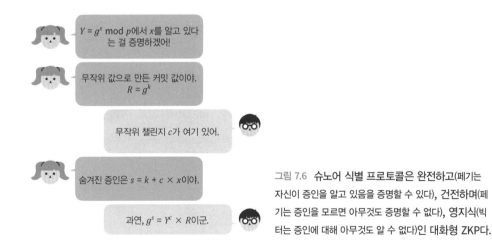

$Y = g^x \bmod p$에서 x를 알고 있다는 걸 증명하겠어!

무작위 값으로 만든 커밋 값이야.
$R = g^k$

무작위 챌린지 c가 여기 있어.

숨겨진 증인은 $s = k + c \times x$이야.

과연, $g^s = Y^c \times R$이군.

그림 7.6 슈노어 식별 프로토콜은 완전하고(페기는 자신이 증인을 알고 있음을 증명할 수 있다), 건전하며(페기는 증인을 모르면 아무것도 증명할 수 없다), 영지식(빅터는 증인에 대해 아무것도 알 수 없다)인 대화형 ZKP다.

3가지 동작 패턴(커밋, 챌린지, 증거)을 따르는 소위 **대화형 ZKP 시스템**interactive ZKP system을 이론서에서는 **시그마 프로토콜**Sigma protocol이라 하며 때때로 ∑ 프로토콜로 표기한다(그리스 문자 시그마). 그런데 이게 디지털 서명과 무슨 관련이 있는 걸까?

> **NOTE** 슈노어 식별 프로토콜은 **정직한 검증자 영지식**honest verifier zero-knowledge, HVZK **모델**에서 작동한다. 검증자(빅터)가 부정직하게 행동하고 무작위로 도전을 선택하지 않으면 증인에 대한 무언가를 알 수 있다. 강력한 ZKP 체계는 검증자가 악의적인 경우에도 영지식 특성이 유지된다.

7.2.2 비대화형 ZKP로서의 서명

이전 대화형 ZKP의 문제는 **대화형**interactive이라는 점이다. 실제 프로토콜을 쓰는 사람들은 보통 대화형을 좋아하지 않는다. 대화형 프로토콜은 여러 메시지(네트워크를 통해 잠재적으로)를 필요로 하기 때문에 무시할 수 없는 오버헤드가 생기고, 두 참가자가 동시에 온라인 상태가 아닌 한 무한한 지연이 발생할 수 있다. 이 때문에 대화형 ZKP는 응용 암호학 세계에서 거의 쓰이지 않는다.

물론 이 모든 토론이 헛된 것은 아니다! 1986년 아모스 피아트Amos Fiat와 아디 샤미르Adi Shamir는 대화형 ZKP를 비대화형 ZKP로 쉽게 변환할 수 있는 기술을 발표했다. 그들이 도입한 트릭(**피아트-샤미르 휴리스틱**Fiat-Shamir heuristic 또는 **피아트-샤미르 변환**Fiat-Shamir transformation이라 함)은 증명자가 제어할 수 없는 방식으로 도전 과제를 스스로 계산하도록 하는 것이었다.

그 트릭은 다음과 같다. 문제를 해당 지점까지 프로토콜의 일부로 보내고 받은 모든 메시지의 해시로 계산한다(이를 **전사**transcript라고 함). 해시 함수가 진정한 난수와 구별할 수 없는(즉, 무작위로 보이는) 출력을 제공한다고 가정하면, 검증자의 역할을 성공적으로 시뮬레이션할 수 있다.

슈노어는 한 걸음 더 나아갔다. 슈노어는 그 해시에 무엇이든 포함될 수 있음을 알아차렸다! 예를 들어 거기에 메시지를 포함하면 어떻게 될까? 우리가 얻는 것은 우리가 어떤 증인 x를 알고 있다는 증거일 뿐만 아니라, 해당 증거에 암호학적으로 연결된 메시지에 대한 커밋이다. 다시 말해, 증명이 정확하면 증인(서명 키)을 알고 있는 사람만이 해당 메시지를 커밋할 수 있다.

이것이 **서명**이다! 디지털 서명은 비대화형 ZKP일 뿐이다. 피아트-샤미르 변환을 슈노어 식별 프로토콜에 적용하면 그림 7.7과 같은 **슈노어 서명 체계**Schnorr signature scheme를 얻을 수 있다.

그림 7.7 **왼쪽 프로토콜은 앞에서 다룬 슈노어 식별 프로토콜로, 대화식 프로토콜이다. 오른쪽 프로토콜은 왼쪽 프로토콜의 비대화형 버전인 슈노어 서명이다**(검증자 메시지가 전사에 대한 해시 함수 호출로 대체됨).

요약하자면 슈노어 서명의 본질은 두 개의 값, R과 s다. 여기서 R은 무작위의 비밀 값(**논스**라 하며, 이는 서명마다 고유해야 함)에 대한 커밋이고, s는 커밋 R과 비밀 키(증인 x)를 통해 계산된 값이다. 다음으로, 서명 알고리즘에 대한 최신 표준을 살펴보자.

7.3 권장하는 서명 알고리즘

다른 암호학 분야와 마찬가지로 디지털 서명에는 많은 표준이 있으며, 어떤 표준을 사용해야 하는지 이해하기 어려울 때가 있다. 이번 절에서 이 문제를 해결해보고자 한다! 다행히 서명을 위한 알고리즘의 유형은 키 교환의 유형과 유사하다. DH, RSA와 같이 많은 수의 대수적 모듈로 기반 알고리즘이 있고, ECDH와 같은 타원 곡선 기반 알고리즘이 있다.

5장과 6장의 알고리즘을 충분히 이해했는지 확인하자. 이제 이를 기반으로 구축할 것이다. 흥미롭게도 DH 키 교환을 소개한 논문에서는 솔루션을 제공하지 않고 디지털 서명의 개념을 제안했다.

> 현재의 서면 계약을 완전히 전자적인 형태의 커뮤니케이션으로 대체할 수 있는 시스템을 개발하려면 서면 서명과 동일한 속성을 가진 디지털 현상을 발견해야 한다. 서명은 누구나 서명이 진본임을 쉽게 인식할 수 있어야 하지만, 적법한 서명자 이외의 다른 사람이 서명을 생성할 수 없어야 한다. 이러한 기술을 단방향 인증one-way authentication이라 한다. 모든 디지털 신호는 정확하게 복사될 수 있으므로, 진정한 디지털 서명은 알려지지 않으면서도 인식 가능해야 한다.
>
> —디피와 헬먼 (<New Directions in Cryptography>, 1976)

1년 후(1977년), 첫 번째 서명 알고리즘(RSA)이 RSA 비대칭 암호화 알고리즘(6장에서 다룸)과 함께 도입되었다. 이번에 배울 첫 번째 알고리즘은 서명을 위한 RSA 알고리즘이다.

1991년 NIST는 슈노어 서명에 대한 특허를 피하기 위해 **디지털 서명 알고리즘**Digital Signature Algorithm, DSA을 제안했다. 이런 이유로 DSA는 보안 증명 없이 게시된 슈노어 서명의 이상한 변종이다(아직 뚫리지는 않았다). 많은 사람이 이 알고리즘을 채택했지만, **타원 곡선 디지털 서명 알고리즘**Elliptic Curve Digital Signature Algorithm, ECDSA이라는 타원 곡선 버전으로 빠르게 대체되었다. 이는 ECDH가 더 작은 키 덕분에 DH를 대체한 것과 비슷한 현상이다(5장 참조). 이번 절에서 두 번째로 설명할 서명 알고리즘이 이 ECDSA다.

슈노어 서명에 대한 특허가 2008년에 만료된 후, ChaCha20-Poly1305(4장에서 설명) 및 X25519(5장에서 설명)의 발명가인 대니얼 J. 번슈타인은 슈노어 서명을 기반으로 한 **에드워드-곡선 디지털 서명 알고리즘**Edwards-curve Digital Signature Algorithm, EdDSA이라는 새로운 서명 체계를 소개했다. 이후 EdDSA는 빠르게 도입되었으며 오늘날 실전 애플리케이션을 위한 디지털 서명의 최신 기술로 받아들여지고 있다. EdDSA는 이번 절에서 마지막으로 설명할 서명 알고리즘이다.

7.3.1 불안한 표준, RSA PKCS#1 v1.5

RSA 서명은 현재 모든 곳에서 사용되고 있지만, 사실 더 이상 쓰여서는 안 된다(이번 절에서 알 수 있듯 많은 문제가 있다). RSA가 표준화된 첫 번째 서명 체계고, 애플리케이션은 더 새롭고 더 나은 알고리즘을 받아들이는 속도가 느리기 때문에 아직도 많이 쓰이고 있다. 이 때문에 암호학 실무를 하다 보면 RSA 서명을 접하게 될 가능성이 높으며, 어떻게 작동하고 어떤 표준이 채택되었는지 알아야 한다. 6장에서 RSA 암호화가 작동하는 방식을 이해했다면, RSA로 서명하는 것은 RSA로 암호화하는 것과 반대이므로 쉽게 이해할 수 있을 것이다.

- 서명하려면 (공개 키 대신) 비밀 키로 메시지를 **암호화**하여 서명(군의 임의의 원소)을 생성한다.
- 서명을 확인하려면 비밀 키 대신 공개 키로 서명을 **복호화**한다. 원본 메시지가 반환되면 서명이 유효한 것이다.

> **NOTE** 실제로 메시지는 공간을 덜 차지하므로 서명 전에 해시되는 경우가 많다(RSA는 모듈러스보다 작은 메시지에만 서명할 수 있음). 결과도 수학 연산에 사용할 수 있도록 큰 숫자로 해석된다.

비밀 키가 비밀 지수 d고, 공개 키가 공개 지수 e고, 공개 계수가 N일 때 다음을 수행할 수 있다.

- $signature = \text{message}^d \bmod N$을 계산하여 메시지 서명
- $signature^e \bmod N$을 계산하여 서명을 확인하고 메시지와 동일한지 확인한다.

그림 7.8에서 이를 시각적으로 설명한다.

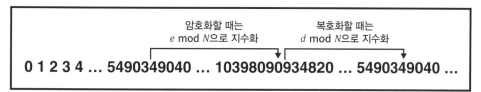

RSA 암호화

RSA 서명

그림 7.8 **RSA로 서명하려면 RSA 암호화 알고리즘의 역을 수행하면 된다. 메시지를 개인 지수로 지수화한 다음 확인을 위해 서명을 공용 지수로 지수화하면 메시지로 반환된다.**

이것이 작동하는 이유는, 비밀 지수 d를 알고 있는 사람만이 메시지에 서명을 생성할 수 있기 때문이다. 그리고 RSA 암호화와 마찬가지로 이 보안은 인수분해 문제의 난이도와 밀접하게 연결되어 있다.

서명에 RSA를 사용하는 표준은 어떨까? 운 좋게도 RSA 암호화와 동일한 패턴을 따른다.

- **암호화를 위한 RSA는 PKCS#1 v1.5 문서에서 느슨하게 표준화되었다.** 같은 문서에 보안 증명 없이 RSA로 서명하기 위한 사양이 포함되어 있다.

- **이후 RSA는 더 나은 구조로 PKCS#1 v2 문서에서 다시 표준화되었다(RSA-OAEP).** 동일한 문서에 표준화된 RSA-PSS(보안 증명 포함)가 있는 RSA 서명에서도 개선이 이루어졌다.

비대칭 암호화를 다룬 6장에서 RSA PKCS#1 v1.5를 다룬 바 있다. 해당 문서에서 표준화된 서명 체계는 암호화 체계와 거의 동일하다. 서명하려면 먼저 원하는 해시 함수로 메시지를 해시한 다음, PKCS#1 v1.5의 서명용 패딩(동일한 표준의 암호화 패딩과 유사)에 따라 메시지를 채운다. 다음으로 비밀 지수를 사용하여 패딩 및 해시된 메시지를 암호화한다(그림 7.9).

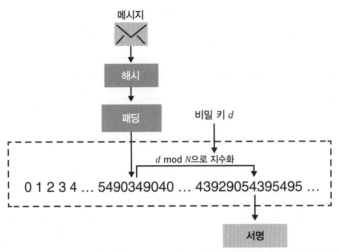

그림 7.9 서명용 RSA PKCS#1 v1.5. 서명하려면 PKCS#1 v1.5 패딩 체계로 메시지를 해시한 다음 패딩한다.
마지막 단계는 패딩된 해시 메시지를 비밀 키 d mod N으로 지수화한다. 검증하려면 서명을
공개 지수 e mod N으로 지수화하고 패딩 및 해시된 메시지와 일치하는지 확인하기만 하면 된다.

다양한 RSA

RSA를 둘러싼 서로 다른 용어를 혼동하지 말자. **비대칭 암호화 프리미티브 RSA**와 **서명 프리미티브 RSA**는 다르며, RSA의 발명가들이 설립한 기업 RSA도 있다. RSA를 사용한 암호화를 가리킬 때는 대부분 RSA PKCS#1 v1.5 및 RSA-OAEP 체계를, RSA를 사용한 서명을 가리킬 때는 대부분 RSA PKCS#1 v1.5 및 RSA-PSS 체계를 의미한다.

특히 PKCS#1 v1.5 표준의 경우 혼란스러울 수 있다. PKCS#1 v1.5의 서명 알고리즘과 암호화를 구별하는 공식 이름이 있지만(암호화의 경우 RSAES-PKCS1-v1_5, 서명의 경우 RSASSA-PKCS1-v1_5) 사용되는 경우는 거의 볼 수 없다.

6장에서 RSA PKCS#1 v1.5의 암호화를 뚫는 공격이 있다고 언급했다. 불행히도 RSA PKCS#1 v1.5 서명에 대해서도 마찬가지다. 1998년 블라이헨바허는 RSA PKCS#1 v1.5의 암호화에 대한 치명적인 공격을 발견한 후, 서명 표준도 살펴보기로 결정했다. 그리고 2006년, 블라이헨바허는 서명에 대한 치명적인 공격 유형 중 하나인 RSA PKCS#1 v1.5에 대한 **서명 위조**signature forgery 공격을 가지고 돌아왔다. 공격자는 비밀 키를 몰라도 서명을 위조할 수 있다! 암호화 알고리즘을 직접적으로 깨뜨린 이전의 공격과 달리 이번에 등장한 공격은 구현 공격이었다. 이는 서명 체계가 올바르게 구현된 경우(사양에 따라) 공격이 작동하지 않음을 의미한다.

구현 결함은 알고리즘 결함보다는 낫다. 즉, 피할 수 있으며 대다수 구현에 영향을 미치지는 않는다. 불행히도 2019년에 서명용 RSA PKCS#1 v1.5의 오픈소스 구현 중 상당수가 실제로 해당 공격에 노출되어 있으며 표준을 잘못 구현한 것으로 나타났다(Chau et al., 〈Analyzing Semantic Correctness with Symbolic Execution: A Case Study on PKCS#1 v1.5 Signature Verification〉). 다양한 구현 결함으로 인해 블라이헨바허의 위조 공격은 다양한 변형이 가능해졌다.

안타깝게도 서명용 RSA PKCS#1 v1.5는 여전히 널리 쓰이고 있다. 이전 버전과의 호환성을 위해 이 알고리즘을 실제로 **사용해야 하는 경우** 이러한 문제에 유의하자. 그렇다고 해서 서명용 RSA가 안전하지 않다는 의미는 아니다. 이야기는 여기서 끝나지 않는다.

7.3.2 개선된 표준, RSA-PSS

RSA-PSS는 업데이트된 PKCS#1 v2.1에서 표준화되었으며 보안 증명이 포함되었다(기존 PKCS#1 v1.5에서 표준화된 서명 체계와 다름). 이 표준은 다음과 같이 작동한다.

* PSS 인코딩 알고리즘을 사용하여 메시지 인코딩
* RSA를 사용하여 인코딩된 메시지에 서명(PKCS#1 v1.5 표준과 동일).

PSS 인코딩은 좀 더 복잡하고, OAEP와 유사하다(그림 7.10).

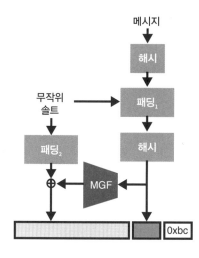

그림 7.10 **RSA-PSS 서명 체계는 일반적인 RSA 방식으로 서명하기 전에 6장에서 배운 RSA-OAEP 알고리즘과 같은 마스크 생성 함수(MGF)를 사용하여 메시지를 인코딩한다.**

RSA-PSS에 의해 생성된 서명 검증은 서명이 공개 지수 모듈로 공개 모듈러스로 올라간 후 인코딩을 반전시키는 문제일 뿐이다.

6장에서 RSA 암호화를 위한 세 번째 알고리즘(RSA-KEM)을 다룬 적이 있다. 이 알고리즘은 사용하지는 않지만 안전성이 입증된 간단한 알고리즘이다. 흥미롭게도 서명용 RSA는 암호화용 RSA의 이 부분을 반영하며, 거의 아무도 사용하지 않는 훨씬 간단한 알고리즘 구조다. 이 알고리즘은 **전체 도메인 해시**Full Domain Hash, FDH로, 단순히 메시지를 해시한 다음 RSA를 사용하여(다이제스트를 숫자로 해석하여) 서명하는 방식으로 작동한다.

RSA-PSS와 FDH 모두 보안 증명을 가지며 올바르게 구현하기가 훨씬 더 쉬운데도 불구하고, 오늘날 대부분의 프로토콜은 여전히 서명에 RSA PKCS#1 v1.5를 사용한다. 이는 구형이 된 암호학 알고리즘의 대체가 늦어지는 또 하나의 사례다. 이전 구현이 새로운 구현과 함께 작동해야 하므로 알고리즘을 제거하거나 교체하기가 어렵다. 애플리케이션을 업데이트하지 않는 사용자, 소프트웨어의 새 버전을 제공하지 않는 공급업체, 업데이트할 수 없는 하드웨어 장치 등이 함께 빚어내는 결과다. 다음으로, 더 현대적인 알고리즘을 살펴보자.

7.3.3 ECDSA

이번 절에서는 슈노어 서명의 특허를 우회하기 위해 자체적으로 발명된 DSA의 타원 곡선 변형, **ECDSA**를 살펴보겠다. 이 서명 체계는 ISO 14888-3, ANSI X9.62, NIST의 FIPS 186-2, IEEE P1363 등 많은 표준에 지정되어 있다. 모든 표준이 호환되는 것은 아니며 상호 운용하려는 애플리케이션은 동일한 표준을 사용해야 한다.

불행히도 ECDSA에는 보안 증명이 제공되지 않지만 슈노어 서명에는 제공된다. 그럼에도 ECDSA는 널리 채택되었으며 많이 사용되는 서명 체계 중 하나다. 이번 절에서는 ECDSA의 작동 방식과 사용 방법을 설명한다. 다른 비슷한 체계와 마찬가지로 공개 키는 거의 항상 동일한 공식에 따라 생성된다.

- 비밀 키는 무작위로 생성되는 큰 수 x다.
- 공개 키는 x를 생성원(타원 곡선 암호학에서는 **기준점**base point이라 함)에 의해 생성된 군의 인덱스로 보고 획득한다.

보다 구체적으로는, ECDSA에서 공개 키는 스칼라 x와 기준점 G의 스칼라 곱인 $[x]G$를 사용하여 계산된다.

덧셈 표기법 vs 곱셈 표기법

앞에서 **덧셈 표기법**(스칼라를 대괄호로 감싸는 타원 곡선 표기법)을 사용하지만, **곱셈 표기법**을 사용하고 싶다면 *public_key* = G^x로 표기해도 된다. 이러한 차이는 실제로 그리 중요하지 않다. 대부분 군의 기본 특성을 고려하지 않는 암호학 프로토콜은 곱셈 표기법을 사용하여 작성되는 반면, 타원 곡선 기반 그룹에 특별히 정의된 프로토콜은 덧셈 표기법을 사용하여 작성되는 경향이 있다.

ECDSA 서명을 계산하려면 슈노어 서명에 필요한 것과 동일한 입력이 필요하다. 서명하려는 메시지의 해시($H(m)$), 비밀 키 x, 서명당 고유한 난수 k다. ECDSA 서명은 다음과 같이 계산되는 두 개의 정수 r 및 s다.

- r는 $[k]G$의 x 좌표다.
- s는 $k^{-1}(H(m) + xr) \bmod p$와 같다.

ECDSA 서명을 확인하기 위해 검증자는 동일한 해시 메시지 $H(m)$, 서명자의 공개 키 f, 서명 값 r과 s를 사용해야 하므로 다음과 같이 해야 한다.

1. $[H(m)\, s^{-1}]G + [rs^{-1}]public\_key$를 계산한다.
2. 획득한 점의 x 좌표가 서명의 값 r과 동일한지 확인한다.

슈노어 서명과 몇 가지 유사점이 있음을 확실히 알 수 있다. 난수 k는 한 번만 사용해야 하는 숫자이기에 **논스**nonce라고도 하고, 비밀로 유지되어야 하기에 **임시 키**ephemeral key라고도 한다.

CAUTION 다시 말하지만 k는 절대 반복되지 않고 예측할 수 없어야 한다! 이러한 특성 때문에 비밀 키를 알아낼 수 없다.

일반적으로 암호학 라이브러리는 이 논스(k값) 생성을 뒤에서 수행하지만, 때로는 수행하지 않고 호출자가 제공하게 하기도 하는데 이는 재앙을 유발한다. 예를 들어 2010년 소니의 플레이스테이션 3는 ECDSA를 사용하는데도 반복되는 논스가 발견되었다(비밀 키 유출).

CAUTION 논스 k가 균일하고 무작위로 선택되지 않으면(특히 처음 몇 비트를 예측할 수 있는 경우), 비밀 키를 순식간에 복구할 수 있는 강력한 공격(소위 **격자 공격**lattice attack)을 받을 여지가 생긴다. 이론적으로 이러한 종류의 키 검색 공격을 **전체 돌파**total break라 부른다(모든 것을 뚫기 때문이다!). 이러한 전체 돌파는 실제로 매우 드물지만 한번 ECDSA 알고리즘을 뚫으면 엄청난 일이 발생한다.

논스와 관련된 문제를 피하려는 시도도 있다. 예를 들어 RFC 6979는 메시지와 비밀 키를 기반으로 논스를 생성하는 **결정론적 ECDSA** 체계를 지정했다. 즉, 동일한 메시지에 두 번 서명하면 동일한 논스가 두 번 발생하므로 동일한 서명이 두 번 생성된다(이렇게 하면 문제가 생기지 않는다).

ECDSA와 함께 사용되는 타원 곡선은 ECDH 알고리즘(5장 참조)에서 널리 사용되는 곡선과 거의 동일한데, 주목할 만한 한 예외로 **Secp256k1**가 있다. Secp256k1 곡선은 SECGStandards for Efficient Cryptography Group에서 작성한 SEC 2 〈Recommended Elliptic Curve Domain Parameters〉(https://secg.org/sec2-v2.pdf)에 정의되어 있다. 비트코인이 5장에서 언급한 NIST 곡선에 대한 신뢰 부족으로 인해 NIST 곡선 대신 Secp256k1 곡선을 사용하기로 결정한 후 많은 주목을 받았다.

Secp256k1은 **코블리츠 곡선**Koblitz curve이라는 타원 곡선의 일종이다. 코블리츠 곡선은 구현체가 곡선에서 일부 작업을 최적화할 수 있도록 파라미터에 몇 가지 제약을 준 타원 곡선이다. 이 타원 곡선의 방정식은 다음과 같다.

$$y^2 = x^3 + ax + b$$

여기서 $a = 0$ 과 $b = 7$은 상수고, x와 y는 아래의 소수 p에 대해 모듈로 정의된다.

$$p = 2^{192} - 2^{32} - 2^{12} - 2^8 - 2^7 - 2^6 - 2^3 - 1$$

이것은 NIST 곡선과 같은 소수의 군을 정의한다. 오늘날의 수학에는 타원 곡선의 점 수를 계산하는 효율적인 공식이 있다. 다음은 Secp256k1 곡선의 점 수(무한원점 포함)에 해당하는 소수다.

115792089237316195423570985008687907852837564279074904382605163141518161494337

그리고 이래 좌표의 고정점 G를 생성원(또는 기준점)으로 사용한다.

$x = $ 550662630222773436695787118895168534326250603453777594175500187360389116729240

$y = $ 32670510020758816978083085130507043184471273380659243275938904335757337482424

그럼에도 오늘날 ECDSA는 NIST 곡선 P-256(때로는 Secp256r1이라고도 한다. 철자가 다름에 유의)과 함께 주로 사용된다. 다음으로 널리 사용되는 또 다른 서명 체계를 살펴보자.

7.3.4 EdDSA

이 장의 마지막 서명 알고리즘인 **EdDSA**를 소개하겠다. 이 알고리즘은 NIST 및 정부 기관에서 만든 곡선에 대한 신뢰 부족 속에서 2011년 대니얼 J. 번슈타인이 발표했다. EdDSA라는 이름은 ECDSA와 같은 DSA 알고리즘을 기반으로 한다는 것을 나타내는 듯 보이지만 이는 사실 일종의 속임수다. EdDSA는 실제로 슈노어 서명을 기반으로 하며, 이는 슈노어 서명의 특허가 2008년 초에 만료된 덕택에 가능해진 것이다.

EdDSA의 한 가지 특징은 이 체계가 모든 서명 작업에 대해 새로운 임의성을 요구하지 않는다는 것이다. EdDSA는 **결정론적으로** 서명을 생성한다. 이는 알고리즘을 상당히 매력적으로 만들었고, 이후 많은 프로토콜과 표준에 채택되었다.

EdDSA는 FIPS 186-5 표준에 대한 NIST의 향후 업데이트(2021년 초 현재 초안 상태)에 포함될 예정이다. 현재 공식 표준은 RFC 8032이며, EdDSA와 함께 사용할 서로 다른 보안 수준의 두 곡선을 정의한다. 정의된 두 곡선은 모두 **꼬인**twisted **에드워드 곡선**(흥미로운 구현 최적화를 가능하게 하는 타원 곡선의 일종)이다.

- **Edwards25519는 대니얼 J. 번슈타인의 Curve25519**(5장에서 다룸)**를 기반으로 한다.** 타원 곡선 유형에 따라 가능한 최적화 덕분에 Edwards25519의 곡선 작업은 Curve25519보다 빠르게 구현할 수 있다. Curve25519 이후에 개발되었기에 Curve25519 기반의 키 교환 X25519는 이러한 속도 향상의 이점을 얻지 못했다. Curve25519와 마찬가지로 Edwards25519는 128비트 보안을 제공한다.
- **Edwards448은 마이크 함부르크**Mike Hamburg**의 Ed448-Goldilocks 곡선을 기반으로 하며,** 224비트 보안을 제공한다.

실제로 EdDSA는 대부분 Edwards25519 곡선으로 인스턴스화되며, 이 조합을 **Ed25519**라 한다 (Edwards448을 쓰는 EdDSA는 Ed448로 불린다). EdDSA를 사용한 키 생성은 기존의 다른 체계와 약간 다르다. EdDSA는 서명 키를 직접 생성하는 대신, 실제 서명 키와 논스 키라는 다른 키를 파생하는 데 사용되는 비밀 키를 생성한다. 여기서 논스 키가 중요하다! 논스 키는 서명당 필요한 논스를 결정론적으로 생성하는 데 사용된다.

[NOTE] 사용 중인 암호학 라이브러리에 따라, 비밀 키 또는 두 개의 파생 키인 서명 키와 임시 키를 저장하고 있을 수도 있다. 중요한 건 아니지만 이것을 모르면 Ed25519 비밀 키가 32바이트로 저장되는지 64바이트로 저장되는지 혼동될 수 있다(사용된 구현에 따라 다르다).

EdDSA는 먼저 서명을 위해 논스 키를 서명할 메시지와 함께 해싱하여 논스를 결정론적으로 생성한다. 그 후 슈노어 서명과 유사한 프로세스는 다음과 같다.

1. *HASH*(*nonce key* || *message*) 식으로 논스를 계산

2. 커밋 값 R을 [*nonce*]*G*로 계산한다. 여기서 *G*는 군의 기준점이다.

3. *HASH*(*commitment* || *public key* || *message*) 식으로 챌린지를 계산

4. *nonce* + *challenge* × *signing key* 식으로 증명 *S*를 계산

서명은 (*R*, *S*)이다. 그림 7.11에서 EdDSA의 중요한 부분을 시각화했다.

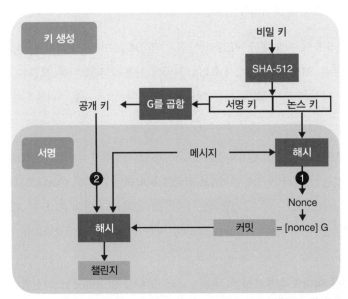

그림 7.11 **EdDSA** 키 생성은 두 개의 다른 키를 파생하는 데 사용되는 비밀 키를 생성한다. 첫 번째 파생 키는 실제 서명 키로, 공개 키를 파생하는 데 사용할 수 있다. 다른 파생 키는 논스 키며, 서명 작업 중에 논스를 결정론적으로 파생하는 데 사용된다. EdDSA 서명은 (1) 논스 키와 메시지로부터 논스가 결정적으로 생성되고 (2) 서명자의 공개 키가 챌린지의 일부로 포함된다는 점을 제외하면 슈노어 서명과 같다.

논스(또는 임시 키)가 논스 키와 주어진 메시지에서 확률적으로가 아니라 결정론적으로 파생되는 방법에 주목하자. 이는 두 개의 다른 메시지에 서명할 때 두 개의 다른 논스를 포함해야 한다는 것을 의미한다. 즉, 이는 서명자가 논스를 재사용하고 차례로 키가 누출되는 것을 독창적인 방법으로 방지한다(ECDSA에서는 발생할 수 있다). 동일한 메시지에 두 번 서명하면 동일한 논스가 두 번 생성되고, 동일한 서명도 두 번 생성된다. 확실히 이렇게 하면 문제가 없다. 서명은 다음 두 방정식을 계산하여 확인할 수 있다.

$$[S]G$$

$$R + [HASH(R \parallel public\ key \parallel message)]]\ public\ key$$

두 값이 일치하면 유효한 서명이다. 이것이 바로 슈노어 서명이 작동하는 방식이다. 다만 우리는 현재 타원 곡선군에 있고 여기에서는 덧셈 표기법을 사용한다.

가장 널리 사용되는 EdDSA의 인스턴스화인 Ed25519는 Edwards25519 곡선과 SHA-512를 해시 함수로 정의한다. Edwards25519 곡선은 다음 방정식을 만족하는 모든 점으로 정의된다.

$$-x^2 + y^2 = 1 + d \times x^2 \times y^2 \bmod p$$

여기서 d 값은 큰 수다.

370957059346694393431380835087545651895421138798432190163887855330 85940283555

변수 x와 y는 모듈로 p를 큰 수 $2^{255} - 19$로 취한다(Curve25519에 사용된 것과 동일한 소수). 기준점 G의 좌표는 아래와 같다.

x = 151122213495354007725011514095885315114540126930418572060461132839 49847762202

y = 463168356949264781694283940034751631413079938662562256157830336031 65251855960

RFC 8032는 Edwards25519 곡선을 사용한 EdDSA의 세 가지 변형을 정의한다. 세 가지 변형 모두 동일한 키 생성 알고리즘을 따르지만 서명 및 확인 알고리즘이 다르다.

- **Ed25519**(또는 pureEd25519): 앞에서 설명한 알고리즘이다.
- **Ed25519ctx**: 이 알고리즘은 필수 커스텀 문자열을 도입하는데 실제 사용 시에도 거의 구현되지는 않는다. 유일한 차이점은 해시 함수에 대한 모든 호출에 사용자가 선택한 접두사가 추가된다는 것이다.
- **Ed25519ph**(또는 HashEd25519): 이를 통해 애플리케이션은 메시지에 서명하기 전에 메시지를 미리 해시prehash할 수 있다(그래서 이름에 ph가 들어간다). 또한 Ed25519ctx를 기반으로 하므로 호출자가 선택적으로 커스텀 문자열을 포함할 수 있다.

커스텀 문자열 추가는 2장의 해시 함수 중 일부와 8장의 키 파생 함수에서도 나오는, 암호학에서 매우 일반적인 방법이다. 프로토콜의 참가자가 다른 상황에 동일한 키를 사용하여 메시지에 서명할 때 특히 유용하다. 예를 들어 비밀 키를 사용하여 트랜잭션에 서명하고 대화 상대에게 비밀 메시지에 서명할 수 있는 애플리케이션에서 쓰일 수 있다. 실수로 서명하여 트랜잭션처럼 보이는 메시지를 사악한 친구 이브에게 보낸 상황을 상상해보자. 이브는 이를 유효한 트랜잭션으로 다시 게시하려 할 텐데, 서명하는 두 가지 유형의 페이로드를 구별할 방법이 없는 경우 대처할 방법이 없다.

Ed25519ph는 큰 메시지에 서명해야 하는 발신자를 위해 도입되었다. 2장에서 살펴보았듯 해시 함수는 전체 입력을 메모리에 유지하지 않고도 데이터 스트림을 지속적으로 해시할 수 있는 "init-update-finalize" 인터페이스를 제공하는 경우가 많다.

지금까지 실제 애플리케이션에서 사용되는 서명 체계를 모두 둘러보았다. 다음으로 이러한 서명 알고리즘을 사용할 때 빠질 수 있는 함정을 알아볼 텐데, 그 전에 배운 내용을 간단히 요약해보자.

- RSA PKCS#1 v1.5는 여전히 널리 사용되고 있지만 올바르게 구현하기 어렵고, 구현 중 상당수가 뚫린 것으로 나타났다.
- RSA-PSS는 보안 증명이 있고 구현이 더 쉽지만 타원 곡선을 기반으로 하는 새로운 체계로 인해 채택률이 낮다.
- ECDSA는 RSA PKCS#1 v1.5의 주요 경쟁 제품이며 Secp256k1이 지배적인 암호화폐 세계를 제외하고 대부분 NIST의 곡선 P-256과 함께 사용된다.
- Ed25519는 슈노어 서명을 기반으로 하며 ECDSA에 비해 구현이 더 쉬워 널리 채택되었다. 모든 서명 작업에 대해 새로운 임의성을 요구하지 않는다. 권장하는 알고리즘이다.

7.4 서명 체계의 미묘한 속성

서명 체계가 가질 수 있는 여러 미묘한 속성이 있다. 대부분의 프로토콜에서는 중요하지 않은 문제지만 이러한 '문제'를 인식하지 못하면 더 복잡하고 특이한 프로토콜에서 작업할 때 문제가 생길 수 있다. 이 장의 남은 부분에서는 알려진 디지털 서명 문제에 중점을 둘 것이다.

7.4.1 대체 공격

> 디지털 서명은 키나 메시지를 고유하게 식별하지 않는다.
>
> —앤드루 아이어Andrew Ayer (<Duplicate Signature Key Selection Attack in Let's Encrypt
> (Let's Encrypt의 중복 서명 키 선택 공격)>, 2015)

중복 서명 키 선택duplicate signature key selection, DSKS라고도 하는 **대체 공격**substitution attack은 RSA PKCS#1 v1.5 및 RSA-PSS에서 모두 가능하다. 두 가지 DSKS 변형이 있다.

- **키 대체 공격**: 다른 키 쌍 또는 공개 키를 사용하여 주어진 메시지에 대해 주어진 서명을 검증한다.
- **메시지 키 대체 공격**: 다른 키 쌍 또는 공개 키를 사용하여 새 메시지에 대해 주어진 서명을 검증한다.

다시 말하자면 첫 번째 공격은 메시지와 서명을 모두 수정한다. 두 번째 것은 서명만 수정한다(그림 7.12).

적응형 선택 메시지 공격에서 존재하는 위조 불가성(EUF-CMA)

대체 공격은 이론 암호학과 응용 암호학의 간극에 존재하는 신드롬이다. 암호학의 서명은 일반적으로 적응형 선택 메시지 공격에서 존재하는 위조 불가능성을 나타내는 **EUF-CMA 모델**로 분석된다. 이 모델에서는 서명자가 키 쌍을 생성하고, 공격자는 서명자가 여러 임의 메시지에 서명하도록 요청한다. 서명자가 생성한 서명을 공격자가 관찰하는 동안, 이전에 요청하지 않은 메시지에 대해 유효한 서명을 공격자가 어느 시점에서 생성할 수 있다면 공격자가 승리한다. 불행히도 이 EUF-CMA 모델은 모든 극단적인 경우를 포함하지 않는 것으로 보이며, 대체 모델과 같은 미묘한 위험성은 고려되지 않았다.

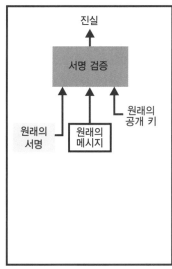
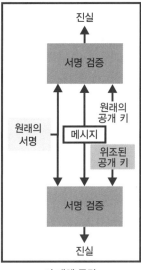
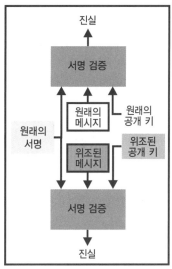

그림 7.12 **RSA와 같은 서명 알고리즘은 대부분의 암호학 사용자가 예기치 않은 동작인 키 대체 공격에 취약하다. 키 대체 공격을 사용하면 메시지에 대한 서명을 가져오고 원래 서명의 유효성을 검사하는 새 키 쌍을 만들 수 있다. 메시지 키 대체라는 변종을 통해 공격자는 새 키 쌍과 원본 서명에서 유효성을 검사하는 새 메시지를 만들 수 있다.**

7.4.2 서명의 가단성

2014년 2월, 한때 가장 큰 비트코인 거래소였던 마운트 곡스는 공격자가 가단성 공격을 사용하여 계정을 고갈시켰다고 주장하면서 문을 닫고 파산 신청을 했다.

—크리스천 데커Christian Decker와 로저 워튼호퍼Roger Wattenhofer

(<Bitcoin Transaction Malleability and MtGox(비트코인 거래의 가단성과 마운트 곡스)>, 2014)

대부분의 서명 체계는 **가단성**을 가진다. 유효한 서명을 받은 공격자는 서명을 수정하여 다른 유효한 서명으로 만들 수 있다. 서명 키가 무엇인지 전혀 모르면서도 유효한 새 서명을 만들 수 있다는 뜻이다.

비가단성non-malleability이 반드시 서명이 고유하다는 것을 의미하지는 않는다. 서명자는 일반적으로 동일한 메시지에 대해 다른 서명을 만들 수 있으며, 이는 보통 문제가 되지 않는다. 검증 가능한 랜덤 함수(8장 뒷부분에서 소개)와 같은 일부 구조는 서명 고유성에 의존하므로, 서명을 모두 고유하게 만들거나 서명이 고유성을 가지는 체계(예: BLS 서명)를 사용해야 한다.

이 모든 정보를 어떻게 해야 할까? 안심하길. 서명 체계는 확실히 뚫리지 않았으며, 서명을 너무 특이한 방식으로 쓰는 것이 아니라면 걱정하지 않아도 된다. 그러나 암호학 프로토콜을 설계하거나, 일상적인 암호학보다 더 복잡한 프로토콜을 구현하는 경우 이러한 미묘한 속성을 염두에 두는 것이 좋다.

강력한 EUF-CMA

SUF-CMA(강력한strong EUF-CMA)라는 새로운 보안 모델은 서명 체계의 보안 정의에 비가단성(또는 가단성에 대한 저항)을 포함시키려 한다. Ed25519를 지정하는 RFC 8032와 같은 일부 최근 표준에는 가단성 공격에 대한 대비책이 포함되었다. 이러한 대비책이 항상 존재하거나 일반적이지는 않으므로 프로토콜에서 가단성이 없는 서명에만 의존해서는 안 된다.

요약

- 디지털 서명은 펜과 종이 서명과 유사하지만 암호학으로 뒷받침되므로 서명(개인) 키가 없으면 아무나 서명을 위조할 수 없다.
- 디지털 서명은 원본(예: 키 교환의 한쪽)을 인증하고 전이적 신뢰를 제공하는 데 쓰인다(내가 앨리스를 신뢰하고 앨리스가 밥을 신뢰하면 나도 밥을 신뢰할 수 있음).

- ZKP를 사용하면 증명자가 특정 정보(증인)를 공개하지 않고 지식을 증명할 수 있다. 서명 작업 중에 검증자가 온라인 상태일 필요가 없기 때문에 서명은 비대화형 ZKP로 볼 수 있다.
- 서명을 위한 다양한 표준이 있다.
  - RSA PKCS#1 v1.5는 오늘날 널리 사용되지만 올바르게 구현하기 어렵기 때문에 권장하지 않는다.
  - RSA-PSS는 구현하기 쉽고 보안 증명이 있으므로 더 나은 서명 체계다. 하지만 타원 곡선 버전 표준이 더 짧은 키를 지원하여 네트워크 프로토콜에 더 매력적이기 때문에 RSA-PSS는 오늘날 인기가 없다.
  - 현재 가장 널리 사용되는 서명 체계는 ECDSA, EdDSA와 같은 타원 곡선을 기반으로 한다. ECDSA는 NIST의 곡선 P-256과 함께 자주 사용되며 EdDSA는 Edwards25519 곡선과 함께 자주 사용된다(이 조합을 Ed25519라 한다).
- 서명이 일반적이지 않은 방식으로 사용되는 경우 일부 미묘한 속성으로 인해 위험할 수 있다.
  - 일부 서명 체계는 키 대체 공격에 취약하기 때문에 누가 메시지에 서명했는지에 대한 모호성을 항상 피해야 한다. 외부 행위자는 메시지에 대해 이미 존재하는 서명의 유효성을 검사하는 새 키 쌍을 만들거나, 지정된 서명을 검증하는 새 키 쌍과 새 메시지를 만들 수 있다.
  - 서명의 고유성에 의존하면 안 된다. 대부분의 서명 체계에서 서명자는 동일한 메시지에 대해 임의의 서명을 만들 수 있다. 또한 대부분의 서명 체계는 가단성을 가진다. 즉, 외부 행위자는 서명을 받아서 동일한 메시지에 대해 다른 유효한 서명을 만들 수 있다.

무작위성과 비밀

이번 장에서 다룰 내용

- 무작위성의 의미와 중요성
- 강한 무작위성과 비밀 생성
- 무작위성의 함정

이 책 1부의 마지막 장으로, 2부로 넘어가 실제 세계에서 사용되는 실제 프로토콜을 배우기 전에 마지막으로 알아야 할 내용이다. 지금까지는 소홀히 다룬, **무작위성**randomness이다.

해시 함수를 제외한 지금까지 배운 모든 암호학 알고리즘에서 비밀 키, 논스, IV, 소수, 챌린지 등과 같은 특정 시점에서 무작위성이 필요함을 알아차렸을 것이다. 이러한 다양한 개념을 살펴보는 중 무작위성은 항상 마법의 블랙박스에서 튀어나왔다. 이 책만 이런 것은 아니다. 암호학 백서에서도 무작위성을 상단에 달려 기호가 있는 화살표로 표현한다.[1] 그러나 어느 시점에서 우리는 자문할 필요가 있다. "이 무작위성은 대체 어디에서 오는 거야?"

이 장에서는 암호학에서 무작위성이 무엇을 의미하는지, 또한 실제 암호 애플리케이션에서 무작위성을 얻기 위해 어떤 실용적인 방법을 쓸 수 있는지 알아본다.

> **NOTE** 이 장을 이해하려면 해시 함수에 대한 2장과 메시지 인증 코드에 대한 3장을 읽어야 한다.

---

1 [옮긴이] https://math.stackexchange.com/questions/396382/ 등을 참고하자.

8.1 무작위성이란?

모든 사람은 무작위성의 개념을 어느 정도 이해한다. 주사위를 가지고 놀든 복권을 사든 우리 모두는 무작위성에 노출되어 있다. 필자가 무작위성을 처음 접한 것은 아주 어린 나이에 계산기의 RAND 버튼을 누를 때마다 다른 숫자가 생성된다는 것을 깨달았을 때였다. 이 사실은 필자를 끝없이 괴롭혔다. 필자는 전자공학에 대한 지식이 거의 없었지만 그 한계를 어느 정도 이해한다고 생각했다. 4와 5를 더하면 특정 회로가 계산을 수행하고 결과를 제공한다. 하지만 무작위 버튼? 난수는 어디에서 오는 거지? 아무리 생각해도 어떻게 만들어지는지 알 수 없었다.

계산기에 담긴 트릭을 이해하는 데에는 꽤 시간이 걸렸다! 계산기는 거대한 난수 목록을 하드코딩하고 하나씩 훑어나간다. 이 목록은 좋은 무작위성을 가지는데, 얻는 난수를 보면 1과 9의 비율, 1과 2의 비율 등이 비등비등하다. 즉, **균일분포**uniform distribution를 시뮬레이션한다. 숫자가 동일한 비율 (균일하게)로 분포된 것이다.

보안 및 암호학 목적으로 난수가 필요하다면 난수는 **예측할 수 없어야 한다**unpredictable. 물론 당시에는 아무도 보안과 관련된 모든 것에 이런 계산기의 '무작위성'을 사용하지 않았을 것이다. 대신 암호학 애플리케이션은 예측하기 어려운 물리적 현상을 관찰하여 무작위성을 추출한다.

예를 들어 주사위를 던지는 것이 결정론적 과정일지라도 주사위 굴림의 결과를 예측하기란 어렵다. 모든 초기 조건(주사위를 던지는 방법, 주사위 자체, 공기 마찰, 테이블 그립 등)을 알고 있다면 결과를 예측할 수 있어야 한다. 즉, 이러한 모든 요소가 최종 결과에 큰 영향을 미치므로 초기 조건에 대한 지식이 약간이라도 부정확하면 예측이 엉망이 된다. 초기 조건에 대한 결과의 극도의 민감도를 **카오스 이론**chaos theory이라 하며, 특정 날짜가 지나면 날씨 등을 정확하게 예측하기 어려운 이유다.

다음 이미지는 샌프란시스코의 클라우드플레어Cloudflare 본사를 방문했을 때 찍은 사진이다. 라바랜드LavaRand는 예측하기 어려운 왁스 모양을 생성하는 램프, 라바 램프lava lamp로 이루어진 벽이다. 벽 앞에 설치된 카메라는 이미지를 추출하고 임의의 바이트로 변환한다.

애플리케이션은 일반적으로 무작위성을 운영체제에 의존하며, 운영체제는 실행되는 장치 유형에 따라 다른 트릭을 사용하여 무작위성을 수집한다. 무작위성의 일반적인 근원(**엔트로피 소스**entropy source라고도 함)은 하드웨어 인터럽트(예: 마우스 움직임), 소프트웨어 인터럽트, 하드 디스크 탐색 시간 등의 타이밍이 될 수 있다.

> ### 엔트로피
>
> 정보 이론에서 **엔트로피**라는 단어는 문자열에 얼마나 많은 무작위성을 포함하는지 판단하는 데 사용된다. 이 용어는 클로드 섀넌Claude Shannon이 만들어낸 것으로, 섀넌은 문자열이 더 예측할 수 없는 상태를 나타내면 더 큰 숫자를 출력하는 엔트로피 공식을 고안했다(완전히 예측 가능한 경우 0). 엔트로피의 공식이나 숫자 자체는 그다지 흥미롭지 않지만 암호학에서 '이 문자열은 엔트로피가 낮다'(예측 가능함을 의미) 또는 '이 문자열은 엔트로피가 높다'(예측하기 어렵다는 의미)는 표현을 자주 들을 수 있다.

무작위성을 생성하기 위해 인터럽트 및 기타 이벤트를 사용하는 것은 좋지 않다. 장치가 부팅될 때 이러한 이벤트는 쉽게 예측 가능한 경향이 있으며, 외부 요인에 의해 악의적으로 영향을 받을 수도 있다. 오늘날에는 많은 장치가 더 나은 엔트로피 소스를 제공하는 추가 센서 및 하드웨어 보조 장치에 접근할 수 있다. 이러한 하드웨어 난수 생성기는 열 잡음과 같은 예측할 수 없는 외부 물리적 현상을 사용하여 무작위성을 추출하기에 **진난수 생성기**true random number generators, TRNG라고도 한다.

이러한 다양한 유형의 입력을 통해 얻은 노이즈는 일반적으로 '깨끗한' 것이 아니며 때로는 충분한 엔트로피를 제공하지 않는다. 예를 들어 특정 엔트로피 소스에서 얻은 첫 번째 비트가 0인 경향이 더 많거나, 연속적인 비트가 같은 경향이 있을 수도 있다. 그래서 **무작위성 추출기**randomness extractor는 암호학 애플리케이션에 사용되기 전에 여러 노이즈 소스를 정리하고 수집해야 한다. 예를 들어 해시 함수를 서로 다른 소스에 적용하고 그 다이제스트를 함께 XOR하는 식이다.

그럼 이렇게 하면 무작위성의 모든 문제가 해결될까? 불행히도 아니다. 노이즈에서 무작위성을 추출하는 것은 느린 프로세스다. 많은 난수를 빠르게 필요로 하는 일부 애플리케이션에서는 병목 현상이 발생할 수 있다. 다음 절에서는 OS 및 실제 애플리케이션에서 난수 생성 속도를 향상시키는 방법을 알아보자.

8.2 느린 무작위성? PRNG를 쓰세요

무작위성은 모든 곳에서 사용된다. 이 시점에서 적어도 암호학에서 무작위성이 필요하다고는 이해하겠지만 암호학 말고도 무작위성이 필요한 곳은 무궁무진하다. 예를 들어 ls와 같은 간단한 유닉스 프로그램에도 무작위성이 필요하다! 프로그램의 버그가 악용되면 치명적인 일이 생길 수 있으므로, 바이너리는 다양한 트릭을 사용하여 저수준의 공격을 방어하려 시도한다. 그중 하나는 **주소 공간 레이아웃 무작위화**address space layout randomization, ASLR로, 실행될 때마다 프로세스의 메모리 레이아웃을 무작위로 지정하므로 무작위 숫자가 필요하다. 또 다른 예는 네트워크 프로토콜 TCP로, 연결을 생성할 때마다 난수를 사용하여 예측할 수 없는 일련의 숫자를 생성하고 연결을 가로채려는 공격을 저지한다. 이러한 각 사례는 이 책의 범위를 벗어나지만 실제 세계에서 보안상의 이유로 얼마나 많은 무작위성이 사용되는지에 대한 개념을 이해할 수 있을 것이다.

앞 절에서 예측할 수 없는 무작위성을 얻는 것은 다소 느린 과정이라 이야기했다. 엔트로피 소스가 노이즈를 생성하는 속도가 느리기 때문이다. 결과적으로 OS는 **의사 난수 생성기**pseudorandom number generator, PRNG를 사용하여 난수 생성을 최적화하는 경우가 많다.

> **NOTE**   안전하게 설계되지 않은(그럼에도 비디오 게임과 같은 다양한 애플리케이션에서 유용한) 난수 생성기와 구분하기 위해 PRNG를 **암호학적으로 안전한 PRNG**cryptographically secure PRNG, CSPRNG라고 부르기도 한다. (늘 그렇듯) 남들과 다르게 하기를 원하는 NIST는 PRNG를 **결정론적 랜덤 비트 생성기**deterministic random bit generator, DRBG라 부른다.

PRNG에는 일반적으로 **시드**seed라는 초기 비밀이 필요하다. 이 비밀로 서로 다른 엔트로피 소스를 함께 혼합하여 얻을 수 있고, 많은 난수를 빠르게 생성할 수 있다(그림 8.1).

그림 8.1 의사 난수 생성기(PRNG)는 시드를 기반으로 난수의 시퀀스를 생성한다. 동일한 시드를 사용하면 PRNG가 동일한 난수 시퀀스를 생성한다. 무작위 출력에 대한 지식을 사용한 상태 복구가 불가능해야 한다(next 함수는 단방향이다). 또한 생성된 난수만을 관찰하여 미래의 난수를 예측하거나 이전에 생성된 난수를 복구하는 것도 불가능해야 한다.

암호학 보안 PRNG는 일반적으로 다음과 같은 속성을 보인다.

- **결정론적**: 동일한 시드를 두 번 사용하면 동일한 난수 시퀀스가 생성된다. 이는 앞에서 이야기한 예측할 수 없는 무작위 추출과 다르다. PRNG에서 사용하는 시드를 알고 있다면 PRNG는 완전히 예측 가능해야 한다. 이 구조가 **의사 난수**pseudo random라 하는 이유며, PRNG의 속도가 매우 빨라질 수 있는 이유이기도 하다.

- **난수와 구별할 수 없음**indistinguishable: 실제로 가능한 숫자 집합에서 난수를 출력하는 PRNG와, 같은 집합에서 공평하게 난수를 선택하는 작은 요정을 구별할 수 없어야 한다(요정은 균일한 확률

로 난수를 선택하는 마법의 방법을 알고 있다고 가정한다). 결과적으로, 생성된 난수만을 관찰하는 것만으로 PRNG의 내부 상태를 복구할 수 있는 사람이 없어야 한다.

마지막 포인트가 중요하다! PRNG는 **무작위로 균일하게** 숫자를 선택하는 것을 시뮬레이션한다. 즉, 집합의 각 숫자가 선택될 확률이 동일하다. 예를 들어 PRNG가 8바이트의 난수를 생성하는 경우 집합은 8바이트의 가능한 모든 문자열이며, 각 8바이트 값은 PRNG에서 얻을 수 있는 다음 값이 될 확률이 동일해야 한다. 여기에는 과거의 특정 시점에 PRNG에서 이미 생성된 값도 포함된다. 또한 많은 PRNG가 **추가적인 보안 속성**을 가진다. PRNG는 공격자가 상태를 학습하는 경우(예: 특정 시점에서 컴퓨터에 침입하여) PRNG가 이전에 생성된 난수를 검색하는 것을 허용하지 않는 **순방향 비밀성**forward secrecy을 가진다(그림 8.2).

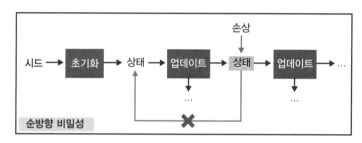

그림 8.2 PRNG는 상태 손상이 일어나면 이전에 생성된 난수를 복구할 수 없는 순방향 비밀성을 갖는다.

PRNG의 **상태**를 얻는다는 것은 PRNG가 생성할 미래의 모든 의사 난수를 결정할 수 있음을 의미한다. 이를 방지하기 위해 일부 PRNG에는 주기적으로 (손상이 있는 경우) 스스로를 '치유'하는 메커니즘이 있다. 이 치유란 PRNG가 이미 시드된 후에도 새로운 엔트로피를 재주입하는(시드를 다시 심는) 것이다. 이 속성을 **역방향 비밀성**backward secrecy이라 한다(그림 8.3).

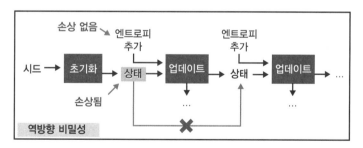

그림 8.3 상태 손상이 있음에도 PRNG에 의해 생성된 미래의 난수를 예측할 수 없는 PRNG는 역방향 비밀성을 갖는다.
이는 새로운 엔트로피가 생성되어 손상 후 업데이트 함수에 주입된 경우에만 해당된다.

NOTE **순방향** 및 **역방향 비밀성**이라는 용어는 혼동을 일으키는 면이 있다. 이번 절을 읽고 순방향 비밀성과 역방향 비밀성이 서로 반대가 되어야 하지 않나 하고 생각했다면 충분히 그럴 수 있다. 그렇기에 역방향 비밀성을 **미래 비밀성**future secrecy 또는 **손상 후 보안**post-compromise security, PCS라고도 한다.

PRNG는 매우 빠르며, 적절하게 시드된 경우 암호학 목적으로 많은 수의 임의의 값을 생성할 수 있는 안전한 방법이다. 물론 예측 가능한 숫자나 너무 작은 숫자를 사용하는 것은 PRNG를 시드하는 안전한 방법이 아니다. 다시 말하면, 적절한 크기의 비밀을 가지고 있으면 안전한 암호학적 방법을 통해 이를 수십억 개의 다른 비밀 키로 빠르게 확장할 수 있음을 의미한다. 멋지지 않은가? 대부분의(전부는 아니지만) 암호학 애플리케이션이 노이즈에서 직접 추출된 난수를 사용하지 않고, 초기 단계에서 노이즈에서 PRNG를 시드한 다음 필요할 때 PRNG에서 생성한 난수를 사용하는 이유다.

> ### 이중 EC 백도어
>
> 오늘날 PRNG는 대부분 휴리스틱 기반 구조다. 어려운 수학 문제(예: 이산 로그)를 기반으로 하는 구성은 너무 느려서 실용적이지 않기 때문이다. 한 가지 악명 높은 예는 NSA에서 발명한, 타원 곡선에 의존하는 **이중 EC**Dual EC다. 이중 EC PRNG는 2006년경 일부 NIST 간행물을 포함하여 다양한 표준으로 추진되었으며 얼마 지나지 않아 여러 연구자가 알고리즘에서 잠재적인 백도어를 발견했다. 이것은 나중에 2013년 에드워드 스노든Edward Snowden의 폭로로 확인되었으며, 1년 후 이 알고리즘은 여러 표준에서 철회되었다.

보안을 위해 PRNG에는 **예측할 수 없는** 비밀이 시드되어야 한다. 더 정확하게 말하면, PRNG는 무작위로 균일하게 샘플링된 n바이트의 키를 취한다. 이것은 가능한 모든 n바이트 문자열 세트에서 무작위로 키를 선택해야 함을 의미한다. 여기서 각 바이트 문자열이 선택될 확률은 동일하다.

지금까지 무작위와 구별할 수 없는 출력(임의로 균일하게 선택되는 값)을 생성하는 많은 암호학 알고리즘에 대해 이야기했다. 그럼 이러한 알고리즘을 사용하여 난수를 생성할 수 있다고 생각해야 할까? 그렇게 볼 수도 있다. 해시 함수, XOF, 블록 암호, 스트림 암호, MAC를 사용하여 난수를 생성할 수 있다. 이론적으로는 해시 함수와 MAC의 출력이 무작위와 구별할 수 없다고 정의하지 않지만, 실제로는 구별할 수 없는 경우가 많다. 반면 키 교환 및 서명과 같은 비대칭 알고리즘은 (거의 항상) 무작위와 구별할 수 있다. 이러한 이유로 이러한 출력은 보통 난수로 사용되기 전에 해시된다.

실제로 AES는 대부분의 컴퓨터에서 하드웨어 지원되므로 AES-CTR을 사용하여 난수를 생성하는 것이 일반적이다. 대칭 키는 시드가, 암호문은 난수가 된다(예: 0의 무한 문자열 암호화의 경우). 실전에서는 순방향 및 역방향 비밀성을 제공하기 위해 이러한 구조에 복잡성이 약간 추가된다. 이제 기초는 이해했으니 다음 절에서 실전에서 무작위성을 얻는 방법의 개요를 살펴보자.

8.3 실전에서 무작위성 확보하기

앞에서 OS가 프로그램에 암호로 쓰기에 안전한 난수를 제공하는 데 필요한 세 가지 요소를 배웠다.

- **노이즈 소스**: OS가 장치의 온도나 마우스 움직임과 같은 예측할 수 없는 물리적 현상에서 원시 무작위성을 얻는 방법이다.

- **정리 및 혼합**: 원시 무작위성은 품질이 낮을 수 있지만(일부 비트는 편향될 수 있다) OS는 좋은 난수를 생성하기 위해 여러 소스를 정리하고 함께 혼합한다.

- **PRNG**: 처음 두 단계는 느리기 때문에, 균일하게 임의의 단일 값을 사용하여 난수를 빠르게 생성할 수 있는 PRNG를 시드할 수 있다.

이번 절에서는 시스템이 개발자에게 단순화된 인터페이스를 제공하기 위해 세 가지 개념을 함께 묶는 방법을 설명한다. OS에 의해 노출되는 이러한 기능을 사용하면 일반적으로 시스템 호출을 통해 난수를 생성할 수 있다. 이러한 시스템 호출 뒤에는 실제로 노이즈 소스, 혼합 알고리즘, PRNG를 묶는 시스템이 있다. 그림 8.4에 도식화하여 나타냈다.

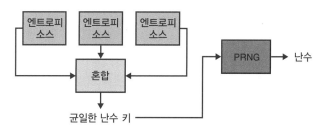

그림 8.4 **시스템에서 난수를 생성한다는 것은 일반적으로 엔트로피가 다른 노이즈 소스에서 함께 혼합되어 장기 PRNG를 시드하는 데 사용되었음을 의미한다.**

OS와 사용 가능한 하드웨어에 따라 이 세 가지 개념이 다르게 구현될 수 있다. 2021년 기준으로 리눅스는 ChaCha20 스트림 암호를 기반으로 하는 PRNG를 사용하는 반면, 맥OS는 SHA-1 해시 함수를 기반으로 하는 PRNG를 사용한다. 또한 개발자에게 노출되는 난수 생성기 인터페이스도 OS에 따라 다르다. 윈도우에서는 BCryptGenRandom 시스템 호출을 사용하여 난수를 생성할 수 있지만 다른 플랫폼에서는 특수 파일(일반적으로 /dev/urandom)이 노출되고 무작위성을 제공하기 위해 이를 읽을 수 있다. 예를 들어 리눅스 또는 맥OS에서는 커맨드 라인 도구 dd를 사용하여 터미널에서 16 바이트를 읽을 수 있다.

```
$ dd if=/dev/urandom bs=16 count=1 2> /dev/null | xxd -p
40b1654b12320e2e0105f0b1d61e77b1
```

/dev/urandom의 한 가지 문제는, 장치를 부팅한 후 너무 일찍 사용하면 충분한 엔트로피를 제공하지 않을 수 있다는 것이다(숫자가 충분히 무작위적이지 않음). 리눅스, FreeBSD와 같은 OS는 /dev/urandom에서 읽는 것과 거의 동일한 기능을 제공하는 시스템 호출인 getrandom이라는 솔루션을 제공한다. 드문 경우지만 PRNG를 초기화하는 데 사용할 수 있는 엔트로피가 충분하지 않은 경우 getrandom은 프로그램의 진행을 차단하고 적절하게 시드될 때까지 기다린다. 이러한 이유로 시스템에서 사용 가능하다면 되도록 getrandom을 사용하는 것이 좋다. 다음 목록은 C에서 getrandom을 안전하게 사용하는 방법을 보여준다.

예제 8.1 C에서 난수 얻기

```
#include <sys/random.h>          버퍼를 임의의 바이트로 채우기
                                 (getrandom은 호출당 최대 256바이트로 제한됨)
uint8_t secret[16];
int len = getrandom(secret, sizeof(secret), 0);     플래그 디폴트 값 0은 차단하지 않음에 해당
                                                    (적절하게 시드되지 않는 한)
if (len != sizeof(secret)) {
    abort();            함수가 실패하거나, 원하는 임의의 바이트 수보다 적은 양을 반환할 수 있음.
}                       이 경우 시스템 손상의 가능성이 있어 강제 중단(abort)이 가장 좋은 방법
```

프로그래밍 언어에 더 나은 추상화를 제공하는 표준 라이브러리와 암호학 라이브러리도 있다. 사실 getrandom은 호출당 최대 256바이트만 반환한다는 사실을 잊어버리기 쉽다. 그러므로 항상 사용 중인 프로그래밍 언어의 표준 라이브러리를 통해 난수 생성을 시도해야 한다.

CAUTION 많은 프로그래밍 언어에선 예측 가능한 난수를 생성하는 함수와 라이브러리를 노출한다. 그런데 이들은 암호학 사용에 적합하지 않다! 사용하는 라이브러리가 **암호학적으로 강력한** 난수를 생성하는 난수 라이브러리인지 잘 확인하자. 일반적으로 라이브러리 이름을 확인하면 도움이 되지만(예: 고랭에서 math/rand 및 crypto/rand 패키지 중에서 어떤 것을 사용할지 알 수 있을 것이다!), 그래도 매뉴얼을 잘 읽는 것이 최고다!

예제 8.2는 PHP 7을 사용하여 임의의 바이드를 생성하는 방법을 보여준다. 모든 암호힉 알고리즘은 이러한 임의의 바이트를 사용할 수 있다(예: 인증 암호화 알고리즘으로 암호화하는 비밀 키로 사용). 모든 프로그래밍 언어는 다르게 작동하므로, 암호학 목적으로 난수를 얻는 표준 방법을 찾으려면 각 언어의 설명서를 참조하자.

예제 8.2 **PHP에서 난수 얻기**

```php
<?php
$bad_random_number = rand(0, 10);

$secret_key = random_bytes(16);
?>
```

0과 10 사이의 임의의 정수를 생성. rand는 빠르지만,
암호학적으로 안전한 난수를 생성할 수 없어
암호화 알고리즘 및 프로토콜에는 적합하지 않음

random_bytes는 버퍼를 만들고
16개의 임의 바이트로 채우며,
그 결과는 암호화 알고리즘 및 프로토콜에 적합함

프로그램에서 암호학적으로 안전한 무작위성을 얻는 방법을 배웠으므로, 무작위성을 생성할 때 염두에 두어야 할 보안 고려 사항에 대해 생각해보자.

8.4 난수 생성과 보안 고려 사항

암호학 기반의 프로토콜이 유용하려면 우수한 무작위성이 필요하며, 뚫린 PRNG는 전체 암호학 프로토콜 또는 알고리즘의 안전을 뒤흔들 수도 있음을 다시 한번 기억하자. MAC는 MAC와 함께 사용된 키가 안전한 만큼만 안전하며, 아주 작은 예측 가능성으로도 ECDSA 등과 같은 서명 체계가 파괴된다는 점을 분명히 이해하고 있어야 한다.

지금까지 이 장에서는 무작위성 생성이 응용 암호학의 간단한 일부인 양 설명했지만 실제로는 그렇지 않다. 무작위성은 비암호학 PRNG 사용, PRNG 잘못 시드(예: 예측 가능한 현재 시간 사용) 등 다양한 문제로 인해 실제 암호학에서 일어나는 수많은 버그의 원인이었다.

한 가지 예로, 시스템 호출 뒤에 있는 **커널**kernel **PRNG**가 아닌 **사용자 영역**userland **PRNG**를 사용하는 프로그램이 있다. 사용자 영역 PRNG는 일반적으로 불필요한 마찰을 일으키며, 잘못 사용하면 최악의 경우 전체 시스템이 손상될 수 있다. 특히 2006년 일부 OS에 패치된 OpenSSL 라이브러리에서 제공하는 PRNG의 경우 취약한 PRNG를 사용하여 모든 SSL 및 SSH 생성 키에 실수로 영향을 미쳤다.

> 이 코드를 제거하면 OpenSSL PRNG에 대한 시드 프로세스가 손상되는 부작용이 있다. 초기 시드에 대한 임의의 데이터를 혼합하는 대신 사용된 유일한 임의 값은 현재 프로세스 ID다. 리눅스 플랫폼에서 기본 최대 프로세스 ID는 32,768이므로 모든 PRNG 작업에 매우 적은 수의 시드 값이 사용된다.
>
> – H. D. 무어Moore (<Debian OpenSSL Predictable PRNG Toys
> (Debian OpenSSL 예측 가능한 PRNG 장난감)>, 2008)

이러한 이유로 사용자 영역 PRNG를 피하고 가능한 경우 OS에서 제공하는 무작위성을 고수하는 것이 현명함을 이 장 뒷부분에서 다룰 것이다. 대부분의 경우 프로그래밍 언어의 표준 라이브러리나 좋은 암호학 라이브러리가 제공하는 것을 고수하면 충분하다.

> 우리는 개발자가 일상적인 코드를 작성할 때 머릿속에 기억해야 할 것으로 '모범 사례' 다음에 '모범 사례'를 계속 추가할 수 없다.
>
> —마틴 보슬레트Martin Boßlet (<OpenSSL PRNG Is Not (Really) Fork-safe (OpenSSL PRNG는 (실제로) 포크에 안전하지 않다)>, 2013)

안타깝게도 아무리 많은 조언을 해도 무작위성을 얻을 때 따르는 수많은 위험에 대비할 수는 없다. 무작위성은 모든 암호학 알고리즘의 중심에 있기 때문에 작은 실수가 치명적인 결과를 초래할 수 있다. 다음과 같은 예외적인 경우에 직면할 경우 염두에 두는 것이 좋다.

- **프로세스 포크**fork: 사용자 영역 PRNG를 사용할 때(매우 높은 성능 요구 사항을 가진 일부 애플리케이션은 다른 선택이 없을 수 있다) 분기 프로그램이 부모 프로세스의 PRNG 상태와 동일한 PRNG 상태를 갖는 새로운 자식 프로세스를 생성한다는 점을 유념하자. 결과적으로 두 PRNG는 거기서부터 동일한 난수 시퀀스를 생성한다. 이러한 이유로 사용자 영역 PRNG를 사용하겠다면 포크가 PRNG에 대해 다른 시드를 사용하도록 주의해야 한다.

- **가상 머신**virtual machine, VM: OS PRNG를 사용할 때 PRNG 상태 복제도 문제가 될 수 있다. VM의 전체 상태를 저장한 다음 이 시점부터 여러 번 시작하면 모든 인스턴스가 정확히 동일한 난수 시퀀스를 생성할 수 있다. 때때로 하이퍼바이저와 OS에 의해 수정되지만, VM에서 난수를 요청하는 애플리케이션을 실행하기 전에 사용 중인 하이퍼바이저가 무엇을 하는지 살펴보는 것이 좋다.

- **초기 부팅 엔트로피**: OS는 사용자가 장치와 상호작용할 때 발생하는 노이즈로 인해 사용자 작동 장치에서 엔트로피를 수집하는 데 문제가 없어야 하지만, 임베디드 장치 및 헤드리스 시스템은 부팅 시 좋은 엔트로피를 생성하기 위해 극복해야 할 더 많은 문제가 있다. 역사에 따르면 일부 장치는 유사한 방식으로 부팅되고, 결국 시스템에서 동일한 초기 노이즈를 축적하여 내부 PRNG에 동일한 시드가 사용되어 동일한 일련의 난수가 생성되는 것으로 나타났다.

> 적어도 단일 코어 시스템의 경우 리눅스의 urandom을 완전히 예측할 수 있는 취약성의 창(부팅 시간 엔트로피 구멍)이 있다. (…) 헤드리스 또는 임베디드 장치에서 사용할 수 없는 엔트로피 소스를 비활성화했을 때 리눅스 RNG는 부팅할 때마다 동일한 예측 가능한 스트림을 생성했다.
>
> —헤닝거Heninger 외 (<Mining Your Ps and Qs: Detection of Widespread Weak Keys in Network

부팅 중 초기에 난수를 얻어야 하는 드문 경우지만, 잘 시드된 다른 시스템의 getrandom 또는 /dev/urandom에서 생성된 일부 초기 엔트로피를 제공하여 시스템이 좋은 난수를 만들게 도울 수 있다. 여러 OS가 이러한 기능을 제공하며, 이러한 상황에 처한 경우 해당 매뉴얼을 참조하자.

TRNG를 쓸 수 있다면 문제에 대한 쉬운 솔루션을 얻을 수 있다. 예를 들어 최신 인텔 CPU에는 열 잡음에서 무작위성을 추출하는 특수 하드웨어 칩이 내장되어 있다. 이 무작위성은 RDRAND라는 명령어를 통해 사용할 수 있다.

RDRAND 논란

인텔의 RDRAND는 백도어에 대한 두려움으로 상당한 논란이 되었다. RDRAND를 엔트로피 소스로 통합한 대부분의 OS는 **기여**contributory 방식으로 RDRAND를 다른 엔트로피 소스와 혼합한다. 여기서 기여란, 하나의 엔트로피 소스가 무작위 생성의 결과를 강제할 수 없다는 것을 의미한다.

연습 문제

서로 다른 엔트로피 소스를 단순히 XOR하여 혼합한다고 상상해보자. 이는 기여가 아니다. 왜일까?

마지막으로 한 가지, 무작위성 함정을 피하기 위한 한 가지 솔루션은 무작위성에 **덜** 의존하는 알고리즘을 사용하는 것이다. 예를 들어 7장에서 ECDSA는 서명할 때마다 임의의 논스를 생성하도록 요구하지만 EdDSA는 그렇지 않다는 것을 보았다. 4장에서 본 또 다른 예는 AES-GCM-SIV다. AES-GCM은 인증 키가 누출되어 암호문의 무결성을 잃는 것과는 대조적으로 동일한 논스를 두 번 재사용하더라도 치명적으로 고장나지 않는다.

8.5 공개적 무작위성

지금까지 비밀 키에 필요할 수 있는 종류인 **비밀 무작위성**private randomness을 주로 이야기했다. 그런데 때로는 비밀 정보가 아닌 **공개적 무작위성**public randomness이 필요하다. 이번 절에서는 이러한 공개적 무작위성을 얻는 몇 가지 방법을 간략하게 알아보자. 먼저 두 가지 시나리오를 구분하자.

- **일대다:** 다른 사람을 위해 무작위성을 생성하려 한다.
- **다대다:** 참가자 집합이 함께 무작위성을 생성하기를 원한다.

먼저 많은 참가자가 확인할 수 있는 방식으로 임의의 스트림을 생성한다고 가정해보자. 즉, 스트림은 예측할 수 없으며 관측자가 변경할 수 없어야 한다. 이제 키 쌍과 메시지를 기반으로 고유한 서명을 제공하는 서명 체계가 있다고 상상해보자. 이러한 서명 체계에는 검증 가능한 방식으로 난수를 얻기 위한 **검증 가능한 랜덤 함수**verifiable random function, VRF라는 구조가 있다(그림 8.5). 다음은 VRF의 프로세스다.

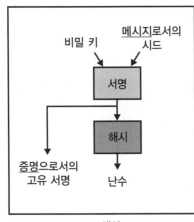
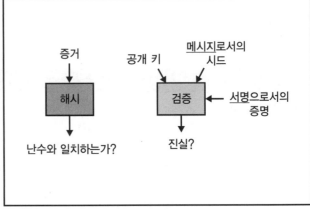

VRF 생성   VRF 검증

그림 8.5   검증 가능한 랜덤 함수(VRF)는 공개 키 암호화를 통해 검증 가능한 무작위성을 생성한다. 난수를 생성하려면 고유한 서명(예: BLS)을 생성하는 서명 체계를 사용하여 시드에 서명한 다음, 서명을 해시하여 공개 난수를 생성한다. 결과의 무작위성을 검증하려면 서명의 해시가 실제로 난수인지 확인하고 시드에 대한 서명을 확인하면 된다.

1. 키 페어를 생성하고 검증 키와 공개 시드를 게시한다.

2. 난수를 생성하려면 공개 시드에 서명하고 서명을 해시한다. 다이제스트는 난수며, 서명도 증거로 게시된다.

3. 누구나 난수를 검증하기 위해 서명을 해시하여 난수와 일치하는지 확인하고, 공개 시드 및 검증 키로 서명이 올바른지 확인할 수 있다.

이 구조는 공개 시드를 카운터처럼 사용하여 많은 난수를 생성하도록 확장될 수 있다. 그런데 서명이 고유하고 공개 시드가 고정되어 있기에 서명자가 다른 난수를 생성할 방법이 없다.

> **연습 문제**
> BLS와 같은 서명 체계(그림 8.5 및 7장에서 언급)는 고유한 서명을 생성하지만 ECDSA 및 EdDSA에는 해당되지 않는다. 왜일까?

이를 해결하기 위해 인터넷 드래프트Internet Draft(RFC가 될 예정인 문서) https://tools.ietf.org/html/draft-irtf-cfrg-vrf-08은 ECDSA를 사용하여 VRF를 구현하는 방법을 지정했다. 일부 시나리오(예: 복권 게임)에서는 여러 참가자가 무작위로 승자를 결정하기를 원할 수 있다. 일부 참가자가 프로토콜에 참여하지 않기로 결정한 경우에도 동일한 검증 가능한 무작위성을 생성하는 역할을 하기 때문에, 이를 **탈중앙화된 무작위성 비컨**decentralized randomness beacon이라 한다. 일반적인 솔루션은 단일 키가 아닌 **임곗값 분산 키**threshold distributed key와 함께 VRF를 사용하는 것이다. 임곗값 분산키는 많은 참가자에게 분할되고, 임곗값만큼의 참가자가 메시지에 서명한 후에만 주어진 메시지에 고유한 유효한 서명을 생성하는 키다. 분산 키가 다소 어렵게 느껴질 수 있지만 이 장 뒷부분에서 다시 자세히 알아볼 것이다.

인기 있는 탈중앙화된 무작위성 비컨 중 하나로 **drand**가 있으며 여러 조직과 대학에서 공동으로 운영한다. https://leagueofentropy.com에서 사용할 수 있다.

> 좋은 무작위성을 생성하는 데 가장 큰 도전은 무작위 생성 프로세스에 관련된 당사자가 최종 출력을 예측하거나 편향시킬 수 없어야 한다는 것이다. drand 네트워크는 그 구성원 중 누구도 제어할 수 없다. 단일 실패 지점이 없으며, 임의의 서버 운영자는 네트워크에서 생성된 무작위성을 편향시킬 수 없다.
>
> —https://drand.love ('How drand works', 2021)

지금까지 무작위성, 그리고 오늘날 프로그램이 무작위성을 얻는 방법을 광범위하게 다루었다. 이제 암호학에서 비밀의 역할과, 비밀을 관리하는 방법을 알아보자.

8.6 키 파생과 HKDF

하나의 비밀에서 더 많은 비밀을 도출하는 데 사용(키 확장)할 수 있는 구조는 PRNG만 있는 것이 아니다. 이러한 구조는 암호학에서 **키 파생**key derivation이라는 이름을 가질 정도로 암호학에서 자주 발생하는 패턴이다. 이제부터 키 파생에 대해 알아보자.

키 파생 함수key derivation function, KDF는 다음 목록에 언급된 몇 가지를 제외하면 여러 면에서 PRNG와 비슷하다. 둘의 차이점은 그림 8.6에 요약되어 있다.

• **KDF에서는 (충분한 엔트로피가 있는 한) 균일하게 무작위인 비밀이 반드시 필요하지는 않다.** 덕택에 KDF는 키 교환 출력으로부터 비밀을 유도하는 데 유용하며, 엔트로피는 높지만 편향된 결과를 생성한다(5장 참조). 반면 이렇게 생성된 비밀은 균일하게 무작위적이므로, 균일하게 무작위인

키를 기대하는 구조에서 이를 사용할 수 있다.

- **KDF는 보통 참가자가 동일한 키를 여러 번 다시 파생시켜야 하는 프로토콜에 사용된다.** 그래서 KDF에서는 결정론적 성격을 기대하는 반면, PRNG는 더 많은 엔트로피로 자주 다시 시드함으로써 역방향 비밀성을 제공하기도 한다.

- **KDF는 보통 많은 난수를 생성하도록 설계되지 않았다.** 대신 제한된 수의 키를 파생하는 데 사용된다.

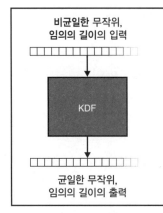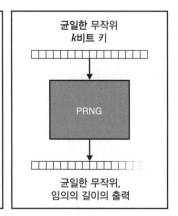

그림 8.6 키 파생 함수(KDF)와 PRNG는 유사한 구조다. 차이점은 KDF가 입력으로 완전히 균일하게 무작위인 비밀을 필요로 하지 않으며(엔트로피가 충분한 한), 일반적으로 너무 많은 출력을 생성하는 데 사용되지 않는다는 것이다.

가장 널리 사용되는 KDF는 **HMAC 기반 키 파생 함수**HMAC-based key derivation function, HKDF이다. 3장에서 배운 HMAC(해시 함수 기반 MAC)를 기반으로 한다. HKDF는 HMAC 위에 구축되고 RFC 5869에 정의된 가벼운 KDF다. 그래서 HKDF를 다른 해시 함수와 함께 사용할 수 있지만 가장 일반적으로 함께 사용하는 것은 SHA-2다. HKDF에는 두 가지 다른 함수가 있다.

- **HKDF-Extract**: 비밀 입력에서 변향을 세거하고 균일한 무작위 비밀을 생성한다.

- **HKDF-Expand**: 임의의 길이를 가진 균일한 무작위 출력을 생성한다. PRNG와 마찬가지로 **균일하게 무작위인 비밀을 입력으로 받으므로** 일반적으로 HKDF-Extract 이후에 실행된다.

먼저 그림 8.7에서 설명한 HKDF-Extract를 살펴보자. 기술적으로 해시 함수는 입력 바이트 문자열의 무작위성을 균일화하기에 충분하지만(해시 함수의 출력은 무작위와 구별할 수 없다고 가정), HKDF는 더 나아가 추가 입력인 **솔트**를 허용한다. 암호 해싱에서의 솔트는 동일한 프로토콜에서 HKDF-Extract의 다양한 용도를 구별한다. 솔트는 선택 사항이며 사용하지 않는 경우 모두 0바이트 문자열로 설정되지만, 되도록 사용하는 것이 좋다. 또한 HKDF는 솔트가 비밀이 될 것으로 기대하지 않는다. 솔트는 공격자를 포함하여 모두에게 노출된다. 해시 함수 대신 HKDF-Extract는 MAC(특히 HMAC)를 사용하며, 이 MAC에는 두 개의 인수를 허용하는 인터페이스가 있다.

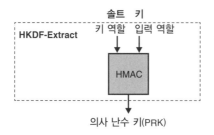

그림 8.7 HKDF-Expand는 HKDF의 두 번째 난수다. 선택적 정보 바이트 문자열과 균일하게 임의적이어야 하는 입력 비밀이 필요하다. 동일한 입력 비밀로 다른 정보 바이트 문자열을 사용하면 다른 출력이 생성된다. 출력의 길이는 length 인수에 의해 제어된다.

이제 그림 8.8에서 설명하는 HKDF-Expand를 살펴보자. 입력 비밀이 이미 균일하게 무작위인 경우, HKDF-Extract를 건너뛰고 HKDF-Expand를 사용할 수 있다.

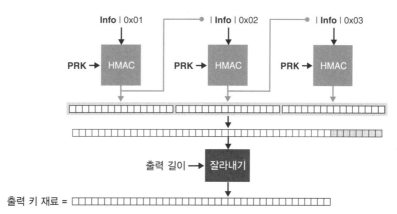

그림 8.8 HKDF-Extract는 HKDF의 첫 번째 함수다. HMAC에서 키로 사용되는 선택적 솔트와 불균일하게 임의적일 수 있는 입력 비밀이 필요하다. 동일한 입력 비밀로 다른 솔트를 사용하면 다른 출력이 생성된다.

HKDF-Extract와 유사하게 HKDF-Expand는 추가적인 선택적 커스텀 인수 info를 받는다. 솔트는 동일한 HKDF(또는 HKDF-Extract)에 프로토콜 내에서 호출 간에 도메인 분리를 제공하기 위한 것이지만, info는 HKDF(또는 HKDF-Expand) 버전을 다른 프로토콜과 구별하는 데 사용된다. 원하는 출력의 양을 지정할 수도 있지만 HKDF는 PRNG가 아니며 많은 수의 비밀을 유도하도록 설계되지 않았다. HKDF는 사용하는 해시 함수의 크기에 따라 제한된다. 더 정확하게는 SHA-512(512비트 출력 생성)를 HKDF와 함께 사용하면 지정된 키와 정보 바이트 문자열에 512×255비트 = 16,320바이트의 출력으로 제한된다.

동일한 인수로 HKDF 또는 HKDF-Expand를 여러 번 호출하면 요청된 서로 다른 길이로 잘린 동일한 출력이 생성된다(그림 8.9 참조). 이 속성은 **관련 출력**related output이라 하며 일부 시나리오에서 프로토콜 설계자를 놀라게 할 수 있으니 염두에 두는 것이 좋다.

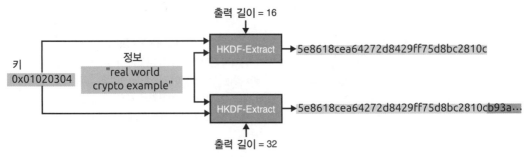

그림 8.9 HKDF 및 HKDF-Expand는 관련 출력을 생성한다.
즉, 서로 다른 출력 길이로 함수를 호출하면 동일한 결과가 요청된 길이로 잘린다.

대부분의 암호학 라이브러리는 그림 8.10과 같이 HKDF-Extract와 HKDF-Expand를 단일 호출로 결합한다. 늘 그렇듯 HKDF를 사용하기 전에도 매뉴얼(이 경우 RFC 5869)을 꼭 확인하자.

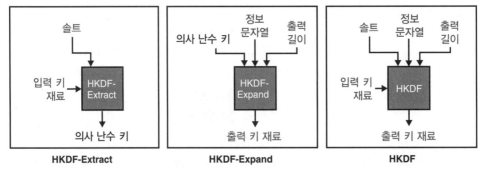

그림 8.10 HKDF는 일반적으로 HKDF-Extract(입력 키에서 균일한 무작위성을 추출)와
HKDF-Expand(임의 길이 출력을 생성)를 결합하는 단일 함수 호출로 구현되어 있다.

HKDF가 하나의 비밀에서 여러 비밀을 파생시키는 유일한 방법은 아니다. 보다 단순한 접근 방식은 **해시 함수**를 사용하는 것이다. 해시 함수는 균일한 임의의 입력을 기대하지 않으면서 균일한 임의의 출력을 생성하므로 작업에 적합하다. 하지만 해시 함수는 인터페이스가 **도메인 분리**를 고려하지 않고(커스텀 문자열 인수 없음) 출력 길이가 고정되어 있기 때문에 완벽하지는 않다. 가장 좋은 방법은 KDF를 사용할 수 있을 때는 해시 함수를 쓰지 않고 KDF를 쓰는 것이다. 그럼에도 불구하고 일부 유명 알고리즘은 키 파생을 위해 해시 함수를 사용한다. 예를 들어 7장에서 256비트 키를 SHA-512로 해싱하여 두 개의 256비트 키를 생성하는 Ed25519 서명 체계에 대해 배운 바 있다.

2장에서 본 확장 출력 함수, XOF(SHAKE, cSHAKE)도 KDF로 사용할 수 있다! XOF의 속성을 다시 살펴보자면 다음과 같다.

- 균일한 무작위 입력을 기대하지 않음
- 실질적으로 무한히 큰, 균일한 무작위 출력을 생성할 수 있음

또한 KMAC(3장에서 다룬 MAC)에는 앞서 언급한 관련 출력 문제가 없다. 실제로 KMAC의 길이 인수는 알고리즘의 출력을 무작위로 지정하여 추가 커스텀 문자열처럼 효과적으로 작동한다.

마지막으로, 엔트로피가 낮은 입력에 대한 에지 케이스edge case가 있다. 예를 들어 128비트 키 중에 비교적 추측하기 쉬운 암호가 있다. 암호를 해시하는 데 사용되는 암호 기반 키 파생 함수(2장에서 설명)는 키를 파생하는 데에도 사용할 수 있다.

8.7 키 관리와 비밀 관리

지금까지 난수를 생성하는 방법과 다양한 유형의 상황에서 비밀을 도출하는 방법을 알아보았다. 그러나 아직 남은 부분이 있다.

이러한 모든 암호화 알고리즘을 사용하다 보면 많은 비밀 키를 유지하고 관리해야 한다. 이 키를 어떻게 저장할까? 이러한 극도로 민감한 비밀이 손상되는 것을 어떻게 방지할 수 있을까? 비밀이 유출되면 어떻게 해야 할까? 이에 관한 문제는 일반적으로 **키 관리**key management로 알려져 있다.

> 크립토crypto는 모든 문제를 키 관리 문제로 바꾸는 도구다.
>
> —레아 키스너Lea Kissner(2019, http://mng.bz/eMrJ)

많은 시스템에서 키를 사용하는 애플리케이션 가까이에 키를 두는데, 그렇다고 의지할 곳이 꼭 없는 것은 아니다. 키가 유출될 수 있는 궁극적인 위반, 또는 버그에 대비하기 위해 대부분의 제대로

된 애플리케이션에선 두 가지 심층 방어 기술을 사용한다.

- **키 순환**key rotation: 키(일반적으로 공개 키)에 만료 날짜를 연결하고, 키를 주기적으로 새 키로 교체하여 궁극적인 손상으로부터 '치유'할 수 있다. 만료 날짜와 순환 빈도가 짧을수록 공격자가 알고 있는 키를 더 빨리 교체할 수 있다.

- **키 폐기**key revocation: 키 순환이 항상 충분하지는 않다. 키가 손상되었다는 소식을 듣는 즉시 키를 취소하고 싶을 수 있다. 이러한 이유로 일부 시스템에서는 키를 사용하기 전에 키가 취소되었는지 묻도록 허용한다(보안 전송에 대한 다음 장에서 이에 대해 자세히 알아볼 것이다).

이러한 기술을 성공적으로 사용하려면 자동화가 필수불가결한 경우가 많다. 기름칠이 잘 된 기계는 위기 상황에서 제대로 작동하기가 훨씬 더 쉽기 때문이다. 또한 손상의 피해를 줄이기 위해 특정 역할을 키에 연결할 수도 있다. 예를 들어 일부 조작된 애플리케이션에서 두 개의 공개 키를 거래 서명 전용 공개 키 1과 키 교환 전용 공개 키 2로 구별할 수 있다. 이렇게 하면 공개 키 2와 연결된 비밀 키의 손상이 트랜잭션 서명에 영향을 미치지 않도록 할 수 있다.

장치 저장 매체에 키를 남겨두고 싶지 않다면, 키 추출을 방지하는 것을 목표로 하는 하드웨어 솔루션도 존재한다. 하드웨어 암호화에 대한 13장에서 이에 대해 자세히 알아볼 것이다.

마지막으로 애플리케이션에서 키 관리를 위임하는 방법은 다양하다. 특히 **키 스토어**key store 또는 **키 체인**key chain을 제공하는 모바일 OS에서 이런 방법이 쓰인다. 키 스토어는 키를 유지하면서 암호학 작업도 수행한다!

클라우드에 있는 애플리케이션이 클라우드 키 관리 서비스에 접근할 수 있는 경우도 있다. 이러한 서비스를 쓰면 애플리케이션은 비밀 키 및 암호학 작업 생성을 위임하고, 이를 공격하는 여러 방법에 대해 생각하지 않아도 된다. 하드웨어 솔루션과 마찬가지로 애플리케이션이 손상된 경우에도 위임된 서비스에 모든 유형의 요청을 수행할 수 있다.

> **NOTE** 암호학에 절대반지는 없다. 언제나 손상을 감지하고 대응하기 위해 무엇을 할 수 있는지 고려해야 한다.

키 관리는 이 책의 범위를 벗어나는 어려운 문제이므로 관련 주제를 너무 많이 다루지는 않겠다. 다음 절에서는 키 관리 문제를 피해가고자 하는 암호화 기술을 알아보자.

8.8 임곗값 암호학을 통한 신뢰의 탈중앙화

키 관리를 위한 모범 사례를 구현하려면 많은 자원이 들고, 주어진 공간에서 사용할 수 있는 도구도 흔하지 않기 때문에 키 관리는 투자하기가 상당히 성가신 방대한 연구 분야다. 다행히 암호학에는 키 관리의 부담을 줄이려는 사람들을 위한 도구도 있다. 첫 번째로 이야기할 것은 **비밀 공유**secret sharing (또는 **비밀 분할**secret splitting)이다. 비밀 분할을 사용하면 비밀을 참가자들이 공유할 수 있는 여러 부분으로 나눌 수 있다. 여기서 비밀은 대칭 키, 서명 개인 키 등 원하는 모든 것이 될 수 있다.

일반적으로 **딜러**dealer라는 주체가 비밀을 생성한 다음, 비밀을 삭제하기 전에 이를 분할하고 모든 참가자 간에 다른 부분을 공유한다. 가장 유명한 비밀 분할 방식은 아디 샤미르(RSA의 공동 발명자 중 한 명)가 발명한 **샤미르의 비밀 공유**Shamir's Secret Sharing, SSS다(그림 8.11).

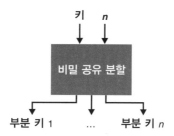

그림 8.11 **키와 공유 수 n이 주어지면 샤미르의 비밀 공유 방식은 원래 키와 동일한 크기의 부분 키 n개를 생성한다.**

시간이 지나 특정 암호화 작업(암호화, 서명 등)을 위한 비밀이 필요해지면, 모든 공유 소유자는 원래 비밀을 재구성하는 책임이 있는 딜러에게 각각이 가진 부분 키를 반환해야 한다. 이 체계는 각 부분 키가 그 자체로는 쓸모가 없기 때문에 공격자가 단일 사용자를 통해 키를 빼내는 것을 방지하고, 부분 키가 유출되면 공격자가 키를 악용하기 전에 모든 참가자가 각자의 부분 키를 손상시키게 한다! 그림 8.12를 참고하자.

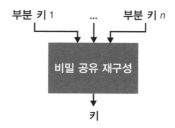

그림 8.12 **n개의 부분 키로 비밀을 분할하는 데 사용되는 샤미르의 비밀 공유 방식은 원래의 키를 재구성하기 위해 n개의 부분 키 모두가 필요하다.**

이 계획의 알고리즘 뒤에 있는 수학 지식은 생각보다 어렵지 않으니, 조금 짚고 넘어가자.

2차원 공간에 임의의 직선이 있고, 그 방정식($y = ax + b$)이 비밀이라고 가정해보자. 두 참가자가 선에서 두 개의 임의의 점을 잡게 하면 두 참가자는 선의 방정식을 복구하기 위해 협력할 수 있다. 이 체계는 모든 차수의 다항식으로도 일반화되므로, 비밀을 임의의 수로 나누는 데 사용할 수 있다(그림 8.13).

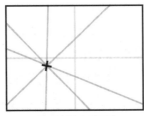
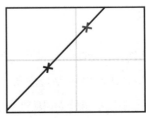

비밀은 임의의 선이다.
선 위에서 무작위로 두 점을 고르면
이는 부분 키가 된다.

하나의 점이 있으면
이 점을 지나는 무한한 수의 선을
그릴 수 있다.

두 점에 대한 정보가 있으면
선을 복원할 수 있다.

그림 8.13 샤미르의 비밀 공유 방식의 이면에 있는 아이디어는, 곡선을 비밀로 정의하고 곡선의 임의의 점을 부분 키로 정의하는 다항식을 보는 것이다. 곡선을 정의하는 차수가 n인 다항식을 복구하려면 곡선에서 n + 1개의 점을 알아야 한다. 예를 들어 $f(x) = 3x + 5$는 차수가 1이므로 다항식을 복구하려면 두 점($x, f(x)$)이 필요하고 $f(x) = 5x^2 + 2x + 3$은 차수가 2이므로 다항식을 복구하려면 세 개의 점이 필요하다.

비밀 분할은 단순하기에 자주 채택되는 기술이다. 그러나 이 기술이 유용하게 쓰이려면, 키 공유를 한곳에 모아서 암호화 작업에 사용할 때마다 키를 다시 생성해야 한다. 이렇게 되면 비밀이 강도나 우발적인 누출에 취약해져서 결국 **단일 실패 지점**single point of failure을 가지는 것과 다를 바 없는 상황을 만든다. 다행히 이 단일 실패 지점 문제를 피할 수 있도록, 다양한 시나리오에서 유용하게 쓸 수 있는 몇 가지 암호화 기술이 있다.

예를 들어 앨리스가 서명한 경우에만 금융 거래를 수락하는 프로토콜을 상상해보자. 이 상황은 공격자의 표적이 되는 것을 두려워하는 앨리스에게 큰 부담을 준다. 앨리스에 대한 공격의 영향을 줄이기 위해, 앨리스의 공개 키를 포함하여 n개의 서로 다른 공개 키가 n개의 서명을 수락하도록 프로토콜을 변경할 수 있다. 공격자는 유효한 트랜잭션을 위조하기 위해 n개의 서명 모두를 손상시켜야 한다! 이러한 시스템을 **다중 서명**multi-signature(또는 **멀티시그**multi-sig)이라 하며 암호화폐 업계에서 널리 사용하고 있다.

그러나 단순한 다중 서명 체계는 다소 성가신 오버헤드를 가져온다. 실제로 앞의 예에서 트랜잭션의 크기는 필요한 서명 수에 따라 선형적으로 증가한다. 이 문제를 해결하기 위해 일부 서명 체계(BLS 서명 체계 등)는 여러 서명을 단일 서명으로 압축할 수 있다. 이를 **서명 집계**signature aggregation라 한다. 일부 다중 서명 체계는 n개의 공개 키를 하나의 공개 키로 통합함으로써 압축을 더욱 강화하는데, 이 기술을 **분산 키 생성**distributed key generation, DKG이라 하며, 15장에서 다룰 **다자 간 계산**secure multi-party computation이라는 암호학 분야의 일부이기도 하다.

DKG는 n명의 참가자가 프로세스 중에 관련된 비밀 키를 지우지 않아도 공개 키를 공동으로 계산할 수 있도록 한다(SSS와 달리 딜러가 없다). 참가자가 메시지에 서명할 때 각 참가자의 비밀 부분 키를 사용하여 공동으로 서명을 생성할 수 있으며, 이는 이전에 생성한 공개 키를 사용하여 확인할 수 있다. 다시 말하지만, 물리적으로 비밀 키가 존재하지 않으므로 SSS가 지닌 단일 실패 지점 문제를 방지한다. 7장에서 슈노어 서명을 보았으니, 슈노어 DKG 체계를 단순화한 그림 8.14를 살펴보자.

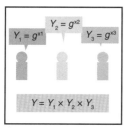 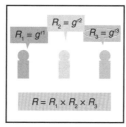 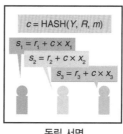 

Y는 공개 키를 집계한 것이다.　R은 분산되어 생성된다.　독립 서명　집계된 서명

그림 8.14 **슈노어 서명 체계는 분산 키 생성 체계로 탈중앙화될 수 있다.**

다음 사항도 참고하자.

- 앞의 체계는 n명의 참가자 중 임곗값 m만큼의 참가자만 프로토콜에 참여하는 경우에도 작동하도록 만들 수 있다. 이것은 대부분의 실제 시스템이 악의적이거나 비활성 상태인 다수의 참가자를 포함하기에 매우 중요하다.

- 이러한 체계는 다른 비대칭 암호화 알고리즘과 함께 작동할 수 있다. 예를 들어 임곗값 암호화를 사용하여 참가자 집합이 협력하여 메시지를 비대칭적으로 복호화할 수 있다.

그림 8.15에서 이러한 모든 예를 도식화했다.

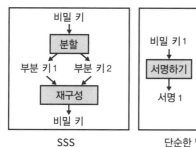  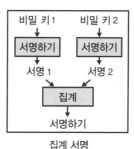 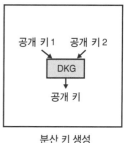

SSS　단순한 멀티시그　집계 서명　분산 키 생성

그림 8.15 **한 참가자에 대한 신뢰를 여러 참가자로 나누는 기존 기술 요약**

임곗값 체계는 키 관리 세계에서 중요한 새 패러다임이므로, 그 발전 트렌드를 따라가는 것이 좋다. NIST는 현재 워크샵을 조직하고 장기적으로 프리미티브와 프로토콜을 표준화하기 위한 임곗값 암호학 그룹을 운영하고 있다.

요약

- 하나의 수가 해당 집합의 다른 모든 수와 동일한 확률로 선택된 경우, 균일하게 무작위로 선택된 것이다.
- 엔트로피는 바이트 문자열이 얼마나 많은 무작위성을 갖는지를 나타내는 지표다. 높은 엔트로피는 균일한 임의의 바이트 문자열을, 낮은 엔트로피는 예측하기 쉬운 바이트 문자열을 의미한다.
- PRNG는 균일하게 임의의 시드를 사용하는 알고리즘이며, 시드가 충분히 큰 경우 암호학 목적(예: 암호학 키)에 사용할 수 있는 거의 무한한 양의 무작위성을 생성한다.
- 난수를 얻으려면 프로그래밍 언어의 표준 라이브러리나 잘 알려진 암호학 라이브러리에 의존해야 한다. 이러한 라이브러리를 사용할 수 없는 경우, 보통 OS에서 난수를 얻기 위한 인터페이스를 제공한다.
  - 윈도우는 BCryptGenRandom 시스템 호출을 제공한다.
  - 리눅스와 FreeBSD는 getrandom 시스템 호출을 제공한다.
  - 다른 유닉스 계열 OS에는 보통 무작위성을 나타내는 /dev/urandom이라는 특수 파일이 있다.
- KDF는 편향되지만 높은 엔트로피 비밀에서 비밀을 파생하려는 시나리오에서 유용하다.
- HKDF는 가장 널리 사용되는 KDF로 HMAC를 기반으로 한다.
- 키 관리는 비밀을 유지하는 분야다. 주로 비밀을 저장할 위치를 찾고, 비밀을 사전에 교체하거나 만료시키고, 비밀이 손상뇌었을 때 수행할 작업을 파악하는 등의 작업으로 구성된다.
- 키 관리의 부담을 줄이기 위해 한 참가자의 신뢰를 여러 참가자로 나눌 수 있다.

II

프로토콜:
암호학의 레시피

2부에서는 1부에서 배운 내용을 최대한 활용할 것이다. 지금까지 배운 암호학 프리미티브가 암호학의 기본 식재료라 치면 이제부터는 레시피를 배운다고 할 수 있다. 게다가 요리할 것도 많다! 로마 시대의 시저는 통신 암호화에만 관심이 있었지만, 오늘날 암호학은 도처에 있으며 모든 것을 알고 익히기는 매우 어렵다.

9장, 10장, 11장에서는 암호학을 접할 가능성이 가장 높은 곳과 실제 문제를 해결하기 위해 암호학을 사용하는 방법을 보여줄 것이다. 즉, 통신을 암호화하는 방법과 프로토콜의 참가자를 인증하는 방법이다. 사실 이것이 암호학에서 거의 대부분 응용 사례에 해당한다. 참가자가 많은지 적은지, 참가자가 비트로 이루어져 있는지 사람인지에 따라 모두 다르다. 곧 알게 되겠지만 실세계 암호학에서 중요한 것은 트레이드오프 tradeoff다. 맥락에 따라 솔루션은 달라질 수 있다.

12장과 13장은 빠르게 발전하는 두 가지 암호학 분야, 암호화폐와 하드웨어 암호학을 설명한다. 전자는 암호학에 관한 대부분의 책에서 무시되는 주제다(필자는 이 책, 실세계 암호학이 암호화폐를 본격적으로 다루는 최초의 암호학 책이라 믿고 있다). 후자의 주제인 하드웨어 암호 역시 보통 간과된다. 상당수 암호학자는 프리미티브와 프로토콜이 신뢰할 수 있는 환경에서 실행된다고 자주 가정한다. 반면 하드웨어 암호학은 암호학이 실행될 수 있는 영역의 경계를 넓히고, 공격자가 사용자에게 점점 더 가까워질 때에도 보안을 보장한다.

14장과 15장에서는 이 영역의 최첨단, 즉 아직 없지만 앞으로 등장할 것과 이제 출현하기 시작하는 것을 다룬다. 인류가 확장성 있는 양자 컴퓨터를 발명하게 되면 피할 수 없는 암호학 분야인 양자 후postquantum 암호학에 대해 배운다. 양자물리학의 영역에서 오는 새로운 패러다임을 기반으로 하는 이러한 양자 컴퓨터는 수많은 연구 분야에 혁명을 일으킬 것이며, 아마도 기존의 암호 체계를 뚫을 것이다. 또한 필자가 '차세대 암호학next-generation cryptography'이라 부르는 것도 다룰 텐데, 이 영역의 암호학 프리미티브는 아직 거의 알려져 있지 않지만 점차 효율화되며 애플리케이션에서 점점 더 채택됨에 따라 앞으로 더 주목받을 것으로 예상된다. 마지막으로 16장에서는 실세계 암호학에 대해 정리하고, 윤리적인 부분을 다루며 책을 마무리할 것이다.

PART 2

Protocols: The recipes of cryptography

보안 전송

오늘날 암호학을 가장 많이 사용하는 분야는 아마도 통신 암호화일 것이다. 사실상 암호학은 이 목적을 위해 탄생했다 해도 과언이 아니다. 애플리케이션은 통신 암호화를 위해 일반적으로 인증된 암호화와 같은 암호학 프리미티브를 직접 사용하지 않고, 대신 암호학 프리미티브의 사용을 추상화하는 훨씬 더 복잡한 프로토콜을 사용한다. 이러한 프로토콜을 **보안 전송 프로토콜**secure transport protocol이라 부른다.

이 장에서는 가장 널리 사용되는 보안 전송 프로토콜인 TLS 프로토콜을 알아볼 것이다. 또한 다른 보안 전송 프로토콜에 대해서도 알아보고 TLS와 어떻게 다른지 간략하게 설명할 것이다.

9.1 보안 전송 프로토콜, SSL과 TLS

전송 프로토콜transport protocol(기기 간의 통신을 암호화하기 위한 프로토콜)이 중요한 이유를 이해하기 위해 시나리오를 하나 살펴보자. 예를 들어 웹 브라우저에 http://example.com을 입력하면 브라우저는 여러 프로토콜을 사용하여 웹 서버에 연결하고 요청한 페이지를 검색한다. 그중 하나가 **HTTP**Hypertext Transfer Protocol로, 브라우저가 다른 쪽 웹 서버에 필요한 페이지를 알려주는 데 사용된다. HTTP는 사람이 읽을 수 있는 형식을 사용한다. 즉, 유선을 통해 보내고 받는 HTTP 메시지를 다른 도구의 도움 없이 읽을 수 있다. 그러나 이것만으로는 브라우저가 웹 서버와 통신하는 데 충분하지 않다.

HTTP 메시지는 전송 제어 프로토콜Transmission Control Protocol, TCP에 정의된 **TCP 프레임**TCP frame 이라는 다른 유형의 메시지로 캡슐화된다. TCP는 이진 프로토콜이므로 사람이 읽을 수 없다. TCP 프레임의 필드를 이해하려면 도구가 필요하다. TCP 메시지는 인터넷 프로토콜Internet Protocol, IP을 사용하여 추가로 캡슐화되고, IP 메시지 역시 다른 것을 사용하여 추가로 캡슐화된다. 이는 **인터넷 프로토콜 스위트**Internet protocol suite로 알려져 있으며 다른 책에서 많이 다루는 주제이므로 여기에서는 더 이상 다루지 않겠다.

앞선 시나리오로 돌아가서, 이제 기밀 정보에 대해 이야기해보자. 브라우저와 example.com의 웹 서버 사이의 전선에 누가 앉아 있다면 굉장히 재미있는 위치에 있다고 할 수 있다. 이들은 서버의 응답뿐 아니라 요청을 수동적으로 관찰하고 읽을 수 있다. 설상가상으로 MITM 공격자는 메시지를 적극적으로 변조하고 재정렬할 수도 있다. 통신하는 입장에서는 별로 반갑지 않은 존재다.

인터넷에서 물건을 살 때마다 신용카드 정보가 유출되고, 웹사이트에 로그인할 때 비밀번호가 도용되고, 친구에게 보내는 사진과 개인 메시지가 도용되는 등의 상황을 상상해보자. 이러한 상황에 대한 두려움 때문에 1990년대에 **전송 계층 보안**Transport Layer Security, TLS의 전신인 **보안 소켓 계층** Secure Sockets Layer, SSL 프로토콜이 탄생했다. SSL은 다양한 상황에서 사용될 수 있지만, 처음에는 웹 브라우저를 위해 만들어졌다. 따라서 HTTP와 함께 사용되기 시작하여 **HTTPS**Hypertext Transfer Protocol Secure로 확장되었다. 이제 HTTPS를 통해 브라우저는 방문한 다른 웹사이트와의 통신을 보호할 수 있다.

9.1.1 SSL에서 TLS로

SSL이 웹을 보호하기 위한 유일한 프로토콜은 아니었지만, 많은 사람의 관심을 끌었고 시간이 지남에 따라 사실상의 표준이 되었다. 하지만 웹의 보안이 SSL로 끝나지는 않았다. SSL의 첫 번째 버전과 현재 우리가 사용하는 것 사이에 많은 변화가 있었다. SSL의 모든 버전(마지막 버전 SSL v3.0 포함)은 잘못된 설계와 잘못된 암호화 알고리즘의 조합으로 인해 대부분 뚫렸다(상당수 공격이 RFC 7457에 요약되어 있다).

SSL 3.0 이후 이 프로토콜은 **RFC**Request For Comments 표준 게시를 담당하는 조직인 IETF에 공식적으로 이관되었다. SSL이라는 이름은 TLS로 대체되었으며 1999년에 TLS 1.0이 RFC 2246으로 출시되었다. TLS의 가장 최신 버전은 TLS 1.3으로, RFC 8446에 지정되고 2018년에 게시되었다. TLS 1.3은 이전 버전과 달리 산업계와 학계의 견고한 협력을 통해 만들어졌다. 그러나 모든 서버가 최신 표준을 바로 받아들이지는 못하기에, 오늘날에도 인터넷은 여러 버전의 SSL과 TLS로 나누어져 있다.

> **NOTE** SSL과 TLS의 이름은 여전히 혼란 속에서 혼용되고 있다. 이 프로토콜의 공식 명칭은 이제 **TLS**지만 많은 글과 라이브러리에서 여전히 **SSL**이라는 용어를 사용한다.

TLS는 웹을 보호하는 프로토콜 이상의 존재가 되었다. 이제 TLS는 다양한 시나리오와 다양한 유형의 애플리케이션 및 장치에서 통신 보안을 위한 프로토콜로 사용된다. 따라서 이 장에서 TLS에 대해 배울 내용은 웹뿐만 아니라 두 애플리케이션 간의 통신을 보호하는 모든 시나리오에 쓰인다.

9.1.2 실전에서 TLS 활용하기

사람들은 TLS를 어떻게 사용할까? 먼저 몇 가지 용어를 정의하겠다. TLS에서는 통신을 보호하려는 두 참가자를 **클라이언트**client와 **서버**server라 한다. 여기에서 클라이언트와 서버는 TCP 또는 IP와 같은 다른 네트워크 프로토콜과 동일한 방식으로 작동한다. 클라이언트는 연결을 시작하며 서버는 연결이 시작되기를 기다린다. TLS 클라이언트를 빌드하려면 아래의 2가지 요소가 필요하다.

- **설정**: 클라이언트는 지원하려는 SSL 및 TLS 버전, 연결 보안을 위해 사용할 암호화 알고리즘, 서버 인증 방법 등을 설정한다.
- **연결하려는 서버에 대한 정보**: 최소한 IP 주소와 포트가 포함되지만 웹의 경우 정규화된 도메인 이름(예: example.com)이 포함되는 경우가 많다.

이 두 인수가 주어지면 클라이언트는 서버와의 연결을 시작하여, 클라이언트와 서버가 암호화된 메시지를 서로 공유하는 데 사용할 수 있는 채널인 **보안 세션**secure session을 생성할 수 있다. 경우에 따라 보안 세션이 성공적으로 생성되지 않고 중간에 실패하기도 한다. 예를 들어 공격자가 연결을 변경하려고 하거나, 서버의 설정이 클라이언트의 설정과 호환되지 않는 경우(나중에 자세히 설명) 클라이언트는 보안 세션을 설정하지 못한다.

TLS 서버는 클라이언트의 설정과 유사한 설정만 취하기에 훨씬 더 간단하다. 그런 다음 서버는 보안 세션을 생성하기 위해 클라이언트가 연결하기를 기다린다. 실제로 클라이언트 측에서 TLS를 사용하는 것은 다음 코드에서 알 수 있듯 어렵지 않다(고랭과 같은 프로그래밍 언어를 사용하는 경우에 한함).

예제 9.1 고랭으로 작성한 TLS 클라이언트

```
import "crypto/tls"

func main() {
    destination := "google.com:443"        // 정규화된 도메인 이름 및 서버의 포트
                                            // (443은 HTTPS의 기본 포트)
    TLSconfig := &tls.Config{}              // 빈 설정이 기본 설정으로 사용됨
    conn, err := tls.Dial("tcp", destination, TLSconfig)
    if err != nil {
        panic("failed to connect: " + err.Error())
    }
    conn.Close()
}
```

클라이언트가 설정한 연결이 실제로 google.com과의 연결이고, 명의 도용자가 아니라는 것을 어떻게 알 수 있을까? 기본적으로 고랭의 TLS 구현은 OS의 설정을 사용하여 TLS 서버를 인증하는 방법을 알아낸다(이 장 뒷부분에서 TLS의 인증이 어떻게 작동하는지 자세히 배울 것이다). 서버 측에서 TLS를 사용하는 것도 매우 쉽다. 다음 코드를 참고하자.

예제 9.2 고랭으로 작성한 TLS 서버

```
import (
    "crypto/tls"
    "net/http"
)

func hello(rw http.ResponseWriter, req *http.Request) {
    rw.Write([]byte("Hello, world\n"))
}

func main() {
    config := &tls.Config{
        MinVersion: tls.VersionTLS13,       // TLS 1.3 서버를 위한 최소 설정
    }

    http.HandleFunc("/", hello)             // "Hello, world"를 표시하는 간단한 페이지를 제공

    server := &http.Server{
        Addr: ":8080",                      // HTTPS 서버는 포트 8080에서 시작
        TLSConfig: config,
```

```
    }

    cert := "cert.pem"
    key := "key.pem"
    err := server.ListenAndServeTLS(cert, key)    ┐ 인증서와 비밀 키가 포함된 .pem 파일
    if err != nil {                                  (나중에 자세히 설명)
        panic(err)
    }
}
```

고랭과 그 표준 라이브러리는 여기에서 많은 도움이 된다. 아쉽지만 모든 언어의 표준 라이브러리가 사용하기 쉬운 TLS 구현을 제공하지는 않는다. 제공하더라도 모든 TLS 라이브러리가 기본적으로 안전한 구현을 제공하는 것은 아니다! 이러한 이유로 라이브러리에 따라 TLS 서버 설정이 달라지거나 까다로워질 수 있다. 다음 절에서 TLS의 내부 작동과 주의 사항을 배울 것이다.

> **NOTE** TLS는 TCP 위에서 작동하는 프로토콜이다. UDP 연결을 보호하기 위해서는 TLS와 상당히 유사한 DTLS(D는 **데이터그램**datagram을 뜻하며 UDP 메시지 용어 중 하나다)를 사용할 수 있다. 비슷한 내용이기에 이 장에서는 DTLS를 따로 다루지는 않는다.

9.2 TLS 프로토콜의 작동 원리

앞서 말했듯 오늘날 TLS는 애플리케이션 간의 통신을 보호하기 위한 사실상의 표준이다. 이번 절에서는 TLS가 작동하는 방식과 실제로 사용하는 방법을 자세히 알아보자. TLS를 올바르게 사용하는 방법을 배우고, 대부분의(전부는 아니지만) 보안 전송 프로토콜이 작동하는 방식을 이해하게 될 것이다. 또한 이러한 프로토콜을 재설계하거나 재구현하는 것이 왜 어려운지 알게 될 것이다.

고수준에서 보았을 때 TLS는 두 단계로 나뉜다(그림 9.1).

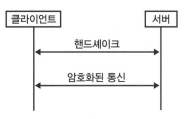

그림 9.1 **보안 전송 프로토콜은 먼저 핸드셰이크 단계에서 보안 연결을 만든다. 그런 다음 보안 연결의 양쪽에 있는 애플리케이션이 안전하게 통신할 수 있다.**

- **핸드셰이크 단계**: 보안 통신에 대해 협의하고 두 참가자 간의 보안 통신을 생성한다.
- **핸드셰이크 후 단계**: 두 참가자 간의 통신이 암호화된다.

6장에서 하이브리드 암호화에 대해 배웠으니, 이 두 단계가 작동하는 방식을 다음과 같이 직관적으로 이해할 수 있을 것이다.

- **핸드셰이크의 핵심은 결국 키 교환이다.** 핸드셰이크는 두 참가자가 대칭 키 세트에 동의하는 것으로 끝난다.
- **핸드셰이크 후 단계는 참가자 간의 메시지 암호화에 관한 것이다.** 이 단계에서는 인증된 암호화 알고리즘, 그리고 핸드셰이크가 끝날 때 생성된 키 집합을 사용한다.

대부분의 전송 보안 프로토콜은 이러한 방식으로 작동하며, 이러한 프로토콜에서 흥미로운 부분은 항상 핸드셰이크 단계에 있다. 이제 핸드셰이크 단계를 살펴보자.

9.2.1 TLS 핸드셰이크

앞에서 살펴본 것처럼 TLS(및 대부분의 전송 보안 프로토콜)는 **핸드셰이크**와 **핸드셰이크 후 단계**의 두 부분으로 나뉜다. 이번 절에서는 먼저 핸드셰이크에 대해 자세히 살펴보자. 핸드셰이크 자체에는 다음과 같은 네 가지 속성이 있다.

- **협의**: TLS는 설정의 자유도가 높다. 클라이언트와 서버 모두 다양한 SSL 및 TLS 버전과 허용되는 암호화 알고리즘을 협의하도록 설정할 수 있다. 핸드셰이크의 협의 단계는 두 피어를 안전하게 연결하기 위해 클라이언트와 서버 구성 간의 공통점을 찾는 것을 목표로 한다.
- **키 교환**: 핸드셰이크의 핵심은 두 참가자 간의 키 교환이다. 어떤 키 교환 알고리즘을 사용할 것인가? 이는 클라이언트/서버 협의 프로세스 중에 결정된다.
- **인증**: 5장에서 키 교환에 대해 배웠듯, MITM 공격자가 키 교환의 한쪽을 흉내 내는 것은 어렵지 않다. 이 때문에 키 교환에도 인증이 필요하다. 예를 들어 브라우저가 인터넷 서비스 제공업체Internet service provider, ISP가 아닌 google.com과 통신하도록 하는 방법이 있어야 한다.
- **세션 재개**: 브라우저는 동일한 웹사이트에 반복해서 연결하는 경우가 많기 때문에, 키 교환에 비용이 많이 들고 사용자 경험이 느려질 수 있다. 이러한 이유로 키 교환을 다시 수행하지 않고 보안 세션을 빠르게 추적하는 메커니즘이 TLS에 통합되었다.

자, 순서대로 첫 번째 항목부터 알아보자.

TLS의 협의: 버전과 알고리즘의 확인

TLS의 복잡성 대부분은 프로토콜의 서로 다른 동적인 부분의 협의에서 비롯된다. 이 TLS의 협의 단계 역사에서 많은 문제가 원인이 되었다. FREAK, LOGJAM, DROWN 및 기타 공격은 이전 버전의 약점을 이용하여 최신 버전의 프로토콜을 뚫기도 했다(때로는 서버가 이전 버전을 지원하지 않는 경우도 있다). 모든 프로토콜에 버전 관리가 있거나 다른 알고리즘을 받아들일 수 있는 것은 아니지만, 어쨌든 SSL/TLS는 웹용으로 설계되었다. 따라서 SSL/TLS에는 업데이트가 느릴 수 있는 이전 클라이언트 및 서버와의 역방향 호환성을 유지하는 방법이 필요하다.

사실 이는 오늘날 웹에서 일어나는 일의 대표적인 사례다. 사용자의 브라우저가 최신이고 TLS 버전 1.3을 지원하도록 만들어졌을 수도 있지만, 일부 오래된 웹페이지를 방문할 때 그 서버가 최대 1.2, 또는 1.1의(또는 더 구식의) TLS 버전만 지원할 가능성이 있다. 그 반대의 경우도 마찬가지로, 사용자의 브라우저 버전이 낮아서 웹사이트가 이전 버전의 TLS를 지원해야 하는 상황이 많다.

SSL 및 TLS의 구 버전은 안전할까?

TLS 버전 1.2 및 1.3을 제외한 대부분의 SSL 및 TLS 버전에는 보안 문제가 있다. 그럼 왜 최신 버전(1.3)으로 통일해서 문제를 없애지 않는 것일까? 그 이유는 아직 여러 기업이 쉽게 업데이트할 수 없는 구형 클라이언트를 지원하기 때문이다. 그렇다 보니 이전 버전을 안전하게 지원하기 위해 알려진 공격에 대한 완화를 구현하는 라이브러리에 대한 수요가 있다. 불행히도 이러한 완화 방법은 너무 복잡해서, 올바르게 구현하지 못하는 경우가 많다.

예를 들어 Lucky13 및 Bleichenbacher98과 같이 잘 알려진 공격은 이전에 문제를 해결하려 시도했던 다양한 TLS 구현에서도 취약한 것으로 재발견되었다. 이전 TLS 버전에 대한 여러 공격을 완화할 수는 있지만, 그보다는 버전 자체를 올리는 것이 낫다. 실제로 2021년 3월, IETF는 RFC 8996 <Deprecating TLS 1.0 and 1.1>을 발표하여 사실상 공식적으로 TLS 1.0과 1.1의 사용을 중단시켰다.

협의 과정은 클라이언트가 서버에 첫 번째 요청(**ClientHello**라고 함)을 보내면서 시작된다. Client Hello에는 지원되는 다양한 SSL 및 TLS 버전, 클라이언트가 사용하려는 암호학 알고리즘 모음~suite~, 나머지 핸드셰이크 또는 애플리케이션과 관련된 추가 정보를 포함한다. 암호학 알고리즘 모음은 다음을 포함한다.

- **하나 이상의 키 교환 알고리즘**: TLS 1.3은 협의에 허용되는 다음 알고리즘을 정의한다. P-256, P-384, P-521, X25519, X448을 사용하는 ECDH 및 RFC 7919에 정의된 그룹이 있는 FFDH가 있다 (5장에서 다룸). 이전 버전의 TLS는 RSA 키 교환도 제공했지만(6장에서 다룸) 최신 버전에서는 제거되었다.

- **2개 이상의 디지털 서명 알고리즘**: TLS 1.3은 RSA PKCS#1 버전 1.5 및 최신 RSA-PSS는 물론,

ECDSA 및 EdDSA와 같은 최신 타원 곡선 알고리즘을 사용한다(7장에서 다룸). 디지털 서명은 해시 함수를 사용한다. 예를 들어 SHA-256 또는 SHA-512와 RSA-PSS의 사용을 협의할 수 있다.

- **HMAC 및 HKDF와 함께 사용할 하나 이상의 해시 함수**: TLS 1.3은 SHA-2 해시 함수의 두 인스턴스인 SHA-256 및 SHA-384도 사용한다(2장에서 SHA-2에 대해 배웠다). 해시 함수의 선택은 디지털 서명 알고리즘과는 관련이 없다. 참고로 HMAC는 3장에서 배운 메시지 인증 코드고, HKDF는 8장에서 다룬 키 파생 함수다.

- **하나 이상의 인증된 암호화 알고리즘**: 여기에는 128비트 또는 256비트 키가 있는 AES-GCM, ChaCha20-Poly1305 및 AES-CCM이 포함될 수 있다(4장에서 다룸).

이제 서버는 클라이언트의 선택에 따라 선별된 각 유형의 암호화 알고리즘 중 하나를 포함하는 **ServerHello** 메시지로 응답한다. 다음 그림은 이 응답을 보여준다.

안녕! TLS 1.3으로 연결할게.
키 교환엔 X448, X25519가 지원되고,
인증된 암호화엔 AES-GCM,
CHACHA20-POLY1305가 가능해.
등등….

어, 그래.
키 교환은 X25519로 하자.
인증된 암호화는 AES-GCM으로 하고…
등등….

서버가 지원하는 알고리즘을 찾을 수 없으면 연결을 중단한다. 어떤 경우에는 서버가 연결을 중단하지 않고 클라이언트에 대신 추가 정보를 제공하노록 요청할 수도 있다. 이를 위해 시비는 누락된 정보를 요청하는 **HelloRetryRequest**라는 메시지로 응답한다. 그러면 클라이언트는 요청 정보와 함께 ClientHello를 다시 보낼 수 있다.

TLS와 순방향 보안 키 교환

키 교환은 TLS 핸드셰이크에서 가장 중요한 부분이다! 키 교환 없이는 협의된 대칭 키가 있을 수 없다. 그러나 키 교환이 발생하려면 클라이언트와 서버가 먼저 각각의 공개 키를 교환해야 한다.

TLS 1.2 및 이전 버전에서 클라이언트와 서버는 두 참가자가 사용할 키 교환 알고리즘에 동의한 후에만 키 교환을 시작하며, 협의 단계에서 이루어진다. TLS 1.3은 협의와 키 교환을 동시에 시도하여 이 흐름을 최적화한다. 클라이언트는 추측에 따라 키 교환 알고리즘을 선택하고, 첫 번째 메시지(ClientHello)에서 공개 키를 보낸다. 클라이언트가 서버의 키 교환 알고리즘 선택을 예측하지 못하면 클라이언트는 협의 결과로 폴백하고 올바른 공개 키가 포함된 새 ClientHello를 보낸다. 아래에서 각 단계를 세부적으로 설명한다(그림 9.2).

1. 클라이언트는 X25519 또는 X448 키 교환을 수행할 수 있음을 알리는 TLS 1.3 ClientHello 메시지를 보내고, 함께 X25519 공개 키를 보낸다.

2. 서버는 X25519를 지원하지 않지만 X448은 지원한다. X448만 지원한다고 알리는 HelloRetry Request를 클라이언트에 보낸다.

3. 클라이언트는 동일한 ClientHello를 전송하지만, 대신 X448 공개 키를 사용한다.

4. 핸드셰이크가 계속된다.

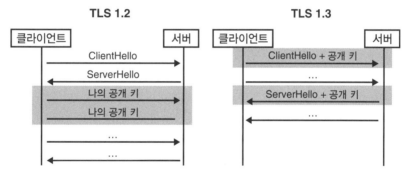

그림 9.2 TLS 1.2에서 클라이언트는 공개 키를 보내기 전에 서버가 사용할 키 교환 알고리즘을 선택할 때까지 기다린다. TLS 1.3에서 클라이언트는 서버가 어떤 키 교환 알고리즘을 사용할지 추측하고, 첫 번째 메시지에서 공개 키 하나(또는 여러 개)를 선제적으로 전송하여 절차를 줄일 수 있다.

TLS 1.3은 웹에 중요한 이러한 최적화로 가득 차 있다. 실제로 전 세계의 많은 사람들이 불안정하거나 느린 연결 상태에서, 애플리케이션 이외의 통신을 필요한 최소한으로 유지하는 것이 중요했다. 또한 TLS 1.3에서는 (이전 버전과 달리) 모든 키 교환이 일시적ephemeral이다. 이는 각각의 새로운 세션에 대해 클라이언트와 서버가 모두 새로운 키 쌍을 생성한 다음 키 교환이 완료되는 즉시 제거한다는 것을 의미하며, 이를 통해 키 교환은 **순방향 비밀성**을 가지게 된다. 클라이언트 또는 서버의 장기 키가 손상될 때 임시 개인 키가 안전하게 삭제되는 한, 공격자는 이 세션을 복호화할 수 없다.

만약 TLS 서버가 클라이언트와 수행하는 모든 키 교환에 대해 하나의 비밀 키를 사용한다면 어떤 일이 일어날까? 서버는 임시 키 교환을 수행하고 핸드셰이크가 종료되는 즉시 비밀 키를 제거함으로써 공격의 여지를 차단한다(그림 9.3).

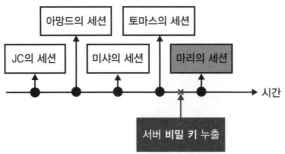

그림 9.3 TLS 1.3에서 각 세션은 임시 키 교환으로 시작된다.
서버가 특정 시점에 손상되면 이전 세션에는 영향을 미치지 않는다.

연습 문제
특정 시점에서 서버의 비밀 키가 손상되면 MITM 공격자가 이전에 기록된 모든 대화를 복호화할 수 있기 때문에
치명적이다. 어떻게 이런 일이 일어날 수 있는지 이해하는가?

임시 공개 키가 거래되면 키 교환이 수행되고 키를 파생할 수 있다. TLS 1.3은 서로 다른 시점에서
서로 다른 키를 파생하여 독립적인 키로 서로 다른 단계를 암호화한다.

처음 두 메시지인 ClientHello 및 ServerHello는 이 시점에서 공개 키가 거래되지 않았기 때문에 암
호화할 수 없다. 그러나 그 후 키 교환이 발생하는 즉시 TLS 1.3은 나머지 핸드셰이크를 암호화한
다(이는 핸드셰이크 메시지를 암호화하지 않던 이전 버전의 TLS와 다르다).

다른 키를 파생시키기 위해 TLS 1.3은 해시 함수가 협의된 HKDF를 사용한다. HKDF-Extract는
편향을 제거하기 위해 키 교환의 출력에 사용되는 반면, HKDF-Expand는 암호화 키를 파생시키
기 위해 다른 info 파라미터와 함께 사용된다. 예를 들어 tls13 c hs traffic('클라이언트 핸드셰이
크 드래픽'의 줄임말)은 핸드셰이크 중에 클라이언트가 서버에 암호화할 대칭 키를 유도하는 데 사용
되며, tls13 s ap traffic('서버 애플리케이션 트래픽'의 줄임말)은 서버가 핸드셰이크 후 클라이언트에
암호화할 대칭 키에 해당한다. 다만 **인증되지 않은** 키 교환은 안전하지 않음을 기억할 것! 다음으로
TLS가 이 문제를 해결하는 방법을 알아보자.

TLS 인증 및 웹 공개 키 인프라

협의와 키 교환이 이루어진 후에는 핸드셰이크가 계속되어야 한다. 다음에 일어나는 일은 TLS의
또 다른 가장 중요한 부분인 **인증**이다. 5장에서 공격자가 키 교환을 가로채고 키 교환의 한쪽, 또는
양쪽을 흉내 내는 것이 간단하다는 것을 설명했다. 이번 절에서는 브라우저가 공격자가 아닌 올바

른 웹사이트와 통신하고 있음을 암호학적인 방식으로 확인하는 방법을 알아본다. 하지만 잠깐 앞의 내용을 조금 더 구체적으로 다룰 필요가 있다. TLS 1.3 핸드셰이크는 실제로 세 단계로 나뉜다(그림 9.4 참조).

1. **키 교환**: 이 단계에는 일부 협의를 제공하고 키 교환을 수행하는 **ClientHello** 및 **ServerHello** 메시지를 포함한다. 이 단계 이후에 핸드셰이크 메시지를 포함한 모든 메시지는 암호화된다.

2. **서버 파라미터**: 이 단계의 메시지에는 서버의 추가 협의 데이터를 포함한다. 이는 서버의 첫 번째 메시지에 포함될 필요가 없으며, 그렇기에 암호화되는 이점을 얻을 수 있는 협의 데이터다.

3. **인증**: 이 단계에서는 서버와 클라이언트 모두의 인증 정보를 포함한다.

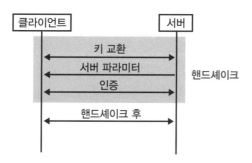

그림 9.4 **TLS 1.3 핸드셰이크는 키 교환 단계, 서버 파라미터 단계, 인증 단계의 세 단계로 나뉜다.**

일반적으로 웹에서 TLS의 인증은 일방적이다. 예를 들어 브라우저만 google.com이 실제로 google.com인지 확인하고, google.com은 사용자가 누구인지 확인하지 않는다(또는 적어도 TLS의 일부가 아니다).

상호 인증된 TLS

클라이언트 인증은 크레덴셜을 묻는 양식을 통해 웹용 애플리케이션 계층에 위임되기도 한다. 즉, 서버 파라미터 단계에서 서버가 요청하는 경우 클라이언트 인증이 TLS에서도 발생할 수 있다. 양쪽 연결이 모두 인증되면 이를 **상호 인증된 TLS**mutually authenticated TLS, mTLS라 한다.

클라이언트 인증은 서버 인증과 동일한 방식으로 수행되며, 서버 인증 후 언제라도 발생할 수 있다(예: 핸드셰이크 중, 또는 핸드셰이크 후 단계).

이제 "google.com에 연결할 때 브라우저는 사용자가 실제로 google.com과 핸드셰이킹하는지 어떻게 확인하는가?"라는 질문에 답해보겠다. 답은 **웹 PKI**를 사용하는 것이다.

디지털 서명을 다룬 7장에서 공개 키 인프라의 개념에 대해 배웠지만, 이는 웹의 작동 방식을 이해하는 데 매우 중요하므로 개념을 간단히 다시 소개하겠다. 웹 PKI에는 두 부분이 있다. 첫째, 브라우저는 **인증 기관**certificate authority, CA이라는 루트 공개 키 세트를 신뢰해야 한다. 일반적으로 브라우저는 하드코딩된 신뢰할 수 있는 공개 키 세트를 사용하거나, OS가 제공하는 세트에 의존한다.

웹 PKI

웹에는 전 세계의 여러 회사와 조직이 독립적으로 운영하는 수백 개의 CA가 있다. 이는 분석하기에 상당히 복잡한 시스템이며, 이러한 CA는 웹사이트의 공개 키에 서명할 권한을 가진 중간 CA의 공개 키에 서명할 수 있다. 이러한 이유로 **CA/브라우저 포럼**Certification Authority Browser Forum과 같은 조직은 규칙을 적용하고 새 조직이 신뢰할 수 있는 공개 키 집합에 가입할 수 있는 시점, 또는 CA를 더 이상 신뢰할 수 없어 해당 세트에서 제거해야 하는 시점을 결정한다.

둘째, HTTPS를 사용하려는 웹사이트는 이러한 CA로부터 인증(자신의 서명 공개 키 서명)을 얻을 수 있는 방법이 있어야 한다. 이를 위해 웹사이트 소유자(**웹마스터**webmaster)는 특정 도메인을 소유하고 있음을 CA에 증명해야 한다.

[NOTE] 웹사이트에 대한 인증서를 얻기 위해서는 수수료가 필요했는데, 최근에는 'Let's Encrypt'와 같은 CA가 무료로 인증서를 제공하므로 더 이상 비용을 들일 필요가 없다.

예를 들어 example.com의 웹마스터가 example.com을 소유하고 있음을 증명하기 위해 CA는 생성된 임의의 숫자를 포함하는 파일을 example.com/some_path/file.txt에 호스팅하도록 요청할 수 있다. 아래 만화를 참고하자.

그런 다음 CA는 웹사이트의 공개 키를 통해 서명을 제공한다. CA의 서명은 일반적으로 수년간 유효하므로 **장기 서명 공개 키**long-term signing public key(임시 공개 키와 반대)라고 말한다. 더 구체적으로는, CA는 실제로 공개 키에 서명하지 않고 대신 **인증서**certificate에 서명한다(나중에 자세히 설명한다). 인증서에는 웹페이지의 도메인 이름과 같은 몇 가지 중요한 추가 메타데이터와 함께 장기 공개 키를 포함한다.

대화 중인 서버가 실제로 google.com임을 브라우저에 증명하기 위해, 서버는 TLS 핸드셰이크의 일부로 **인증서 체인**certificate chain을 보낸다. 인증서 체인은 아래와 같은 구성 요소를 가지고 있다.

- 도메인 이름(예: google.com), 구글의 장기 서명 공개 키, CA 서명을 포함하는 자체 **리프 인증서** leaf certificate
- 구글 인증서에 서명한 인증서에서 마지막 중간 CA에 서명한 루트 CA까지의 중간 CA 인증서 체인

다소 장황한 내용이므로 그림 9.5에 설명했다.

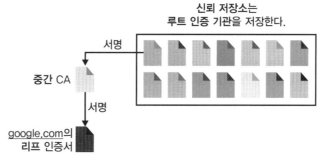

그림 9.5 웹 브라우저는 전체 웹을 신뢰하기 위해 비교적 작은 루트 CA 집합만 신뢰하면 된다.
이러한 CA는 신뢰 저장소(trust store)라는 곳에 저장된다. 브라우저에서 웹사이트를 신뢰하려면 웹사이트에
이러한 CA 중 하나에서 서명한 리프 인증서가 있어야 한다. 때때로 루트 CA는 중간 CA에만 서명하고,
다른 중간 CA 또는 리프 인증서에 서명한다. 이것이 웹 PKI다.

인증서 체인은 클라이언트가 인증을 요청받은 것처럼 서버와 클라이언트에 의해 인증서 TLS 메시지로 전송된다. 그런 다음 서버는 인증된 장기 키 쌍을 사용하여 **CertificateVerify**라는 메시지로 이전에 수신 및 전송된 모든 핸드셰이크 메시지에 서명할 수 있다. 그림 9.6은 서버만 자체 인증하는 이 흐름을 보여준다.

CertificateVerify 메시지의 서명은 서버가 지금까지 본 것을 클라이언트에 증명한다. 이 서명이 없으면 MITM 공격자가 서버의 핸드셰이크 메시지를 가로채고, ServerHello 메시지에 포함된 서버의 임시 공개 키를 교체하여 공격자가 서버를 성공적으로 가장할 수 있다. 그럼 왜 CertificateVerify 서명이 있으면 공격자가 서버의 임시 공개 키를 교체할 수 없을까? 이는 독자의 생각할 거리로 남겨두겠다.

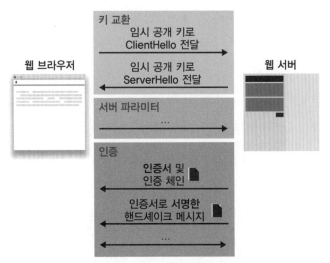

그림 9.6 핸드셰이크의 인증 부분은 서버가 클라이언트에 인증서 체인을 보냄으로써 시작된다. 인증서 체인은 리프 인증서(웹사이트의 공개 키와 도메인 이름과 같은 추가 메타데이터가 포함된 인증서)로 시작하여 브라우저에서 신뢰하는 루트 인증서로 끝난다. 각 인증서에는 체인에서 위에 있는 인증서의 서명을 포함한다.

옛날 옛적에…

몇 년 전, 필자는 대기업에서 만든 커스텀 TLS 프로토콜을 검토하는 용역을 수행했다. 그 프로토콜은 서버가 임시 키를 포함하지 않는 서명을 제공한 것으로 나타났다. 필자가 해당 문제를 회의에서 보고하자, 방 안의 모두가 1분 동안 침묵했다. 물론 이는 중대한 문제였다. 커스텀 핸드셰이크를 가로채서 임시 키를 자신의 것으로 교체할 수 있는 공격자는 서버를 성공적으로 가장했을 것이다.

여기서 교훈은, 바퀴를 재발명하지 않는 것이 중요하다는 것이다. 보안 전송 프로토콜은 제대로 작동하기 어렵고, 기록에 따르면 여러 가지 예상치 못한 방식으로 실패할 수 있다. 대신 TLS와 같은 성숙한 프로토콜에 의존하고 대중적으로 인기 있는 구현을 사용하는 편이 낫다.

마지막으로, 공식적으로 핸드셰이크를 종료하려면 연결 양쪽에서 인증 단계의 일부로 Finished 메시지를 보내야 한다. Finished 메시지에는 세션에 대해 협의된 해시 함수로 인스턴스화한 HMAC가 생성한 인증 태그를 포함한다. 이를 통해 클라이언트와 서버 모두 상대방에게 '이 핸드셰이크 동안 순서대로 보내고 받은 모든 메시지다'라고 말할 수 있다. 핸드셰이크가 MITM 공격자에 의해 가로채어 변조된 경우 이 무결성 검사를 통해 참가자는 연결을 감지하고 중단할 수 있다. 이는 일부 핸드셰이크 모드가 서명되지 않았기에 특히 유용하다(나중에 자세히 설명한다).

핸드셰이크의 다른 측면을 알아보기 전에 X.509 인증서를 살펴보자. 이는 많은 암호학 프로토콜에서 중요한 세부 사항이다.

X.509 인증서를 통한 인증

TLS 1.3에서 인증서는 선택 사항이지만(일반 키를 사용할 수도 있음) 웹뿐만 아니라 많은 애플리케이션과 프로토콜에서 추가 메타데이터를 인증하기 위해 인증서를 많이 사용한다. 특히 X.509 인증서 표준 버전 3이 많이 사용된다.

X.509는 이메일에서 웹페이지에 이르기까지 다양한 경우에 사용할 수 있을 만큼 충분히 유연한, 꽤 오래된 표준이다. X.509 표준은 **ASN.1**Abstract Syntax Notation One이라는 설명 언어를 사용하여 인증서에 포함된 정보를 지정한다. ASN.1에 따른 데이터 구조는 다음과 같다.

```
Certificate ::= SEQUENCE {
    tbsCertificate TBSCertificate,
    signatureAlgorithm AlgorithmIdentifier,
    signatureValue BIT STRING }
```

문자 그대로 세 개의 필드를 포함하는 구조로 읽을 수 있다.

- `tbsCertificate`: 서명할 인증서다. 여기에는 인증하려는 모든 정보를 포함한다. 웹의 경우 여기에는 도메인 이름(예: google.com), 공개 키, 만료 날짜 등이 포함될 수 있다.
- `signatureAlgorithm`: 인증서에 서명하는 데 사용되는 알고리즘이다.
- `signatureValue`: CA의 서명이다.

> **연습 문제**
> `signatureAlgorithm` 및 `signatureValue` 값은 실제 인증서인 `tbsCertificate`에 포함되지 않는다. 왜일까?

HTTPS를 사용하여 웹사이트에 연결한 다음 브라우저 기능을 사용하여 서버에서 보낸 인증서 체인을 관찰하면 X.509 인증서에 무엇이 있는지 쉽게 확인할 수 있다(그림 9.7).

X.509 인증서를 .pem 파일로 볼 수도 있다. 이 파일은 base64 인코딩 데이터에 포함된 내용(여기서는 인증서)을 사람이 읽을 수 있는 힌트로 감싼 파일이다. 다음 텍스트는 .pem 형식 인증서의 일부를 보여준다.

```
-----BEGIN CERTIFICATE-----
MIIJQzCCCCugAwIBAgIQC1QW6WUXJ9ICAAAAAEbPdjANBgkqhkiG9w0BAQsFADBC
```

```
MQswCQYDVQQGEwJVUzEeMBwGA1UEChMVR29vZ2xlIFRydXN0IFNlcnZpY2VzMRMw
EQYDVQQDEwpHVFMgQ0EgMU8xMB4XDTE5MTAwMzE3MDk0NVoXDTE5MTIyNjE3MDk0
NVowZjELMAkGA1UEBhMCVVMxEzARBgNVBAgTCkNhbGlmb3JuaWExFjAUBgNVBAcT
[…]
vaoUqelfNJJvQjJbMQbSQEp9y8EIi4BnWGZjU6Q+q/3VZ7ybR3cOzhnaLGmqiwFv
4PNBdnVVfVbQ9CxRiplKVzZSnUvypgBLryYnl6kquh1AJS5gnJhzogrz98IiXCQZ
c7mkvTKgCNIR9fedIus+LPHCSD7zUQTgRoOmcB+kwY7jrFqKn6thTjwPnfB5aVNK
dl0nq4fcF8PN++ppgNFbwC2JxX08L1wEFk2LvDOQgKqHR1TRJ0U3A2gkuMtf6Q6au
3KBzGW6l/vt3coyyDkQKDmT61tjwy5k=
-----END CERTIFICATE-----
```

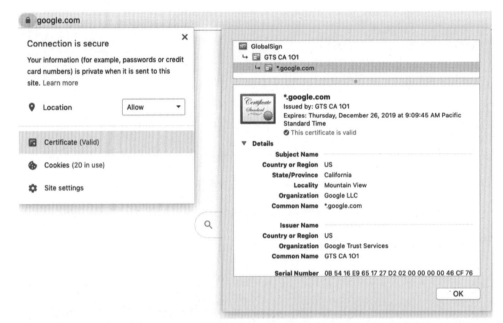

그림 9.7 크롬 브라우저의 인증서 보기를 사용하여 구글 서버에서 보낸 인증서 체인을 관찰할 수 있다.
루트 CA는 브라우저에서 신뢰하는 전역 서명(Global Sign)이다. 바로 아래의 GTS CA 101이라는 중간 CA는 전역 서명의
서명이 포함된 인증서로서 신뢰할 수 있다. 결과적으로 *.google.com(google.com, mail.google.com 등)에 유효한
구글의 리프 인증서에는 GTS CA 101의 서명을 포함한다.

BEGIN CERTIFICATE 및 END CERTIFICATE로 둘러싸인 base64 콘텐츠를 디코딩하면 **DER**Distinguished
Encoding Rules 인코딩 인증서가 생성된다. DER는 X.509 인증서를 바이트로 변환하는 데 사용되는
결정론적(인코딩하는 단 하나의 방법) 이진 인코딩이다. 이러한 모든 인코딩은 초보자에게는 매우 혼란
스러울 것이다! 이 모든 내용을 그림 9.8에 요약했다.

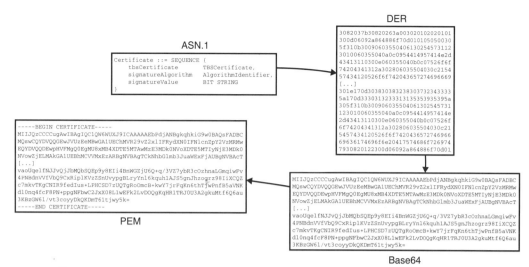

그림 9.8 왼쪽 상단 모서리에는 ASN.1 표기법을 사용하여 X.509 인증서를 표시했다. 이는 DER 인코딩을 통해 서명할 수 있는 바이트로 변환된다. 사람이 쉽게 복사하거나 인식할 수 있는 텍스트가 아니므로 base64로 인코딩된다. 마지막으로 PEM 형식을 사용하여 몇 가지 편리한 콘텍스트 정보로 base64 데이터를 래핑한다.

DER는 정보를 '여기에 정수가 있다' 또는 '이것은 바이트 배열이다'로만 인코딩한다. ASN.1에 설명된 필드 이름(예: tbsCertificate)은 인코딩 후 손실된다. 따라서 각 필드가 실제로 의미하는 바에 대한 원래 ASN.1 설명에 대한 지식 없이 DER를 디코딩하는 것은 무의미하다. OpenSSL과 같은 편리한 커맨드 라인 도구를 사용하면 DER로 인코딩된 인증서의 내용을 사람의 관점에서 디코딩하고 번역할 수 있다. 예를 들어 google.com의 인증서를 다운로드하는 경우, 다음 코드를 사용하여 터미널에 해당 콘텐츠를 표시할 수 있다.

```
$ openssl x509 -in google.pem -text
Certificate:
    Data:
        Version: 3 (0x2)
        Serial Number:
            0b:54:16:e9:65:17:27:d2:02:00:00:00:00:46:cf:76
        Signature Algorithm: sha256WithRSAEncryption
        Issuer: C = US, O = Google Trust Services, CN = GTS CA 101
        Validity
            Not Before: Oct 3 17:09:45 2019 GMT
            Not After : Dec 26 17:09:45 2019 GMT
        Subject: C = US, ST = California, L = Mountain View, O = Google LLC, CN = *.google.com
        Subject Public Key Info:
            Public Key Algorithm: id-ecPublicKey
                Public-Key: (256 bit)
                pub:
```

```
                    04:74:25:79:7d:6f:77:e4:7e:af:fb:1a:eb:4d:41:
                    b5:27:10:4a:9e:b8:a2:8c:83:ee:d2:0f:12:7f:d1:
                    77:a7:0f:79:fe:4b:cb:b7:ed:c6:94:4a:b2:6d:40:
                    5c:31:68:18:b6:df:ba:35:e7:f3:7e:af:39:2d:5b:
                    43:2d:48:0a:54
                ASN1 OID: prime256v1
                NIST CURVE: P-256
[...]
```

이렇게까지 설명했음에도 X.509 인증서는 상당히 논란의 여지가 있다. 2012년 한 연구팀은 X.509 인증서 검증을 '세계에서 가장 위험한 코드'라 불렀다. DER 인코딩이 올바르게 구문 분석하기 어려운 프로토콜이고, X.509 인증서의 복잡성으로 인해 많은 실수의 여지가 잠재되어 있기 때문이다. 이러한 이유로 X.509 인증서를 반드시 사용해야 하는 경우가 아니면 최신 애플리케이션에서는 사용하지 않는 것이 좋다.

TLS에서 사전 공유 키, 세션 재개 또는 키 교환을 피하는 방법

비용이 많이 들다 보니 키 교환이 때로는 필요하지 않을 수도 있다. 예를 들어 다른 주체 없이 서로 연결되는 두 대의 시스템이 있을 때는 통신을 보호하기 위해 공개 키 인프라를 처리할 필요가 없을 수도 있다. TLS 1.3은 **사전 공유 키**pre-shared key, PSK로 이러한 오버헤드를 방지하는 방법을 제공한다. PSK는 클라이언트와 서버 모두가 알고 있는 비밀이며, 세션에 대한 대칭 키를 유도하는 데 사용할 수 있다.

TLS 1.3에서 PSK 핸드셰이크는 클라이언트가 ClientHello 메시지에서 PSK 식별자 목록을 지원한다고 알림advertise으로써 작동한다. 서버가 PSK ID 중 하나를 인식하면 응답(ServerHello 메시지)에서 이를 알리며, 둘 다 원하는 경우 키 교환을 피할 수 있다. 이렇게 하면 인증 단계를 건너뛰며, MITM 공격을 방지하기 위해 핸드셰이크 종료 시 Finished 메시지가 중요해지게 된다.

클라이언트 난수와 서버 난수

책을 주의 깊게 읽었다면 임시 공개 키가 세션에 무작위성을 가져오고, 이 키가 없으면 핸드셰이크가 끝날 때 대칭 세션 키가 항상 동일하게 끝날 수 있음을 알아차렸을 것이다. 이러한 세션이 연결되는 것은 바람직하지 않기 때문에, 서로 다른 세션에 대해 서로 다른 대칭 키를 사용하는 것은 매우 중요하다. 더 좋지 않은 경우로는, 암호화된 메시지가 세션마다 다를 수 있기에 논스의 재사용으로 인해 치명적인 결과를 초래할 수 있다(4장 참조).

이를 완화하기 위해 ClientHello 및 ServerHello 메시지에는 모든 새 세션에 대해 무작위로 생성되는 임의의 필드가 있다(종종 **클라이언트 난수** 및 **서버 난수**라고도 함). 이러한 임의 값은 TLS에서 대칭 키 파생에 사용되므로, 각 새 연결에 대해 세션 대칭 키를 효과적으로 무작위화한다.

PSK의 또 다른 사용 사례는 **세션 재개**session resumption다. 세션 재개는 이전 세션 또는 연결에서 생성된 비밀을 재사용하는 것이다. 이미 연결한 google.com에서 인증서 체인을 이미 확인하고, 키 교환을 수행하고, 공유 비밀에 동의하는 등의 작업을 수행했다면 몇 분 또는 몇 시간 후에 다시 방문할 때 이 모든 작업을 다시 하고 싶지 않을 것이다. TLS 1.3은 핸드셰이크가 성공적으로 수행된 후 PSK를 생성하는 방법을 제공하며, 후속 연결에서 전체 핸드셰이크를 다시 실행하지 않고도 연결을 사용할 수 있다.

서버가 이 기능을 제공하기를 원하면 핸드셰이크 후 단계 동안 언제든지 **새 세션 티켓**New Session Ticket 메시지를 보낼 수 있다. 서버는 여러 가지 방법으로 소위 **세션 티켓**session ticket을 생성할 수 있다. 예를 들어 서버는 데이터베이스의 관련 정보와 연관된 식별자를 보낼 수 있다. 이 밖에도 다른 방법이 있지만 이 메커니즘은 매우 복잡하고 대부분의 경우 필요하지 않기 때문에 이 장에서 더 이상 다루지 않겠다. 다음으로 TLS의 가장 쉬운 부분, 통신이 암호화되는 방법을 살펴보겠다.

9.2.2 TLS 1.3이 애플리케이션 데이터를 암호화하는 방법

핸드셰이크가 발생하고 대칭 키가 파생되면 클라이언트와 서버 모두 암호화된 애플리케이션 데이터를 서로 보낼 수 있다. 게다가 TLS는 그러한 메시지를 리플레이하거나 재정렬할 수 없도록 한다! 이를 위해 인증된 암호화 알고리즘에서 사용하는 논스는 고정 값에서 시작하고, 새 메시지마다 증가한다. 메시지가 리플레이되거나 재정렬되면 예상과 다른 논스의 복호화가 실패하여 연결이 끊어진다.

평문 길이 숨기기

4장에서 배웠듯 암호화가 암호화되는 길이를 항상 숨기는 것은 아니다. TLS 1.3에는 암호화하기 전에 애플리케이션 데이터를 임의의 0바이트 수로 채워 메시지의 실제 길이를 효과적으로 숨길 수 있는 **레코드 패딩**record padding이 함께 제공된다. 그럼에도 불구하고 추가된 노이즈를 제거하는 통계적 공격이 존재할 수 있으며, 이를 완화하는 것은 간단하지 않다. 이 보안 속성이 정말로 필요한 경우 TLS 1.3 사양을 참조해야 한다.

TLS 1.3부터 서버가 허용하기로 결정하면, 클라이언트는 ClientHello 메시지 바로 다음에 첫 번째 메시지 시리즈의 일부로 암호화된 데이터를 보낼 수 있다. 즉, 브라우저가 반드시 핸드셰이크가 끝날 때까지 기다렸다가 애플리케이션 데이터를 서버로 보내지 않아도 된다는 뜻이다. 이 메커니즘을 **초기 데이터**early data 또는 **0-RTT**(왕복 시간round trip time 0을 의미)라 한다. ClientHello 메시지 동안 대칭 키의 파생을 허용하므로 PSK 조합에서만 사용할 수 있다.

NOTE 수동적 공격자는 Client-Hello를 관찰한 다음에 암호화된 0-RTT 데이터를 리플레이할 수 있기에, 이 기능은 TLS 1.3 표준을 개발하는 동안 상당히 논란이 되었다. 그렇기에 0-RTT는 안전하게 리플레이할 수 있는 애플리케이션 데이터에만 사용해야 한다.

웹의 경우 브라우저는 모든 GET 쿼리를 **멱등원**idempotent으로 처리한다. 즉, GET 쿼리는 서버 측에서 상태를 변경해서는 안 되며 데이터 검색만을 위해 쓰인다(가령 POST 쿼리와 달리). 물론 항상 그렇지는 않으며 애플리케이션은 원하는 작업을 수행하는 것으로 알려져 있다. 그렇기에 0-RTT를 사용할지 말지 고민이 된다면 그냥 사용하지 않는 편이 더 간단하다.

9.3 암호화된 웹의 현재

오늘날 표준은 TLS 버전 1.2 및 TLS 1.3이 아닌 모든 SSL 및 TLS 버전의 사용 중단을 추진하고 있다. 그러나 레거시 클라이언트와 서버로 인해 많은 라이브러리와 애플리케이션에서는 이전 버전의 프로토콜을 계속 지원한다(때로는 SSL 버전 3까지도). 이는 단순한 문제가 아니다. 방어해야 하는 취약성의 수가 적지 않기 때문에, 구현하기 어려운 많은 완화 조치를 유지해야 한다.

CAUTION TLS 1.3(및 TLS 1.2) 사용은 안전한 모범 사례로 간주된다. 더 낮은 버전을 사용하고자 한다면 전문가에게 문의해야 하고, 알려진 취약점을 피하는 방법을 알아내야 한다.

기본적으로 브라우저는 여전히 HTTP를 사용하여 웹 서버에 연결하고, 웹 사이트는 여전히 수동으로 CA에 인증서를 요청해야 한다. 이는 현재 프로토콜을 사용하면 웹이 완전히 암호화되지 않을 것임을 의미하지만, 일부 추정에 따르면 2019년 시점으로 전 세계 웹 트래픽이 90% 암호화된 것으로 나타났다.

기본적으로 브라우저가 항상 안전하지 않은 연결을 사용한다는 사실도 문제다. 요즘 웹 서버는 일반적으로 HTTP를 사용하여 페이지에 접근하는 사용자를 HTTPS로 리디렉션한다. 웹 서버는 브라우저에 후속 연결에 HTTPS를 사용하도록 지시할 수도 있다. 이는 **HSTS**HTTP Strict Transport Security라는 HTTPS 응답 헤더를 통해 이루어진다. 그러나 웹사이트에 대한 첫 번째 연결은 여전히 보호되지 않으며(사용자가 주소 표시줄에 https를 입력하지 않는 한) 공격자는 HTTPS로의 리디렉션을 제거하기 위해 이를 가로챌 수 있다.

또한 NTP(현재 시간 가져오기), DNS(도메인 이름 뒤에 있는 IP 가져오기)와 같은 다른 웹 프로토콜은 현재 대부분 암호화되지 않고 MITM 공격에 취약하다. 현상 유지를 개선하기 위한 연구가 이루어지고 있지만 적어도 이러한 공격 벡터를 알고는 있어야 한다.

TLS 사용자에게는 오작동하는 CA가 또 다른 위협이다. 만약 CA가 도메인에 대한 인증서와 자신이 제어하는 공개 키에 서명하기로 결정하면 어떻게 될까? CA가 MITM 공격자 위치가 되면 사용자에게 웹사이트를 가장하기 시작할 수 있다. 연결 클라이언트 측을 제어하는 입장에서 명백한 해결책은 웹 PKI를 사용하지 않고(자체 PKI에 의존) 특정 인증서 또는 공개 키를 고정하는 것이다.

인증서 또는 공개 키 고정은 서버의 인증서(보통은 해시) 또는 공개 키를 클라이언트 코드에 직접 하드코딩하는 기술이다. 서버가 예상된 인증서를 제공하지 않거나 인증서에 예상되는 장기 공개 키가 포함되어 있지 않으면, 클라이언트는 핸드셰이크의 인증 단계에서 연결을 중단한다. 이 방식은 서버의 공개 키 또는 인증서가 어떻게 생겼는지 정확히 알고 있기 때문에 모바일 애플리케이션에서 자주 사용된다(무한한 수의 서버에 연결해야 하는 브라우저와 다르다). 그러나 인증서와 공개 키를 하드코딩하는 것이 항상 가능한 일은 아니기에, 잘못된 인증서를 처리하기 위한 두 가지 다른 메커니즘이 공존한다.

- **인증서 해지**Certificate revocation: 이름에서 알 수 있듯 CA가 인증서를 해지하고, 브라우저에 이를 경고할 수 있다.
- **인증서 모니터링**Certificate monitoring: CA가 서명된 모든 인증서를 공개적으로 기록하도록 하는 비교적 새로운 시스템이다.

인증서 해지에는 역사적으로 우여곡절이 많았다. 제안된 첫 번째 솔루션은 CA가 더 이상 유효하지 않은 것으로 간주되는 해지된 인증서 목록을 유지 관리할 수 있는 **인증서 해지 목록**Certificate Revocation List, CRL이었다. CRL의 문제는, CRL이 상당히 커질 수 있고 CRL을 지속적으로 확인해야 한다는 것이다.

인증서 해지 여부를 확인하기 위해 쿼리할 수 있는 간단한 웹 인터페이스인 **온라인 인증서 상태 프로토콜**Online Certificate Status Protocol, OCSP이 등장함에 따라 CRL은 더 이상 사용되지 않는다. 그런데 OCSP에도 나름의 문제가 있다. CA에는 OCSP 요청에 응답할 수 있는 고가용성 서비스가 있어야 하고, 웹 트래픽 정보가 CA에 누출되며, 브라우저는 종종 시간 초과되는 OCSP 요청을 무시한다(사용자 경험을 위한 조치이기는 하다). 현재 솔루션은 **OCSP 스테이플링**stapling으로 OCSP를 보강하는 것이다. 웹사이트는 CA에 서명된 인증서 상태를 쿼리하고, TLS 핸드셰이크 중에 인증서에 대한 응답을 첨부(스테이플링)한다. 그림 9.9에서 세 가지 솔루션을 비교했다.

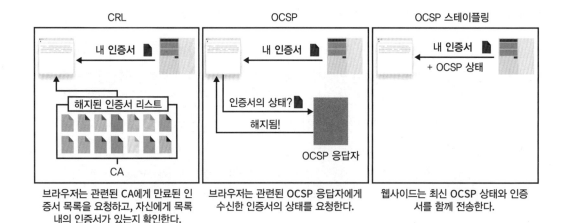

CRL	OCSP	OCSP 스테이플링
내 인증서	내 인증서	내 인증서 + OCSP 상태
해지된 인증서 리스트	인증서의 상태? 해지됨! OCSP 응답자	
CA		
브라우저는 관련된 CA에게 만료된 인증서 목록을 요청하고, 자신에게 목록 내의 인증서가 있는지 확인한다.	브라우저는 관련된 OCSP 응답자에게 수신한 인증서의 상태를 요청한다.	웹사이드는 최신 OCSP 상태와 인증서를 함께 전송한다.

그림 9.9 웹상의 인증서 해지에는 CRL, OCSP, OCSP 스테이플링이라는 세 가지 솔루션이 있다.

인증서 해지는 인증서가 손상될 때까지 지원해야 하는 주요 기능(특히 WWW에 비해 작은 시스템의 경우)이다. 자동차 안전벨트와 마찬가지로, 인증서 해지 기능은 대부분의 경우에는 쓸모가 없지만 상황에 따라 생명의 은인이 될 수 있는 보안 기능이다. 보안 분야에서 '**심층 방어**defense in depth'의 일종이기도 하다.

> **NOTE** 웹의 경우 인증서 해지가 좋은 결정임이 대체로 입증되었다. 2014년에 Heartbleed 버그는 SSL 및 TLS 역사상 가장 파괴적인 버그 중 하나로 밝혀졌다. 가장 널리 사용되는 SSL/TLS 구현(OpenSSL)에는 **버퍼 오버리드**buffer overread 버그(배열의 한계를 넘어 읽기)가 있어 누구나 특수하게 조작된 메시지를 OpenSSL 서버에 보내거나 메모리 덤프를 받을 수 있으며, 이를 통해 장기 비밀 키를 확보할 수 있었다.

그러나 CA가 실제로 오작동을 하는 경우, 악성 인증서를 취소하지 않거나 보고하지 않을 수도 있다. 문제는 우리가 무시할 수 없는 수의 행위자(CA)를 맹목적으로 신뢰하고 있다는 것이다. 이 문제를 대규모로 해결하기 위해 2012년 구글은 **인증서 투명성**Certificate Transparency을 제안했다. 인증서 투명성이란 발급된 각 인증서를 CA가 거대한 인증서 로그에 추가해서 모든 사람이 볼 수 있도록 하는 것이다. 이를 위해 크롬과 같은 브라우저는 이제 공개 로그에 포함된 증거가 없으면 인증서를 거부한다. 투명성을 통해 소유한 도메인에 대한 인증서가 잘못 발급되었는지 확인할 수 있다(과거에 요청한 인증서 이외의 다른 인증서가 없어야 한다).

다만 인증서 투명성은 자기 도메인의 로그를 모니터링하다가 **사후에** 잘못된 인증서를 포착하는 사람들에게 의존한다. 또한 CA는 신속하게 대응해야 하고, 잘못 발급된 인증서가 감지되면 취소해야 한다. 극단적 상황에서 브라우저는 때때로 신뢰 저장소에서 오작동하는 CA를 제거한다. 따라서 인증서 투명성은 CA 오작동을 완화하는 공개 키 고정, 또는 인증서만큼 강력하지는 않다.

9.4 기타 전송 프로토콜

지금까지 통신 암호화에 가장 널리 사용되는 프로토콜인 TLS에 대해 배웠다. 그런데 아직 끝이 아니다. 보안 전송 프로토콜 클래스에는 TLS뿐 아니라 많은 프로토콜이 존재하며, 독자 여러분도 이미 사용하고 있을 가능성이 크다. 그러나 대부분은 특정 사용 사례를 지원하도록 만들어진, TLS와 유사한 커스텀 프로토콜이다. 예를 들어 다음과 같은 프로토콜이 있다.

- **시큐어 셸**Secure Shell, SSH: 다른 컴퓨터의 원격 터미널에 안전하게 연결하기 위해 가장 널리 사용되는 프로토콜이자 애플리케이션이다.

- **와이파이 보호 접속**Wi-Fi Protected Access, WPA: 장치를 사설 네트워크 액세스 포인트, 또는 인터넷에 연결하는 데 가장 널리 사용되는 프로토콜이다.

- **IPSec**Internet Protocol Security: 서로 다른 사설 네트워크를 함께 연결하는 데 널리 사용되는 가상 네트워크 프로토콜virtual network protocol, VPN 중 하나다. 주로 회사에서 서로 다른 사무실 네트워크를 연결하는 데 사용된다. 이름에서 알 수 있듯 IP 계층에서 작동하며 라우터, 방화벽, 기타 네트워크 장비에서 흔히 볼 수 있다. 또 다른 인기 있는 VPN은 TLS를 직접 사용하는 OpenVPN이다.

이러한 모든 프로토콜은 일반적으로 핸드셰이크/핸드셰이크 후 패러다임을 다시 구현하고 고유한 특성을 추가한다. 이 경우에 바퀴의 재발명이 문제가 되지는 않는데, 몇 가지 Wi-Fi 프로토콜이 이미 뚫렸기 때문이다. 이 장을 마치기 전에 마지막으로 소개할 것은 **노이즈 프로토콜 프레임워크**로, 노이즈는 TLS에 대한 훨씬 더 현대적인 대안이다.

9.5 TLS에 대한 현대적인 대안, 노이즈 프로토콜 프레임워크

TLS는 이제 상당히 성숙해졌으며 대중화되었기에 대부분의 경우 견고한 솔루션으로 간주된다. 그러나 TLS는 역사적 이유, 이전 버전과의 호환성 제약, 전반적인 복잡성으로 인해 TLS를 사용하는 애플리케이션에 많은 오버헤드를 추가한다. 실제로 모든 엔드포인트를 제어하는 많은 시나리오에서 TLS가 제공해야 하는 모든 기능이 필요하지는 않다. TLS의 이러한 문제에 대한 대안으로 **노이즈 프로토콜 프레임워크**Noise protocol framework가 있다.

노이즈 프로토콜 프레임워크는 핸드셰이크의 모든 협의를 피함으로써 TLS의 런타임 복잡성을 제거한다. 노이즈를 실행하는 클라이언트와 서버는 분기하지 않는 선형 프로토콜을 따른다. 이를 서로 다른 핸드셰이크 메시지에 포함된 정보에 따라 다양한 경로를 취할 수 있는 TLS와 비교해보면, 노이즈 프로토콜은 모든 복잡성을 설계 단계로 밀어넣는다고 볼 수 있다.

노이즈 프로토콜 프레임워크를 사용하려는 개발자는 애플리케이션에서 사용하려는 프레임워크의 임시 인스턴스화를 결정해야 한다(이 때문에 프로토콜이 아니라 프로토콜 **프레임워크**라고 한다). 따라서 먼저 어떤 암호화 알고리즘을 사용할지, 어느 쪽 연결을 인증할지, 사전 공유 키를 사용할지 등을 결정해야 한다. 그다음 프로토콜을 구현하면 고정된 일련의 메시지로 바뀌는데, 이는 업데이트할 수 없는 장치와의 하위 호환성을 유지하면서 나중에 프로토콜을 업데이트해야 하는 경우 문제가 될 수 있다.

9.5.1 노이즈의 다양한 핸드셰이크

노이즈 프로토콜 프레임워크는 선택할 수 있는 다양한 **핸드셰이크 패턴**handshake pattern을 제공한다. 핸드셰이크 패턴에는 일반적으로 현재 진행 중인 상황을 나타내는 이름이 있다. 예를 들어 IK 핸드셰이크 패턴은 클라이언트의 공개 키가 핸드셰이크의 일부로 전송되고(첫 번째 I는 **즉시**Immediate를 의미) 서버의 공개 키가 클라이언트에 미리 알려져 있음(K는 **알려진 것**Known을 의미)을 나타낸다. 핸드셰이크 패턴을 선택하면 이를 사용하는 애플리케이션은 다른 가능한 핸드셰이크 패턴을 수행하려 시도하지 않는다. 이는 실제로 노이즈를 TLS와 달리 단순하고 선형적인 프로토콜로 만든다.

이번 절의 나머지 부분에서는 **NN**이라는 핸드셰이크 패턴을 사용하여 노이즈가 작동하는 방식을 설명한다. 충분히 간단한 내용이지만 양쪽에서 인증이 수행되지 않음을 나타내는 두 개의 N 때문에 안전하지 않다. 노이즈의 문법에서 이 패턴은 다음과 같이 작성된다.

```
NN:
    -> e
    <- e, ee
```

가 줄은 메시지 패턴을 나타내고, 회살표는 메시지의 방향을 나타낸다. 각 메시지 패턴은 연결의 양쪽에서 수행해야 하는 작업을 지시하는 토큰의 연속이다(여기에서는 e와 ee 두 개만 있음).

- **-> e**: 클라이언트가 임시 키 쌍을 생성하고 공개 키를 서버로 보내야 함을 의미한다. 서버는 이 메시지를 다르게 해석한다. 즉, 임시 공개 키를 받아 저장해야 한다.

- **<- e, ee**: 서버가 임시 키 쌍을 생성하고 공개 키를 클라이언트에 보낸 다음 클라이언트의 임시 키(첫 번째 e) 및 자신의 임시 키(두 번째 e)와 DH 키 교환을 수행해야 함을 의미한다. 반면 클라이언트는 서버로부터 임시 공개 키를 받아야 하며 이를 사용하여 DH 키 교환을 수행해야 한다.

> **NOTE** 노이즈는 다양한 유형의 핸드셰이크를 지정하기 위해 정의된 토큰의 조합을 사용한다. 예를 들어 s 토큰은 임시

키가 아닌 **정적 키**static key(장기 키long-term key의 다른 표현)를 의미하고, 토큰 es는 두 참여자가 클라이언트의 임시 키와 서버의 정적 키를 사용하여 DH 키 교환을 수행해야 함을 의미한다.

각 메시지 패턴(-> e 및 <- e, ee)의 끝에서 발신자는 페이로드도 전송하게 된다. 첫 번째 메시지 패턴 -> e의 경우가 아닌 이전에 DH 키 교환이 발생하면 페이로드가 암호화 및 인증된다. 핸드셰이크가 끝나면 두 참가자 모두 대칭 키 집합을 도출한 후 TLS와 유사하게 통신 암호화를 시작한다.

9.5.2 노이즈의 핸드셰이크

노이즈의 한 가지 특징은 핸드셰이크 기록을 지속적으로 인증한다는 것이다. 이를 달성하기 위해 양측은 해시(h)와 체인 키chaining key(ck)의 두 가지 변수를 유지한다. 보내거나 받은 각 핸드셰이크 메시지는 이전 h 값으로 해시된다(그림 9.10).

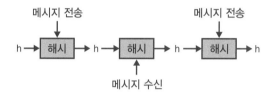

그림 9.10 **노이즈 프로토콜 프레임워크에서 연결의 양측은 핸드셰이크 동안 전송 및 수신된 모든 메시지의 다이제스트 h를 추적한다. AEAD 알고리즘으로 메시지를 보내고 암호화하면 현재 h 값을 관련 데이터로 사용하여 이때까지의 핸드셰이크를 인증한다.**

각 메시지 패턴의 끝에서 (비어 있을 수 있는) 페이로드는 AEAD 알고리즘(4장에서 다룸)으로 암호화된다. 이 경우 h 값은 AEAD의 관련 데이터 필드에 의해 인증된다. 노이즈는 이를 통해 연결의 양쪽이 정확히 동일한 일련의 메시지를 동일한 순서로 보고 있는지 지속적으로 확인할 수 있다.

또한 DH 키 교환이 발생할 때마다(핸드셰이크 중에 여러 번 발생할 수 있음) 그 출력은 이전 연결 키(ck)와 함께 HKDF에 공급되어 새 연결 키와 사용할 새 대칭 키 세트를 파생시키고, 이를 통해 이어지는 메시지를 인증하고 암호화한다(그림 9.11).

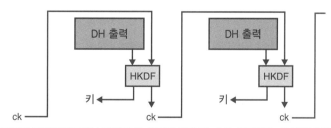

그림 9.11 **노이즈 프로토콜 프레임워크에서 연결의 각 측면은 연결 키 ck를 추적한다. 이 값은 DH 키 교환이 수행될 때마다 프로토콜에서 사용할 새 체인 키 및 새 암호화 키를 파생하는 데 사용된다.**

그렇기에 노이즈는 런타임에서 단순한 프로토콜이 된다. 분기가 없으며, 양쪽 연결 모두 필요한 작업을 수행하기만 하면 된다. 노이즈를 구현하는 라이브러리도 매우 간단하다. 수십만 라인인 TLS 라이브러리에 비해 노이즈의 라이브러리는 수백 라인으로 끝이다. 노이즈는 사용이 더 복잡하고 노이즈가 애플리케이션에 통합되는 방식을 이해하는 개발자가 필요하지만 어쨌든 TLS에 대한 강력한 대안이다.

요약

- TLS는 시스템 간의 통신을 암호화하는 보안 전송 프로토콜이다. 이전에는 SSL이라 부르기도 했다.

- TLS는 TCP 위에서 작동하며 브라우저, 웹 서버, 모바일 애플리케이션 등 간의 연결을 보호하기 위해 매일 사용된다.

- UDP 위에서 세션을 보호하기 위해 TLS에는 UDP와 함께 작동하는 DTLS라는 변형이 있다.

- TLS 및 대부분의 다른 전송 보안 프로토콜에는 핸드셰이크 단계(보안 협의가 생성됨)와 핸드셰이크 후 단계(첫 번째 단계에서 파생된 키를 사용하여 통신이 암호화됨)가 있다.

- 웹 공개 키 인프라에 너무 많은 신뢰를 위임하는 것을 방지하기 위해, TLS를 사용하는 애플리케이션은 인증서 및 공개 키 고정을 사용하여 특정 인증서 또는 공개 키와의 보안 통신만 허용할 수 있다.

- 시스템은 심층 방어 수단으로 인증서 해지(손상된 인증서 제거) 및 인증서 모니터링(손상된 인증서 또는 CA 감지)을 구현할 수 있다.

- TLS 복잡성과 크기, 연결의 양쪽 제어 여부를 피하기 위한 대안으로 노이즈 프로토콜 프레임워크를 사용할 수 있다.

- 노이즈를 사용하려면 프로토콜을 설계할 때 사용할 핸드셰이크 변형을 결정해야 한다. 이 때문에 TLS보다 훨씬 간단하고 안전하지만 유연성은 떨어진다.

CHAPTER

10

CHAPTER

종단 간 암호화

이번 장에서 다룰 내용

- 종단 간 암호화와 그 중요성
- 이메일 암호화를 위한 다양한 시도
- 종단 간 암호화가 바꾸는 메시징 생태계

9장에서는 TLS, 노이즈와 같은 프로토콜을 통한 전송 보안을 설명하며 웹에서 신뢰가 뿌리를 내리는 곳, 즉 브라우저와 OS가 신뢰하는 수백 개의 CA를 알아보는 데 상당한 시간을 할애했다. 완벽하지는 않지만 이 시스템은 서로에 대해 전혀 모르는 참가자들의 복잡한 네트워크인 웹에서 지금까지 잘 작동했다.

다른 사람(및 그들의 공개 키)을 신뢰하고 확장하는 방법을 찾는 이 문제는 실세계 암호학의 핵심이다. 유명한 암호학자가 연구 분야를 설명하기 위해 '대칭 암호는 해결되었다'고 언급한 적이 있으며 이 말은 거의 사실이었다. 통신을 암호화하는 데는 문제가 거의 없으며, 우리는 우리가 사용하는 현재 암호화 알고리즘에 강한 확신이 있다. 암호화와 관련된 대부분의 엔지니어링 문제는 더 이상 알고리즘 자체가 아니라 앨리스와 밥이 누구인지, 이를 어떻게 증명할지에 관한 것이다.

암호학은 신뢰할 수 있는 하나의 솔루션만 가진 것이 아니며, 맥락에 따라 실용적인 다양한 솔루션을 제공한다. 이 장에서는 사람과 애플리케이션이 사용자 간의 신뢰를 구축하는 데 사용하는 몇 가지 다양한 기술을 소개한다.

10.1 종단 간 암호화가 왜 필요한가?

이 장은 '무엇을' 대신 '왜'로 시작한다. 종단 간 암호화는 암호학 프로토콜 이상의 개념이기 때문이다. 이는 적대적인 경로를 통해 두(또는 그 이상) 참가자 간의 통신을 보호하는 개념이다. 이 책의 시작 부분에서 들었던 간단한 예를 떠올려보자. 앨리스 여왕은 중간에 아무도 훔쳐볼 수 없는 메시지를 밥 경에게 보내고 싶었다. 그런데 오늘날 사용자의 커뮤니케이션을 연결하기 위해 존재하는 이메일 및 메시징과 같은 다양한 애플리케이션 대부분에서는 메시지를 거의 암호화하지 않는다.

물론 반문할 수 있다. 'TLS로 충분하지 않아?' 이론적으로는 그럴 수 있다. 9장에서 통신 보안을 위해 TLS를 많은 곳에서 사용한다는 것을 배웠다. 그러나 종단 간 암호화는 실제 인간과 관련된 개념이다. TLS는 사실 설계상 '중간자'에 해당되는 시스템에 주로 사용된다(그림 10.1 참조). 이러한 시스템에서 TLS는 중앙 서버와 해당 사용자 간의 통신을 보호하는 데만 사용되며, 서버는 모든 것을 볼 수 있다. 이러한 MITM 서버는 사용자 사이에 위치하며, 애플리케이션이 작동하는 데 필요하고, 프로토콜의 **신뢰할 수 있는 제3자**다. 즉, 안전한 프로토콜로 간주되기 위해서는 시스템의 이러한 부분을 신뢰해야 한다(미리 이야기하자면 이건 그리 좋은 프로토콜이 아니다).

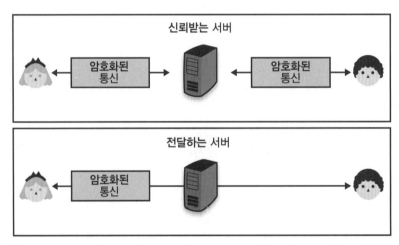

그림 10.1 대부분의 시스템에서 중앙 서버(위쪽 그림)는 사용자 간에 메시지를 전달한다. 일반적으로 사용자와 중앙 서버 간에 보안 연결이 설정되어 모든 사용자 간 메시지를 볼 수 있다. 종단 간 암호화를 제공하는 프로토콜(아래쪽 그림)은 한 사용자에서 의도한 수신자까지의 통신을 암호화하여, 중간에 있는 서버가 평문 메시지를 관찰하는 것을 방지한다.

실제로는 훨씬 더 나쁜 토폴로지가 존재한다. 사용자와 서버 간의 통신은 많은 네트워크 홉을 통과할 수 있으며, 이러한 홉 중 일부는 트래픽(종종 **미들박스**middlebox라고도 함)을 확인하는 시스템일 수 있다. 트래픽이 암호화된 경우에도 일부 미들박스는 TLS 연결을 **종료**하고 해당 지점부터 트래픽을 명확하게 전달하거나, 다음 홉으로 다른 TLS 연결을 시작하도록 설정된다. TLS 종료는 트래픽 필터링을 개선하고 지리적으로 또는 데이터 센터 내에서 연결 균형을 유지하는 등 '합당한' 이유로 수행되는 경우가 있다. 그런데 트래픽이 이제 더 많은 장소에서 투명하게 표시되기 때문에 이는 공격 지점이 될 수 있다. 때때로 트래픽을 가로채고 기록하고 감시하려는 '나쁜' 이유로 TLS 종료가 이루어지기도 한다.

2015년 레노버는 커스텀 CA(9장에서 다룸)와 소프트웨어가 사전 설치된 노트북을 판매하다 적발됐다. 이 소프트웨어는 레노버의 CA를 사용하여 HTTPS 연결을 MITM하고 웹페이지에 광고를 삽입했다. 더 큰 문제는, 중국과 러시아와 같은 큰 국가에서 인터넷 트래픽을 리디렉션하여 연결을 가로채고 관찰하기 위해 네트워크를 통과하도록 했다는 것이다. 2013년 에드워드 스노든은 NSA로부터 방대한 양의 문서를 유출했는데, 여기에는 세계를 연결하는 인터넷 케이블을 가로채서 사람들의 통신을 감시하는 많은 정부(미국과 그 외)의 권력 남용에 대한 증거가 있었다.

사용자 데이터를 소유하고 보는 것도 회사의 책임이다. 이 책에서 여러 번 언급했듯, 침해 및 해킹이 자주 발생하면 회사의 신뢰성에 치명적일 수 있다. 법적 관점에서 일반 데이터 보호 규정General Data Protection Regulation, GDPR과 같은 법률은 조직에 많은 비용을 초래할 수 있다. 때때로 관련된 회사와 사람들이 서신을 받았다는 사실조차 언급하지 못하게 하는 악명 높은 국가 안보 서한National Security Letters, NSL과 같은 정부 요청도 추가 비용이 들거나 조직에 스트레스가 될 수 있다.

결론적으로, 어떤 사용자가 인기 있는 온라인 애플리케이션을 사용하고 있다면 하나 이상의 정부가 이미 해당 사용자가 작성하거나 업로드한 모든 것에 접근 가능하거나 이미 접근했을 가능성이 있다. 애플리케이션의 **위협 모델**threat model(애플리케이션이 보호하려는 대상), 또는 애플리케이션에서 가장 취약한 사용자의 위협 모델에 따라 종단 간 암호화는 최종 사용자의 기밀성과 개인 정보를 보장하는 데 중요한 역할을 한다.

이 장에서는 사람들 간의 신뢰를 위해 만들어진 다양한 기술과 프로토콜을 다룬다. 특히 오늘날 이메일 암호화가 작동하는 방식, 그리고 보안 메시징이 종단 간 암호화 통신 환경을 어떻게 변화시키고 있는지를 배울 것이다.

10.2 어디에서도 찾을 수 없는 신뢰의 근원

종단 간 암호화의 가장 간단한 시나리오 하나를 먼저 살펴보자. 앨리스는 인터넷을 통해 밥에게 암호화된 파일을 보내려 한다. 첫째 장에서 배운 모든 암호화 알고리즘을 사용하여 이를 수행하는 방법을 생각할 수 있다. 예를 들어 다음과 같은 식이다.

1. 밥은 자신의 공개 키를 앨리스에게 보낸다.

2. 앨리스는 밥의 공개 키로 파일을 암호화하여 밥에게 보낸다.

아마도 앨리스와 밥은 실생활에서 만나서, 혹은 이미 공유한 다른 보안 채널을 사용하여 첫 번째 메시지에서 공개 키를 교환할 수 있다. 공개 키 교환이 가능하다면 이를 그들이 신뢰를 만드는 **대역 외**out-of-band 방식을 가지고 있다고 표현한다. 하지만 항상 이것이 가능하지는 않다. 필자가 이 책에 필자의 공개 키를 포함하고, 이를 사용하여 일부 이메일 주소로 암호화된 메시지를 보내달라고 요청했다고 가정하자. 이 책의 편집자가 공개 키를 그녀의 것으로 바꾸지 않았다고 누가 장담할 수 있을까?

앨리스도 마찬가지다. 앨리스가 받은 공개 키가 정말 밥의 공개 키인지 어떻게 알 수 있을까? 중간에 누군가가 첫 번째 메시지를 변조했을 수도 있다. 이 장에서 살펴보게 되겠지만, 암호학에는 신뢰 문제에 대한 진정한 답이 없다. 대신 다양한 시나리오에서 도움이 되는 다양한 솔루션을 제공한다. 진정한 해결책이 없는 이유는, 우리가 현실(실제 인간)을 이론적 암호학 프로토콜과 연결하려 하기 때문이다.

> 공개 키를 변조로부터 보호하는 과제는 실제 공개 키 애플리케이션에서 가장 어려운 문제다. 이는 공개 키 암호화의 '아킬레스건'이며, 이 한 가지 문제를 해결하는 데 많은 소프트웨어 복잡성이 얽혀 있다.
>
> —필 짐머만Phil Zimmermann 외 (<PGP User's Guide Volume I: Essential Topics (PGP 사용자 가이드 볼륨 I: 필수 주제)>, 1992)

앨리스가 밥에게 파일을 보내고 싶어 하는 간단한 설정으로 돌아가서, 신뢰할 수 없는 연결이 전혀 없다고 가정하면 결국 이는 '불가능한 신뢰 문제'로 귀결된다. 앨리스에게는 밥의 공개 키가 무엇인지 확실히 알 수 있는 좋은 방법이 없다. 닭이 먼저냐, 달걀이 먼저냐의 문제다. 하지만 악의적이고 능동적인 MITM 공격자가 첫 번째 메시지에서 밥의 공개 키를 대체하지 않는 한 프로토콜은 안전하다. 메시지가 수동적으로 기록되더라도 공격자가 두 번째 메시지를 복호화하기 위해 사실을 쫓기에는 너무 늦다.

물론 공격자가 능동적 MITM이 될 가능성이 너무 높지 않다는 사실에 의존하는 것이 암호화를 수행하는 좋은 방법은 아니다. 하지만 불행히도 이런 수동적인 자세를 피할 방법이 없는 경우가 많다. 예를 들어 구글 크롬은 신뢰하기로 선택한 일련의 인증 기관(CA)과 함께 제공되기는 하지만… 사용자는 처음에 크롬을 어떻게 받는가? 아마 자체 CA 집합에 의존하는 OS의 기본 브라우저를 사용했을 수 있다. 그런데 그 브라우저는 어디에서 왔을까? 구매한 노트북에 탑재되어 있었을 것이다. 그런데 이 노트북은 어디에서 왔지? 이렇게 따지다 보면 끝이 없다. 어느 시점에서는 그저 문제가 없을 것이라 믿어야 한다.

위협 모델은 일반적으로 특정 지점 이후에 문제 해결을 중단하고, 그 지점부터는 범위를 벗어난 것으로 간주한다. 그래서 이번 장에서는 신뢰할 수 있는 근본 지점, **신뢰 루트**(신뢰점, 신뢰 지점)root of trust를 얻을 수 있는 안전한 방법이 있다고 가정할 것이다. 암호화를 기반으로 하는 모든 시스템은 프로토콜이 그 위에 보안을 구축할 수 있는 신뢰 루트에 의존하여 작동한다. 신뢰 루트는 프로토콜을 시작하는 데 사용하는 비밀 또는 공개 값이거나, 이를 얻기 위해 사용할 수 있는 대역 외 채널일 수 있다.

10.3 이메일 암호화의 실패

이메일은 암호화되지 않은 프로토콜로 탄생했으며, 오늘날에도 **암호화되지 않았다.** 이메일 탄생 당시에는 보안이 최우선이 아니었기 때문이다. 이메일 암호화는 1991년에 **PGP**Pretty Good Privacy라는 도구가 출시된 후 단순한 아이디어 이상이 되기 시작했다. 당시 PGP의 창시자인 필 짐머만이 PGP를 출시하기로 결정한 계기는, 같은 해 초에 가결될 뻔했던 하나의 법안 때문이었다. 이 법안은 미국 정부가 모든 전자 통신 회사 및 제조업체로부터 모든 음성 및 문자 통신을 획득할 수 있도록 허용하는 내용을 담고 있었다. 1994년 에세이 〈Why Do You Need PGP?(PGP가 필요한 이유는 무엇인가?)〉에서 필 짐머만은 "PGP는 사람들이 개인 정보를 스스로 관리할 수 있도록 한다. 이에 대한 사회적 요구가 커지고 있다"라고 서술했다.

이 프로토콜은 1998년에 RFC 2440에서 **OpenPGP**로 마침내 표준화되었으며, 거의 같은 시기에 오픈소스 구현인 **GNU 프라이버시 가드**GNU Privacy Guard, GPG가 출시되면서 주목을 받았다. 오늘날에도 GPG는 여전히 주요 구현이며, 사람들은 GPG와 PGP라는 용어를 거의 같은 의미로 혼용한다.

10.3.1. PGP? GPG? 어떻게 작동할까?

PGP 또는 OpenPGP는 하이브리드 암호화(6장에서 다룸)를 사용하여 작동한다. 자세한 내용은 OpenPGP의 마지막 버전인 RFC 4880에 있으며 다음 단계로 단순화할 수 있다.

1. 발신자는 이메일을 생성한다. 이 시점에서 이메일의 내용은 암호화되기 전에 압축된다.

2. OpenPGP 구현체는 무작위 대칭 키를 생성하고, 대칭 키를 사용하여 이메일을 대칭적으로 암호화한다.

3. 대칭 키는 각 수신자의 공개 키로 비대칭적으로 암호화된다(6장에서 배운 기술을 사용).

4. 의도한 수신자의 모든 암호화된 대칭 키 버전이 암호화된 메시지와 연결된다. 이메일 본문은 이 데이터 덩어리로 대체되고, 모든 수신자에게 전송된다.

5. 이메일을 복호화하기 위해 수신자는 비밀 키를 사용하여 대칭 키를 복호화한 다음, 복호화된 대칭 키를 사용하여 이메일 내용을 복호화한다.

OpenPGP는 발신자를 인증하기 위해 이메일에 서명하는 방법도 정의했다. 평문 이메일의 본문을 해시한 다음, 보낸 사람의 비밀 키를 사용하여 서명한다. 그런 다음 2단계에서 암호화되기 전에 메시지에 이 서명을 추가한다. 마지막으로 수신자가 서명을 확인하는 데 사용할 공개 키를 파악할 수 있도록 4단계에서 보낸 사람의 공개 키가 암호화된 이메일과 함께 전송된다. 그림 10.2에 PGP의 흐름을 도식화했다.

> **연습 문제**
> 이메일 콘텐츠가 암호화되기 전에 압축되는 이유는 무엇일까?

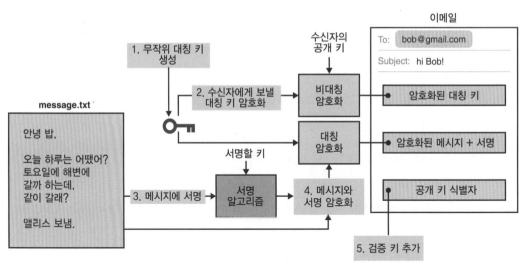

그림 10.2 **PGP의 목표는 메시지를 암호화하고 서명하는 것이다. 이메일 클라이언트와 통합되면 제목이나 기타 메타데이터를 숨기는 데 신경 쓰지 않는다.**

이 설계는 언뜻 보기에 본질적으로 잘못된 것은 없다. 제목과 기타 이메일 헤더가 암호화되지 않았지만, 어쨌든 MITM 공격자가 이메일 내용을 보는 것을 방지하는 것 같다.

NOTE 암호화가 모든 메타데이터를 항상 숨길 수는 없다는 점에 유의하자. 개인 정보를 중시하는 애플리케이션에서 메타데이터는 큰 문제며, 최악의 경우 익명화를 풀어버릴 수 있다! 예를 들어 종단 간 암호화 프로토콜에서는 사용자 간의 메시지를 복호화할 수 없지만 IP 주소가 무엇인지, 주고받는 메시지 길이가 얼마인지, 주로 누구와 메시지를 주고받는지(소셜 그래프 추출) 등을 알 수 있다. 이러한 유형의 메타데이터를 숨기는 데 많은 엔지니어링이 투입된다.

그러나 디테일을 살펴보면 PGP에는 문제가 많다. OpenPGP 표준과 그 주요 구현인 GPG는 오래된 알고리즘을 사용하며 이전 버전과의 호환성을 유지하려 하다 보면 상황이 개선되지 않는다. 가장 중요한 문제는 암호화가 인증되지 않았다는 점이다. 즉, 서명되지 않은 이메일을 가로채는 사람은 사용된 정확한 암호화 알고리즘에 따라 암호화된 콘텐츠를 어느 정도 변조할 수 있다. 이러한 이유 하나만으로, 오늘날 필자는 누구에게도 PGP의 사용을 추천하지 않는다.

PGP의 놀라운 결함은 서명 및 암호화 작업이 주의 없이 구성된다는 점에 있다. 2001년 돈 데이비스 Don Davis는 PGP에서 암호학 알고리즘의 순진한 구성으로 인해 수신한 서명된 이메일을 다시 암호화하여 다른 수신자에게 보낼 수 있다고 지적했다. 이렇게 하면 밥이 앨리스가 보낸 이메일을 마치 당신이 의도한 수신자인 것처럼 보낼 수 있다!

평문 대신 암호문에 서명한다 해도 여전히 결함이 존재한다. 암호문과 함께 제공되는 서명을 제거하고 자체 서명을 추가하기만 하면 된다. 밥은 실제로 앨리스가 보내는 이메일을 자신이 보낸 것처럼 가장할 수 있다. 그림 10.3에 이 두 가지 서명 문제를 요약했다.

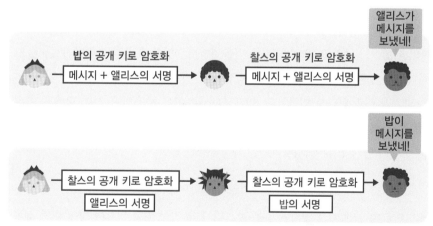

그림 10.3 위쪽 다이어그램에서 앨리스는 밥의 공개 키로 메시지와 서명을 암호화한다. 밥이 이 메시지를 다시 암호화해서 찰스에게 보내면, 찰스는 처음부터 이것이 자신에게 보내는 메시지라고 믿게 된다. 이것이 PGP 흐름이다. 아래쪽 다이어그램에서 이번에는 앨리스가 찰스에게 보내는 메시지를 암호화하면서 평문 대신 암호문 메시지에 서명한다. 암호화된 메시지를 가로챈 밥은 서명을 자신의 서명으로 대체하여 밥이 메시지의 내용을 썼다고 찰스가 생각하도록 속일 수 있다.

연습 문제
메시지에 서명하는 명확한 방법을 생각할 수 있겠는가?

이러한 문제의 본질은, 알고리즘이 기본적으로 **순방향 비밀성**을 제공하지 않는다는 것이다. 다시 말하지만, 순방향 비밀성이 없으면 비밀 키가 손상되었을 때 해당 키로 암호화되고 전송된 모든 이전 이메일을 복호화할 수 있다. PGP 키를 변경하여 순방향 비밀성을 강제할 수도 있지만 이 프로세스는 간단하지 않으며(이를테면 이전 키로 새 키에 서명할 수 있음) 대부분의 사용자는 이런 절차를 거치지 않을 것이다. 지금까지 살펴본 문제를 아래에 요약했다.

- PGP는 오래된 암호학 알고리즘을 사용한다.
- PGP는 인증된 암호화가 없으므로 서명 없이 사용하면 안전하지 않다.
- 잘못된 설계로 인해, 서명된 메시지를 수신한 당사자가 반드시 의도한 수신자라는 보장이 없다.
- 기본적으로 순방향 비밀성이 없다.

10.3.2 사용자 간의 신뢰를 확장시키는 신뢰의 웹

그렇다면 여기서 PGP에 대해 이야기하는 이유는 무엇일까? 필자가 아직 이야기하지 않은, PGP의 흥미로운 점이 있다. 어떻게 다른 사람의 공개 키를 얻고 어떻게 신뢰할 수 있을까? 그 대답은 PGP에서는 스스로 신뢰를 구축한다는 것이다!

자, 이게 무슨 뜻일까? GPG를 설치하고 친구에게 보내는 메시지를 암호화하기로 했다고 가정해보자. 시작하려면 먼저 친구의 PGP 공개 키를 얻을 수 있는 안전한 방법을 찾아야 한다. 가장 확실한 방법 중 하나는 실생활에서 친구를 만나는 방법이다. 만나서 공개 키를 종이에 복사한 다음, 해당 키를 집에 있는 노트북에 다시 입력한다. 이제 OpenPGP를 사용하여 서명 및 암호화된 메시지를 친구에게 보낼 수 있다. 굉장히 원시적인 방법이다. 이메일을 보낼 모든 사람에 대해 이 작업을 수행해야 할까? 당연히 아니다. 다음 시나리오를 가정해보겠다.

- 실생활에서 밥의 공개 키를 얻었으므로 이를 신뢰한다.
- 나에게는 마크의 공개 키가 없지만 밥은 마크의 공개 키를 갖고 있으며 밥이 이를 신뢰한다.

여기서 잠시 읽는 것을 멈추고, 어떻게 하면 마크의 공개 키를 신뢰할 수 있을지 생각해보자. 밥이 마크의 키에 서명하기만 하면 밥이 공개 키와 마크의 이메일 간 연결을 신뢰한다는 것을 보여준다. 밥을 신뢰하면 이제 마크의 공개 키를 신뢰하고 레퍼토리에 추가할 수 있다. 이것이 PGP의 **탈중앙화** 신뢰 개념의 핵심이다. 그림 10.4에 나타냈으며 이를 **신뢰의 웹**web of trust, WOT라고 한다.

사람들이 실제 생활에서 만나 각자의 공개 키에 서명하는 회의에서 때때로 '핵심 당사자'를 볼 수 있다. 그러나 그 대부분은 롤플레잉이며, 실제로 PGP 서클을 확대하기 위해 WOT에 의존하는 사람은 거의 없다.

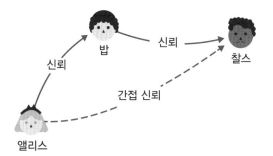

10.3.3 진짜 이슈는 키 발견

PGP는 공개 키 발견 문제, 즉 **키 레지스트리**key registry를 해결하기 위해 다른 방법을 시도했다. 개념은 매우 간단하다. 사람들이 찾을 수 있도록, 공개된 목록에 당신의 신원을 증명하는 다른 사람의 PGP 공개 키와 그 서명을 게시하는 것이다. 실전에서 이는 누구나 당신의 이메일과 일치하는 것으로 알려진 키와 그 서명을 게시할 수 있기 때문에 작동하지 않는다. 실제로 일부 공격자는 키 서버에서 의도적으로 키를 스푸핑해서 이메일을 염탐하는 것보다 큰 피해를 입힐 수 있다. 그래서 어떤 설정에서는 위협 모델을 완화하고 신뢰할 수 있는 기관이 ID와 공개 키를 증명할 수 있도록 한다. 직원의 이메일을 관리하는 회사가 그 일례가 될 것이다.

1995년에 RSA 회사는 **S/MIME**Secure/Multipurpose Internet Mail Extensions을 MIME 형식의 확장(MIME 자체가 이메일 표준의 확장임)과 PGP의 대안으로 제안했다. RFC 5751에서 표준화된 S/MIME은 공개 키 인프라를 사용하여 신뢰를 구축함으로써 WOT를 출발시켰다. 이것이 S/MIME이 PGP와 다른 거의 유일한 개념적 차이점이다. 회사에는 직원을 온보딩 및 오프보딩하는 프로세스가 있으므로, 내부 이메일 생태계에 대한 신뢰를 위해 S/MIME과 같은 프로토콜을 사용하는 것이 합리적이다.

PGP와 S/MIME 모두 일반적으로 오늘날 이메일을 주고받는 데 사용되는 프로토콜인 **간이 우편 전송 프로토콜**Simple Mail Transfer Protocol, SMTP을 통해 사용된다. PGP 및 S/MIME도 나중에 발명되었으며, 그렇기에 SMTP 및 이메일 클라이언트와의 통합은 완벽하지 않다. 예를 들어 제목이나 다른 이메일 헤더가 아닌 이메일 본문만 암호화되는 식이다. PGP와 마찬가지로 S/MIME도 오래된 암호화를 사용하는 꽤 오래된 프로토콜이며, PGP와 마찬가지로 인증된 암호화를 제공하지 않는다.

이메일 클라이언트에서 두 프로토콜의 통합에 대한 최근 연구(⟨Efail: Breaking S/MIME and OpenPGP Email Encryption using Exfiltration Channels⟩)에 따르면, 대부분의 프로토콜에서 암호화된 이메일을 관찰하는 공격자가 수신자에게 변조된 버전을 보내서 내용을 검색하는 **유출 공격**exfiltration attack에 취약한 것으로 나타났다.

결국 이러한 단점이 별로 중요하지 않을 수도 있다. 전 세계에서 주고받는 대부분의 이메일이 암호화되지 않은 글로벌 네트워크를 따라 이동하기 때문이다. PGP는 기술과 무관한 일반 사용자에게도 어렵고, 이메일을 암호화하기 위해 PGP의 많은 디테일과 흐름을 이해해야 하는 고급 사용자에게도 어려운 것으로 입증되었다. 예를 들어 사용자가 암호화를 사용하지 않고 암호화된 이메일에 답장하다 보니 전체 스레드를 평문으로 인용하는 것은 드문 일이 아니다. 게다가 인기 있는 이메일 클라이언트에서도 PGP를 지원하지 않거나, 지원이 열악한 경우도 많았다.

> 1990년대에는 미래에 들떠서 모두가 GPG를 설치하는 세상을 꿈꿨다. 지금도 미래가 기대되지만, 반대로 GPG를 제거할 수 있는 세상을 꿈꾼다.
>
> —목시 말린스파이크Moxie Marlinspike (<GPG and Me(GPG와 나)>, 2015)

이러한 이유로 PGP는 서서히 지원을 잃어가고 있으며(일례로 고랭은 2019년에 표준 라이브러리에서 PGP에 대한 지원을 제거했다), 점점 더 많은 실제 암호학 애플리케이션이 PGP를 대체하며 사용성 문제 해결을 목표로 하고 있다. 오늘날 이메일 암호화가 HTTPS와 같은 수준으로 도입되고 성공할 것이라 주장하기는 어렵다.

> 메시지를 평문으로 보낼 수 있으면 평문으로 전송해야 한다. 이메일에는 기본적으로 종단 간 암호화가 없다. 이메일의 기반은 평문이다. 모든 주류 이메일 소프트웨어는 평문을 기대한다. 인터넷 전자 메일 시스템은 암호화되지 않도록 설계되었으며 거기에는 의미가 있다.
>
> —토머스 프타체크Thomas Ptacek (<Stop Using Encrypted Email
> (암호화된 이메일 사용을 멈추라)>, 2020)

10.3.4 PGP가 아니라면, 대안은?

지금까지 PGP와 같은 단순한 설계가 얼마나 다양하고 놀라운 방식으로 실패할 수 있는지를 몇 페이지에 걸쳐 알아보았다. 결론적으로, PGP는 사용하지 않는 것이 좋다. 이메일 암호화는 여전히 해결되지 않은 문제지만 PGP를 대체할 다양한 대안이 개발되고 있다.

솔트팩saltpack은 PGP와 유사한 프로토콜이자 메시지 형식이며, 앞에서 다룬 PGP의 결함 중 일부를 수정하려 했다. 2021년 기준 솔트팩의 주요 구현은 키베이스keybase(https://keybase.io)와 keys.pub(https://keys.pub)다. 그림 10.5는 keys.pub 도구를 보여준다.

그림 10.5 keys.pub는 솔트팩 프로토콜을 구현하는 네이티브 데스크톱 애플리케이션이다. 이를 사용하여 다른 사람의 공개 키를 가져오거나, 메시지를 암호화하고 서명할 수 있다.

이러한 구현은 모두 WOT에서 멀어졌고, 사용자가 공개 키에 자신의 신원을 주입하기 위해 다른 소셜 네트워크에서 공개 키를 브로드캐스트할 수 있다(그림 10.6 참조). PGP는 소셜 네트워크 붐이 있기 이전에 이러한 키 발견 메커니즘을 예상하지 못했을 것이다.

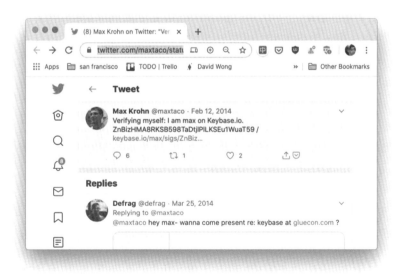

그림 10.6 트위터에서 공개 키를 브로드캐스팅하는 키베이스 사용자. 이를 통해 다른 사용자는 브로드캐스팅한 사용자의 신원이 특정 공개 키에 연결되어 있다는 추가적인 증거를 얻을 수 있다.

반면에 오늘날 가장 안전한 통신은 일회성 메시지와는 거리가 멀고, 이러한 도구의 사용과는 점점 거리가 멀어지고 있다. 다음 절에서는 PGP의 통신 측면 대체를 목표로 하는 분야 중 하나인 보안 메시징에 대해 알아보자.

10.4 보안 메시징: 시그널을 활용한 현대적 종단 간 암호화

오프 더 레코드 Off-The-Record, OTR는 2004년 'Off-the-Record Communication, or, Why Not To Use PGP'라는 제목의 백서에서 소개되었다. PGP 또는 S/MIME과 달리 OTR은 이메일을 암호화하는 대신 채팅 메시지에 사용된다. 특히 **XMPP**Extensible Messaging and Presence Protocol라는 채팅 프로토콜을 확장한다.

OTR의 독특한 특징 중 하나는 **거부권**deniability이다. 특정 메시지의 수신자와 수동적 관찰자는 송신자가 보낸 메시지를 법원에서 사용할 수 없다는 주장이다. 송신자가 보내는 메시지는 수신자가 송신자와 공유하는 키로 대칭적으로 인증되고 암호화되기에 메시지 자체를 쉽게 위조했을 수 있다. 대조적으로 PGP를 사용하면 메시지가 서명되므로 메시지를 거부할 수 없다. 필자가 아는 한, 이러한 속성 중 어느 것도 실제로 법정에서 테스트되지 않았다.

2010년에는 **시그널 프로토콜**Signal protocol이라는 새로 생성된 프로토콜을 사용하는 시그널 휴대폰 애플리케이션(당시 **텍스트시큐어**TextSecure라 부름)이 출시되었다. 당시 PGP, S/MIME, OTR과 같은 대부분의 보안 통신 프로토콜은 네트워크가 작동하는 데 중앙 주체가 필요하지 않은 **연합 프로토콜** federated protocol을 기반으로 했다. 반면 시그널 모바일 애플리케이션은 중앙 서비스를 실행하고, 하나의 공식 시그널 클라이언트 애플리케이션을 제공함으로써 전통에서 크게 벗어났다.

시그널은 다른 서버와의 상호 운용성을 방지하지만 시그널 프로토콜 자체는 개방형 표준이며, 구글 알로Google Allo(현재는 사용되지 않음), 왓츠앱, 페이스북 메신저, 스카이프 등의 여러 메시징 애플리케이션에서 채택되었다. 시그널 프로토콜은 언론인, 정부 감시 대상, 심지어 92세인 우리 할머니까지 수십억 명의 사람들이 투명하게 사용 중인 진정한 성공 사례다.

시그널은 이전에 PGP에 존재하던 많은 결함을 수정 중이므로, 이번 절에서는 시그널의 다음 흥미로운 기능을 하나씩 살펴보겠다.

- 어떻게 WOT보다 더 잘할 수 있을까? 종단 간 암호화로 기존 소셜 그래프를 업그레이드하는 방법이 있는가? 이에 대한 시그널의 대답은 **첫 사용에 대한 신뢰**Trust on First Use, TOFU 방식을 사용하는 것이다. TOFU를 사용하면 사용자가 처음 통신할 때 다른 사용자를 맹목적으로 신뢰할

수 있으며, 이 첫 번째 불안정한 교환에 의존하여 오래 지속되는 보안 통신 채널을 구축할 수 있다. 그러면 사용자는 대역 외 및 미래의 어느 시점에서든 세션 비밀을 일치시켜 첫 번째 교환이 MITM인지 여부를 자유롭게 확인할 수 있다.

- 누군가와 대화를 시작할 때마다 순방향 기밀성을 확보하기 위해 PGP를 어떻게 업그레이드할 수 있을까? 시그널 프로토콜의 첫 번째 부분은 가장 안전한 전송 프로토콜과 비슷하다. 키 교환 중에서도 **확장된 삼중 디피-헬먼**Extended Triple Diffie-Hellman, X3DH이라는 방식으로, 뒤에서 더 자세히 설명한다.

- 모든 단일 메시지에 대해 순방향 비밀성을 확보하고자 PGP를 어떻게 업그레이드할 수 있을까? 이 문제가 중요한 이유는, 사용자 간의 대화가 수년에 걸쳐 진행될 수 있고 어느 시점에서 유출이 일어났을 때 수년간 누적된 통신을 드러내지 않아야 하기 때문이다. 시그널은 **대칭 래칫**symmetric ratchet으로 이 문제를 해결한다.

- 두 사용자의 세션 비밀이 특정 시점에서 손상되면 어떻게 될까? 끝장인가? 이것조차 회복할 수 있을까? 시그널은 **손상 후 보안**이라는 새로운 보안 속성을 도입하고 **DH 래칫**DH ratchet으로 이를 해결한다.

시작하자! 먼저 시그널의 TOFU 방식이 작용하는지 알아보자.

10.4.1 신뢰하되, 검증하라. WOT보다 사용자 친화적으로

이메일 암호화의 가장 큰 실패 원인 중 하나는 소셜 그래프를 **안전한** 소셜 그래프로 변환하기 위해 PGP 및 WOT 모델에 의존한다는 점이었다. PGP의 원래 설계는 사람이 직접 만나서 **키 서명 행사** key-signing ceremony를 통해 서로의 키를 확인하는 방식이었지만 여러모로 번거롭고 불편했다. 오늘날 사람들이 서로의 PGP 키에 서명하는 것을 보기란 정말 드물다.

대부분의 사람들이 PGP, OTR, 시그널 등과 같은 애플리케이션을 사용하는 방식은 키를 처음 봤을 때 맹목적으로 키를 신뢰하고, 향후 변경 사항을 거부하는 것이다(그림 10.7 참조). 이렇게 되면 공격자는 첫 번째 연결만 공격할 수 있다(이는 능동적 MITM 공격자에 의해서만 가능하다).

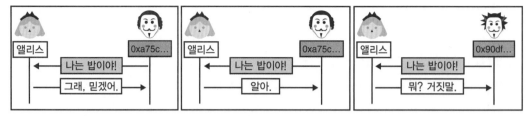

그림 10.7 TOFU를 통해 앨리스는 첫 번째 연결을 신뢰할 수 있지만 동일한 공개 키를 표시하지 않는 후속 연결은 신뢰할 수 없다. TOFU는 첫 번째 연결이 능동적 MITM일 가능성이 낮을 때 신뢰를 구축하는 쉬운 메커니즘이다. 공개 키와 신원 (여기서는 밥) 간의 연결은 이후 다른 채널에서 확인할 수도 있다.

TOFU가 최고의 보안 모델은 아니지만 현존하는 보안 모델 중 최선이며 매우 유용한 것으로 입증되었다. 예를 들어 SSH 프로토콜은 초기 연결 중에 서버의 공개 키를 신뢰하고(그림 10.8 참조) 향후 변경을 거부하는 방식으로 자주 사용된다.

그림 10.8 SSH 클라이언트도 TOFU를 사용한다. SSH 서버에 처음 연결할 때(왼쪽 그림) SSH 서버와 표시된 공개 키 간의 연결을 맹목적으로 신뢰할 수 있는 옵션이 있다. 나중에 SSH 서버의 공개 키가 변경되면(오른쪽 그림) SSH 클라이언트가 연결을 차단한다.

TOFU 시스템은 처음 보는 키를 신뢰하지만 사용자는 나중에 키가 실제로 올바른지 확인하고 위장 시도를 포착할 수 있다. 실제 애플리케이션에서 사용자는 일반적으로 공개 키의 16진수 표현, 또는 공개 키의 해시인 **지문**fingerprint을 비교한다. 물론 이 검증은 대역 외에서 수행된다(SSH 연결이 훼손되면 인증도 훼손된다).

NOTE 물론 사용자가 지문을 확인하지 않으면 본인도 모르게 MITM 공격을 당할 수 있다. 그러나 이는 종단 간 암호화를 대규모로 가져올 때 실제 애플리케이션이 처리해야 하는 일종의 절충안이다. 실제로 WOT의 실패는 보안 중심 애플리케이션이 널리 도입되기 위해서는 사용성을 염두에 두어야 함을 보여준다.

시그널 모바일 애플리케이션에서 앨리스와 밥 사이의 지문은 다음과 같이 계산된다.

1. 앨리스의 사용자 이름(시그널의 전화 번호)이 접두사로 붙은 앨리스의 ID 키를 해시하고, 해당 다이제스트에서 잘린 부분을 일련의 숫자로 해석

2. 밥의 사용자 이름(시그널의 전화 번호)이 접두사로 붙은 밥의 ID 키를 해시하고, 해당 다이제스트에서 잘린 부분을 일련의 숫자로 해석

3. 사용자에게 두 시리즈 숫자의 연결 표시

이러한 코드의 길이는 길 수 있으므로 시그널과 같은 애플리케이션은 **QR 코드**를 사용하여 사용자가 지문을 더 쉽게 확인할 수 있도록 한다. 그림 10.9는 이 사용 사례를 보여준다.

그림 10.9 시그널을 사용하면 실제 생활에서와 같이 다른 채널을 사용하여 사용자와 사용자의 친구의 두 지문(시그널에서는 안전 번호라고 함)이 일치하는지 확인함으로써 친구와 맺은 연결의 신뢰성과 기밀성을 확인할 수 있다. 이는 스캔 가능한 형식으로 이 정보를 인코딩하는 QR 코드를 사용하여 더 쉽게 일치를 확인할 수 있다. 또한 시그널은 두 사용자의 공개 키 대신 세션 비밀을 해시하여 두 개가 아닌 하나의 큰 문자열을 확인할 수 있도록 한다.

다음으로 시그널 프로토콜이 내부에서 어떻게 작동하는지, 특히 시그널이 전방 보안을 관리하는 방법을 살펴보겠다.

10.4.2 시그널 프로토콜의 핸드셰이크, X3DH

시그널 이전의 대부분 보안 메시징 앱은 **동기식**이었다. 이는 예를 들어 밥이 온라인 상태가 아니면 앨리스가 밥과 종단 간 암호화 대화를 시작(또는 계속)할 수 없음을 의미한다. 반면에 시그널 프로토콜은 이메일과 같은 비동기식이므로 앨리스가 오프라인 상태인 사람들과도 대화를 시작하거나 계속할 수 있다.

순방향 비밀성(9장에서 다룸)은 키의 절충이 이전 세션을 절충하지 않는다는 것을 의미하며, 순방향 비밀성은 일반적으로 양측이 임시 DH 키 쌍을 생성해야 하므로 키 교환이 대화식임을 의미한다. 그런데 이번 절에서는 시그널이 순방향 비밀성을 유지하면서도 **비대화형 키 교환**(한쪽이 잠재적으로 오프라인인 키 교환)을 사용하는 방법을 볼 수 있다. 이제부터 알아보자.

밥과 대화를 시작하기 위해 앨리스는 밥과 키 교환을 시작한다. 시그널의 키 교환 방식인 X3DH는 3개(또는 그 이상)의 DH 키 교환을 하나로 결합한다. 작동 방식을 배우기 전에, 시그널이 사용하는 세 가지 유형의 DH 키를 이해해야 한다.

* **ID 키**: 사용자를 나타내는 **장기 키**long-term key다. 시그널이 ID 키만 사용했다면 PGP와 크게 다르지 않았을 것이고, 순방향 비밀성도 없었을 것이다.

* **일회성 프리키**prekey: 키 교환에 순방향 비밀성을 추가하기 위해, 시그널은 새 대화의 수신자가 온라인이 아닌 경우에도 사용자가 여러 개의 **일회용** 공개 키를 업로드하도록 한다. 미리 업로드되는 이러한 키는 사용 후에 삭제되는 임시 키다.

* **서명된 프리키**: 여기서 멈출 수도 있지만 한 가지 예외적인 경우가 누락되었다. 사용자가 업로드하는 일회성 프리키가 고갈될 수 있기에 사용자는 서명된 **중기**medium-term 공개 키도 업로드해야 한다. 이렇게 하면 사용자 이름으로 서버에서 더 이상 일회성 프리키를 사용할 수 없는 경우, 다른 사람이 서명된 프리키를 사용하여 서명된 프리키가 마지막으로 변경되었을 때까지의 순방향 비밀성을 추가할 수 있다. 이는 또한 서명된 프리키를 주기적으로 교체해야 함을 의미한다(주 단위 등).

여기까지가 시그널 프로토콜의 대략적인 흐름이다. 이를 도식화하면 그림 10.10과 같다.

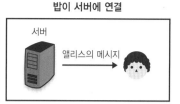

밥의 등록	앨리스는 밥과 대화를 시작	밥이 서버에 연결
밥은 장기 ID 키, 서명된 프리키, 여러 개의 일회성 프리키를 등록한다.	앨리스는 밥의 프리키 번들을 요청한다. 이를 통해 생성한 메시지를 서버에 저장한다.	밥은 앨리스의 메시지를 받아서 앨리스의 장기 공개 키와 밥의 비밀 키로 복호화한다.

그림 10.10 시그널의 흐름은 사용자가 여러 공개 키를 등록함으로써 시작된다. 앨리스가 밥과 대화하기를 원하면 먼저 밥의 공개 키(프리키 번들(prekey bundle)이라 함)를 검색한 다음 해당 키로 X3DH 키 교환을 수행하고, 키 교환의 출력을 사용하여 초기 메시지를 생성한다. 메시지를 수신한 후 밥은 대화를 초기화하고 계속하기 위해 자신의 입장에서 동일한 작업을 수행할 수 있다.

각 단계를 더 자세히 살펴보자. 먼저 사용자는 다음을 전송하여 등록한다.

- 하나의 ID 키
- 서명된 프리키 1개 및 서명
- 정해진 수만큼의 일회성 프리키

이 시점에서 주기적으로 서명된 프리키를 교체하거나 새로운 일회성 프리키를 업로드하는 것은 사용자의 책임이다. 그림 10.11에서 이 흐름을 요약했다.

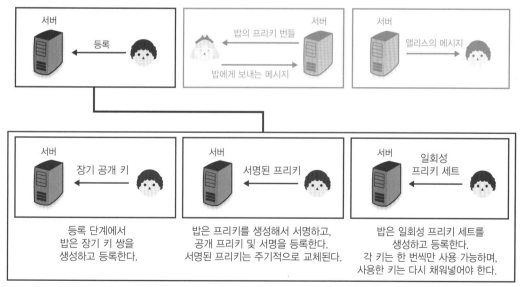

그림 10.11 그림 10.10을 기반으로 하는 첫 번째 단계는 사용자가 다수의 DH 키 쌍을 생성하고 공개 부분을 중앙 서버로 전송하여 등록하는 것이다.

NOTE 시그널은 X3DH 키 교환 중에 서명된 프리키 및 키 교환을 통해 서명을 수행하고자 ID 키를 사용한다. 필자가 동일한 키를 다른 목적으로 사용하지 말라고 경고했지만, 시그널은 의도적으로 이러한 경우에는 문제가 없다고 분석했다. 동일한 방식이 다른 경우에, 다른 키 교환 알고리즘에서도 작동한다는 의미는 아니다. 일반적으로는 다른 목적으로 동일한 키를 사용하지 않는 것이 좋다.

그림 10.11에서 나타낸 단계 후에 앨리스는 다음을 검색하여 밥과 대화를 시작한다.

- 밥의 ID 키
- 밥의 현재 서명된 프리키 및 연관된 서명
- 밥의 일회성 프리키 중 하나(아직 남아 있을 경우. 서버는 앨리스에게 보낸 일회성 프리키를 삭제한다).

앨리스는 서명된 프리키의 서명이 올바른지 확인할 수 있다. 그리고 다음을 사용하여 X3DH 핸드셰이크를 수행한다.

- 밥의 모든 공개 키
- 순방향 기밀성을 추가하기 위해 앨리스가 경우에 따라 생성하는 임시 키 쌍
- 앨리스 자신의 ID 키

그런 다음 X3DH의 출력은 앨리스가 밥에게 보내는 메시지를 암호화하는 데 사용되는 X3DH 후 프로토콜에서 사용된다(다음 절에서 자세히 설명). X3DH는 3개(선택적으로 4개)의 DH 키 교환으로 구성되며 하나로 그룹화된다. DH 키 교환은 다음과 같이 이루어진다.

1. 앨리스의 ID 키와 밥의 서명된 프리키
2. 앨리스의 임시 키와 밥의 ID 키
3. 앨리스의 임시 키와 밥의 서명된 프리키
4. 밥에게 여전히 사용 가능한 일회성 프리키가 있는 경우, 밥의 일회성 프리키와 앨리스의 임시 키

X3DH의 출력은 이러한 모든 DH 키 교환의 연결이며, 8장에서 다룬 KDF로 전달된다. 다른 키 교환은 다른 속성을 제공한다. 첫 번째와 두 번째 것은 상호 인증을 위한 것이고 마지막 두 가지는 순방향 비밀을 위한 것이다. 이 모든 내용은 X3DH 사양(https://signal.org/docs/specifications/x3dh/)에 자세히 나와 있으므로 더 알고 싶다면 읽어보기 바란다. 그림 10.12는 이 흐름을 요약한 것이다.

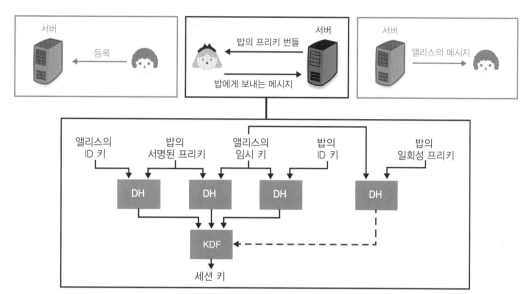

그림 10.12 **그림 10.10을 기반으로 밥에게 메시지를 보내기 위해 앨리스는 밥의 장기 키, 밥의 서명된 프리키 및 선택적으로 밥의 일회성 프리키 중 하나를 포함하는 프리키 번들을 가져온다. 다른 키로 서로 다른 키 교환을 수행한 후 모든 출력이 연결되어 KDF로 전달되고, 밥에게 보내는 메시지를 암호화하기 위해 X3DH 후 프로토콜에서 사용되는 출력을 생성한다.**

이제 앨리스는 밥에게 자신의 ID 공개 키, 대화를 시작하기 위해 생성한 임시 공개 키 및 기타 관련 정보(예: 밥의 일회성 프리키 중 어떤 것을 사용했는지)를 보낼 수 있다. 밥은 메시지를 수신한 후 메시지에 포함된 공개 키와 정확히 동일한 X3DH 키 교환을 수행할 수 있다(따라서 이 흐름의 마지막 단계 설명은 생략한다). 앨리스가 밥의 일회성 프리키 중 하나를 사용한 경우 밥은 이를 제거한다. X3DH가 완료된 후에는 어떻게 될까? 다음으로 살펴보겠다.

10.4.3 시그널의 핸드셰이크 후 프로토콜, 더블 래칫

X3DH 후 단계는 두 사용자가 대화를 삭제하거나 키를 잃지 않는 한 지속된다. 그리고 시그널은 두 메시지 사이의 시간이 수개월 단위가 될 수도 있는 SMS 대화를 염두에 두고 설계되었기에, 시그널은 메시지 수준에서 **순방향 비밀성**을 도입한다. 이번 절에서는 핸드셰이크 후 프로토콜, **더블 래칫** Double Ratchet 프로토콜이 작동하는 방식을 알아보자. 그 전에 먼저 X3DH 이후의 간단한 프로토콜을 상상해보자. 앨리스와 밥은 X3DH의 출력을 세션 키로 가져와서 그림 10.13에서 설명하는 것처럼 둘 사이의 메시지를 암호화하는 데 사용할 수 있다.

그림 10.13 **X3DH 후 프로토콜은 단순히 X3DH의 출력을 세션 키로 사용하여 앨리스와 밥 사이의 메시지를 암호화할 수 있다.**

그런데 우리는 일반적으로 서로 다른 목적에 사용되는 키를 분리하기를 원한다. 우리가 할 수 있는 일은 X3DH의 출력을 KDF의 **시드**(또는 더블 래칫 사양에 따르면 **루트 키**root key)로 사용하여 두 개의 다른 키를 유도하는 것이다. 앨리스는 하나의 키를 사용하여 밥에게 보내는 메시지를 암호화하고, 밥은 다른 키를 사용하여 앨리스에게 보내는 메시지를 암호화할 수 있다(그림 10.14).

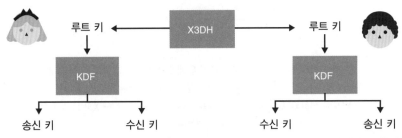

그림 10.14 **그림 10.13을 기반으로 하는 개선된 X3DH 후 프로토콜은 밥과 앨리스의 메시지를 암호화하는 데 사용되는 키를 구별하기 위해 키 교환의 출력과 함께 KDF를 사용할 것이다. 여기서 앨리스의 송신 키는 밥의 수신 키와 동일하고, 밥의 송신 키는 앨리스의 수신 키와 동일하다.**

이 접근 방식으로 충분할 수도 있지만, 시그널은 문자 메시지 세션이 수년 동안 지속될 수 있다고 가정한다. 일반적으로 수명이 짧을 것으로 예상되는 9장의 TLS 세션과는 다르다. 그렇기에 세션 키를 도난당하더라도 이전에 기록된 모든 메시지를 복호화할 수 있다!

이 문제를 해결하기 위해 시그널은 **대칭 래칫**symmetric ratchet(그림 10.15 참조)을 도입했다. **송신 키** sending key는 이제 **송신 체인 키**sending chain key로 이름이 바뀌며 메시지를 암호화하는 데 직접 사용되지 않는다. 앨리스는 메시지를 보낼 때 메시지를 암호화하기 위한 실제 송신 키뿐만 아니라, 다음 송신 체인 키를 생성하는 단방향 함수에 해당 송신 체인 키를 지속적으로 전달한다. 한편 밥은 수신 체인 키를 사용하여 동일한 작업을 수행해야 한다. 따라서 공격자는 하나의 송신 키, 또는 송신 체인 키를 손상시키는 것만으로는 이전 키를 복구할 수 없다(메시지를 받을 때도 마찬가지다).

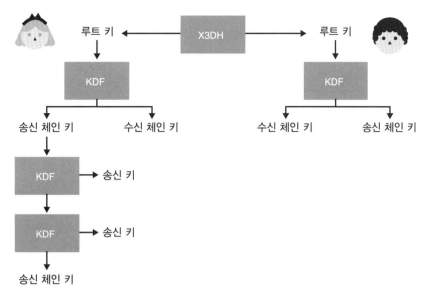

그림 10.15 그림 10.14를 기반으로 메시지를 보낼 때마다 체인 키를 래칫(KDF로 전달)하고 메시지를 수신할 때마다 다른 체인 키를 래칫함으로써 X3DH 후 프로토콜에 순방향 비밀성을 도입할 수 있다. 따라서 공격자는 송신 또는 수신 체인 키를 손상시키는 것만으로는 이전 키를 복구할 수 없다.

이제 프로토콜과 메시지 수준에서 순방향 비밀성이 적용되었다. 보내고 받는 모든 메시지는 이전에 주고받은 모든 메시지를 보호한다. 사실 아직 논쟁의 여지가 남아 있기는 한데, 키를 훼손한 공격자가 사용자의 휴대전화를 뚫어서 키 옆에 평문으로 보관된 모든 메시지를 확인할 수도 있기 때문이다. 그럼에도 두 대화 사용자가 이전 메시지를 삭제하기로 결정하면(예: 시그널의 **'소멸하는 메시지** disappearing messages' 기능 사용) 순방향 비밀 속성이 달성된다.

시그널 프로토콜에는 마지막으로 다룰 흥미로운 점이 있다. 바로 **손상 후 보안**post compromise security, PCS(8장에서 배웠듯 역방향 비밀성이라고도 함)이다. PCS는 키가 특정 시점에서 손상되면 프로토콜이 자체적으로 치유되므로 복구할 수 있다는 개념이다. 물론 공격자가 침해 후에도 장치에 접근할 수 있다면 이는 아무 소용이 없다.

PCS는 비영구적 손상이 접근할 수 없는 새로운 엔트로피를 재도입함으로써만 작동할 수 있다. 새로운 엔트로피는 두 피어에 대해 동일해야 한다. 이러한 엔트로피를 찾는 시그널만의 방법은 바로 임시 키 교환을 수행하는 것이다. 이를 위해 시그널 프로토콜은 **DH 래칫**이라는 키 교환을 지속적으로 수행한다. 프로토콜이 보내는 모든 메시지는 그림 10.16에서 나타냈듯 현재의 래칫 공개 키와 함께 제공된다.

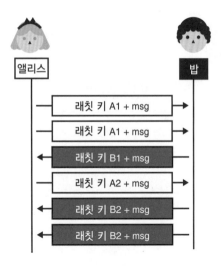

그림 10.16 DH 래칫은 송신된 모든 메시지에 래칫 공개 키를 추가하는 방식으로 작동한다. 이 래칫 공개 키는 이전 키와 같을 수 있으며 참가자가 새로 고침하기로 결정한 경우 새 래칫 공개 키를 알릴 수 있다.

밥이 앨리스로부터 온 메시지에서 새로운 래칫 키를 발견하면 앨리스의 새 래칫 키와 밥 자신의 래칫 키로 새로운 DH 키 교환을 수행한다. 그런 다음 출력을 대칭 래칫과 함께 사용하여 수신된 메시지를 복호화할 수 있다(그림 10.17).

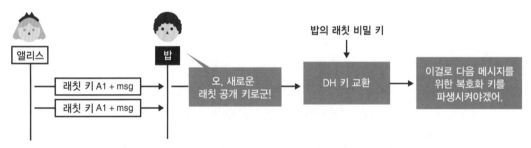

그림 10.17 앨리스로부터 새로운 래칫 공개 키를 수신할 때 밥은 복호화 키를 파생하기 위해 이 키와 자신의 래칫 키를 사용하여 키 교환을 대칭 래칫으로 수행해야 한다. 그다음 앨리스의 메시지를 복호화할 수 있다.

밥이 새 래칫 키를 받으면 해야 하는 또 다른 작업은, 자신의 새 임의 래칫 키를 생성하는 것이다. 밥은 자신의 새 래칫 키로 앨리스의 새 래칫 키와 또 다른 키 교환을 수행할 수 있으며, 그런 다음 앨리스에게 보내는 메시지를 암호화하는 데 사용할 수 있다(그림 10.18).

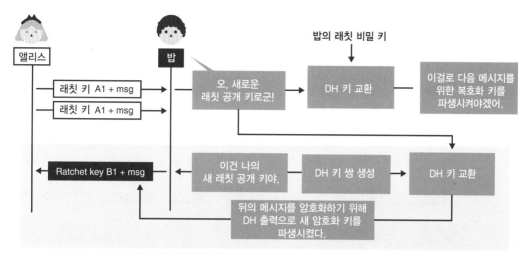

그림 10.18 그림 10.17을 기반으로 새 래칫 키를 받은 후 밥은 자신을 위한 새 래칫 키도 생성해야 한다.
이 새로운 래칫 키는 암호화 키를 유도하는 데 사용되며 앨리스의 다음 메시지 시리즈에서 앨리스에게 보급된다
(앨리스로부터 새 래칫 키를 받을 때까지).

더블 래칫의 사양에서 이러한 키 교환의 앞뒤 과정을 '핑퐁ping-pong'으로 표현했다.

> 이로 인해 당사자가 교대로 래칫 키 쌍을 교체할 때 '핑퐁' 동작이 발생한다. 당사자 중 하나를
> 잠시 손상시킨 공격자는 현재 래칫 비밀 키의 값을 알 수 있지만 해당 비밀 키는 결국 손상되지
> 않은 것으로 대체된다. 이 시점에서 래칫 키 쌍 간의 DH 계산은 공격자가 알 수 없는 DH 출력을
> 정의한다.
>
> —더블 래칫 알고리즘The Double Ratchet Algorithm

DH 래칫과 대칭 래칫의 조합을 **더블 래칫**Double Ratchet이라 한다(그림 10.19). 하나의 그림으로 시각
화하기에는 다소 복잡하다.

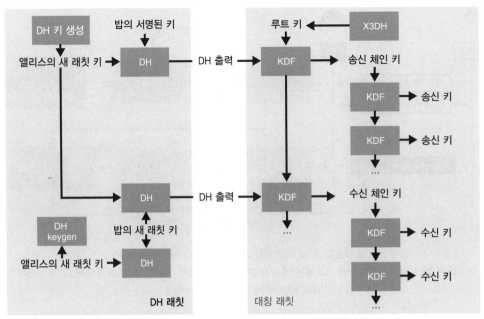

그림 10.19 **더블 래칫**(앨리스의 관점에서)은 **DH 래칫**(왼쪽)과 **대칭 래칫**(오른쪽)을 결합한다.
이는 PCS와 X3DH 후 프로토콜에 대한 순방향 비밀성을 제공한다. 첫 번째 메시지에서 앨리스는
아직 밥의 래칫 키를 알지 못하므로 미리 서명된 키를 사용한다.

마지막으로 살펴본 그림이 매우 복잡하니, https://signal.org/docs에서 상세히 쓰인 시그널의 사양을 살펴보기 바란다.

10.5 종단 간 암호화의 현재

오늘날 사용자 간의 가장 안전한 통신은 암호화된 이메일 대신 보안 메시징 애플리케이션을 통해 이루어진다. 시그널 프로토콜은 많은 독점적 애플리케이션과 XMPP(OMEMO 확장을 통해), **매트릭스** Matrix(IRC에 대한 최신 대안)와 같은 오픈소스 및 연합 프로토콜에서도 채택되어 해당 카테고리의 확실한 승자가 되었다. 반면 PGP와 S/MIME은 공개된 공격으로 인해 신뢰가 상실되면서 사라지고 있다.

종단 간 암호화 메시징 앱을 직접 만들려면 어떻게 해야 할까? 안타깝게도 이 분야에서 사용되는 많은 것은 임시적이며, 완전한 기능을 갖춘 안전한 시스템을 얻으려면 상당한 디테일을 직접 작성해야 한다. 시그널은 많은 코드를 오픈소스화했지만, 현재까지도 문서가 부족하며 올바르게 사용하기 어려울 수 있다. 반면에 매트릭스와 같은 분산형 오픈소스 솔루션을 사용하면 더 쉽게 통합할 수 있다. 이것이 프랑스 정부가 한 일이다.

이 장을 마치기 전에 필자가 언급하고 싶은 미해결된 과제와 연구 과제가 많이 있다. 예를 들어 다음과 같은 것이다.

- 그룹 메시징
- 다중 장치 지원
- TOFU보다 우수한 보안 보장

첫 번째 항목인 **그룹 메시징**부터 이야기해보자. 현재, 서로 다른 애플리케이션에서 서로 다른 방식으로 구현되지만 그룹 메시징은 여전히 활발히 연구 중인 분야다. 예를 들어 시그널 애플리케이션은 클라이언트가 그룹 채팅을 이해하게 한다. 서버는 여러 무리의 사용자 간 대화를 볼 수만 있다. 즉, 클라이언트는 모든 그룹 채팅 참가자에게 그룹 채팅 메시지를 암호화하여 개별적으로 보내야 한다. 이를 **클라이언트 측 팬아웃**client-side fanout이라 하며, 확장성이 떨어진다. 예를 들어 밥과 찰스에게 길이가 같은 여러 메시지를 보내는 앨리스를 볼 때 서버가 해당 그룹 구성원이 누구인지 알아내기란 그리 어렵지 않다(그림 10.20).

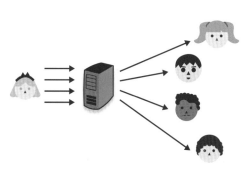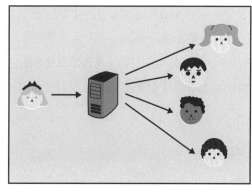

클라이언트 측 팬아웃   서버 측 팬아웃

그림 10.20   그룹 채팅에서 종단 간 암호화에 접근하는 방법에는 두 가지가 있다. 클라이언트 측 팬아웃 방식은 클라이언트가 이미 존재하는 암호화된 채널을 사용하여 각 수신자에게 개별적으로 메시지를 보내야 함을 의미하며, 서버로부터 그룹 구성원을 숨기는 좋은 방법이다. 서버 측 팬아웃 방식을 사용하면 서버에서 각 그룹 채팅 참가자에게 메시지를 전달할 수 있다. 이는 클라이언트의 관점에서 보내는 메시지의 수를 줄이는 좋은 방법이다.

반면 왓츠앱은 서버가 그룹 채팅 구성원을 인식하는 시그널 프로토콜의 변형을 사용한다. 변경을 통해 참가자는 암호화된 단일 메시지를 서버에 보낼 수 있으며, 서버는 메시지를 그룹 구성원에게 전달할 책임이 있다. 이를 **서버 측 팬아웃**server-side fanout이라 한다.

그룹 채팅의 또 다른 문제는 대규모 구성원 그룹으로의 확장이다. 이를 위해 업계의 많은 업체들이 최근 **메시징 계층 보안**Messaging Layer Security, MLS 표준을 중심으로 모여 보안 그룹 메시징을 대규모로 처리하고 있다. 그러나 여전히 할 일이 많고, 100명이 넘는 참가자와 함께하는 그룹 채팅에서 정말로 기밀이 유지될 수 있는지에는 여전히 의문이 있다.

NOTE 이는 현재까지도 활발히 연구되는 영역이며 서로 다른 다양한 접근 방식마다 보안 및 사용성 측면에서 서로 다른 트레이드오프가 있다. 예를 들어 2021년에는 그룹 채팅의 모든 참가자가 동일한 순서로 동일한 메시지를 볼 수 있도록 하는 암호화 속성인 **전사 일관성**transcript consistency을 제공하는 그룹 채팅 프로토콜이 아직 없다.

다중 장치에 대한 지원은 다양한 방식으로 구현되며, 가장 자주 쓰이는 방식은 다른 장치가 그룹 채팅의 다른 참가자인 양 가장하는 것이다. TOFU 모델은 이를 상당히 복잡하게 만들 수 있는데, 장치마다 다른 ID 키를 갖는 것이 실제 키 관리 문제가 될 수 있기 때문이다. 사용자가 자신의 각 장치와 친구의 장치 각각에 대한 지문을 확인해야 한다고 상상해보자. 매트릭스의 경우, 사용자가 자신의 장치에 서명하도록 한다. 그러면 다른 사용자가 연결된 서명을 확인하여 모든 장치를 하나의 개체로 신뢰할 수 있다.

마지막으로 TOFU 모델로 돌아가서, TOFU 모델은 공개 키를 처음 봤을 때의 신뢰를 기반으로 하기에 완전하지 않으며 대부분의 사용자는 나중에 지문이 일치하는지 확인하지 않는다고 언급했다. 이 문제에 대한 해결책은 없을까? 서버가 앨리스에게만 밥 역할을 가장하기로 결정하면 어떻게 될까? 이는 **키 투명성**Key Transparency이 해결하려고 하는 문제다. 키 투명성은 구글에서 제안한 프로토콜로 9장에서 살펴본 인증서 **투명성 프로토콜**Certificate Transparency protocol과 유사하다. 암호화폐를 다루는 12장에서 살펴볼, 블록체인 기술을 활용한 연구도 있다.

요약

- 종단 간 암호화는 실제 인간 간의 통신 보안에 관한 것이다. 종단 간 암호화를 구현하는 프로토콜은 사용자 사이에 있는 서버에서 발생할 수 있는 취약성에 더 탄력적으로 대응하며, 회사의 법적 요구 사항을 크게 단순화할 수 있다.

- 종단 간 암호화 시스템에는 사용자 간의 신뢰를 발동시키는 방법이 필요하다. 이러한 신뢰는 우리가 이미 알고 있는 공개 키, 또는 신뢰하는 대역 외 채널에서 올 수 있다.

- PGP와 S/MIME은 오늘날 이메일을 암호화하는 데 사용되는 주요 프로토콜이지만 오래된 암호화 알고리즘을 사용하므로 더 이상 안전하지 않은 것으로 간주된다. 또한 실제로 다양한 공격에 취약한 것으로 확인된 이메일 클라이언트와의 통합도 제대로 이루어지지 않았다.

    - PGP는 WOT 모델을 사용한다. 여기서 사용자는 다른 사람들이 신뢰할 수 있도록 공개 키에 서로 서명한다.

- S/MIME은 공개 키 인프라를 사용하여 참가자 간의 신뢰를 구축한다. 기업과 대학에서 가장 많이 사용된다.

- PGP의 대안은 솔트팩으로, 다른 사람들의 공개 키를 발견하기 위해 소셜 네트워크에 의존하면서 여러 문제를 수정한다.

- 이메일의 프로토콜은 암호화를 염두에 두지 않고 구축되었기에 항상 암호화 문제가 존재한다. 반면에 최신 메시징 프로토콜 및 애플리케이션은 종단 간 암호화를 염두에 두고 구축되었기에 암호화된 이메일보다 나은 대안으로 간주된다.

  - 시그널 프로토콜은 대부분의 메시징 애플리케이션에서 사용자 간의 종단 간 통신을 보호하는 데 사용된다. 시그널 메신저, 왓츠앱, 페이스북 메신저, 스카이프는 모두 시그널 프로토콜을 사용하여 메시지를 보호한다고 광고한다.

  - 매트릭스와 같은 다른 프로토콜은 종단 간 암호화 메시징을 위해 연합 프로토콜의 표준화를 시도한다. 연합 프로토콜은 누구나 상호 운용할 수 있는 개방형 프로토콜이다(단일 애플리케이션으로 제한되는 중앙 집중식 프로토콜과 반대의 개념).

CHAPTER **11**

사용자 인증

이번 장에서 다룰 내용

- 사람의 인증과 데이터 인증의 차이
- 비밀번호 및 키 기반으로 사용자를 인증하는 사용자 인증
- 사용자의 기기 간 연결을 안전하게 하기 위한 사용자 지원 인증

필자는 도입부에서 암호학을 기밀성과 인증이라는 두 가지 개념으로 압축했다. 실제 애플리케이션에서 기밀성은(일반적으로) 가장 작은 문제고, 대부분의 복잡성 문제가 인증에서 발생한다. 책에서 이미 인증에 대해 많이 이야기했지만, 암호학에서 인증이란 여러 다른 의미로 쓰이다 보니 아직 혼란스러운 개념일 수 있다. 그러므로 이 장에서는 인증이 실제로 무엇에 관한 것인지 먼저 소개한다. 암호학에서 늘 그렇듯 어떤 프로토콜도 만병통치약은 아니며, 이 장 뒷부분에서는 실제 애플리케이션에서 사용되는 많은 인증 프로토콜을 살펴본다.

11.1 인증 복습하기

지금까지 다룬 인증의 개념을 요약해보겠다.

- 메시지 인증 코드(3장에서 다룸) 및 인증된 암호화(4장에서 다룸)와 같은 암호화 기본 형식의 인증
- 한 명 이상의 프로토콜 참가자를 인증할 수 있는 TLS(9장에서 다룸) 및 시그널(10장에서 다룸)과 같은 암호학 프로토콜에서의 인증

첫 번째 경우에서 인증은 메시지의 **신뢰성**authenticity(또는 **무결성**integrity)을 나타낸다. 두 번째 경우에서 인증은 **다른 사람에게 자신이 누구인지 증명하는 것**을 의미한다. 이는 같은 단어에 포함된 다른 개념이므로 상당히 혼란스러울 수 있을 것이다. 그러나 옥스퍼드 영어사전(http://www.oed.com/)을 보면 다음과 같이 두 사용법 모두 정의에 부합한다.

> 인증Authentication: 어떤 것이 참, 진실, 또는 타당함을 증명하거나 보여주는 과정이나 행위.

이러한 이유로 인증은 맥락에 따라 두 가지 다른 개념을 표현하는 암호학 용어로 생각해야 한다.

- **메시지/페이로드 인증**: 메시지가 진짜고, 생성 이후 수정되지 않았음을 증명(예: 이 메시지가 인증되었는가? 누군가 조작할 수 있는가?)
- **원본/개체/신원 인증**: 개체가 실제로 그들이 말하는 사람임을 증명(예: 내가 실제로 google.com과 통신하고 있는가?)

요점은 이렇다. 인증은 어떠한 진위성을 증명하는 행위며, 그 대상은 사람, 메시지, 그 밖의 것이 될 수 있다. 이 장에서는 사람이나 장치를 식별하는 데만 **인증**이라는 용어를 사용한다. 다시 말해 **신원 인증**이다. 다음과 같은 유형의 인증에 대해서는 이미 익숙할 것이다.

- 보안 전송을 다룬 9장에서 장치가 PKI를 사용하여 대규모로 다른 장치를 인증할 수 있음을 배웠다.
- 종단 간 암호화를 다룬 10장에서 TOFU나 WOT 기술을 사용하여 사람이 서로를 대규모로 인증할 수 있는 방법을 배웠다.

이 장에서는 이전에 언급되지 않은 다음 두 가지 다른 경우를 배우게 된다(그림 11.1).

- **사용자 인증**: 장치가 사람을 인증하는 방법
- **사용자 지원 인증**: 장치가 서로를 인증하도록 사람이 돕는 방법

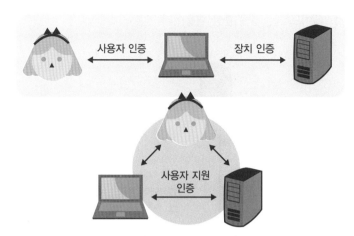

그림 11.1 이 책에서는 세 가지 유형의 시나리오에서 인증에 대해 이야기한다. 사용자 인증은 장치가 사람을 인증하는 것이다. 장치 인증은 장치가 다른 장치를 인증하는 것이다. 사용자 지원 인증은 사람이 다른 장치를 인증하는 장치에 관여하는 것이다.

신원 인증의 또 다른 측면은 신원 그 자체다. 실제 암호학 프로토콜에서 앨리스와 같은 사람을 어떻게 정의할까? 장치가 사람을 어떻게 인증할 수 있을까? 안타깝게도(또는 다행스럽게도) 사람과 장치 사이에는 근본적인 거리가 있다. 현실과 디지털 세계를 연결하기 위해서는 앨리스가 항상 특정 비밀 데이터를 알고 있다고 가정해야 하며 앨리스가 자신의 신원을 증명하려면 해당 비밀 데이터에 대한 지식을 입증해야 한다. 예를 들어 앨리스가 비밀번호를 보내거나 공개 키와 연결된 비밀 키를 사용하여 무작위 챌린지에 서명하는 식이다.

서두는 이쯤에서 마무리하자. 이번 절이 잘 이해되지 않더라도, 앞으로 볼 예제를 통해 이해하게 될 것이다. 먼저 장치가 인간을 인증하기 위한 다양한 방법을 살펴보자!

11.2 사용자 인증, 비밀번호를 없애기 위한 여정

우선 장치가 사람을 인증하는 방법, 즉 **사용자 인증**user authentication을 알아보자. 사용자 인증을 수행하는 방법은 다양하며, 모든 경우에 통하는 만병 통치약은 없다. 다만 대부분의 사용자 인증 시나리오에서는 다음과 같은 가정을 한다.

- 서버는 이미 인증되었다.
- 사용자는 안전한 연결을 공유한다.

예를 들어 서버가 웹 PKI를 통해 사용자에게 인증되고, 연결이 TLS를 통해 보호된다고 상상할 수 있다(둘 다 9장에서 다룸). 어떤 의미로는 이번 절의 대부분이 그림 11.2와 같이 단방향 인증 연결을 상호 인증 연결로 업그레이드하는 것에 관한 내용이다.

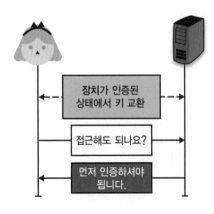

그림 11.2 **사용자 인증은 일반적으로 이미 보안이 설정되어 있지만 서버만 인증된 채널을 통해 발생한다. 일반적인 예는 HTTPS를 사용하여 웹을 탐색하고, 크레덴셜을 사용하여 웹페이지에 로그인하는 경우다.**

다만 늘 주의하자. 사용자 인증에는 많은 함정이 도사리고 있다. 다른 웹페이지에 인증하기 위해 여러 번 암호를 사용했을 것이며, 대부분의 사용자 경험은 다음과 비슷할 것이다.

1. 웹사이트에서 사용자 이름과 비밀번호로 등록한다.

2. 새 크레덴셜을 사용하여 웹사이트에 로그인한다.

3. 계정을 복구한 후, 또는 웹사이트의 강제적 요청으로 인해 비밀번호를 변경한다.

4. 운이 없으면 데이터베이스 해킹으로 인해 비밀번호(또는 비밀번호 해시)가 유출된다.

익숙하지 않은가?

NOTE   이 장에서 **비밀번호/계정 복구**는 암호화와 거의 관련이 없으므로 무시하겠다. 복구는 보통 처음 가입한 방식과 관련되는 경우가 많다는 점만 알아두자. 예를 들어 직장의 IT 부서에 등록했다면 비밀번호를 잊어버렸을 때 해당 부서를 찾아가야 하며 주의하지 않으면 이 복구 과정이 시스템에서 가장 취약한 링크가 될 수 있다. 이를테면 전화 한 통으로 누군가에게 생년월일을 알려줌으로써 계정을 복구할 수 있다면, 로그인할 때 아무리 복잡한 비밀번호를 사용해도 도움이 되지 않을 것이다.

이전 사용자 인증 흐름을 구현하는 단순한 방법은, 등록할 때 사용자 비밀번호를 저장한 다음 사용자가 로그인할 때 사용자에게 묻는 것이다. 3장에서 살펴봤듯, 인증에 성공한 사용자는 보통 인증 이후 모든 요청에서 사용할 수 있는 쿠키를 받아서 사용자 이름과 비밀번호 대신 사용하게 된다. 하지만 잠깐! 서버가 비밀번호를 평문으로 저장하면 데이터베이스가 뚫렸을 때 공격자에게 비밀번호가 노출된다. 그럼 데이터베이스를 공격한 공격자는 노출된 사용자의 비밀번호를 사용하여 사용자가 같은 비밀번호로 가입한 모든 웹사이트에 로그인할 수 있다.

비밀번호를 저장하는 더 좋은 방법은 2장에서 배운 표준화된 Argon2와 같은 **비밀번호 해싱**password hashing 알고리즘을 사용하는 것이다. 이렇게 하면 데이터베이스에 대한 **스매시-앤-그랩**smash-and-grab 유형의 공격에 의한 비밀번호 유출을 효과적으로 방지할 수 있다. 그러나 많은 웹사이트와 회사에서는 여전히 비밀번호를 평문으로 저장한다.

> **연습 문제**
> 때때로 애플리케이션은 서버에 비밀번호를 보내기 전에 클라이언트 해시(비밀번호 해시 포함)를 사용하여 회원 가입 시 서버가 사용자 비밀번호를 익히는 문제를 해결하려 시도한다. 이것이 실제로 작동하는지 확인할 수 있는가?

게다가 인간은 원래 비밀번호에 약하다. 사람은 보통 간단하고 기억하기 쉬운 비밀번호를 편하게 여긴다. 그리고 가능하다면 모든 곳에서 동일한 비밀번호를 재사용하기를 원한다.

> 모든 해킹 관련 침해의 81%는 취약하거나 도난당한 비밀번호를 활용했다.
>
> —<Verizon Data Breach Report(버라이즌 데이터 침해 보고서)>(2017)

약한 비밀번호와 비밀번호 재사용 문제로 인해 사용자가 비밀번호를 더 심각하게 받아들이도록 하는 어리석고 성가신 디자인 패턴이 많이 생겨났다. 예를 들어 일부 웹사이트에서는 비밀번호에 특수 문자를 사용하도록 요구하거나 6개월마다 비밀번호를 강제로 변경하도록 요구한다. 또한 많은 프로토콜이 비밀번호를 '고치거나', 또는 완전히 제거하려 시도한다. 매년 새로운 보안 전문가들은 '비밀번호'의 개념이 죽었다고 생각하는 것 같다. 그러나 비밀번호는 여전히 가장 널리 사용되는 사용자 인증 메커니즘이다.

오늘날에도 비밀번호는 존재한다. 그러나 비밀번호를 개선하거나 대체하는 많은 프로토콜이 있다. 지금부터 알아보자.

11.2.1 비밀번호의 지배자, SSO와 비밀번호 관리자

비밀번호 재사용은 좋지 않다. 그럼 이를 해결하는 방법이 있을까? 단순한 방법으로는 사용자가 웹 사이트마다 다른 비밀번호를 사용할 수 있지만 이 접근 방식에는 두 가지 문제가 있다.

- 사용자는 다양한 비밀번호를 만드는 데 서툴다.
- 여러 비밀번호를 기억하려면 엄청난 정신적 부담이 든다.

이러한 문제를 해결하기 위해 두 가지 솔루션이 널리 도입되었다.

- **싱글 사인온**Single sign-on, SSO: SSO의 개념은 사용자가 특정 서비스의 계정을 소유하고 있음을 증명함으로써 다양한 서비스에 연결할 수 있도록 하는 것이다. 사용자는 많은 서비스에 연결할 수 있도록 해당 서비스와 관련된 암호만 기억하면 된다. 그림 11.3과 같은 '페이스북으로 로그인하기' 유형의 버튼이 대표적이다.
- **비밀번호 관리자:** 다양한 서비스에서 SSO를 지원하는 한 SSO가 편리하지만 일반적인 웹 전체를 보았을 때 SSO의 확장성이 떨어지는 것은 사실이다. 더 나은 접근 방식은, 서버 측에서 문제를 해결하려 하는 것과 반대로 클라이언트를 개선하는 것이다. 오늘날 최신 브라우저에는 새 웹사이트에 가입할 때 복잡한 비밀번호를 제안할 수 있는 비밀번호 관리자가 내장되어 있으며, 하나의 마스터 비밀번호만 기억하는 한 모든 비밀번호를 기억할 수 있다.

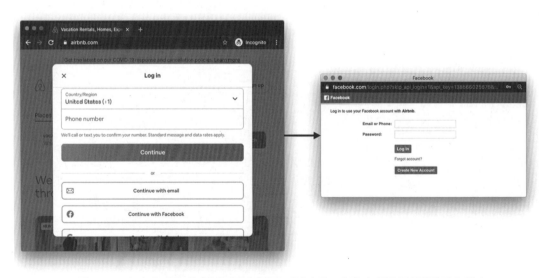

그림 11.3 SSO의 예. 사용자는 페이스북이나 구글 계정이 있으면 새 비밀번호를 생성할 필요 없이
새 서비스(예시에서는 에어비엔비)에 연결할 수 있다.

SSO의 개념은 기업 세계에서 새로운 것은 아니지만 일반 사용자에게까지 널리 보급된 것은 비교적 최근의 일이다. 오늘날 SSO 설정 분야에서 두 가지 프로토콜이 주요 경쟁자다.

- **SAML**Security Assertion Markup Language **2.0**: XML 인코딩을 사용하는 프로토콜이다.
- **OIDC**OpenID Connect: JSON 인코딩을 사용하는 OAuth 2.0(RFC 6749) 인증 프로토콜의 확장이다.

SAML은 대부분 기업 환경에서 널리 사용되지만 현재로서는 레거시 프로토콜이다. 반면 OIDC는 웹, 모바일 애플리케이션 곳곳에서 볼 수 있다. 독자 여러분도 이미 사용 중일 가능성이 크다!

인증 프로토콜은 보통 다루기 어렵다고 알려져 있으며, OIDC가 의존하는 프로토콜인 OAuth2는 오용하기 쉬운 것으로 악명이 높은 반면 OIDC는 사양이 잘 정리되어 있다(https://openid.net 참조). 표준을 따르고 모범 사례를 살펴봐야 많은 문제에서 벗어날 수 있다.

> **NOTE** 위의 조언을 따르지 않아 문제를 겪은 대표적인 사례가 있다. 2020년 5월, OIDC에서 출발한 애플 SSO의 로그인 체계가 취약한 것으로 확인되었다. 누구나 애플 서버에 쿼리하기만 하면 모든 애플 계정에 대해 유효한 ID 토큰을 얻을 수 있었던 것이다.

SSO는 관리해야 하는 비밀번호의 수를 줄여주기에 사용자에게 유용하지만 비밀번호를 완전히 제거하는 것은 아니다. 사용자는 여전히 암호를 사용하여 OIDC 공급자에 연결해야 한다. 이제 암호화가 암호를 숨기는 데 어떻게 도움이 되는지 알아보겠다.

11.2.2 비밀번호 노출을 막고 싶다고요? 비대칭 비밀번호 인증 키 교환을 쓰세요

앞 절에서는 하나의 서비스에 연결된 하나의 계정만 사용하여 여러 서비스에 인증할 수 있도록 함으로써 사용자의 ID 관리를 단순화하려는 솔루션을 알아보았다. OIDC와 같은 프로토콜은 훌륭하지만 사용자가 관리해야 하는 비밀번호의 수를 효과적으로 줄여줄 뿐, 특정 서비스가 사용자의 비밀번호를 평문으로 조회해야 한다는 사실은 여전히 변하지 않는다. 비밀번호를 해싱해서 저장하더라도 사용자가 회원 가입, 로그인, 비밀번호 변경을 수행할 때마다 평문으로 전송된다.

비대칭asymmetric(또는 **증강**augmented) **비밀번호 인증 키 교환**password-authenticated key exchanges, PAKE 이라는 암호학 프로토콜은 사용자가 자신의 비밀번호를 서버에 직접 전달하지 않고도 사용자 인증을 가능하게 하기 위한 프로토콜이다. 이는 양쪽이 비밀번호를 알고 있는 대칭, 또는 **균형**balanced PAKE 프로토콜과 대조적이다.

현재 가장 인기 있는 비대칭 PAKE는 2000년 RFC 2944(《Telnet Authentication: SRP》)에서 처음으로 표준화된 **보안 원격 비밀번호**Secure Remote Password, SRP 프로토콜로, 나중에 RFC 5054(《Using the

Secure Remote Password (SRP) Protocol for TLS Authentication〉〉를 통해 TLS에 통합되었다. 다만 이는 꽤 오래된 프로토콜로 많은 결함이 있다. 예를 들어 MITM 공격자는 가입 흐름을 가로채서 사용자로 가장하고 로그인할 수 있다. 또한 타원 곡선에서 인스턴스화할 수 없으며, TLS 1.3과 호환되지 않으므로 최신 프로토콜과도 잘 작동하지 못한다.

SRP의 발명 이후 많은 비대칭 PAKE가 제안되고 표준화되었다. 2019년 여름, IETF의 CFRGCrypto Forum Research Group는 PAKE의 각 카테고리(대칭/균형 및 비대칭/증강)에 대해 표준화할 하나의 알고리즘 선택을 목표로 PAKE 선택 프로세스를 시작했고, 2020년 3월에 이르러 PAKE 선택 프로세스의 종료를 발표했다. 결과는 아래와 같다.

- **CPace**: 비외른 하세Björn Haase와 브누라 라브리크Benoît Labrique가 발명한 대칭/균형 PAKE
- **OPAQUE**: 스타니슬라프 야레츠키Stanislaw Jarecki, 후고 크라프치크Hugo Krawczyk, 쉬자위Jiayu Xu가 발명한 비대칭/증강 PAKE

이번 절에서는 집필 시점 현재(2021년 초) 아직 표준화 과정에 있는 OPAQUE에 대해 다룰 것이며 이 장의 두 번째 절에서는 대칭 PAKE와 CPace을 자세히 알아볼 것이다.

OPAQUE는 O-PAKE('오페이크')의 동음이의어로 명명되었으며, 여기서 O는 **무심결**oblivious을 뜻한다. OPAQUE가 이 책에서 아직 언급하지 않은 암호학 프리미티브인 **무심결 의사 난수 함수**Oblivious pseudorandom function, OPRF에 의존하기 때문이다.

무심결 의사 난수 함수(OPRFS)

OPRF는 3장에서 배운 PRF를 모방하는 2인 참여 프로토콜이다. 다시 말하자면 PRF는 MAC에서 기대할 수 있는 것과 어느 정도 동일하다. 키와 입력이 필요하며, 완전히 무작위로 고정 길이 출력을 만들어낸다.

NOTE 암호학에서 **무심결**oblivious은 일반적으로 한 당사자가 다른 당사자가 제공한 입력을 모른 채 암호학적 연산을 수행하는 프로토콜을 말한다.

OPRF의 대략적인 작동 방식은 다음과 같다.

1. 앨리스는 입력에 대해 PRF를 계산하기를 원하지만, 입력이 비밀로 유지되기를 원한다. 앨리스는 임의의 값(**블라인딩 팩터**blinding factor라고 함)으로 입력을 '블라인드'하고 이를 밥에게 보낸다.
2. 밥은 자신의 비밀 키로 이 블라인드 값에 대해 OPRF를 실행하지만, 출력은 여전히 블라인드되어 있으므로 밥에게는 쓸모가 없다. 그다음 밥은 이것을 앨리스에게 다시 보낸다.

3. 앨리스는 이전에 실제 출력을 얻기 위해 사용한 것과 동일한 블라인딩 팩터를 사용하여 결과를 '언블라인드unblind'한다.

앨리스가 이 프로토콜을 쓸 때마다 매번 다른 블라인딩 팩터를 만들어야 한다는 점에 유의해야 한다. 그러나 앨리스가 사용하는 블라인딩 팩터가 무엇이든, 동일한 입력을 사용하는 한 항상 동일한 결과를 얻을 것이다(그림 11.4).

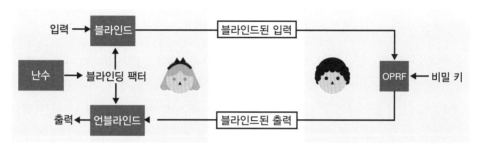

그림 11.4 **OPRF는 한 당사자가 해당 입력을 몰라도 다른 당사자의 입력에 대해 PRF를 계산할 수 있도록 하는 구성이다. 이를 위해 앨리스는 먼저 무작위 블라인딩 팩터를 생성한 다음 밥에게 보내기 전에 입력을 블라인드한다. 밥은 자신의 비밀 키를 사용하여 블라인드 값에 대한 PRF를 계산한 다음, 블라인드된 출력을 언블라인드할 수 있는 앨리스에게 보낸다. 결과는 블라인딩 팩터의 값에 의존하지 않는다.**

다음은 어려운 이산 로그 문제로 구현된 OPRF 프로토콜의 예다.

1. 앨리스는 입력을 군의 요소 x로 변환한다.

2. 앨리스는 무작위 블라인딩 팩터 r을 생성한다.

3. 앨리스는 $blinded\_input = x^r$을 계산하여 입력을 블라인드한다.

4. 앨리스는 blinded_input을 밥에게 보낸다.

5. 밥은 $blinded\_output = blinded\_input^k$를 계산한다. 여기서 k는 비밀 키다.

6. 밥은 결과를 앨리스에게 다시 보낸다.

7. 앨리스는 $output = blinded\_output^{1/r} = x^k$를 계산하여 생성된 결과를 언블라인드할 수 있다. 여기서 $1/r$은 r의 역이다.

OPAQUE가 이 흥미로운 구조를 사용하는 방법이 비대칭 PAKE의 비결이다.

비대칭 PAKE, OPAQUE의 작동 원리
기본적인 원리는 클라이언트, 예를 들어 앨리스가 일부 서버와 인증된 키 교환을 수행하기를 원한다는 것이다. 또한 앨리스가 이미 서버의 공개 키를 알고 있거나 이미 인증할 수 있는 방법이 있다고 가정한다(서버가 HTTPS 웹사이트라면 앨리스는 웹 PKI를 사용할 수 있다). OPAQUE가 어떻게 작동하는지 이해하기 위해 이를 어떻게 만들 수 있는지 살펴보자.

첫 번째 아이디어에서는, 공개 키 암호화를 사용하여 연결의 앨리스 측을 인증한다. 앨리스가 장기 키 쌍을 소유하고 서버가 공개 키를 알고 있는 경우, 앨리스는 비밀 키를 사용하여 서버와 상호 인증된 키 교환을 수행하거나 서버에서 제공한 챌린지에 서명할 수 있다. 안타깝게도 비대칭 비밀 키는 너무 길며, 앨리스는 자신의 비밀번호만 기억할 수 있다. 앨리스는 현재 장치에 키 쌍을 저장할 수 있지만 나중에 다른 장치에서 로그인할 수도 있기를 원한다.

두 번째 아이디어에서는, 앨리스가 2장과 8장에서 배운 Argon2와 같은 비밀번호 기반 KDF를 사용하여 비밀번호에서 비대칭 비밀 키를 파생할 수 있다. 그러면 앨리스의 공개 키가 서버에 저장될 수 있다. 데이터베이스가 뚫려서 누군가가 전체 데이터베이스에 대해 비밀번호를 테스트하는 것을 피하려면, 서버에서 각 사용자에게 비밀번호 기반 KDF와 함께 사용해야 하는 다른 솔트를 제공하게 할 수 있다.

이 정도만 해도 훌륭하지만 아직 막을 수 없는 한 가지 공격이 있다. 바로 **사전 계산 공격**precomputation attack이다. 공격자는 사용자를 가장해서 로그인을 시도하고 사용자의 솔트를 받은 다음, 수많은 비대칭 비밀 키 및 관련 공개 키를 오프라인으로 미리 계산할 수 있다. 데이터베이스가 뚫리면 미리 계산된 비대칭 공개 키 목록에서 사용자의 공개 키와 관련 비밀번호를 찾을 수 있는지 빠르게 확인할 수 있다.

세 번째 아이디어에 OPAQUE의 핵심 비결이 있다! 바로 비대칭 비밀 키를 유도하기 위해 앨리스의 비밀번호와 함께 OPRF 프로토콜을 사용하는 것이다. 서버가 사용자마다 다른 키를 사용하면 이는 솔트를 사용하는 효과를 만들어낸다(공격자는 한 번에 한 사용자만 공격할 수 있게 된다). 이렇게 되면 비밀번호 추측을 기반으로 비대칭 비밀 키를 미리 계산하려는 공격자는 온라인으로 쿼리를 수행해야 한다. 즉, 오프라인 무차별 대입 공격을 방지할 수 있다. 온라인 무차별 대입 공격을 방지하기 위해 온라인 쿼리에 속도 제한(예: 시간당 10회 이상의 로그인 시도 방지)이 가능하다.

그런데 이는 실제로 OPAQUE가 작동하는 방식이 아니다. 사용자가 비대칭 비밀 키를 파생시키도록 하는 대신, OPAQUE는 사용자가 대칭 키를 파생시키도록 한다. 그다음 대칭 키는 비대칭 키 쌍의 백업과 일부 추가 데이터(예: 서버의 공개 키를 포함할 수도 있음)를 암호화하는 데 사용된다(그림 11.5).

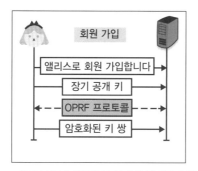
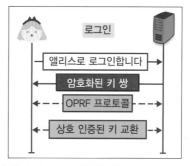

그림 11.5 **OPAQUE**를 사용하여 서버에 등록하기 위해 앨리스는 장기 키 쌍을 생성하고 자신의 공개 키를 서버에 전송한다. 서버는 이를 저장하고 앨리스의 ID와 연결한다. 그런 다음 앨리스는 OPRF 프로토콜을 사용하여 비밀번호에서 강력한 대칭 키를 얻고, 키 쌍의 암호화된 백업을 서버로 보낸다. 이후 로그인할 때 앨리스는 서버에서 암호화된 키 쌍을 얻은 다음, 암호로 OPRF 프로토콜을 수행하여 키 쌍을 복호화할 수 있는 대칭 키를 얻는다. 남은 것은 이 키로 상호 인증된 키 교환을 수행하는 것(또는 챌린지에 서명하는 것)뿐이다.

다음 절로 이동하기 전에 배운 내용을 검토해보겠다. 그림 11.6을 보자.

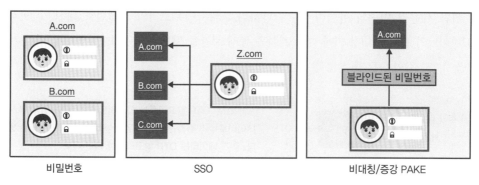

그림 11.6 비밀번호는 사용자를 인증하는 편리한 방법이며, 모든 장치에서 사용할 수 있다. 반면에 사용자는 강력한 비밀번호를 만드는 데 어려움을 겪으며, 여러 웹사이트에서 비밀번호를 재사용하는 경향이 있으므로 비밀번호 유출이 치명적인 결과로 이어질 수 있다. SSO를 사용하면 하나(또는 몇 개)의 서비스를 사용하여 많은 서비스에 연결할 수 있으며, 비대칭(또는 증강) 비밀번호 인증 키 교환을 사용하면 서버가 실제 암호를 알 필요도 없이 인증할 수 있다.

11.2.3 OTP는 실제 비밀번호가 아니다. 대칭 키를 사용하여 비밀번호 없이 전환하기

지금까지 애플리케이션에서 비밀번호로 사용자를 인증하는 데 활용할 수 있는 다양한 프로토콜에 대해 배웠다. 하지만 비밀번호도 그리 좋지 않다는 것을 다들 느끼고 있을 것이다. 무차별 대입 공격에 취약한 데다 재사용, 도난 등의 위험에 노출되어 있다. 비밀번호 사용을 피할 수 있다면 무엇을 사용할 수 있을까?

답은… 바로 키(열쇠)다! 알다시피 암호학에는 두 가지 유형의 키가 있으며, 두 유형 모두 유용할 수 있다.

- 대칭 키
- 비대칭 키

이번 절에서는 대칭 키를 기반으로 하는 솔루션을 알아보고, 다음 절에서는 비대칭 키를 기반으로 하는 솔루션을 살펴보자. 앨리스가 대칭 키(서버에서 생성되고 QR 코드를 통해 사용자에게 전달되는 경우가 많다)를 사용하여 서비스에 가입한다고 해보자. 나중에 앨리스를 인증하는 단순한 방법은 앨리스에게 대칭 키를 보내도록 요청하는 것이다. 물론 앨리스의 비밀이 누출되면 공격자가 그녀의 계정에 무제한으로 접근할 수 있으므로 이는 그리 좋은 방법이 아니다. 그 대안으로, 앨리스는 대칭 키로부터 **일회성 비밀번호**one-time password, OTP를 파생시켜 장기 대칭 키 대신 보낼 수 있다. OTP는 엄밀히 말해 비밀번호가 아니지만 비밀번호 대신 사용할 수 있으며, 다만 재사용해서는 안 된다.

OTP 기반 사용자 인증의 아이디어는 간단하다. 낮은 엔트로피의 비밀번호 대신, (일반적으로) 16~32바이트의 균일한 대칭 키에 대한 지식을 통해 보안을 담보하는 것이다. 이 대칭 키를 사용하면 그림 11.7과 같이 OTP를 생성할 수 있다.

그림 11.7 OTP 알고리즘을 사용하면 대칭 키와 일부 추가 데이터로부터 원하는 만큼의 일회성 비밀번호를 만들 수 있다. 추가 데이터는 OTP 알고리즘에 따라 다르다.

OTP 기반 인증은 모바일 애플리케이션(일반적인 예는 그림 11.8 참조) 또는 보안 키(컴퓨터의 USB 포트에 연결할 수 있는 작은 장치)에서 가장 자주 구현된다. OTP를 생성하는 데 사용할 수 있는 두 가지 주요 체계가 있다.

- **HOTP**HMAC-based one-time password **알고리즘**: RFC 4226으로 표준화된 OTP 알고리즘으로, 카운터를 추가 데이터로 쓴다.
- **TOTP**time-based one-time password **알고리즘**: RFC 6238로 표준화된 OTP 알고리즘으로, 시간을 추가 데이터로 쓴다.

HOTP는 클라이언트와 서버 모두가 상태(카운터)를 저장해야 하기에, 오늘날 대부분의 애플리케이션에서는 TOTP를 사용한다. 상태를 저장하는 방식은 한쪽이 동기화되지 않고 더 이상 합법적인 OTP를 생성(또는 검증)할 수 없는 경우 문제가 발생할 수 있다.

그림 11.8 **구글 OTP(Google Authenticator) 모바일 앱의 화면.**
이 앱은 TOTP 방식에 따라 30초 동안만 유효한 6자리 일회성 비밀
번호(OTP)를 생성할 수 있는 애플리케이션별 고유 대칭 키를 저장할
수 있다.

일반적인 TOTP의 작동 방식은 다음과 같다.

- **사용자가 서비스에 가입할 때 서비스는 사용자에게 (QR 코드를 통해) 대칭 키를 전달한다.** 그런 다음
  사용자는 이 키를 TOTP 앱에 추가한다.

- **로그인 시 사용자는 TOTP 앱을 사용하여 일회성 비밀번호를 생성할 수 있다.** 이때 $HMAC(symmetric\_$
  $key, time)$를 계산하여 일회성 비밀번호가 만들어지는데, 여기서 time에는 현재 시간이 들어간
  다(일회성 비밀번호를 60초 동안 유효하게 만들기 위해 분으로 반올림). 그다음 절차는 아래와 같다.

  a. TOTP 앱은 사용자에게 파생된 일회성 비밀번호를 사람이 읽을 수 있는 10진법으로 잘라서
     표시한다(예: 10진법, 6자로 축소).

  b. 사용자는 관련 앱에 일회성 비밀번호를 입력한다.

  c. 앱은 사용자의 연결된 대칭 키를 검색하여 사용자와 동일한 방식으로 일회성 비밀번호를 계산
     한다. 수신된 일회성 비밀번호와 결과가 일치하면 사용자가 성공적으로 인증된다.

물론 사용자의 OTP와 서버에서 계산된 OTP의 비교는 상수 시간 내에 이루어져야 한다. 이는
MAC 인증 태그 검사와 유사하다(그림 11.9).

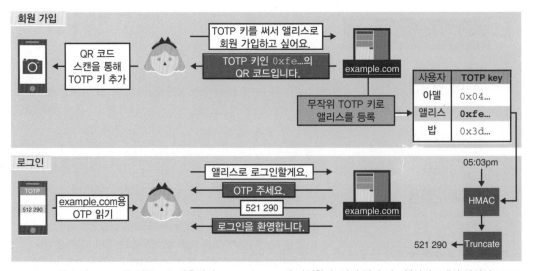

그림 11.9 앨리스는 TOTP를 인증으로 사용하여 example.com에 가입한다. 이때 앨리스는 웹사이트에서 자신의 TOTP 앱으로 대칭 키를 가져온다. 나중에 앨리스는 앱에 example.com에 대한 일회성 비밀번호를 계산하도록 요청하고, 이 일회성 비밀번호를 웹사이트에서 인증하는 데 사용할 수 있다. 웹사이트 example.com은 앨리스와 연결된 대칭 키를 가져와 HMAC와 현재 시간을 사용하여 일회성 비밀번호를 계산한 후 앨리스의 일회성 비밀번호와 비교한다.

그러나 이 TOTP 기반 인증 흐름은 이상적이지 않다. 예를 들어 다음과 같은 문제가 여전히 존재한다.

- 서버가 대칭 키를 소유하고 있기 때문에 서버에서 인증을 위조할 수 있다.
- 일회성 비밀번호로 사회공학적 공격을 할 수 있다.

이러한 이유로 대칭 키는 비밀번호를 **완벽하게 대체하지는 못하는** 방법이다. 다음으로 비대칭 키를 사용하여 이러한 단점을 해결할 수 있는 방법을 살펴보겠다.

피싱

피싱phishing(또는 사회 공학social engineering)은 소프트웨어의 취약점이 아닌 인간의 취약점을 노리는 공격이다. 앱에서 인증을 위해 일회성 비밀번호를 입력해야 하는 경우, 공격자가 할 수 있는 일은 사용자로 앱에 로그인을 시도하면서 일회성 암호 요청을 묻는 메시지가 표시되면 사용자에게 전화를 걸어 유효한 암호를 요청하는 것이다(앱 운영사에서 일하는 흉내를 내며).

누구나 자신이 피싱에 당하지 않을 것이라 생각한다. 하지만 노련한 공격자는 믿을 수 있는 이야기를 만들고, 사용자를 절박하게 만들 수 있는 긴박감을 날조하는 데 탁월하다. 생각해보면 이전에 이야기한 모든 프로토콜은 이러한 유형의 공격에 취약하다.

11.2.4 비대칭 키로 비밀번호 대체하기

공개 키 암호화로 비대칭 키를 사용하여 서버에 인증할 수 있는 방법에는 두 가지가 있다.

- 키 교환 내에서 비대칭 키를 사용하여 연결 측을 인증
- 인증된 서버와 이미 형성된 보안 연결에서 비대칭 키 사용

각각의 방법을 살펴보자.

키 교환에서의 상호 인증

첫 번째 방법, 키 교환 내부에서 비대칭 키를 사용하는 방법에 대해서는 이미 들어봤을 것이다. 9장에서 TLS 서버가 핸드셰이크의 일부로 **인증서**를 사용하도록 클라이언트에 요청할 수 있다고 언급했다. 몇몇 회사에서 직원의 장치에 내부 서비스 인증용으로 직원별 고유 인증서를 제공하는 경우도 여기에 해당한다. 그림 11.10을 통해 이 방식이 사용자의 관점에서 어떻게 보이는지 이해할 수 있다.

클라이언트 측 인증서는 매우 간단하다. 예를 들어 TLS 1.3에서 서버는 핸드셰이크 중에 클라이언트에게 `CertificateRequest` 메시지를 전송하여 인증을 요청한다. 그러면 클라이언트는 `Certificate` 메시지로 인증서를 보냄으로써, 그리고 보냈거나 받은 모든 메시지의 서명을 `CertificateVerify` 메시지(키 교환에 사용되는 임시 공개 키 포함)로 보냄으로써 응답한다.

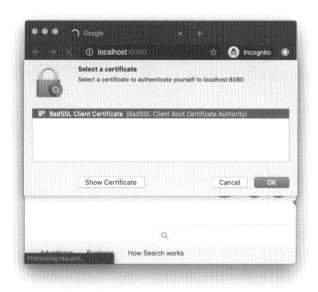

그림 11.10 **사용자의 브라우저에 클라이언트 인증서를 요청하는 페이지. 사용자는 로컬에 설치된 인증서 목록에서 사용할 인증서를 선택할 수 있다. TLS 핸드셰이크에서 클라이언트 인증서의 키는 핸드셰이크 기록에 서명하는 데 사용된다(핸드셰이크의 일부로 사용되는 클라이언트의 임시 공개 키 포함).**

서버가 인증서를 인식하고 클라이언트의 서명을 성공적으로 확인할 수 있으면 클라이언트가 인증된다. 또 다른 예는 SSH 프로토콜로, 서버에 알려진 공개 키로 핸드셰이크의 클라이언트 서명 부분도 포함한다.

서명이 핸드셰이크 단계에서 공개 키 암호화로 인증하는 유일한 방법은 아니다. 노이즈 프로토콜 프레임워크(9장에서 설명)에는 DH 키 교환만 사용하여 클라이언트 측 인증을 가능하게 하는 몇 가지 핸드셰이크 패턴이 있다.

FIDO2를 사용한 핸드셰이크 후 사용자 인증

비대칭 키를 사용한 두 번째 인증 방법은 서버만 인증된, 이미 형성된 보안 연결을 사용한다. 이 방식에서 서버는 클라이언트에게 **무작위** 챌린지에 서명하도록 요청하며, 이를 통해 리플레이 공격을 방지할 수 있다.

이 분야에서 흥미로운 표준 중 하나가 FIDO2Fast IDentity Online 2다. FIDO2는 비대칭 키를 사용하여 사용자를 인증하는 방법을 정의하는 개방형 표준이다. 이 표준은 특히 피싱 공격 방지를 의도하였으며, FIDO2는 **하드웨어 인증기**hardware authenticator로 작동하도록 만들어졌다. 하드웨어 인증기는 서명 키를 생성 및 저장할 수 있으며 임의의 챌린지에 서명할 수 있는 단순한 물리적 구성 요소다. FIDO2는 두 가지 사양으로 나뉜다(그림 11.11).

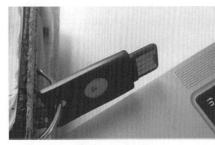

로밍 인증기   내장 인증기

그림 11.11 FIDO2에서 사용할 수 있는 두 가지 유형의 하드웨어 인증기:
(왼쪽) 로밍 인증기인 유비키(Yubikey)와 (오른쪽) 내장 인증기인 터치ID(TouchID).

- **클라이언트 대 인증자 프로토콜**Client to Authenticator Protocol, CTAP: CTAP는 로밍 인증기와 클라이언트가 서로 통신하는 데 사용할 수 있는 프로토콜이다. 로밍 인증기는 기본 장치 외부에 있는 하드웨어 인증기다. CTAP 사양의 클라이언트는 인증 프로토콜의 일부로 이러한 인증자를 쿼리하려는 소프트웨어로 정의된다. 따라서 클라이언트는 OS, 브라우저와 같은 기본 애플리케이션 등이 될 수 있다.

- **웹 인증**Web Authentication, WebAuthn: WebAuthn은 웹 브라우저와 웹 애플리케이션이 하드웨어 인증기를 통해 사용자를 인증하는 데 사용할 수 있는 프로토콜이다. 따라서 인증기를 지원하려면 브라우저에서 구현해야 한다. 웹 애플리케이션을 개발하고 하드웨어 인증기를 통한 사용자 인증을 지원하려면 WebAuthn을 사용해야 한다.

WebAuthn을 사용하면 웹사이트에서 로밍 인증기뿐 아니라 **플랫폼** 인증기도 사용할 수 있다. 플랫폼 인증기는 장치에서 제공하는 내장 인증기다. 다양한 플랫폼에서 다르게 구현되며, 생체 인식(예: 지문 판독기, 얼굴 인식 등)으로 보호되는 경우가 많다.

이제 이 장의 첫 번째 부분을 마치겠다. 지금까지 살펴본 비밀번호 외의 인증 프로토콜을 그림 11.12에 요약했다.

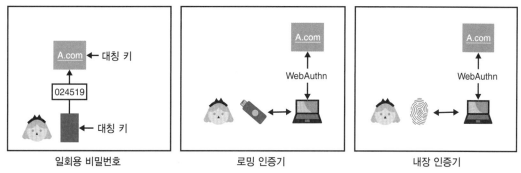

| 일회용 비밀번호 | 로밍 인증기 | 내장 인증기 |

그림 11.12 **비밀번호를 사용하지 않고 인증하기 위해 애플리케이션은 사용자가 OTP 기반 프로토콜을 통해 대칭 키를 사용하거나, FIDO2 표준을 통해 비대칭 키를 사용할 수 있다. FIDO2는 다양한 유형의 인증기, 즉 로밍 인증기(CTAP 표준 사용) 또는 내장 인증기를 지원한다.**

지금까지 비밀번호를 개선하거나 더 강력한 암호화 솔루션으로 대체하기 위한 다양한 기술과 프로토콜을 배운 여러분은 실제로 어떤 것을 사용해야 하는지 궁금할 것이다. 각 솔루션에는 고유한 주의 사항이 있으며 하나의 솔루션만으로 모든 문제를 문제를 해결할 수는 없다. 그렇다면 방법은? 여러 솔루션을 결합하면 된다! 이런 개념을 **다중 요소 인증**multi-factor authentication, MFA이라 한다. 사실, 여러분은 이미 OTP 또는 FIDO2를 비밀번호 외에 (추가적으로) 두 번째 인증 요소로 사용 중일지도 모른다.

이로써 사용자 인증에 대한 이 장의 전반부를 마친다. 다음으로 장치가 서로를 인증하도록 사람이 도울 수 있는 방법을 살펴보자.

11.3 사용자 지원 인증: 사람의 도움으로 장치 페어링하기

인간은 장치가 서로를 인증하도록 매일 도와주고 있다! 무선 헤드폰을 휴대폰과 페어링하거나, 휴대폰을 자동차와 페어링하거나, 장치를 집의 WiFi에 연결하는 등의 방식이 널리 쓰이고 있다. 그리고 다른 모든 페어링과 마찬가지로 그 기반에는 키 교환이 있을 것이다.

앞 절의 인증 프로토콜은 서버가 인증된 보안 채널(TLS 사용)에서 작동했다. 반면 이번 절에 등장하는 대부분 프로토콜에는 서로를 인증하는 방법을 모르는 두 장치에 보안 채널을 제공해야 한다. 그런 의미에서 이번 절에서 배우게 될 내용은 안전하지 않은 연결을 **상호 인증된 연결**로 업그레이드하는 데 사람이 도움을 줄 수 있는 방법이다. 그렇다 보니 10장의 종단 간 프로토콜에 있는 일부 신뢰 설정 기술을 연상시키는 부분도 있다. 단, 두 사람이 서로 인증을 시도하고 있다는 점이 다르다.

오늘날 인터넷을 통하지 않는 안전하지 않은 연결 중 가장 일반적인 연결은 블루투스, WiFi, 근거리 무선 통신Near Field Communication, NFC와 같은 단거리 무선 주파수를 기반으로 하는 프로토콜이다. NFC는 휴대전화나 은행 카드의 '비접촉식' 결제에 사용하는데, 이러한 통신 프로토콜을 사용하는 장치는 저전력 전자 장치에서 모든 기능을 갖춘 컴퓨터까지 다양하다. 여기에서 몇 가지 제약이 생겨난다.

- 연결하려는 장치가 키를 표시하는 화면이나 키를 수동으로 입력하는 방법을 제공하지 않을 수도 있다. 즉, 장치 **프로비저닝**provisioning을 위한 수단에 제약이 있다. 예를 들어 오늘날 대부분의 무선 오디오 헤드셋에는 버튼이 몇 개뿐이다.
- 사람은 유효성 검사 프로세스의 일부이므로, 긴 문자열을 입력하거나 비교해야 하는 일은 종종 비실용적이고 사용자 친화적이지 않은 것으로 간주된다. 이러한 이유로 많은 프로토콜에서는 보안 관련 문자열을 4자리 또는 6자리 PIN으로 줄이려 한다.

> **연습 문제**
> 장치에 안전하게 연결하기 위해 올바른 4자리 PIN을 입력해야 하는 프로토콜을 상상해보자. 추측만으로 정확한 PIN을 선택할 수 있는 확률은 얼마나 될까?

독자 여러분도 과거의 장치 페어링 경험을 떠올려보라. 대부분은 '그냥 작동했을' 것이다. 다음과 같은 식으로 말이다.

1. 장치의 버튼을 눌렀다.
2. 장치가 페어링 모드로 들어갔다.

3. 그런 다음 휴대폰의 블루투스 목록에서 장치를 찾아낸다.

4. 장치 아이콘을 클릭하면 장치가 휴대폰과 성공적으로 페어링된다.

10장을 읽었다면 TOFU가 생각날 것이다. 그러나 이번에는 몇 가지 특성이 더 있다.

- **근접성**: 특히 NFC 프로토콜을 사용하는 경우 두 장치가 서로 가까이 있어야 한다.
- **시간**: 장치 페어링은 시간이 제한된 경우가 많다. 예를 들어 30초 동안 페어링에 실패하면 일반적으로 프로세스를 수동으로 다시 시작해야 한다.

다만 TOFU와 달리, 이러한 실제 시나리오에서는 일반적으로 올바른 장치에 연결했다는 사실을 확인한 후에는 더 이상 유효성을 검사할 수 없다. 이는 이상적이지 않으며, 가능하면 더 나은 보안을 위해 노력해야 한다.

> **NOTE** 블루투스 핵심 사양은 '그냥 작동한다'는 면에서 실제로 TOFU와 비슷한 프로토콜이다. 2019년에 발표된 최신 KNOB 공격(https://knobattack.com)을 포함한 많은 공격으로 인해 모든 내장형 블루투스 보안 프로토콜이 뚫린 적이 있다. 그럼에도 이 장에서 소개하는 기술은 올바르게 설계 및 구현되었다면 안전하다고 할 수 있다.

그렇다면 다음 단계는 무엇일까? 바로 이번 절에서 소개할, 사람이 장치가 스스로를 인증하도록 돕는 방법이다. 미리 간단히 소개하자면 다음과 같다.

- 암호화 키가 항상 가장 안전한 접근 방식이지만, 가장 사용자 친화적인 것은 아니다.
- 대칭 PAKE, 그리고 두 장치에 동일한 비밀번호를 입력하여 안전하게 연결하는 방법을 배울 것이다.
- 두 장치에 표시되는 두 개의 짧은 문자열을 비교하고 일치시키도록 하여, 이후에 키 교환을 인증하는 **짧은 인증 문자열**short authenticated strings, SAS 기반 프로토콜을 배울 것이다.

시작해보자!

11.3.1 미리 공유된 키

사용자를 장치에 연결하는 단순한, 첫 번째 접근 방식은 9장 또는 10장에서 배운 프로토콜(예: TLS 또는 노이즈)을 재사용하고 두 장치에 대칭 공유 암호, 또는 더 나은 방법으로 프로비저닝하는 것이다. 미래의 세션에 대한 순방향 비밀성을 제공하기 위해 장기 공개 키, 즉 다른 장치의 공개 키를 배우려면 각 장치에 두 가지가 필요하다.

- 장치에서 공개 키를 **내보내는** 방법이 필요하다.

- 장치가 공개 키를 **가져오는** 방법이 필요하다.

앞으로 살펴보게 되겠지만, 이 방법이 항상 간단하거나 사용자에게 친숙한 것은 아니다. 하지만 이번엔 두 장치를 관찰하고 (어쩌면) 가지고 놀 수 있는 사람이 시나리오 내에 존재한다는 것을 기억하자. 이전에 본 다른 시나리오와는 다르며, 이를 유리하게 사용할 수 있다!

> 암호학의 주요한 인증 문제 중 하나는, 안전하지 않은 채널을 통한 안전한 P2P(또는 그룹) 통신 설정이다. 추가 보안 채널의 가용성과 같은 가정 없이는 이 작업이 불가능하다. 그러나 몇 가지 가정이 주어지면 보안 통신을 설정하는 방법은 다양해진다.
>
> ─실뱅 파시니Sylvain Pasini (<Secure Communication Using Authenticated Channels
> (인증된 채널을 사용한 보안 통신)>, 2009)

이제부터 소개할 모든 프로토콜은 사용자(장치의 담당자)에게 추가적인 **대역 외** 채널이 있다는 사실을 기반으로 하며, 이를 통해 일부 정보를 안전하게 전달할 수 있다. 이러한 대역 외 채널은 두 가지 유형의 채널에 접근할 수 있는 두 장치로 모델링할 수 있다(그림 11.13 참조).

- **보안되지 않은 채널**: 장치와의 블루투스 또는 WiFi 연결을 생각해보자. 기본적으로 사용자는 장치를 인증할 방법이 없으므로 MITM 공격을 당할 수 있다.
- **인증된 채널**: 장치의 화면을 생각해보자. 채널은 전달된 정보의 무결성/진위성을 제공하지만 기밀성이 좋지 않다(누군가 어깨너머로 보고 있을 수 있다).

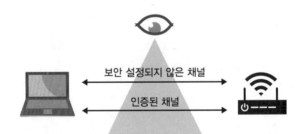

보안 설정되지 않은 채널

인증된 채널

그림 11.13 사람이 두 장치를 페어링할 수 있도록 하는 사용자 지원 인증 프로토콜은 장치 간의 두 가지 유형의 채널로 모델링된다. 보안 설정되지 않은 채널(예: NFC, 블루투스, WiFi 등)은 공격자가 제어 가능하다고 가정한다. 인증된 채널은 기밀성을 제공하지는 않지만 비교적 적은 양의 정보를 교환하는 데 사용할 수 있다.

이 대역 외 채널은 기밀성이 떨어지므로 일반적으로 비밀을 내보내는 대신 공개 데이터를 내보내는 데 사용한다. 예를 들어 공개 키 또는 일부 다이제스트가 장치 화면에 표시될 수 있다. 그러나 공개 키를 내보낸 후에도 가져오기 위해서는 다른 장치가 필요하다. 예를 들어 키가 QR 코드인 경우 다른 장치에서 이를 스캔할 수 있거나, 사람이 읽을 수 있는 형식으로 키가 인코딩된 경우 사용자가 키보드를 사용하여 다른 장치에 수동으로 입력할 수 있다. 두 장치가 서로의 공개 키로 프로비저닝

되면 9장에서 언급한 프로토콜을 사용하여 두 장치와 상호 인증된 키 교환을 수행할 수 있다.

이번 절의 요점은, 프로토콜에서 암호학 키를 사용하는 것이 항상 가장 안전한 방법이지만 항상 가장 사용자 친화적인 방법은 아니라는 점이다. 그러나 실제 암호학은 타협과 절충으로 가득 차 있다. 이제부터 소개할 두 가지 체계는 존재 장치를 인증하는 가장 보편적인 방법이다.

먼저 긴 공개 키를 내보내고 가져올 수 없는 경우 **비밀번호**를 사용하여 상호 인증된 키 교환을 부트스트랩하는 방법을 살펴본 후, 데이터를 장치 중 하나 또는 둘 모두로 가져올 수 없는 상황에서 짧은 **인증 문자열**authenticated string이 얼마나 도움이 되는지 살펴보겠다.

11.3.2 CPace를 사용한 대칭 비밀번호 인증 키 교환

앞에서 다룬 솔루션은 신뢰할 수 있는 루트로 강력한 비대칭 키에 의존하므로 가능한 경우 쓸 수 있는 방법이다. 그러나 장치 간 인증에서 번거로운 키패드로 키를 나타내는 긴 문자열을 수동으로 입력하는 일은 사실상 사용자 친화적이지는 않다. 그럼 비밀번호는 어떨까? 비밀번호는 훨씬 더 짧고 따라서 다루기가 더 쉽다. 그래서 우리는 비밀번호를 좋아하는가? 우리는 그렇지 않을 수도 있지만 사용자는 비밀번호를 좋아하며, 실세계 암호학은 타협으로 가득 차 있다. 그러니 타협을 좀 하자.

비대칭 비밀번호 인증 키 교환을 다룰 때, 공통 비밀번호를 알고 있는 두 피어가 상호 인증된 키 교환을 수행할 수 있는 대칭(또는 균형) 버전이 존재한다고 언급했다. 이것이 바로 우리에게 필요한 것이다.

CPaceComposable Password Authenticated Connection Establishment는 비외른 하세와 브누라 라브리크가 2008년에 제안했으며 2020년 초 CFRG의 공식 권장 사항으로 채택되었다. 알고리즘은 현재 RFC로 표준화되고 있다. 단순화된 프로토콜은 다음과 같다(그림 11.14).

- 두 장치는 공통 비밀번호를 기반으로 일부 미리 결정된 순환 그룹에 대해 생성원을 파생시킨다.
- 그런 다음 두 장치는 이 생성원을 사용하여 그 위에서 임시 DH 키 교환을 수행한다.

h = derive_group_element(**password**, metadata)

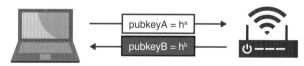

그림 11.14 **CPace PAKE**는 두 장치가 비밀번호를 기반으로 생성원을 만든 다음 이를 사용하여 일반적인 임시 DH 키 교환의 기반으로 사용하도록 작동한다.

물론 디테일은 늘 까다롭다. CPace의 최신 사양은 타원 곡선 "gotcha"를 목표로 하고 수신된 포인트가 올바른 군에 있는지 확인하는 시기를 정의한다(널리 쓰이는 Curve25519 곡선은 유감스럽게도 소수 군에 걸쳐 있지 않다). 또한 타원 곡선 그룹에 있을 때 비밀번호를 기반으로 생성원을 파생시키는 방법(소위 해시-곡선 알고리즘 사용)과 이를 수행하는 방법(공통 비밀번호뿐만 아니라 고유한 세션 ID 및 일부 피어 IP 주소 등과 같은 추가 콘텍스트 메타데이터)을 정의한다.

이러한 단계가 중요한 이유는 두 피어가 $g^x = h$를 충족하는 이산 로그 x를 알 수 없도록 하는 방식으로 생성원 h를 파생해야 하기 때문이다. 마지막으로 세션 키는 DH 키 교환 출력, 전사(임시 공개 키), 고유 세션 ID에서 파생된다.

직관적으로, 피어 중 하나를 가장하고 군의 원소를 핸드셰이크의 일부로 보내는 것은 알 수 없는 비밀 키와 연결된 공개 키를 보내는 것을 의미함을 알 수 있다. 즉, 비밀번호를 모르면 DH 키 교환을 수행할 수 없다. 전사는 정상적인 DH 키 교환처럼 보이므로 DH가 안전한 한 공격 지점이 될 수 없다.

11.3.3 내 키 교환이 MITM 공격을 당했나? SAS를 확인하자

사람의 도움으로 두 장치를 페어링할 수 있는 다양한 프로토콜을 살펴보았다. 그러나 일부 장치에서는 너무 제한적이므로 해당 프로토콜을 사용할 수 없다. 이번엔 두 장치가 키를 가져올 수 없지만, 사용자에게 제한된 양의 데이터를 표시할 수 있는 경우 사용되는 방식을 살펴보겠다(예: 화면 출력, LED 점멸, 사운드 출력 등).

10장에서 **지문**(전사의 해시)을 사용하여 **핸드셰이크 후 단계**(키 교환 후) 세션을 인증하는 방법을 배웠다. 이러한 지문을 전달하기 위해 대역 외 채널을 사용할 수 있다. 사용자가 두 장치에서 얻은 지문을 성공적으로 비교하고 일치시킬 수 있다면 사용자는 키 교환이 MITM이 아님을 알 수 있다.

지문의 문제는 지문이 사용자에게 표시하기 어려울 수 있는 긴 바이트 문자열(일반적으로 32바이트 길이)이라면 비교하기도 번거롭다. 그러나 장치 페어링의 경우 실시간으로 비교를 수행하기에 훨씬 더 짧은 바이트 문자열을 사용할 수 있다! 이 경우 **짧은 인증 문자열**short authenticated string, SAS을 호출하는데, SAS는 사용자 친화적이기에 특히 블루투스에서 많이 사용된다(그림 11.15).

SAS 기반 체계에 대한 표준은 없지만 대부분의 프로토콜(블루투스의 숫자 비교 포함)은 **수동 인증 디피-헬먼**Manually Authenticated Diffie-Hellman, MA-DH의 변형을 구현한다. MA-DH는 공격자가 프로토콜을 가로채기 어렵게 만드는 추가 트릭이 있는 간단한 키 교환이다. 이 시점에서 독자 여러분은 이런 질문을 할 것이다. 지문을 잘라서 SAS를 생성하지 않는 이유는? 트릭이 필요한 이유는 무엇일까?

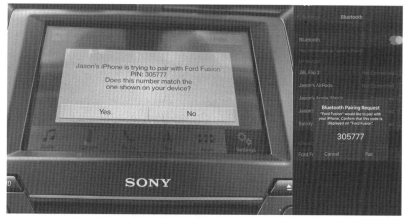

그림 11.15 블루투스를 통해 전화를 자동차와 페어링하려면 숫자 비교 모드를 사용하여 두 장치 간에 협상된 보안 연결의 짧은 인증 문자열(SAS)을 생성할 수 있다. 이 장 앞부분에서 언급했듯 안타깝게도 KNOB 공격으로 인해 블루투스의 보안 프로토콜이 현재 손상되었다(2021년 기준). 두 장치를 모두 제어하는 경우 고유한 SAS 프로토콜을 구현해야 한다.

SAS는 일반적으로 전사의 해시를 20비트 미만으로 자르고 이를 10진수로 변환하여 얻을 수 있는 6 자리 숫자다. 따라서 SAS는 위험할 정도로 작기 때문에 공격자는 잘린 해시에서 제2 역상을 쉽게 얻을 수 있다. 그림 11.16에서 인증되지 않은 키 교환을 수행하는 두 장치(앨리스와 밥은 비유일 뿐)의 예를 보여주었다. 능동적 MITM 공격자는 첫 번째 메시지에서 앨리스의 공개 키를 자신의 공개 키로 대체할 수 있다. 공격자는 밥의 공개 키를 받으면 밥의 SAS로 무엇을 계산할지 알 수 있다(공격자의 공개 키와 밥의 공개 키를 기반으로 한 잘린 해시). 공격자는 앨리스의 SAS와 밥의 SAS를 일치시키는 하나($public\_key_{E2}$)를 찾기 위해 많은 공개 키를 생성해야 한다.

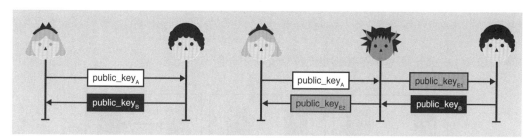

그림 11.16 일반적인 인증되지 않은 키 교환(왼쪽)은 능동적 MITM 공격자(오른쪽)가 가로챌 수 있으며 공격자는 앨리스와 밥의 공개 키를 대체할 수 있다. 앨리스와 밥이 동일한 짧은 인증 문자열을 생성하면 MITM 공격이 성공한다. 즉, $hash(public\_key_A \parallel public\_key_{E2})$와 $hash(public\_key_{E2} \parallel public\_key_B)$가 일치하는 경우다.

두 SAS가 일치하도록 하는 공개 키 생성은 실제로 매우 쉽다. SAS가 20비트라고 가정하면, 2^{20}번의 계산 후에 앨리스와 밥이 동일한 SAS를 생성하는 제2 역상을 찾게 된다. 이 정도 연산은 구형 스마트폰으로도 순식간에 해낼 수 있다.

SAS 기반 키 교환의 트릭은, 공격자가 두 번째 공개 키를 선택할 수 없도록 하여 두 SAS가 일치하도록 하는 것이다. 이를 위해 앨리스는 밥의 공개 키를 보기 전에 공개 키에 대한 커밋을 전송하기만 하면 된다(그림 11.17 참조).

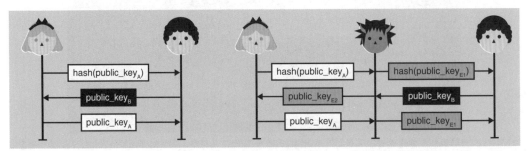

그림 11.17 왼쪽 그림은 앨리스가 먼저 공개 키의 확약을 보내는 보안 SAS 기반 프로토콜을 보여준다. 그런 다음 앨리스는 밥의 공개 키를 받은 후에만 공개 키를 공개한다. 앨리스는 이미 약속을 했기 때문에 밥의 키를 기반으로 앨리스의 키 쌍을 자유롭게 선택할 수 없다. 교환이 능동적으로 MITM된 경우(오른쪽 다이어그램) 공격자는 앨리스와 밥의 SAS가 일치하도록 강제로 키 쌍을 선택할 수 없다.

이전의 안전하지 않은 체계와 마찬가지로 공격자가 public_key$_{E1}$을 선택하더라도 이점이 없다. 그러나 이 시점에서는 밥의 SAS를 모르기 때문에 도움이 되는 public_key$_{E2}$도 선택할 수 없다. 공격자는 오로지 '어림짐작으로 찍어야' 하며, 앨리스와 밥의 SAS가 우연히 일치하기를 바라야 한다.

SAS가 20비트라면 1,048,576분의 1의 확률이다. 공격자가 프로토콜을 여러 번 실행하여 더 많은 기회를 얻을 수도 있지만, 프로토콜의 모든 인스턴스는 사용자가 수동으로 SAS와 일치하도록 해야 한다. 이러한 구조 덕에 공격자가 우연에 의존한 찍기를 너무 자주 할 수 없도록 자연스럽게 방지할 수 있다.

그림 11.18은 이 장의 두 번째 부분에서 배운 다양한 기술을 요약했다.

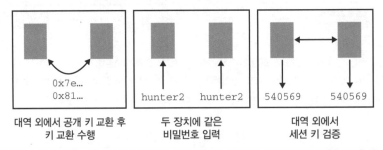

| 0x7e… | hunter2   hunter2 | 540569   540569 |
| 0x81… | | |

대역 외에서 공개 키 교환 후　　두 장치에 같은　　　대역 외에서
키 교환 수행　　　　　비밀번호 입력　　　세션 키 검증

그림 11.18 두 장치를 페어링하는 세 가지 기술의 요약. (1) 사용자는 장치가 서로의 공개 키를 얻도록 도와 키 교환을 수행할 수 있다. (2) 사용자는 대칭 비밀번호 인증 키 교환을 수행할 수 있도록 두 장치에 동일한 비밀번호를 입력할 수 있다. 또는 (3) 사용자는 MITM 공격자가 페어링을 가로채지 않았음을 확인하기 위해 키 교환의 지문을 확인할 수 있다.

필자는 종단 간 암호화에 대한 10장을 집필하는 중에, 종단 간 암호화 채팅 프로토콜인 매트릭스 프로토콜의 사용자가 통신을 인증하는 방법을 조사하기 시작했다. 검증을 보다 사용자 친화적으로 만들기 위해 매트릭스는 SAS 기반 프로토콜의 고유한 변형을 만들었다. 그런데 공교롭게도 X25519 키 교환의 공유 비밀을 해시했으며, 해시에 교환되는 공개 키를 포함하지 않았다.

5장에서 X25519 공개 키의 유효성 검사가 중요함을 언급했다. 매트릭스는 그렇지 않았으며 이로 인해 MITM 공격자가 사용자에게 잘못된 공개 키를 보내어 결국 동일한 예측 가능한 공유 비밀과 동일한 SAS를 갖게 되었다. 이것은 프로토콜의 종단 간 암호화 주장을 깨는 요소였기에, 매트릭스 측은 이를 신속하게 수정했다.

요약

- 사용자 인증 프로토콜(장치가 사람을 인증하기 위한 프로토콜)은 보통 장치(서버)만 인증된 보안 연결을 통해 발생한다. 그러므로 단방향 인증 연결을 상호 인증 연결로 업그레이드한다.

- 사용자 인증 프로토콜은 비밀번호를 많이 사용한다. 비밀번호는 다소 실용적인 솔루션으로 입증되었으며 사용자가 널리 인정하는 솔루션이지만 열악한 비밀번호 수준, 낮은 엔트로피, 암호 데이터베이스 유출로 인해 많은 문제를 야기했다.

- 사용자가 여러 비밀번호를 휴대하지 않도록 하는 두 가지 방법이 있다.

  - 비밀번호 관리자: 사용자가 사용하는 모든 애플리케이션에 대해 강력한 비밀번호를 생성하고 관리하는 데 사용할 수 있는 도구다.

  - SSO: 사용자가 한 계정을 사용하여 다른 서비스에 등록하고 로그인할 수 있도록 하는 연합 프로토콜이다.

- 서버가 사용자의 비밀번호를 알고 저장하지 않도록 하는 솔루션은 비대칭 비밀번호 인증 키 교환(비대칭 PAKE)을 사용하는 것이다. 비대칭 PAKE(예: OPAQUE)를 사용하면 사용자가 비밀번호를 사용하여 알려진 서버에 인증할 수 있지만, 실제로 비밀번호를 서버에 공개할 필요가 없다.

- 비밀번호를 완전히 피하는 솔루션은 사용자가 OTP 알고리즘을 통해 대칭 키를 사용하거나 FIDO2와 같은 표준을 통해 비대칭 키를 사용하는 것이다.

- 사용자 지원 인증 프로토콜은 종종 안전하지 않은 연결(WiFi, 블루투스, NFC)을 통해 이루어지며 두 장치가 서로를 인증하는 데 도움이 된다. 이러한 시나리오에서 연결을 보호하기 위해 사용자 지원 프로토콜은 두 참가자가 사용할 수 있는 추가 인증(기밀은 아님) 채널(예: 장치의 화면)이 존재한다고 가정한다.

- 장치의 공개 키를 다른 장치로 내보내면 강력하게 상호 인증된 키 교환이 발생할 수 있다. 이러한 흐름은 안타깝게도 사용자 친화적이지 않으며 장치의 제약(예: 키를 내보내거나 가져올 수 있는 방법이 없음)으로 인해 때때로 불가능하다.

- CPace와 같은 대칭 비밀번호 인증 키 교환(대칭 PAKE)은 장치에 수동으로 비밀번호를 입력하기만 하면 되므로 사용자가 긴 공개 키를 가져와야 하는 부담을 줄일 수 있다. 예를 들어 이미 대다수 사람들이 대칭 PAKE를 가정용 WiFi에 연결해 사용하고 있다.

- SAS 기반 프로토콜은 키나 암호를 가져올 수 없지만 키 교환이 발생한 후 짧은 문자열을 표시할 수 있는 장치에 보안을 제공할 수 있다. 이때 짧은 문자열은 인증되지 않은 키 교환이 능동적으로 MITM되지 않았음을 보장하기 위해 두 장치에서 동일해야 한다.

12

'암호화폐'의 '암호'?

- -

이번 장에서 다룰 내용

- 암호화폐를 가능하게 한 합의 프로토콜
- 암호화폐의 여러 종류
- 비트코인과 디엠 암호화폐의 작동 방식

- -

암호학이 새로운 금융 시스템의 기초가 될 수 있을까? 이는 2008년 이후 사토시 나카모토(현재까지도 그 신원이 밝혀지지 않았다)가 비트코인을 제안한 이래, 암호화폐는 이 질문에 답하려 시도해왔다. 그 이전에는 크립토crypto라는 용어가 항상 암호학cryptography 분야와 관련하여 사용되었다. 하지만 비트코인이 탄생한 이후로 그 의미가 빠르게 변했고 이제는 크립토가 암호화폐cryptocurrency를 지칭하기도 한다. 암호화폐 애호가들은 암호화폐의 핵심인 암호학에 점점 더 관심을 갖게 되었다.

암호화폐란? 두 가지 특징을 지닌다.

- **디지털 화폐다.** 간단히 말해서 사람들이 전자적으로 통화를 거래할 수 있게 해준다. 정부가 지원하는 통화(예: 미국 달러)가 사용되는 경우도 있고, 비트코인과 같은 가상 통화가 사용되는 경우도 있다. 독자 여러분은 이미 디지털 화폐를 사용하고 있을 것이다. 인터넷에서 누군가에게 돈을 보내거나 당좌 예금 계좌를 사용할 때마다 디지털 화폐를 사용 중이다! 실제로 더 이상 우편으로 현금을 보낼 필요가 없으며, 오늘날 대부분의 금전 거래는 데이터베이스의 행row 업데이트에 불과하다.

- **신뢰할 수 있는 제3자를 사용하지 않고 투명성을 제공하기 위해 암호학에 크게 의존하는 통화다.** 암호화폐에는 정부나 은행처럼 맹목적으로 믿어야 하는 중앙 기관이 없다. 이러한 속성을 **탈중앙화**decentralization라 한다. 따라서 암호화폐는 특정 수의 악의적인 행위자를 허용하면서도 제대로 작동하는지 사람들이 확인할 수 있도록 설계되었다.

암호화폐의 성공적인 첫 번째 실험이 글로벌 금융 위기의 한가운데인 2008년에 제안된 비트코인이었으므로, 암호화폐는 비교적 새로운 것이었다. 위기는 미국에서 시작되었지만 빠르게 전 세계로 확산되어 금융 시스템에 대한 사람들의 신뢰를 약화시키고 비트코인과 같은 보다 투명한 이니셔티브를 위한 플랫폼을 제공했다. 당시 많은 사람이 금융 거래의 현상 유지가 비효율적이고, 유지 비용이 많이 들고, 대부분의 사람들에게 불투명하다는 사실을 깨닫기 시작했다. 그 이후의 일은 역사에서 확인할 수 있으며, 이 책은 암호화폐에 대한 장을 포함하는 첫 번째 암호학 도서가 될 것이다.

12.1 BFT 합의 알고리즘에 대한 간단한 소개

새로운 디지털 통화를 만들고 싶다고 해보자. 실제로 작동하는 것을 구축하기란 그리 복잡하지 않다. 사용자와 잔액을 추적하는 데 사용할 전용 서버에 데이터베이스를 만들면 된다. 이를 통해 사람들이 잔액을 쿼리하거나 지불을 보낼 수 있는 인터페이스를 제공하고, 트랜잭션이 일어나면 데이터베이스의 잔액을 줄이고 다른 행의 잔액을 늘릴 수 있다. 처음에는 친구가 만든 통화 중 일부를 무작위로 친구에게 할당하여 친구가 자신의 시스템으로 돈을 이체할 수 있도록 할 수도 있다. 그러나 이러한 단순한 시스템에는 여러 결함이 있다.

12.1.1 회복력의 문제: 구조를 위한 분산 프로토콜

앞에서 예를 든 시스템은 **단일 실패 지점**이 존재한다. 데이터베이스를 가진 기기가 정전이 되면 사용자는 시스템을 사용할 수 없게 된다. 설상가상으로 자연 재해로 인해 서버가 예기치 않게 파괴되면 모든 사람이 영구적으로 잔고를 잃을 수 있다. 이 문제를 해결하기 위해 시스템에 더 많은 복원력을 제공하는 데 사용할 수 있는 잘 알려진 기술이 있다. **분산 시스템**distributed system 분야는 이러한 기술을 연구하는 분야다.

이 경우 대부분의 대규모 애플리케이션에서 사용하는 일반적인 솔루션은 데이터베이스의 내용을 실시간(에 가까운 방식)으로 다른 백업 서버에 복제하는 것이다. 그런 다음 이러한 서버를 다양한 지리적 위치에 분산시켜 백업으로 사용하거나, 주 서버가 다운된 경우 옮길 수 있다. 이러한 특성을 **고가용성**high availability이라 한다. 이것이 **분산 데이터베이스**distributed database다.

많은 쿼리를 처리하는 대규모 시스템의 경우 이러한 백업 데이터베이스가 쓰이기를 기다리기만 하는 것이 아니라 상태에 대한 읽기를 제공하는 데 사용되는 경우가 많다. 둘 이상의 데이터베이스가 쓰기 및 업데이트를 수락하도록 하기란 어려운데, 충돌이 발생할 수도 있기 때문이다(같은 방식으로 두 사람이 동일한 문서를 편집하는 것이 위험하듯). 따라서 하나의 데이터베이스가 리더 역할을 하고, 데이터베이스에 대한 모든 쓰기 및 업데이트를 정렬하는 반면 다른 데이터베이스는 상태를 읽는 데 사용할 수 있게 하는 경우가 많다.

데이터베이스 콘텐츠 복제는 느릴 수 있으며, 일부 데이터베이스는 복제를 마칠 때까지 선두 데이터베이스보다 뒤처질 수 있다. 지리적으로 더 멀리 떨어져 있거나, 어떤 이유로 네트워크 지연이 발생하는 경우 특히 그렇다. 이 지연은 복제된 데이터베이스를 사용하여 상태를 읽을 때 문제가 된다(두 사용자가 서로 다른 서버에 쿼리하고 있기 때문에 친구와 계정 잔액이 다르게 표시된다고 상상해보자).

이러한 경우 지연을 허용하도록 애플리케이션을 만드는 경우가 많다. 결국 데이터베이스의 상태가 일관적이 되기에 이를 **최종 일관성**eventual consistency이라 한다(더 강력한 일관성 모델이 존재하지만, 일반적으로 느리고 비실용적이다). 그런데 이러한 시스템에는 다른 문제도 있다. 주 데이터베이스가 다운되면 어느 것이 주 데이터베이스가 될까? 또 다른 문제는 주 데이터베이스가 다운될 때 백업 데이터베이스가 최신 상태까지 복제를 받지 못했다면, 최신 변경 사항 중 일부를 잃어야 할까?

여기서 더 강력한 알고리즘, **합의 알고리즘**consensus algorithm이 등장한다(로그 복제, 상태 머신 복제 또는 **아토믹 브로드캐스트**라고도 함). 합의 알고리즘은 어떤 결정에 전체 시스템이 동의agree(또는 합의consensus에 도달)해야 할 때 작동하는 알고리즘이다. 이는 더 복잡한데, 일례로 어떤 피자를 주문할지 합의 알고리즘을 통해 결정한다고 해보자. 모두가 같은 방에 있으면 대다수가 원하는 것을 쉽게 알 수 있다. 그러나 모든 사람의 메시지가 지연, 삭제, 가로채기 및 수정될 수 있는 네트워크를 통해 통신하는 경우라면 더 복잡한 프로토콜이 필요하다.

앞의 두 질문에 답하기 위해 합의를 어떻게 사용할 수 있는지 살펴보자. 충돌이 발생한 경우 어떤 데이터베이스가 인계를 받게 되는지에 대한 첫 번째 질문을 **리더 선출**leader election이라 하며, 다음 리더가 될 사람을 결정하고자 합의 알고리즘을 사용한다. 두 번째 질문은 종종 **보류**pending와 **커밋**committed이라는 두 가지 다른 단계에서 데이터베이스 변경 사항을 확인하여 해결된다. 데이터베이스 상태에 대한 변경 사항은 처음에는 항상 보류 중이며, 충분한 데이터베이스가 커밋에 동의한 경우에만 커밋된 것으로 설정할 수 있다(여기에서도 합의 프로토콜을 사용할 수 있다). 일단 커밋되면 참여하는 대부분의 데이터베이스가 변경 사항을 커밋하므로 상태 업데이트를 쉽게 잃을 수 없다.

잘 알려진 합의 알고리즘으로 팩소스Paxos(1989년 레슬리 램포트Leslie Lamport가 발표)와 이후 팩소스를 단순화한 래프트Raft(2013년 온가로Ongaro와 오스터하우트Ousterhout가 발표)가 있다. 대부분의 분산 데이터베이스 시스템에서 이러한 알고리즘을 사용하여 다양한 문제를 해결할 수 있다(래프트에 대한 훌륭한 설명을 보려면 https://thesecretlivesofdata.com/raft를 참고하자).

12.1.2 신뢰의 문제를 해결하는 탈중앙화

분산 시스템(운영 관점에서)은 단일 장애 지점을 가진 시스템에 대한 탄력적인 대안을 제공한다. 대부분의 분산 데이터베이스 시스템에서 사용하는 합의 알고리즘은 결함을 잘 용납하지 않는다. 장치가 충돌하기 시작하거나, 하드웨어 결함으로 인해 오작동을 시작하거나, 네트워크 파티션과 같은 다른 장치에서 연결이 끊어지기 시작하면 문제가 발생한다. 사용자 관점에서는 이를 감지할 수 있는 방법이 없으며, 서버가 손상되면 더욱 문제가 된다.

서버에 쿼리했을 때 서버가 앨리스의 계정에 50억 달러가 있다고 말하면, 사용자는 그 내용을 신뢰해야 한다. 앨리스가 처음부터 받고 보낸 모든 송금을 포함하고 모든 것을 서버가 합산한 후 응답하면 앨리스의 계정에 있는 50억 달러의 결과가 실제로 올바른지 확인할 수 있다. 하지만 서버가 사용자에게 거짓말을 하지 않았다는 증거는 무엇일까? 만약 밥이 다른 서버에 요청할 때 앨리스의 계정에 완전히 다른 잔액 또는 기록을 반환한다면? 이런 현상을 **포크**fork(유효한 것으로 제시되는 모순된 두 상태)라 부르며, 이는 결코 일어나서는 안 될 이력의 분기다. 따라서 복제된 데이터베이스 중 하나가 손상되면 상당히 파괴적인 결과를 초래할 수 있다고 상상할 수 있다.

9장에서 웹 PKI에서 이러한 포크 감지를 목표로 하는 가십 프로토콜인 **인증서 투명성**을 언급했다. 돈의 문제는 탐지만으로는 충분하지 않으며, 처음부터 포크가 발생하는 일을 방지해야 한다! 1982년 팩소스 합의 알고리즘의 저자인 램포트는 **BFT**Byzantine fault-tolerant **합의 알고리즘**의 아이디어를 소개했다.

비잔틴 군대의 여러 사단이 적 도시 외부에 진을 치고 있다고 상상해보자. 각 사단은 각각의 장군이 지휘한다. 장군들은 전령을 통해서만 서로 소통할 수 있다. 적을 관찰한 후 공통 행동 계획을 결정해야 한다. 그러나 그중 어떤 장군은 충성스러운 장군들이 합의에 도달하는 일을 막으려는 배신자가 될 수 있다.

—램포트 외 (<The Byzantine Generals Problem(비잔틴 장군 문제)>, 1982)

램포트는 비잔틴 비유를 통해 BFT 합의 알고리즘의 연구를 시작했는데, 이는 나쁜 합의 참여자가 결정에 동의할 때 시스템에 대해 서로 다른 상충되는 견해를 만드는 것을 방지하는 것이다. 이러한 BFT 합의 알고리즘은 복제된 데이터베이스(프로토콜 참여자)가 더 이상 서로를 맹목적으로 신뢰하지 않는다는 점을 제외하면 팩소스, 래프트와 같은 이전 합의 알고리즘과 매우 유사하다. BFT 프로토콜은 일반적으로 메시지와 결정을 인증하기 위해 암호화를 많이 사용하며, 다른 사람이 이를 사용하여 합의 프로토콜에서 출력한 결정을 암호학적으로 검증할 수 있다.

따라서 이러한 BFT 합의 프로토콜은 탄력성과 신뢰의 문제에 대한 솔루션이다. 다른 복제된 데이터베이스에는 이러한 BFT 알고리즘을 실행하여 새로운 시스템 상태(예: 사용자 잔액)에 동의하는 동시에 상태 전환(사용자 간의 트랜잭션)이 유효하며, 대부분의 참가자가 동의했는지 확인하여 서로를 감시할 수 있다. 이렇게 되면 신뢰가 **탈중앙화되었다**decentralized고 표현한다.

최초로 발명된 실제 BFT 합의 알고리즘은 1999년에 발표된 **실용적 BFT**Practical BFT, PBFT다. PBFT는 팩소스Paxos, 래프트Raft와 유사한 리더 기반 알고리즘으로, 한 리더는 제안을 담당하고 나머지는 합의를 시도한다. 불행히도 PBFT는 매우 복잡하고 느리며, 12명의 참가자 이상으로 확장되지 못한다. 오늘날 대부분의 최신 암호화폐는 보다 효율적인 PBFT 변종을 사용한다. 예를 들어 2019년 페이스북에서 도입한 암호화폐인 디엠은 PBFT에서 영감을 받은 프로토콜인 HotStuff를 기반으로 한다.

12.1.3 규모의 문제: 무허가 및 검열 방지 네트워크

이러한 PBFT 기반 합의 알고리즘의 한 가지 제한 사항은 모두가 알려진 고정된 참가자 집합이 필요하다는 것이다. 더 큰 문제는, 특정 참가자 수를 넘어서면 집합이 깨지기 시작한다. 의사 소통 복잡성이 급격히 증가하고, 매우 느려지고, 리더 선출이 복잡해진다.

암호화폐는 합의 참여자를 어떻게 결정할까? 방법은 다양하지만 가장 일반적인 두 가지 방법은 다음과 같다.

- **권한 증명**proof of authority, PoA: 합의 참여자가 사전에 결정된다.

- **지분 증명**proof of stake, PoS: 합의 참여자는 동적으로 선택되며, 지분이 많을수록 합의 참여자가 될 수 있다(따라서 프로토콜 공격에 대한 인센티브가 적다). 일반적으로 PoS 기반 암호화폐는 보유 중인 디지털 화폐의 양에 따라 참여자를 선출한다.

하지만 모든 합의 프로토콜이 고전적인 BFT 합의 프로토콜은 아니다. 예를 들어 비트코인은 알려진 참가자 목록이 없는 합의 메커니즘을 제안할 때 다른 접근 방식을 취했다. 이는 당시로서는 상당히 참신한 아이디어였으며, 비트코인은 고전적인 BFT 합의 프로토콜의 제약을 완화하여 이를 달성했다. 이 장 뒷부분에서 볼 수 있듯이 이 접근 방식으로 인해 비트코인은 포크를 허용하며, 새로운 문제를 야기했다.

참가자 없이 어떻게 리더를 선택할까? PoS 시스템을 사용할 수 있다(예: **우로보로스**Ouroboros 합의 프로토콜이 이 작업을 수행한다). 대신 비트코인의 합의는 **작업 증명**proof of work, PoW이라는 확률적 메커니즘에 의존했다. 비트코인에서 이는 참가자이자 리더가 되기 위해 퍼즐에 대한 해결책을 찾으려는 사람들을 의미한다. 이 장 뒷부분에서 보게 될 퍼즐은 암호화된 퍼즐이다.

알려진 참여자가 없기에 비트코인은 **무허가 네트워크**permissionless network라고 한다. 무허가 네트워크에서는 합의에 참여하기 위한 권한이 필요하지 않아 누구나 참여할 수 있다. 이는 고정된 참가자 집합이 있는 **허가형 네트워크**permissioned network와는 대조적이다. 그림 12.1에서 이러한 새로운 개념을 요약했다.

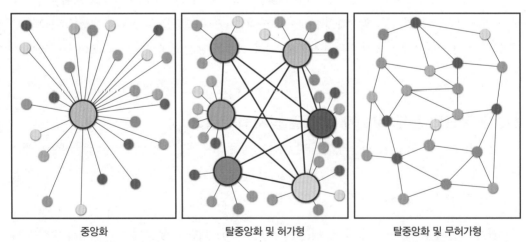

중앙화   탈중앙화 및 허가형   탈중앙화 및 무허가형

그림 12.1 중앙화 네트워크는 단일 실패 지점으로 볼 수 있는 반면 분산, 또는 탈중앙화 네트워크는 종료되거나 혹은 악의적으로 작동하는 여러 서버에 탄력적이다. 허가형 네트워크에는 알려진 고정된 주요 행위자가 있는 반면 무허가형 네트워크에는 누구나 참여할 수 있다.

얼마 전까지는 누구나 참여할 수 있는 무허가 네트워크에서 기존 BFT 합의 프로토콜을 사용하는 방법이 없었지만, 최근에는 PoS를 사용하여 더 작은 하위 참가자 집합을 동적으로 합의 참가자로 선택하는 많은 접근 방식이 등장했다. 가장 주목할 만한 것 중 하나는 2017년에 발행된 알고랜드 Algorand로, 보유 중인 통화량에 따라 참가자와 리더를 동적으로 선택한다.

또한 비트코인은 누가 다음 리더가 될지 미리 알 수 없고, 따라서 시스템의 새 리더 선출을 막을 수 없기에 검열 저항성을 가진다고 주장한다. 많은 화폐 뒤에 숨은 신원 파악이 더 쉬울 수 있는 PoS 시스템에서 이것이 가능한지 여부는 명확하지 않다.

참고로 모든 BFT 합의 프로토콜이 리더 기반은 아니다. 일부는 리더가 없으며, 선출된 리더가 다음 상태 전환을 결정하는 방식으로 작동하지 않는다. 대신 모든 참여자가 변경 사항을 제안할 수 있으며 합의 프로토콜은 모든 사람이 다음 상태에 동의하도록 만든다. 2019년 아발란체Avalanche는 누구나 변경 사항을 제안하고 합의에 참여할 수 있는 암호화폐를 출시했다.

마지막으로, 탈중앙화 결제 시스템을 위해 합의가 반드시 필요하다고 생각했다면 이 역시 사실이 아니다. 2018년, 게라위Guerraoui, 쿠즈네초프Kuznetsov, 몬티Monti, 파블로비치Pavlovic, 세레딘스키 Seredinschi는 '합의 없는 프로토콜'을 제안했다(〈AT2: Asynchronous Trustworthy Transfers〉). 이런 개념이 있다는 정도만 알아두고, 이 장에서는 합의 없는 프로토콜을 이야기하지 않겠다. 상대적으로 새로운 개념이며, 아직 현장 테스트를 거치지 않았기 때문이다. 이제부터 이 분야의 다양한 측면을 보여주기 위해 두 가지 암호화폐를 중점적으로 살펴본다.

- **비트코인**: 2008년에 도입된 PoW 기반의 가장 인기 있는 암호화폐다.
- **디엠**: 2019년에 페이스북을 비롯한 기업 집단에서 발표한, BFT 합의 프로토콜을 기반으로 하는 암호화폐다.

12.2 비트코인의 작동 방식

2008년 10월 31일 익명의 연구원(들)이 사토시 나카모토라는 가명으로 〈Bitcoin: A Peer-to-Peer Electronic Cash System(비트코인: P2P 전자 화폐 시스템)〉을 출간했다. 현재까지 사토시 나카모토가 누구인지는 알려지지 않았다. 얼마 지나지 않아 '그들'은 비트코인 네트워크에 가입하고 참여하기 위해 누구나 실행할 수 있는 소프트웨어인 비트코인 코어 클라이언트Bitcoin core client를 출시했다. 비트코인이 필요로 하는 것은, 오로지 동일한 소프트웨어 또는 최소한 동일한 알고리즘을 실행할 수 있는 충분한 사용자였다. 이렇게 해서 최초의 암호화폐인 비트코인(BTC)이 탄생했다.

비트코인은 진정한 성공 사례다. 집필 시점 기준 10년 이상 유지되어왔으며 전 세계 사용자가 디지털 통화를 사용하여 거래를 수행할 수 있도록 해줬다. 2010년, 개발자인 라슬로 핸예츠Laszlo Hanyecz는 10,000 BTC에 피자 두 판을 샀다. 집필 시점에서(2021년 2월) 1 BTC는 거의 $57,000의 가치를 가지며 큰 시가총액 덕택에 극단적으로 변동할 가능성도 상당히 줄어들었다.

12.2.1 비트코인이 사용자 잔고와 트랜잭션을 관리하는 방법

비트코인이 사용자 잔고를 어떻게 확인하고 거래를 어떻게 처리하는지 먼저 살펴보고 비트코인의 내부를 더 깊이 살펴보겠다. 비트코인 사용자는 암호화를 직접 처리한다. 은행처럼 웹사이트에 로그인하기 위한 사용자 이름과 비밀번호가 없는 대신 직접 생성한 ECDSA 키 쌍이 있다. 사용자의 잔액은 단순히 공개 키와 연결된 BTC의 양이며, BTC를 받으려면 공개 키를 다른 사람에게 공유하기만 하면 된다.

BTC를 사용하려면 개인 키로 트랜잭션에 서명해야 한다. 트랜잭션은 나중에 설명할 몇 가지 디테일을 제외하면 "X BTC를 공개 키 Y로 보냅니다"라고 말하는 것과 거의 같다.

NOTE 7장에서 비트코인은 ECDSA와 함께 secp256k1 곡선을 사용한다고 언급했다. 이 곡선은 secp256r1로 알려진 NIST의 P-256 곡선과 다르다.

자금의 안전은 개인 키의 보안과 직접 연결된다. 그리고 알다시피 키 관리는 어렵다. 지난 10년 동안 암호화폐의 키 관리 문제로 인해 수백만 달러 상당의 키가 우발적으로 손실(또는 도난)되었다. 조심하자!

비트코인에는 다양한 유형의 트랜잭션이 존재하며, 네트워크에서 볼 수 있는 대부분의 트랜잭션은 수신자의 공개 키를 해시하여 숨긴다. 이때 공개 키의 해시를 계정 주소라 한다(예를 들어 필자의 비트코인 주소는 bc1q8y6p4x3rp32dz80etpyffh6764ray9842egchy다). 주소는 계정 소유자가 BTC를 사용하기로 결정할 때까지 계정의 실제 공개 키를 효과적으로 숨긴다(이 경우 주소의 역상을 공개해야 다른 사람이 서명을 확인할 수 있다). 해시를 통해 주소의 크기는 더 작아지고, ECDSA를 중단하는 경우 누군가가 개인 키를 검색하는 것을 방지할 수 있다.

다양한 유형의 트랜잭션이 존재한다는 사실은 비트코인의 흥미로운 점이다. 트랜잭션은 일부 정보를 포함하는 페이로드가 아니다. 트랜잭션은 실제로 상당히 제한된 명령어 세트로 작성된 짧은 스크립트다. 트랜잭션 처리 시 생성된 출력이 트랜잭션이 유효한지, 유효한 경우 모든 계정의 상태를 수정하기 위해 취해야 하는 단계를 결정하고자 스크립트를 실제로 실행해야 한다.

이더리움과 같은 암호화폐 트랜잭션이 실행될 때에는 훨씬 더 복잡한 프로그램(소위 **스마트 계약**smart contract)이 실행된다. 그럼 이제부터 알아봐야 하는 내용은 다음과 같을 것이다.

- 트랜잭션에는 무엇이 있을까?
- 트랜잭션이 실행된다는 것은 무엇을 의미할까? 그리고 누가 그것을 실행할까?

두 번째 항목은 다음 절에서 설명하겠다. 우선은 트랜잭션에 무엇이 있는지 살펴보겠다.

비트코인의 특징은 계정 잔액에 대한 실제 데이터베이스가 없다는 것이다. 대신 사용자는 사용할 수 있는 BTC 주머니를 가지고 있으며 이를 **미사용 트랜잭션 출력**Unspent Transaction Output, UTXO이라 한다. UTXO의 개념은 모든 사람이 볼 수 있고 소유자만 사용할 수 있는 코인으로 채워진 큰 그릇이라 생각할 수 있다. 트랜잭션에 있는 코인 중 일부를 소비하면 그릇에서 코인이 사라지고, 트랜잭션이 동일한 수취인에게 새로운 코인이 나타난다. 이 새로운 코인은 트랜잭션에 나열된 출력일 뿐이다.

자신의 계정에 얼마나 많은 BTC가 있는지 확인하려면 자신의 주소에 할당된 모든 UTXO를 계산해야 한다. 다시 말해서, 자신에게 보내진 돈과 아직 쓰지 않은 돈을 모두 계산해야 한다. 그림 12.2는 UTXO가 트랜잭션에서 사용되는 방법을 보여주는 예다.

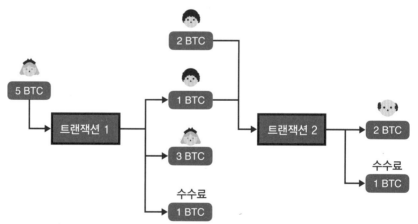

그림 12.2 트랜잭션 1에 앨리스가 서명하고 1 BTC를 밥에게 전송한다. 5 BTC의 UTXO를 사용하므로 트랜잭션은 변경 사항을 앨리스에게 다시 보내고, 해당 변경 사항 중 일부를 수수료로 사용한다. 트랜잭션 2는 밥이 서명하고 2개의 UTXO를 결합하여 2개의 BTC를 펠릭스에게 전송한다(실제 수수료는 훨씬 저렴하다).

이제 닭과 달걀의 문제가 생겼다. 최초의 UTXO는 어디에서 왔을까? 다음 절에서 알아보자.

12.2.2 디지털 금광 시대, BTC를 채굴한다는 것

이제 비트코인 거래 방법과, 계정을 관리하거나 다른 사람의 잔액을 파악하는 방법을 이해했다. 그런데 이러한 모든 트랜잭션을 추적하는 사람은 누구일까? 정답은 모두다!

비트코인을 사용한다는 것은 모든 트랜잭션이 공개적으로 공유되고 기록되어야 함을 의미한다. 비트코인은 각 페이지가 이전 페이지와 연결된 **추가 전용**append-only 트랜잭션 장부, 즉 원장이다. 여기서 추가 전용이란 장부의 앞 페이지로 돌아가 수정할 수 없다는 뜻이며, 이는 중요한 속성이다. 또한 모든 트랜잭션이 공개되어 있기에 여기에서의 익명성이란 누가 누구인지(즉, 실제 세상에서 어떤 공개 키가 어떤 사람과 연결되어 있는지) 파악하기 어렵다는 것뿐이다.

비트코인 클라이언트에서 전체 기록을 다운로드하면 비트코인이 시작된 이후 발생한 모든 트랜잭션을 쉽게 검사할 수 있다. 이렇게 하면 네트워크의 일부가 되며 비트코인 클라이언트에 인코딩된 규칙에 따라 모든 트랜잭션을 다시 실행해야 한다. 물론 비트코인의 역사는 꽤 방대하다. 이 글을 쓰는 시점에서 약 300 GB이고, 연결에 따라 전체 비트코인 원장을 다운로드하는 데 며칠이 걸릴 수 있다(온라인 서비스를 신뢰한다는 전제하에). 무거운 작업을 수행하는 온라인 서비스를 사용하면 트랜잭션을 보다 쉽게 검사할 수 있다. 그림 12.3에서 이러한 소위 **블록체인 탐색기**blockchain explorer의 예를 보여준다.

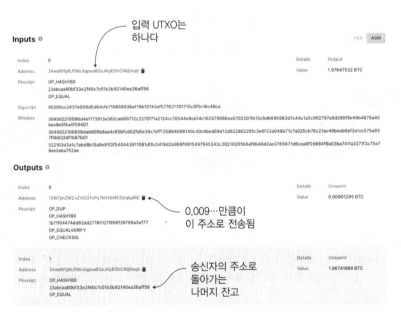

그림 12.3 blockchain.com에서 필자가 아무 트랜잭션을 하나 골라서 연 화면(http://mng.bz/n295). 트랜잭션은 하나의 입력(약 1.976 BTC)을 사용하고, 이를 두 개의 출력(약 0.009 BTC 및 1.967 BTC)으로 나누었다. 총 입력 금액과 총 출력 금액의 차이는 거래 수수료다(출력으로 표시되지 않는다). 다른 필드는 입력에서 UTXO를 사용하거나 출력에서 UTXO를 사용 가능하게 만들기 위해 비트코인의 스크립팅 언어를 사용하여 작성된 스크립트다.

비트코인은 최초의 시작(업계 용어로 **제네시스**genenis라 함) 이후 지금까지 처리된 모든 트랜잭션의 목록일 뿐이다. 그럼 이 시점에서 독자 여러분은 이것이 궁금할 것이다. 누가 이 원장에서 트랜잭션을 선택하고 정렬하는 책임자일까?

트랜잭션 순서에 동의하기 위해 비트코인은 누구나(심지어 당신도 해당된다!) 원장의 다음 페이지에 포함될 트랜잭션 목록을 제안할 수 있다. 트랜잭션 목록을 포함하는 이 제안을 비트코인 용어로 **블록**block이라 한다. 그러나 비트코인 참여자가 많기 때문에 누구든 블록을 제안하게 하면 재앙이 될 것이다. 대신, 우리는 단 한 사람이 다음 거래 블록에 대한 제안을 하기를 원한다. 이를 위해 비트코인은 모든 사람이 확률적 퍼즐을 풀도록 하고, 퍼즐을 먼저 푸는 사람만 블록을 제안할 수 있도록 한다. 이것이 이전에 이야기한 **작업 증명**proof of work, PoW 메커니즘이다. 비트코인의 PoW는 어떤 값보다 작은 다이제스트에 해시하는 블록을 찾는 것을 기반으로 한다. 다시 말해서, 블록의 다이제스트는 특정한 수만큼 0으로 시작하는 이진 표현을 가져야 한다.

포함하려는 트랜잭션 외에도 블록에는 이전 블록의 해시가 포함되어야 한다. 따라서 비트코인 원장은 실제로 블록의 연속이며, 각 블록은 이전 블록을 참조하여 가장 첫 번째 블록인 **제네시스 블록**genesis block까지 거슬러 올라간다. 그래서 비트코인을 **블록체인**blockchain이라 부르는 것이다. 블록체인의 장점은 블록을 조금이라도 수정하면 블록의 다이제스트가 변경되어, 결과적으로 다음 블록에 대한 참조가 손상되므로 블록체인이 무효화된다는 것이다.

다음 블록을 제안하려는 참가자는 블록에서 새 해시를 도출하기 위해 블록을 많이 변경할 필요가 없다. 대부분의 내용(포함된 트랜잭션, 확장하는 블록의 해시 등)은 고정되어 있고, 블록의 해시에 영향을 미치도록 하는 필드(블록의 논스라고 함)만 수정할 수 있다. 이 필드를 카운터로 처리하여 게임 규칙에 맞는 다이제스트를 찾을 때까지 값을 증가시키거나 임의의 값을 생성할 수 있다(그림 12.4).

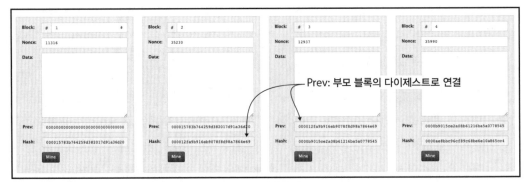

유효한 블록체인

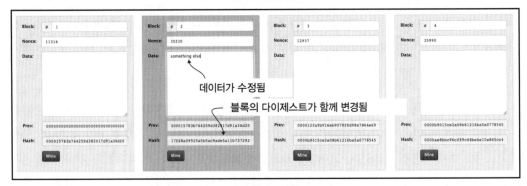

무효한 블록체인

그림 12.4 https://andersbrownworth.com/blockchain/blockchain에서 장난감 블록체인과 대화식으로 플레이할 수 있다. 각 블록은 부모의 다이제스트를 포함하고 각 블록은 다이제스트를 4개의 0으로 시작하도록 허용하는 임의의 논스를 포함한다. 이것은 상단 블록체인에 해당되지만, 하단 블록에는 수정된 블록(2번)이 포함되어 있다(처음에는 데이터가 비어 있음). 수정으로 인해 블록의 다이제스트가 변경되었으므로 더 이상 후속 블록에서 인증되지 않는다.

모든 사람이 동일한 규칙을 사용하여 동일한 프로토콜을 실행하기 때문에 이 모든 것이 작동한다. 블록체인과 동기화할 때는 다른 피어에서 모든 블록을 다운로드한 후 다음을 확인한다.

- 각 블록을 해시하면 실제로 일부 예상 값보다 작은 다이제스트가 제공된다.
- 각 블록은 기록의 이전 블록을 다시 참조한다.

모든 사람이 블록을 제안해야 하는 것은 아니지만 원한다면 할 수 있다. 블록을 제안하는 사람을 **채굴자**miner라 한다. 이는 블록체인에서 트랜잭션을 얻으려면 채굴자의 도움이 필요함을 의미한다(그림 12.5).

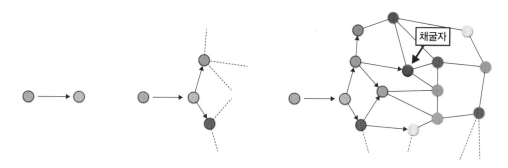

| 클라이언트가 노드로 | 노드는 트랜잭션을 | 트랜잭션이 채굴자에게 도달하면 |
| 트랜잭션을 제출 | 다른 노드에게 전달 | 채굴자는 이 트랜잭션을 다음 채굴하는 블록에 포함시킴 |

그림 12.5 비트코인 네트워크는 상호 연결된 다수의 노드(채굴자든 아니든 무관)다. 트랜잭션을 제출하려면 이를 블록에 포함시켜서 블록체인으로 가져올 수 있는 채굴자에게 보내야 한다. 어떤 채굴자가 블록 채굴에 성공할지 모르기에, 가능한 한 많은 채굴자에게 도달하게끔 네트워크를 통해 트랜잭션을 전파해야 한다.

채굴자는 공짜로 일하지 않는다. 채굴자가 블록을 찾으면 다음과 같이 보상을 받는다.

- **블록 보상**: 고정된 수의 BTC가 생성되어 채굴자의 주소로 전송된다. 처음 채굴자들은 채굴된 블록당 50 BTC를 얻게 된다. 그러나 보상 가치는 210,000블록마다 절반으로 줄어들고, 결국 0으로 줄어들어 생성될 수 있는 BTC의 총량은 2100만 개로 제한된다.

- **블록에 포함된 모든 트랜잭션 수수료**: 채굴자가 채굴하는 블록에 수수료가 더 높은 트랜잭션을 포함시키는 경향이 있기에, 트랜잭션 수수료를 높이면 더 빨리 승인될 수 있다.

이것이 비트코인 사용자가 프로토콜을 발전시키는 데 인센티브를 제공하는 방법이다. 블록에는 항상 보상과 수수료를 징수하는 주소인 **코인베이스**coinbase가 포함되어 있다. 채굴자는 일반적으로 코인베이스를 자신의 주소로 설정한다.

이제 이번 절의 시작 부분에서 가졌던 질문에 답할 수 있다. 첫 번째 UTXO는 어디에서 왔을까? 답은 역사상 모든 BTC가 채굴자에 대한 블록 보상의 일부로 생성되었다는 것이다.

12.2.3 포크 지옥! 채굴 분쟁 해결

비트코인은 PoW 기반 시스템을 통해 처리할 다음 트랜잭션 세트를 선택하는 작업을 분배한다. 블록을 채굴할 수 있는 기회는 계산할 수 있는 해시의 양과 직접적인 상관관계가 있으므로, 생성할 수 있는 계산의 양과 비례한다. 오늘날 많은 계산 능력이 비트코인 또는 기타 PoW 기반 암호화폐의 채굴 블록에 집중되어 있다.

PoW는 프로토콜에서 원하는 만큼 계정을 만들 수 있다는 사실을 이용하여 부정직한 참가자에게 비대칭 우위를 제공하는 공격인 **시빌 공격**Sybil attack을 처리하는 비트코인의 방법으로 볼 수 있다. 비트코인에서 더 많은 힘을 얻는 유일한 방법은 네트워크에서 더 많은 주소를 생성하는 것이 아니라 해시를 계산하기 위해 더 많은 하드웨어를 구매하는 것이다.

하지만 여전히 한 가지 문제가 있다. 어떤 값보다 낮은 해시를 찾는 것이 결코 쉽지 않다는 점이다. 그렇다면 네트워크에 너무 많은 참가자가 동시에 유효한 블록을 채굴하게 된다. 그리고 이런 일이 발생하면 체인에서 채굴된 다음 블록 중 유효한 블록이 무엇일까? 이것이 우리가 **포크**라 부르는 문제다.

비트코인에는 포크를 해결하기 위한 두 가지 메커니즘이 있다. 첫 번째는 PoW의 **난이도를 유지**하는 것이다. 블록이 너무 빨리 또는 너무 느리게 채굴되면 모든 사람이 실행하는 비트코인 알고리즘이 네트워크 조건에 동적으로 적응하여 PoW의 **난이도**를 높이거나 낮춘다. 단순화하면 채굴자는 0이 더 많거나 적은 블록 다이제스트를 찾아야 한다.

NOTE 난이도가 블록 다이제스트가 0바이트로 시작해야 하는 수준이라면, 유효한 다이제스트를 찾을 수 있을 때까지 2^8개의 다른 블록(더 구체적으로는, 앞서 설명한 것처럼 다른 논스)을 시도해야 한다. 이것을 2바이트로 늘리면 이제 2^{16}개의 다른 블록을 시도해야 한다. 이에 도달하는 데 걸리는 시간은 보유한 전력의 양과 이러한 해시를 더 빠르게 계산할 수 있는 특수 하드웨어가 있는지 여부에 따라 달라진다. 현재 비트코인의 알고리즘은 10분마다 블록이 채굴되도록 난이도를 동적으로 변경한다.

두 번째 메커니즘은 포크가 발생할 경우 모든 사람이 동일한 방향으로 진행하도록 하는 것이다. 이를 위해서는 **가장 많은 양의 작업을 수행하는 체인을 따르는 것**이 규칙이다. 2008년 비트코인 논문에서는 "가장 긴 체인은 목격된 일련의 사건에 대한 증거일 뿐만 아니라 가장 큰 CPU 전력 풀에서 왔다는 증거"라고 밝혔다. 프로토콜은 누적 작업량이 가장 많은 체인을 따르도록 나중에 업데이트되었지만, 이 구분은 여기서 그다지 중요하지 않다(그림 12.6).

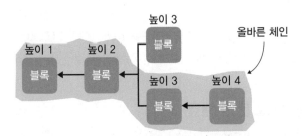

그림 12.6 블록체인의 포크: 두 명의 채굴자가 높이 3(제네시스 이후 3블록)에서 유효한 블록을 제시한다. 나중에 다른 채굴자가 높이 3의 두 번째 블록을 가리키는 높이 4의 블록을 채굴한다. 이제 두 번째 분기가 길어지므로, 두 번째가 채굴자들이 계속 확장해야 하는 유효한 포크다. 블록에서 나오는 화살표는 상위 블록(확장되는 블록)을 가리킨다.

앞서 비트코인의 합의 알고리즘은 BFT 프로토콜이 아니라고 언급한 바 있다. 이는 합의 알고리즘이 이러한 포크를 허용하기 때문이다. 따라서 트랜잭션이 처리되기를 기다리고 있다면, 블록에 포함되는 트랜잭션을 관찰하는 데 절대 의존해서는 안 된다! 관찰된 블록은 실제로 포크가 될 수 있으며, 그 시점에서 더 긴 체인에게 지는 블록이 될 수 있다.

트랜잭션이 실제 처리된 시점을 결정하려면 더 많은 확신이 필요하다. 대부분의 지갑과 거래 플랫폼은 블록 위의 여러 **확인 블록**confirmation block이 채굴되기를 기다린다. 트랜잭션을 포함하는 블록 위에 블록이 많을수록 기존 포크가 길어지므로 체인이 다른 블록으로 재구성될 가능성이 줄어든다.

확인 횟수는 일반적으로 6블록으로 설정되며, 6블록으로 트랜잭션을 검증하기 위한 시간은 약 1시간이다. 다만 비트코인은 6블록 이후의 포크가 절대 발생하지 않을 것이라는 100% 보장을 제공하지 않는다. 그저 채굴 난이도가 잘 조정되면 괜찮을 것이며 이것이 비트코인에 해당한다고 믿을 만한 이유가 있는 것뿐이다.

암호화폐가 대중화됨에 따라 비트코인의 PoW 난이도는 시간이 지나며 점차 증가했다. 이제 난이도가 너무 높아서 대부분의 사람들이 블록을 채굴하는 데 필요한 하드웨어를 감당할 수 없다. 오늘날 대부분의 채굴자들은 **채굴 풀**mining pool이라는 곳에 모여 블록 채굴에 필요한 작업을 분배하고 보상을 공유한다.

> 블록 632874에서 (⋯) 비트코인 블록체인에서 예상되는 누적 작업은 2^{92}개의 double-SHA256 해시를 초과했다.
>
> —**피터 와일**Pieter Wuille (2020, http://mng.bz/aZNJ)

포크가 파괴적인 이유를 이해하기 위해 다음 시나리오를 상상해보자. 앨리스는 당신에게서 와인 한 병을 사고, 당신은 앨리스가 그녀의 계정에 있는 5 BTC를 당신에게 보내기를 기다리고 있다. 마지막으로, 당신은 그녀의 거래 기록을 포함하는 높이 10(제네시스 이후 10블록을 의미)에서 새로운 블록을 관찰한다. 조심스럽게, 당신은 그 위에 6개의 블록이 더 추가될 때까지 기다리기로 결정했다. 잠시 기다린 후 마침내 높이 10에 있는 블록을 포함하는 체인을 확장하는 높이 16에 있는 블록을 보게 된다. 앨리스에게 와인 한 병을 보내고 거래를 마무리한다. 그러나 이것이 끝이 아니다.

나중에 높이 30의 블록이 어디에선가 나타나 바로 이전 블록(높이 9)에서 분기된 다른 블록체인을 확장한다. 새로운 체인이 더 길기 때문에 모든 사람이 이를 합법적인 체인으로 인정하게 된다. 당신이 확인했던 이전 체인(높이 10의 블록에서 시작)은 폐기되고, 네트워크 참가자는 이제 가장 긴 새로운 체인을 가리키도록 체인을 재구성하기만 하면 된다. 그리고 짐작할 수 있듯이 이 새로운 체인에는 앨리스의 트랜잭션이 포함된 블록이 없다. 대신 앨리스의 모든 자금을 다른 주소로 이동하는 거래가 포함되어 있어, 앨리스의 자금을 당신의 주소로 이동시킨 원래 트랜잭션을 다시 게시하는 것을 방지한다. 앨리스는 돈을 이중으로 지출했다.

이것이 **51% 공격**51% attack이다. 이 이름은 앨리스가 공격을 수행하는 데 필요한 계산 능력의 양에서 따왔다(https://crypto51.app에는 PoW를 기반으로 다양한 암호화폐에 51% 공격을 수행하는 비용을 나열하는 흥미로운 표가 있다). 이는 단순히 이론적인 공격이 아니다! 51%의 공격은 현실 세계에서 발생했다. 예를 들어 2018년에 어떤 해커가 **버트코인**Vertcoin 통화에 대한 51% 공격으로 많은 자금을 이중으로 지출하도록 하는 데 성공했다.

> 공격자는 기본적으로 원장 역사의 일부를 다시 작성한 다음, 가장 긴 체인을 생성하기 위해 지배적인 해싱 파워를 사용하여 나머지 채굴자들이 이 새로운 버전의 블록체인을 검증하도록 설득했다. 이를 통해 공격자는 궁극적인 암호화폐 범죄를 저지를 수 있다. 이전 거래의 이중 지출로 인해 초기 수취인이 보유한 코인은 무효화된다.
>
> —마이클 J. 케이시Michael J. Casey (<Vertcoin's Struggle Is Real: Why the Latest Crypto 51% Attack Matters(버트코인의 고난은 현실이다: 최근의 암호화 51% 공격이 중요한 이유)>, 2018)

2019년 **이더리움 클래식**Ethereum Classic(이더리움의 변종)에서도 동일한 일이 발생했다. 100개 이상의 깊이 블록이 여러 번 재구성되어 당시 100만 달러 이상의 손실을 입었다. 2020년에 **비트코인 골드**Bitcoin Gold(비트코인의 변종)도 51% 공격을 받아 29개의 블록을 제거한 지 이틀도 채 되지 않아 $70,000 이상을 이중 지출했다.

12.2.4 머클 트리를 사용하여 블록 크기 줄이기

비트코인의 또 다른 흥미로운 측면은, 사용 가능한 정보 중 일부를 압축하는 방법이다. 비트코인의 블록에는 실제로 트랜잭션이 포함되어 있지 않다! 트랜잭션은 별도로 공유되지만, 블록에는 트랜잭션 목록을 인증하는 하나의 다이제스트가 포함된다. 그 다이제스트는 단순히 블록에 포함된 모든 트랜잭션의 해시일 수 있지만, 그보다 조금 더 영리하다. 이 다이제스트는 **머클 트리**Merkle tree의 루트다.

머클 트리란? 간단히 말해서 내부 노드가 자식의 해시인 트리(데이터 구조)다. 글만으로는 이해하기 어려울 테니 그림 12.7을 확인하자.

머클 트리는 유용한 구조로 다양한 실제 프로토콜에서 찾을 수 있다. 머클 트리는 많은 양의 데이터를 작은 고정 크기의 값(트리의 루트)으로 압축할 수 있다. 뿐만 아니라 루트를 재구성하기 위해 모든 잎이 반드시 필요한 것은 아니다.

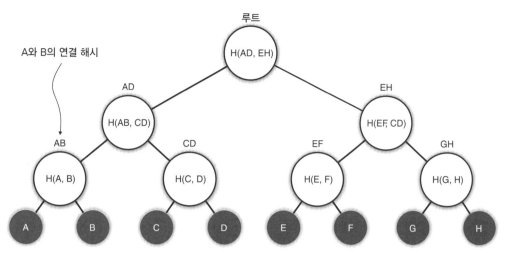

그림 12.7 잎에 있는 요소를 인증하는 데이터 구조인 머클 트리. 트리에서 내부 노드는 자식의 해시다.
루트 해시는 전체 구조를 인증하는 데 사용할 수 있다. 다이어그램에서 H( )는 해시 함수를 나타내며,
쉼표로 구분된 입력은 (모호성이 없는 한) 연결로 구현할 수 있다.

예를 들어 비트코인 블록에 포함되어 있기에 머클 트리의 루트를 알고 있고 트랜잭션(트리의 리프)이
블록에 포함되어 있는지 알고 싶어 한다고 해보자. 확실히 트리에 있다면 할 수 있는 것은 루트까지
의 경로에 있는 이웃 노드를 **멤버십 증명**membership proof(트리의 깊이에 대해 크기가 로그인 증명)으로
공유하는 것이다. 남은 것은 경로의 각 쌍을 해싱하여 트리의 루트까지 내부 노드를 계산하는 것이
다. 글로 설명하기에는 다소 복잡하므로 그림 12.8에 증명을 나타냈다.

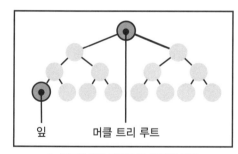

1. 루트에 대한 지식으로 멤버십 증명

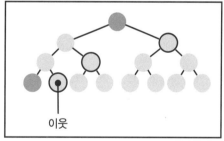

2. 이웃 노드를 사용하여 루트로의 연결을 검증

그림 12.8 머클 트리의 루트를 알면 모든 잎에서 루트 해시를 재구성하여 리프가 트리에 속하는지 확인할 수 있다. 이렇
게 하려면 처음에 모든 잎이 필요하다. 이 다이어그램은 8개의 다이제스트다(잎이 일부 개체의 해시라고 가정). 다른 모든 잎
이 필요하지 않다면, 멤버십 증명을 구성하는 더 효율적인 방법이 있다. 잎에서 루트까지의 경로에 이웃 노드만 있으면 된
다. 잎을 포함하면 4개의 다이제스트다. 그런 다음 검증자는 이러한 인접 노드를 사용하여 루트 해시를 재구성하고, 예상
과 일치하는지 확인할 때까지 루트 경로에서 누락된 모든 노드의 해시를 계산할 수 있다.

블록에서 모든 트랜잭션을 직접 나열하는 대신 머클 트리를 사용하는 이유는, 블록체인에서 간단한 쿼리를 수행하기 위해 다운로드해야 하는 정보를 가볍게 하기 위함이다. 예를 들어 비트코인 블록체인의 전체 기록을 다운로드하지 않고도 최근 거래가 블록에 포함되어 있는지 확인하고 싶다고 해보자. 이 때 할 수 있는 일은 트랜잭션을 포함하지 않는 가벼운 블록 헤더만 다운로드하는 것이다. 일단 가지고 있으면 피어에게 어떤 블록에 트랜잭션이 포함되었는지 알려달라고 요청하자. 그러한 블록이 있는 경우, 블록 헤더에 있는 다이제스트에 의해 인증된 트리에 트랜잭션이 있다는 증거를 제공할 수 있다.

비트코인에 대한 내용은 방대하지만 이 책에서 내용을 다 다루기는 어렵다. 비트코인은 이 정도로 이야기하고, 이제부터는 기존 BFT 합의 프로토콜이 어떻게 작동하는지 설명하겠다.

12.3 암호화폐 둘러보기

비트코인은 최초의 성공적인 암호화폐며 수백 개의 다른 암호화폐가 등장했음에도 가장 큰 시장 점유율과 가치를 지닌 암호화폐로 남아 있다. 흥미로운 점은 비트코인에 여러 문제점이 있고 다른 암호화폐가 이러한 문제점을 해결하려 한다는 점이다. 더욱 흥미롭게도 암호화폐 분야는 지금까지 실용적인 애플리케이션이 많지 않거나, 존재하지도 않는 수많은 암호학 프리미티브를 사용했다! 이제부터 비트코인의 출현 이후 연구된 문제를 나열한다.

12.3.1 변동성

오늘날 대부분의 사람들은 암호화폐를 투기 수단으로 사용한다. 비트코인의 가격은 하루에 수천 달러를 쉽게 위아래로 움직일 수 있음을 보여주었기에 이는 분명한 사실이다. 어떤 사람들은 시간이 지나면 안정이 올 것이라 주장하지만, 비트코인이 현재 화폐로 사용될 수 없다는 사실은 여전하다. 다른 암호화폐는 토큰 가격을 기존 법정 통화(예: 미국 달러)에 연결하여 **스테이블코인**stablecoin의 개념을 실험했다.

12.3.2 지연 시간

암호화폐의 효율성은 다양한 방법으로 측정할 수 있다. 암호화폐의 **처리량**은 처리할 수 있는 초당 트랜잭션 수다. 예를 들어 비트코인의 처리량은 초당 7건의 트랜잭션으로 매우 낮다. 반면 **파이널리티**finality는 거래가 블록체인에 포함된 후 완료된 것으로 간주되는 데 걸리는 시간이다. 포크로 인해 비트코인의 파이널리티는 결코 완전히 달성되지 않는다. 트랜잭션이 새 블록에 포함된 후 최소 1시간 후에 트랜잭션이 되돌릴 확률이 허용되는 것으로 간주된다. 두 수치 모두 사용자의 관점에서 트랜잭션이 완료되는 데 걸리는 시간인 **지연 시간**latency에 큰 영향을 미친다. 비트코인에서의 지연 시간은 트랜잭션 생성, 네트워크를 통해 전파하는 데 걸리는 시간, 블록에 포함되는 데 걸리는 시간, 마지막으로 블록이 확인될 때까지의 파이널리티를 포함한다.

이러한 속도 문제를 BFT 프로토콜로 해결할 수 있다. BFT 프로토콜은 일반적으로 포크가 불가능하고, 초당 수천 건의 처리량을 보장하는 단 몇 초의 파이널리티를 제공한다. 그러나 때때로 여전히 충분하지 않기에 다른 기술이 연구되고 있다. 소위 **레이어 2 프로토콜**layer 2 protocol은 메인 블록체인(레이어 1)에서 진행 상황을 주기적으로 저장하면서 오프체인에서 더 빠른 지불을 시행할 수 있는 솔루션을 제공한다.

12.3.3 블록체인의 크기

비트코인 및 기타 암호화폐의 또 다른 일반적인 문제는 블록체인의 크기가 비실용적인 크기로 빠르게 커질 수 있다는 것이다. 이는 암호화폐를 사용하려는 사용자(예: 계정 잔액 조회)가 네트워크와 상호작용하기 위해 먼저 전체 체인을 다운로드해야 할 때 사용성 문제를 야기한다. 초당 많은 수의 트랜잭션을 처리하는 BFT 기반 암호화폐는 몇 달, 또는 몇 주 안에 쉽게 테라바이트의 데이터에 도달할 것으로 예상된다. 이를 해결하기 위한 여러 시도가 있다.

가장 흥미로운 것 중 하나는 미나Mina로, 최신 상태에 도달하기 위해 블록체인의 전체 기록을 다운로드할 필요가 없다. 대신 미나는 7장에서 언급했으며 15장에서 더 자세히 다룰 ZKP를 사용하여 모든 기록을 고정 크기 11 KB 증명으로 압축한다. 일반적으로 블록체인을 쿼리하기 위해 타사 서버를 신뢰해야 하는 휴대폰과 같은 가벼운 클라이언트에 특히 유용하다.

12.3.4 기밀성

비트코인은 계정이 공개 키에만 연결된다는 점에서 **의사 익명성**pseudo-anonymity을 제공한다. 공개 키를 특정 사람에게 묶을 수 없는 한, 연결된 계정은 익명으로 유지된다. 다만 해당 계정에서 들어오고 나가는 모든 트랜잭션은 공개적으로 사용 가능하며, 소셜 그래프는 누가 누구와 더 자주 거래하는 경향이 있고 누가 통화를 얼마나 소유하고 있는지 이해하기 위해 여전히 생성될 수 있음을 기억하자.

ZKP 또는 기타 기술을 사용하여 이러한 문제를 해결하려는 많은 암호화폐가 있다. **Z캐시**Zcash는 발신자 주소, 수신자 주소, 거래 금액을 트랜잭션으로 암호화할 수 있으며, 잘 알려진 기밀confidential 암호화폐 중 하나다.

12.3.5 에너지 효율

비트코인은 전력 소모가 무척 크다는 비판을 받아왔다. 실제로 케임브리지 대학은 최근 BTC를 채굴하는 데 소비된 모든 에너지를 고려하면 비트코인을 세계 상위 30대 에너지 사용 국가에 비할 수 있고, 아르헨티나보다 더 많은 전력을 사용한다고 분석했다(2021년 2월; https://cbeci.org/). 반면에 BFT 프로토콜은 PoW에 의존하지 않으므로 무거운 오버헤드를 방지한다. 이것이 현대 암호화폐가 PoW에 기반한 합의를 피하는 것처럼 보이는 가장 확실한 이유며, 이더리움과 같은 중요한 PoW 기반 암호화폐조차도 더 친환경적인 합의 프로토콜로 이동할 계획을 발표했다.[1] 다음 장으로 넘어가기 전에 BFT 합의 프로토콜을 기반으로 한 이러한 암호화폐를 살펴보겠다.

12.4 디엠BFT: BFT 합의 프로토콜

많은 현대 암호화폐가 더 친환경적이고 효율적인 합의 프로토콜을 위해 비트코인의 PoW 방식을 버리고 있다. 이러한 합의 프로토콜의 대부분은 대부분 원래 PBFT 프로토콜의 변형인 기존 BFT 합의 프로토콜을 기반으로 한다. 이번 절에서는 디엠을 통해 그러한 BFT 프로토콜을 알아본다.

디엠Diem(이전에는 **리브라**Libra로 불림)은 2019년 페이스북에서 처음 발표한 디지털 통화로, 개방형 글로벌 결제 네트워크를 추구하는 기업, 대학, 비영리 단체의 조직인 **디엠 협회**Diem Association에서 관리한다. 디엠의 한 가지 특징은 법정 화폐 준비금을 사용하여 실제 화폐로 가치를 뒷받침한다는 점이다. 덕택에 디엠은 디지털 통화인데도 비트코인과 달리 안정적이다. 개방된 방식으로 안전하게 결제 네트워크를 운영하기 위해 HotStuff의 변종인 **디엠BFT**DiemBFT라는 BFT 합의 프로토콜이 사용된다. 이번 절에서는 디엠BFT의 작동 방식을 살펴보겠다.

12.4.1 BFT 합의 프로토콜의 두 속성, 안전성과 활성

BFT 합의 프로토콜은 악의적인 잠가자의 비율이 허용되는 경우에도 아래의 두 가지 속성을 달성하기 위한 것이다.

- **안전성**safety: 모순되는 상태에 동의할 수 없다. 즉, 포크가 발생하지 않아야 한다(또는 무시할 수 있는 확률로 발생).
- **활성**liveness: 사람들이 트랜잭션을 제출하면 상태는 결국 트랜잭션을 처리하게 된다. 다시 말해서, 아무도 프로토콜의 처리를 막을 수 없다.

---

1 [옮긴이] 2022년 9월 이더리움 '머지' 업그레이드가 끝났다.

참가자가 프로토콜에 따라 행동하지 않으면 일반적으로 악의적인(비잔틴byzantine이라고도 함) 참가자로 간주된다. 이는 그들이 아무것도 하지 않거나, 프로토콜의 단계를 올바른 순서로 따르지 않거나, 포크가 없도록 하기 위한 필수 규칙을 준수하지 않는다는 것을 의미할 수 있다.

일반적으로 BFT 합의 프로토콜이 안전을 달성하는 데는 매우 간단하지만 활성은 더 어려운 것으로 알려져 있다. 실제로 피셔Fischer, 링크Lync, 패터슨Paterson(《Impossibility of distributed consensus withone faulty process(하나의 결함이 있는 프로세스로 분산된 합의의 불가능성)》)이 1985년부터 BFT 프로토콜을 연구한 결과로, **결정론적**deterministic 합의 프로토콜이 **비동기식**asynchronous 네트워크(메시지는 도착하는 데 시간이 오래 걸릴 수 있음)에서 실패를 용인할 수 없는 '불가능성'을 명시하고 있다. 대부분의 BFT 프로토콜은 네트워크가 **동기식**synchronous이라고 간주하거나(실제로 네트워크가 장기간 다운되는 경우 프로토콜이 유용하지 않다) 알고리즘에 임의성을 도입함으로써 이러한 불가능성 결과를 피한다.

이러한 이유로 디엠BFT는 극단적인 네트워크 조건에서도 포크되지 않는다. 또한 네트워크의 한 부분이 네트워크의 다른 부분에 도달할 수 없는 네트워크 파티션이 있는 경우에도 네트워크가 충분한 기간 동안 치유 및 안정화되는 한 항상 발전한다.

12.4.2 디엠BFT 프로토콜의 라운드

디엠은 참가자(**검증자**validator라고 함)가 미리 알려진 허가된 설정에서 실행된다. 프로토콜은 엄격하게 증가하는 라운드(라운드 1, 2, 3 등)로 발전하며, 이때 검증자는 거래 블록을 제안한다. 각 라운드의 절차는 아래와 같다.

1. 리드하도록 선택된 검증자는 (결정론적으로) 많은 트랜잭션을 수집하고 블록체인을 확장하는 새 블록으로 그룹화한 다음, 블록에 서명하고 다른 모든 검증자에게 보낸다.

2. 제안된 블록을 받으면 다른 검증자가 서명하고, 다음 라운드의 리더에게 서명을 전송하여 인증하기 위해 투표할 수 있다.

3. 다음 라운드의 리더가 해당 블록에 대해 충분한 표를 받으면, 블록을 인증하는 **쿼럼 인증서**quorum certificate, QC를 모두 묶고, QC를 사용하여 현재 인증된 블록을 확장하는 다음 라운드의 새 블록을 제안할 수 있다.

즉, 비트코인의 블록에는 확장하는 블록의 해시만 포함하는 반면, 디엠BFT에서는 해당 해시에 대한 많은 서명이 블록에 포함된다(서명 수도 중요하지만 나중에 자세히 설명한다).

검증자가 라운드 중에 제안을 보지 못하면 시간이 초과되어 다른 검증자에게 아무 일도 일어나지 않았다고 경고할 수 있다. 이 경우 다음 라운드가 시작되고 제안자는 자신이 본 가장 높은 인증 블록을 확장할 수 있다(그림 12.9).

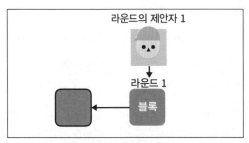

1. 라운드에서 선출된 검증자가 트랜잭션의 블록을 서명하고 브로드캐스트한다.

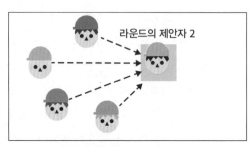

2. 다른 검증자가 메시지에 서명하고 다음 제안자에게 보냄으로써 블록에 투표한다.

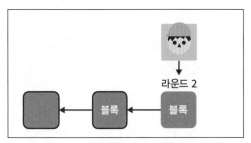

3. 충분한 표가 모이면 다음 제안자가 이를 모은 블록을 제안하고, 투표받은 블록을 인증한다.

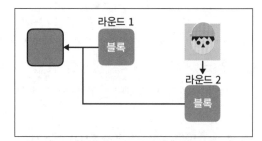

4. 라운드 시간이 만료되었는데도 충분한 투표가 모이지 않으면, 다음 제안자는 가장 긴 라운드에서 인증된 블록을 연장한다.

그림 12.9 디엠BFT의 각 라운드는 지정된 리더가 마지막으로 본 블록을 확장하는 블록을 제안함으로써 시작한다. 그다음 다른 검증인은 다음 라운드의 리더에게 투표를 보내 블록에 투표할 수 있다. 다음 라운드의 리더가 쿼럼 인증서(QC)를 형성하기에 충분한 표를 모으면 QC를 포함한 새 블록을 제안하여 이전에 본 블록을 효과적으로 확장할 수 있다.

12.4.3 프로토콜은 부정직함을 어느 정도까지 허용할 수 있는가?

디엠BFT는 최대 f개의 악의적 검증자를 허용할 수 있기를 원한다고 가정하고(f개 모두가 공모하더라도), 프로토콜에 참여하기 위해 최소 $3f + 1$개의 검증자가 필요하다고 말한다. 즉, 악의적 검증자가 f명이면 최소한 $2f + 1$명의 정직한 검증자가 필요하다. 이 가정이 사실인 한 프로토콜은 안전과 활성을 가진다.

이를 염두에 두고, QC는 $3f + 1$ 참가자가 있는 경우 $2f + 1$ 서명인 정직한 검증자의 과반수 투표로만 구성될 수 있다. 이 숫자는 시각화하기가 다소 어려울 수 있으니, 그림 12.10으로 관찰한 투표의 신뢰도에 어떻게 영향을 미치는지 표현했다.

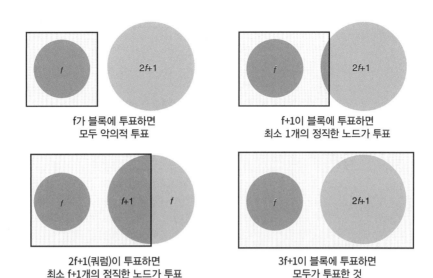

그림 12.10 디엠BFT 프로토콜에서 검증자의 최소 2/3는 프로토콜의 안전성(포크하지 않고), 활성(진행될 것)에 정직해야 한다. 다시 말해, 프로토콜에서 최소한 2f + 1명의 검증자가 정직하다면 부정직한 검증자를 용인할 수 있다. 인증된 블록은 정직한 검증자의 대다수를 대표할 수 있는 가장 낮은 투표 수이므로, 최소 2f + 1표를 받았다.

12.4.4 디엠BFT 투표 규칙

검증인은 항상 두 가지 투표 규칙을 따라야 하며, 그렇지 않으면 비잔틴으로 간주된다.

1. 과거에는 투표할 수 없다(예: 3라운드에서 투표를 마쳤다면 4라운드 이상에서만 투표할 수 있다).

2. 선호 라운드preferred round 이상에서 블록을 확장하는 블록에만 투표할 수 있다.

선호 라운드는 무엇일까? 기본적으로 0이지만, 블록을 확장하는 블록을 확장하는 블록에 투표하면(즉, 조부모 블록이 있는 블록에 투표하면) 해당 조부모 블록의 라운드가 선호 라운드가 된다. 그림 12.11에 도식화했다.

내가 라운드 6의 블록에 투표하면 선호 라운드는 3이 된다.

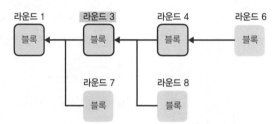

그러면 라운드 7에는 더 이상 투표할 수 없지만, 라운드 8에 있는 블록에는 투표할 수 있다.

그림 12.11 블록에 투표한 후 검증자는 선호 라운드가 현재 선호 라운드보다 높으면 상위 블록의 라운드를 선호 라운드로 설정한다. 블록에 투표하려면 상위 블록에 선호 라운드보다 크거나 같은 라운드가 있어야 한다.

12.4.5 트랜잭션은 언제 확정되는가?

인증된 블록은 아직 확정되지 않았거나 혹은 이 분야 표현으로 **커밋된**committed 것이다. 보류 중인 블록에 포함된 트랜잭션을 되돌릴 수 없다고 가정해서는 안 된다. 블록과 블록에 포함된 트랜잭션은 **커밋 규칙**commit rule이 트리거된 후에만 확정된 것으로 간주될 수 있다. 커밋 규칙(그림 12.12 참조)은 다음과 같은 경우 블록과 블록이 확장되는 모든 보류 블록이 커밋된다고 말한다.

- 블록은 **연속된 라운드**contiguous round(예: 라운드 1, 2, 3)에서 제안된 3개의 블록으로 체인을 시작한다.
- 3블록짜리 체인의 마지막 블록이 인증된다.

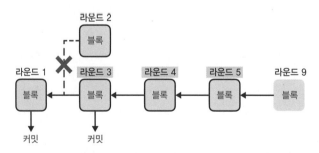

그림 12.12 세 개의 연속 라운드(3, 4, 5)에는 인증된 블록으로 이루어진 체인이 있다. 라운드 9의 QC에 의한 라운드 5의 마지막 블록 인증을 관찰하는 모든 검증자는 라운드 3에서 체인의 첫 번째 블록과 모든 조상(여기서는 라운드 1의 블록)을 커밋할 수 있다. 모순되는 분기(예: 라운드 2의 블록)는 삭제된다.

여기까지가 디엠BFT 프로토콜의 대략적인 설명이다. 그러나 다시 한번, 악마는 디테일 속에 있다.

12.4.6 디엠BFM의 안전성에 숨은 직관

디엠BFT의 논문에서 한 페이지를 할애한 내용인 **안전 증명**safety proof을 직접 읽어보는 것이 가장 좋지만, 시간이 모자란 독자를 위해 여기에서 두 페이지를 사용하여 작동 이유에 대한 직관을 설명하고자 한다. 첫째, 동일한 라운드 동안 두 개의 서로 다른 블록이 인증될 수는 없다. 이는 그림 12.13에서 시각적으로 설명하는 중요한 속성이다.

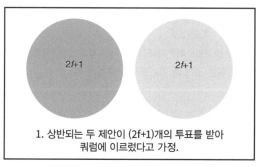

1. 상반되는 두 제안이 (2f+1)개의 투표를 받아 쿼럼에 이르렀다고 가정.

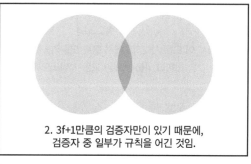

2. 3f+1만큼의 검증자만이 있기 때문에, 검증자 중 일부가 규칙을 어긴 것임.

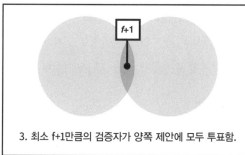

3. 최소 f+1만큼의 검증자가 양쪽 제안에 모두 투표함.

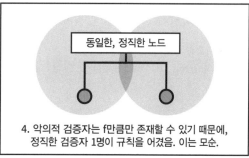

4. 악의적 검증자는 f만큼만 존재할 수 있기 때문에, 정직한 검증자 1명이 규칙을 어겼음. 이는 모순.

그림 12.13 **3f + 1 검증자의 프로토콜에 최대 f명의 악성 검증자가 있을 수 있고, 2f + 1개의 서명된 투표에서 쿼럼 인증서가 생성된다고 가정하면 라운드당 하나의 인증된 블록만 있을 수 있다. 이 그림은 모순에 의한 증명을 보여준다. 즉, 이것이 우리의 초기 가정과 모순되기 때문에 그럴 수 없다는 증거다.**

주어진 라운드에서 하나의 블록만 인증을 받을 수 있다는 속성을 사용하면 블록 3은 라운드 3, 블록 6은 라운드 6 등으로 블록을 단순화할 수 있다. 이제 그림 12.14를 살펴보고 연속되지 않은 라운드에서 인증된 블록, 또는 인증된 둘 혹은 세 개의 블록이 포크 위험 없이 커밋으로 이어질 수 없는 이유를 잠시 알아보자.

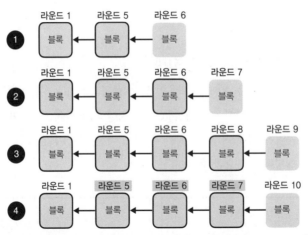

그림 12.14 이 모든 시나리오에서 블록 5를 커밋하면 포크가 발생할 수 있다. 4번 시나리오에서만 블록 5를 안전하게 커밋한다. 4를 제외한 모든 시나리오에서 블록 5를 커밋하는 것이 왜 위험한지 알 수 있을까?

모든 시나리오에 대한 답을 찾았는가? 단답식으로 답을 말하자면 마지막 시나리오를 제외한 모든 시나리오에서 블록이 라운드 1을 연장할 수 있는 여지가 있다. 이 늦은 블록은 효과적으로 분기되며, 합의 프로토콜의 규칙에 따라 더 확장될 수 있다. 이런 일이 발생하면 블록 5와 이를 확장하는 다른 블록은 다른 이전 분기가 커밋될 때 삭제된다. 시나리오 1과 2의 경우 제안자가 이전 블록을 보지 못하기 때문에 일어날 수 있다. 시나리오 3에서 앞의 블록은 네트워크 지연으로 인해 예상보다 늦게 나타날 수 있으며, 검증자가 적절한 순간까지 이를 보류할 수 있다. 그림 12.15에서 더 자세히 설명한다.

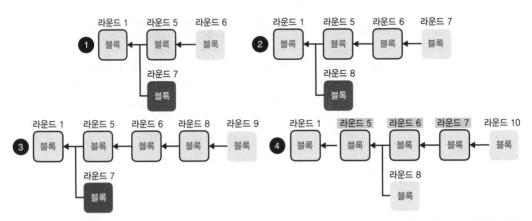

그림 12.15 그림 12.14를 기반으로 하여 마지막 시나리오를 제외한 모든 시나리오는 블록 5의 분기를 결국 이길 수 있는 병렬 체인을 허용한다. 마지막 시나리오에는 연속된 라운드에서 3개의 인증된 블록 체인이 있다. 이는 블록 7에 다수의 정직한 투표자가 있다는 것을 의미하며, 이들은 선호 라운드를 라운드 5로 업데이트했다. 그 후에는 블록 5 이전에 분기하여 동시에 QC를 얻을 수 있는 블록이 없다. 일어날 수 있는 최악의 상황은 블록이 블록 5 또는 블록 6을 확장하여 결국 동일한 결과(블록 5가 커밋됨)로 이어지게 만드는 것이다.

요약

- 암호화폐란 단일 실패 지점을 피하기 위해 결제 네트워크를 분산시키는 것이다.

- 모든 사람들이 암호화폐의 상태에 동의하도록 하기 위해 합의 알고리즘을 사용할 수 있다.

- BFT 합의 프로토콜은 1982년에 발명되었으며 더 빠르고 이해하기 쉽게 진화했다.

- BFT 합의 프로토콜은 작동하기 위해 알려진 고정된 참가자 집합(허가형 네트워크)이 필요하다. 이러한 프로토콜은 누가 참가자 집합의 일부인지를 결정하거나(PoA) 그들이 보유한 통화 금액에 따라 참가자 집합을 동적으로 선택(PoS)할 수 있다.

- 비트코인의 합의 알고리즘(나카모토 합의)은 PoW를 사용하여 올바른 체인을 검증하고 누구나 참여할 수 있도록 한다(무허가 네트워크).

- 비트코인의 PoW에는 참가자(채굴자)가 특정 수학적 조건을 만족시키기 위해 많은 해시를 계산한다. 유효한 다이제스트를 성공적으로 찾은 채굴자는 다음 거래 블록을 결정하고 트랜잭션 수수료와 함께 보상을 받을 수 있다.

- 비트코인의 계정은 secp256k1 곡선을 사용하는 단순한 ECDSA 키 쌍이다. 사용자는 UTXO를 보고 자신의 계정에 얼마나 많은 BTC가 있는지 알 수 있다. 따라서 트랜잭션은 여러 이전 트랜잭션 출력을 다른 공개 키에 사용할 수 있는 새 출력으로의 이동을 승인하는 서명된 메시지다.

- 비트코인은 머클 트리를 사용하여 블록의 크기를 압축하고 트랜잭션 포함 검증을 작은 크기로 허용한다.

- 스테이블 코인은 토큰을 미국 달러와 같은 법정 화폐 가치에 고정시켜 가치를 안정화하려는 암호화폐다.

- 암호화폐는 오프체인에서 트랜잭션을 처리하고, 주기적으로 온체인에서 진행 상황을 저장하여 대기 시간을 줄이기 위해 소위 레이어 2 프로토콜을 사용한다.

- 다양한 블록체인 애플리케이션에서 ZKP를 사용한다(예: Z캐시에서는 기밀성을 제공하고, 코다Coda에서는 전체 블록체인을 짧은 유효성 증명으로 압축).

- 디엠은 디엠BFT라는 BFT 합의 프로토콜을 사용하는 스테이블 코인이다. $3f + 1$명의 참가자 중 악의적 참가자가 f명 이하인 한 안전(포크 없음)하며, 활성(항상 진행됨) 상태를 유지한다.

- 디엠BFT는 참가자가 이전 블록을 확장하는 트랜잭션 블록을 제안하는 라운드를 가짐으로써 작동한다. 그런 다음 다른 참가자는 블록에 투표할 수 있으며 충분한 투표가 수집되면 잠재적으로 QC를 생성할 수 있다($2f + 1$).

- 디엠BFT에서 블록과 해당 트랜잭션은 커밋 규칙(연속 라운드에서 3개의 인증된 블록 체인)이 트리거

될 때 완료된다. 이 경우 체인의 첫 번째 블록과 확장된 블록이 커밋된다.

13

하드웨어 암호학

이번 장에서 다룰 내용

■ 공격자가 많은 환경에서의 암호학적 이슈

■ 공격자 비용을 증가시키기 위한 하드웨어 솔루션

■ 사이드채널 공격과 소프트웨어적 우회

암호학 프리미티브와 프로토콜은 공격자와 보안 대상이 마치 합을 맞추고 주고받는 것처럼 제각각 격리된 구성 요소로 묘사된다. 실제로 이는 비현실적인 가정이다. 현실 세계에서 암호학은 모든 종류의 환경에서 실행되며 모든 종류의 위협에 노출된다. 이 장에서는 보다 극단적인 시나리오(매우 적대적인 환경)와 이러한 상황에서 키와 데이터를 보호하기 위해 무엇을 할 수 있는지 살펴보겠다.

13.1 현대 암호학의 공격자 모델

오늘날의 컴퓨터와 네트워크 보안은 신뢰할 수 있는 도메인이 있다는 가정에서 시작된다. 예를 들어 인터넷을 통한 전송을 위해 데이터를 암호화하는 경우, 암호화를 수행하는 컴퓨터가 손상되지 않았으며 안전하게 복호화할 수 있는 다른 '엔드포인트'가 있다고 가정한다.

—요안나 루트코프스카Joanna Rutkowska (<Intel x86 considered harmful>, 2015)

암호학은 '앨리스는 밥에게 보내는 메시지를 이브가 가로챌 수 없도록 암호화하려는 상황'에 관한 것이었다. 그런데 오늘날의 암호학은 상황이 변했다. '앨리스는 밥에게 보내는 메시지를 암호화하려고 하지만, 앨리스의 보안이 뚫렸다'와 같은 상황이 주된 논제가 되었다. 이론 암호학에서는 거의 가정하지 않는 완전히 다른 공격자 모델이다. 잘 이해가 되지 않는다고? 몇 가지 예를 들어보겠다.

- 은행 카드의 내용을 복사하기 위해 카드 판독기 위에 놓을 수 있는 장치, **스키머**skimmer를 도둑이 미리 설치한 ATM에서 신용카드를 사용하는 상황(그림 13.1 참조)
- 운영체제를 손상시키는 애플리케이션을 휴대폰에 다운로드한 상황
- 다른 악의적인 고객이 당신과 동일한 시스템을 공유할 수 있는 공유 웹 호스팅 서비스에서 웹 서버를 호스팅하는 상황
- 다른 국가의 스파이가 방문하는 데이터 센터에서 매우 민감한 비밀을 관리하는 상황

스키머

그림 13.1 스키머는 카드의 마그네틱 띠에 포함된 데이터를 복사하기 위해 ATM 또는 지불 단말기 카드 판독기 앞에 설치할 수 있는 장치다. 마그네틱 띠에는 일반적으로 계좌 번호, 유효 기간과 온라인 또는 여러 결제 단말기에서 결제하는 데 사용하는 기타 메타데이터를 포함한다. 어떤 스키머는 카드의 PIN을 얻기 위한 숨겨진 카메라가 있으며, PIN 입력을 강제하는 ATM 인출 및 지불 단말기에서 도둑이 카드의 PIN을 입수할 수 있게 한다.

이러한 모든 예는 많은 암호학자가 전혀 인식하지 못하거나 무시하는 위협 모델에 해당한다. 실제로, 이론서에서 다루는 대부분의 암호학 프리미티브는 앨리스가 자신의 실행 환경을 완전히 제어하고, 암호문(또는 서명, 공개 키 등…)이 앨리스의 컴퓨터를 떠나 네트워크를 통해 이동할 때만 MITM 공격자가 공격을 할 수 있다고 가정한다. 그러나 오늘날에는 훨씬 더 적대적인 모델에서 암호학을 사용하는 경우가 많다.

> **CAUTION** 보안은 결국 사용자의 가정, 그리고 잠재적 공격자에 대한 예상의 산물이다. 가정이 잘못되었다면 보안이 잘못된 것이다.

실제 애플리케이션에서는 이론 암호학과 이렇게 강력한 공격자 사이에서 어떻게 균형을 맞출까? **타협**compromise이다. 즉, 공격을 되도록 더 어렵게 만드는 것이 보통이다. 이러한 시스템의 보안은 계산상의 복잡성보다는 비용(공격자가 시스템을 파괴하기 위해 지출해야 하는)으로 계산하는 경우가 많다.

이 장에서 배우게 될 내용 중 많은 부분이 불완전한 암호학이며 실제 세계에서는 이를 **심층 방어**라 한다. 관련된 내용이 많으며, 다양한 업체와 그 마케팅 팀, 영업 담당자가 생각해낸 많은 새로운 약어와 다양한 솔루션을 포함한다. 이제부터 신뢰할 수 없는 환경에서도 신뢰할 수 있는 시스템에 대해 알아보자.

13.2 비신뢰 환경의 구원자, 하드웨어

실전에서 시스템을 공격하는 다양한 방법이 있다. 이러한 공격법을 크게 두 가지로 구분할 수 있다.

- **소프트웨어 공격**: 장치에서 실행되는 코드를 활용하는 공격
- **하드웨어 공격**: 공격자가 물리적으로 장치에 가까이 있어야 하는 공격

앞에서 암호학을 표적으로 하는 소프트웨어 공격과 이를 방지하는 방법을 반복해서 이야기했지만, 하드웨어 솔루션을 활용하면 더 쉽게 소프트웨어 공격을 막을 수 있다. 예를 들어 컴퓨터에 연결된 별도의 장치에서 암호학 키를 생성하고 사용하면 컴퓨터를 공격하는 바이러스가 키를 추출할 수 없다.

그러나 하드웨어 공격은 더 막기 까다롭다. 장치에 접근하는 공격자가 원하는 모든 작업을 수행할 수 있기 때문이다. 공격자는 디스크의 데이터를 임의로 수정할 수 있고, 목표물에 레이저를 쏴서 소프트웨어 계산이 잘못된 값을 생성하도록 할 수 있으며(**결함 공격**fault attack이라고 함), 칩을 열어 부품을 확인한 후 집속 이온 빔focused ion beam, FIB 현미경을 사용하여 부품을 역공학으로 조작할 수 있다. 하드웨어 공격에는 한계가 없으며 집요한 공격자를 막기란 매우 어렵다. 이러한 하드웨어 공격에 대한 솔루션은, 한마디로 공격자를 최대한 고생시키기 위해 가능한 한 많은 방어 계층을 추가하는 것이다. 즉, 비용을 높이는 것이 전부다!

악한 메이드 공격

모든 하드웨어 공격자가 동일한 것은 아니다. 예를 들어 어떤 공격자는 장치에 여유 있게 접근할 수 있지만 어떤 공격자는 제한된 시간 동안 공격을 해내야 한다. 다음 시나리오를 상상해보자. 당신이 스마트폰이나 노트북을 호텔 방에 방치해뒀는데, '악의적인' 메이드가 들어와 장치를 열고 저예산의 도구를 사용하여 시스템을 수정한 다음 장치를 원래 자리에 두었다. 당신이 방으로 돌아왔을 때 장치는 원래 자리에 있으며 아무도 손대지 않은 것 같다. 이는 **악한 메이드 공격**evil maid attack으로 알려져 있으며 많은 상황에 일반화될 수 있다(예: 비행 중 체크인 수하물 안에 장치를 휴대하거나, 안전하지 않은 데이터 센터에 민감한 키를 저장하는 등).

물론 모든 시스템이 가장 강력한 하드웨어 공격을 방어할 필요는 없으며, 모든 애플리케이션이 동일한 수준의 위협을 처리하는 것은 아니다. 상황에 따라 다른 하드웨어 솔루션이 존재하므로 각 상황의 차이점을 이해해야 한다.

13.2.1 화이트박스 암호학

신뢰할 수 없는 환경을 위한 하드웨어 솔루션을 시작하기 전에, 소프트웨어 솔루션을 사용하는 것이 어떨까? 자체 키를 노출시키지 않는 암호학 프리미티브가 있을까?

이것이 바로 **화이트박스 암호학**White box cryptography이다. 화이트박스 암호학은 키로 암호학 구현을 스크램블하는 암호학 분야다. 이 분야의 목표는 관찰자로부터 키 추출을 방지하는 것이다. 공격자가 고정된 키를 사용하는 일부 화이트박스 AES 구현의 소스코드를 획득하면 그 키로 암호화 및 복호화를 시도하려고 하겠지만, 키가 구현과 너무 잘 섞여서 알고리즘에서 추출하기를 매우 어렵게 하는 것이다. 적어도 이론은 그렇다. 그런데 아직까지 알려진 화이트박스 암호학 알고리즘은 모두 안전하지 않은 것으로 밝혀졌으며, 그렇기에 대부분의 상용 솔루션은 비공개 소스로 유지되고 있다.

> NOTE **모호성**obscurity 및 **난독화**obfuscation를 통한 보안(이해할 수 없도록 코드를 스크램블링하기)은 효과적이지 않은 것으로 입증되었기에 일반적으로 그리 평이 좋지 않은 기술이다. 다만 현실 세계에서 이러한 기술은 때때로 공격자를 지연시키고 좌절시키는 데 사용될 수는 있다.

전반적으로 화이트박스 암호학은 **디지털 권한 관리**digital rights management, DRM 솔루션(고객이 구매한 제품에 대한 접근 권한을 제어하는 도구)이 필요한 기업에 애매한 제품을 판매하는 꽤 큰 산업이다. 예를 들어 상점에서 구입한 영화를 재생하는 하드웨어나 스트리밍 서비스하는 영화를 재생하는 소프트웨어에서 이러한 화이트박스 솔루션을 찾을 수 있다. 실제로 DRM은 이러한 공격을 강력하게 방지하지는 못하며, 오히려 고객의 삶을 더 어렵게 만든다. 더 심각한 건, 암호학적 방식으로 DRM을 시도하는 **구별 불가능성 난독화**indistinguishability obfuscation, iO라는 암호학 분야가 있다는 것이다. iO는 이론적이고 비현실적이며 지금까지 실제로 입증되지 않은 연구 분야다. 앞으로 iO가 잘 발전할 수 있을지는 시간만이 말해주겠지만 여기서는 다루지 않을 것이다.

13.2.2 스마트 카드와 보안 요소

화이트박스 암호학이 썩 훌륭하지는 않지만, 강력한 적들을 귀찮게 만들 수 있는 최고의 소프트웨어 솔루션이다. 그럼 이제부터는 하드웨어 솔루션을 살펴본다(경고하자면, 상황이 훨씬 더 복잡해지고 혼란스러워질 것이다). 실세계 암호학이 지저분하고, 같은 작업을 수행하는 표준이나 방법이 너무 많다고 생각했다면 하드웨어 세계에서 더 기겁하게 될 것이다. 수많은 용어가 수많은 방식으로 쓰이고 있으며 암호학 표준 못지않게 많은 표준이 난립하고 있다.

수많은 하드웨어 솔루션이 서로 어떻게 다른지 이해하기 위해 몇 가지 역사를 먼저 훑어보자. **스마트 카드**smart card는 일반적으로 플라스틱 카드(예: 은행 카드) 내부에 포장된 작은 칩으로, 마이크로 전자공학의 발전에 따라 1970년대 초에 발명되었다. 스마트 카드는 사실상 모든 사람에게 포켓 컴퓨터를 제공하는 하나의 방법이다! 실제로 최신 스마트 카드에는 자체 CPU, 다양한 유형의 프로그래밍 가능 또는 프로그래밍 불가능 메모리(ROM, RAM 및 EEPROM), 입력 및 출력, 하드웨어 난수 생성기(8장에서 배웠듯 TRNG라고도 함) 등이 내장되어 있다.

마그네틱 카드가 전자기 띠를 통해서만 데이터를 저장할 수 있고, 앞에서 이야기한 스키머를 통해 쉽게 복사할 수 있다는 점을 감안하면 스마트 카드는 프로그램을 실행할 수 있다는 점에서 '스마트'하다. 대부분의 스마트 카드에서 개발자는 카드에서 실행할 수 있는 작은 내장형 애플리케이션을 작성할 수 있다. 스마트 카드에서 지원하는 가장 널리 사용되는 표준은 개발자가 자바와 유사한 애플리케이션을 작성할 수 있도록 하는 **자바카드**JavaCard다.

스마트 카드를 사용하려면 먼저 카드 리더기에 스마트 카드를 삽입하여 활성화해야 한다. 최근에는 무선 주파수를 통해 동일한 효과를 얻을 수 있는 근거리 통신Near Field Communication, NFC 프로토콜이 카드에 추가되었다. 이렇게 하면 물리적 접촉 없이 카드 리더기에 가까이 위치시키기만 해도 카드를 사용할 수 있다.

은행과 레거시 암호학

은행은 스마트 카드를 사용하여 '이 카드는 은행이 해당 고객에게 준 카드임'을 입증할 수 있는 고유한 카드별 비밀을 저장한다. 직관적으로 생각해보면 스마트 카드가 공개 키 암호화를 통해 구현되었을 것 같지만, 은행 산업은 여전히 과거에 머물러 있고 대칭 암호화를 사용한다(여전히 사용 중인 방대한 양의 레거시 소프트웨어 및 하드웨어 때문에)!

더 구체적으로, 대부분의 은행 카드는 안전하지 않은 **데이터 암호화 표준**Data Encryption Standard, DES의 안전성을 보강한 오래된 64비트 블록 암호인 **3중 DES**triple-DES, 3DES 대칭 키를 저장한다. 이때 알고리즘은 암호화가 아닌, 일부 문제에 MAC(메시지 인증 코드)를 생성하는 데 사용된다. 모든 고객의 3DES 대칭 키를 보유한 은행은 MAC를 확인할 수 있다. 이는 실세계 암호학이 무엇인지를 보여주는 훌륭한 예로, 위험한 방식으로 모든 곳에서 사용되는 레거시 알고리즘이다(그리고 키 순환이 중요한 이유이자, 정기적으로 은행 카드를 변경해야 하는 이유이기도 하다).

스마트 카드는 실행 환경과 메모리 일부(비밀이 저장되는 위치)의 관찰, 추출, 수정을 방지하고자 여러 물리적 및 논리적 기술을 혼합한다. 이러한 카드와 하드웨어 장치를 뚫기 위한 공격법이 많이 있으며 세 가지 범주로 분류할 수 있다.

- **비침습적 공격**non-invasive attack: 대상 장치에 영향을 주지 않는 공격이다. 예를 들어 **차분 전력 분석**differential power analysis, DPA 공격은 스마트 카드의 전력 소비를 평가하는 동시에 키를 추출하기 위한 암호화 연산을 수행한다.

- **준침습적 공격**semi-invasive attack: 공격을 위해 장치 외부가 손상되지 않는 방식으로 칩 표면에 접근하는 공격이다. 예를 들어 **차분 오류 분석**differential fault analysis, DFA 공격은 열, 레이저 및 기타 기술을 사용하여 스마트 카드에서 실행되는 프로그램의 실행을 수정하여 키를 유출한다.

- **침습적 공격**invasive attack: 칩을 열어 칩의 기능을 변경하고, 그 비밀을 밝히기 위해 실리콘 자체의 회로를 조사하거나 수정하는 공격이다. 이러한 공격은 장치를 손상시키고 장치를 사용할 수 없게 만들 가능성이 더 높기에 공격 여부가 눈에 잘 띄게 된다.

하드웨어 칩이 매우 작고 촘촘하게 포장되어 있기에 공격이 쉽지는 않다. 게다가 특수 하드웨어는 일반적으로 패키지 해체나 물리적 관찰을 방지하기 위해 다양한 재료 계층을 사용하고, 알려진 공격 방법의 정확도를 떨어뜨리기 위해 하드웨어 기술까지 사용한다.

스마트 카드가 빠르게 인기를 얻은 데다, 이러한 보안 블랙박스가 있으면 여러 종류의 장치에 유용하다는 점이 분명해졌다. 여기서 **보안 요소**secure element의 개념이 탄생했다. 보안 요소는 조작이 불가능한 마이크로컨트롤러로, 플러그인 가능한 형태(예: 통신사의 네트워크에 접근하는 데 필요한 휴대전화의 SIM 카드), 또는 칩과 마더보드에 직접 부착되는(예: 결제를 위해 아이폰의 NFC 칩에 부착된 임베디드 보안 요소) 형태로 구현된다. 한마디로 보안 요소는 암호화 연산을 보호하기 위한 별도의 작은 하드웨어다.

보안 요소는 **사물 인터넷**Internet of Things, IoT에서 암호화 작업을 보호하는 중요한 개념으로, 다른 장치(신용카드, 스마트폰, 생체 인식 여권, 차고 열쇠, 스마트 홈 센서 등)와 통신할 수 있는 장치를 지칭하는 용어다. 이번 절에서 서로 다른 폼 팩터를 가진 여러 보안 요소를 소개한다. 각 보안 요소는 서로 다른 기술을 사용하여 거의 동일한 결과를 달성하지만 다양한 수준의 보안과 속도를 가진다.

보안 요소의 주요 정의 및 표준은 다양한 공급업체와 시스템 간의 상호 운용성을 촉진하기 위해 업계의 다양한 참여자들이 설립한 비영리 협회, 글로벌플랫폼GlobalPlatform에서 만들어졌다. 그리고 CCCommon Criteria, NIST 또는 EMV(유로페이Europay, 마스터카드 및 비자용)와 같은 표준 기관이 별도로 만든 더 많은 표준 및 인증이 있다.

보안 요소는 매우 비밀스러운 방법이므로, 제품에 보안 요소를 통합한다는 것은 비공개 계약에 서명하고 비공개 하드웨어 및 펌웨어를 사용해야 함을 의미한다. 많은 프로젝트에서 이는 투명성을 심각하게 낮추는 요소가 된다. 그러나 이러한 칩 보안의 일부는 설계의 모호함에서 비롯되기에 이해해야 하는 부분이다.

13.2.3 은행이 사랑한 HSM

보안 요소가 무엇인지 살펴보았다. **하드웨어 보안 모듈**hardware security module, HSM은 기본적으로 더 크고 빠른 보안 요소다. 일부 보안 요소와 마찬가지로 HSM도 임의 코드를 실행할 수 있는데 모든 HSM이 그런 것은 아니다. 작은 HSM도 있으며(예: 유비키YubiKey와 유사한 작은 USB 동글, YubiHSM), 하드웨어 보안 모듈이라는 용어는 사람마다 다른 의미로 사용될 수 있다.

지금까지 살펴본 모든 하드웨어 솔루션이 다양한 형태의 HSM이며, 보안 요소는 글로벌플랫폼에서 지정한 HSM이고, **신뢰 플랫폼 모듈**Trusted Platform Module, TPM은 **신뢰 컴퓨팅 그룹**Trusted Computing Group에서 지정한 HSM이라는 견해도 있다. 그러나 대부분 사람들이 말하는 HSM은 큰 것을 의미한다.

HSM은 FIPS 140-2, '암호화 모듈에 대한 보안 요구 사항'에 따라 분류된다. 이 문서는 2001년에 게시된 꽤 오래된 문서며, 당연히 게시 이후에 발견된 여러 공격을 고려하지 않았다. 다행히 2019년에는 보다 현대적인 버전인 FIPS 140-3으로 대체되었다. FIPS 140-3은 이제 두 가지 국제 표준에 의존한다.

- **ISO/IEC 19790:2012**: 하드웨어 보안 모듈에 대한 4가지 보안 수준을 정의한다. 레벨 1 HSM은 물리적 공격에 대한 보호 기능을 제공하지 않으며(순수한 소프트웨어 구현으로 생각할 수 있다), 레벨 3 HSM은 침입을 감지하면 비밀을 삭제한다!
- **ISO 24759:2017**: HSM 제품에 대한 인증을 표준화하기 위해 HSM을 테스트하는 방법을 정의한다.

안타깝게도 두 표준은 무료가 아니다. 읽으려면 비용을 지불해야 한다.

미국, 캐나다 및 기타 일부 국가에서는 은행과 같은 특정 산업에서 FIPS 140 수준에 따라 인증된 장치를 사용하도록 의무화하고 있다. 전 세계의 많은 회사들도 이와 동일한 권장 사항을 따른다.

> NOTE 비밀을 지우는 것은 **제로화**zeroization라고 부르는 관행이다. 레벨 3 HSM과 달리 레벨 4 HSM에는 내부 백업 배터리가 있으므로 정전 시에도 비밀 데이터를 여러 번 덮어쓸 수 있다.

일반적으로 HSM은 데이터 센터의 엔터프라이즈 서버에 연결된 랙(그림 13.2 참조)의 외부 장치로서 서버의 마더보드에 연결된 PCIe 카드, 또는 하드웨어 보안 토큰과 유사한 작은 동글의 형태로 발견할 수 있다. 이러한 동글은 USB 장치를 통해 하드웨어에 연결할 수 있다(성능은 좀 떨어지겠지만). 스마트 카드로 이러한 HSM 중 일부를 관리하여 애플리케이션을 설치하고 비밀 키를 백업하는 등의 작업을 수행할 수도 있다.

그림 13.2 **PCI 카드 형태의 IBM 4767 HSM. 사진 출처: 위키피디아(http://mng.bz/XrAG).**

HSM을 특히 많이 활용하는 산업도 있다. 예를 들어 ATM에 PIN을 입력할 때마다 HSM이 어딘가에서 PIN을 확인하게 된다. HTTPS를 통해 웹사이트에 연결할 때마다 HSM에 비밀 키를 저장하는 CA에서 신뢰 루트가 제공되며, TLS 연결은 HSM에 의해 종료될 수 있다. 안드로이드 폰 또는 아이폰에서는 구글 또는 애플이 HSM 여럿을 사용하여 휴대전화 백업을 안전하게 보관하기도 한다. 특히 이 마지막 경우는 위협 모델이 역전되었기 때문에 흥미로운 사례다. 여기서 사용자는 데이터가 있는 클라우드를 신뢰하지 않으므로, 클라우드 서비스 공급자는 해당 서비스가 사용자의 암호화된 백업을 볼 수 없으며 암호화에 사용하는 키에 접근할 수 없다고 주장해야 한다.

HSM에는 실제로 표준 인터페이스가 없지만 대부분은 적어도 **공개 키 암호학 표준 11**Public Key Cryptography Standard 11, PKCS#11을 사용한다. 이 표준은 RSA 회사에서 시작되었으며, 점진적으로 표준 채택을 촉진하기 위해 2012년 OASIS 조직으로 이관되었다. PKCS#11의 마지막 버전(v2.40)은 2015년에 출시되었지만 이는 원래 1994년에 시작된 표준의 업데이트일 뿐이다. 그래서 이 표준은 여러 오래된 암호화 알고리즘 또는 오래된 작업 방식을 담고 있고, 이는 모두 취약점으로 이어질 수 있는 것들이다. 그럼에도 이 표준은 대부분의 용도에서는 충분하고, 서로 다른 시스템끼리 쉽게 상호 운용할 수 있도록 하는 인터페이스를 가지고 있다. 다행스럽게도 Curve25519, EdDSA, SHAKE와 같은 많은 최신 암호화 알고리즘을 포함한 PKCS#11 v3.0이 2020년에 출시되었다.

HSM의 진정한 목표는 아무도 키를 추출할 수 없도록 하는 것이지만 그 보안이 항상 완전하지는 않다. 이러한 하드웨어 솔루션의 보안에 대한 많은 부분은 높은 가격, 공개되지 않은 하드웨어 방어 기술, 하드웨어 측면에 주로 초점을 맞춘 인증(예: FIPS, CC)에 달려 있다. 실제로 치명적인 소프트웨어 버그가 발견되기도 하였으며, 사용하는 HSM이 이러한 버그에 취약한 경우 이야기가 복잡해진다. 2018년 장-밥티스트 베드루네Jean-Baptiste Bédrune와 가브리엘 캄파나Gabriel Campana는 논문 〈Everybody be Cool, This is a Robbery〉에서 인기 있는 HSM에서 키를 추출하기 위한 소프트웨어 공격을 보여주었다.

> **NOTE** HSM는 단가가 비쌀 뿐 아니라(보안 수준에 따라 수만 달러가 될 수도 있음), 하나의 HSM 외에도 테스트 용도, 백업 용도 등 다른 HSM이 하나 이상 필요한 경우가 많다.

그리고 아직 이 모든 솔루션의 가장 민감한 부분을 다루지 않았다. 바로 대부분의 공격자가 비밀 키에 접근하는 것을 막을 수는 있지만, 공격자가 시스템을 손상시키고 직접 HSM을 호출하는 것을 막을 수는 없다는 점이다(HSM에 다중 서명이 필요한 논리가 있거나, 작동하기 위해 스마트 카드 임곗값이 있는 경우 제외). 대부분의 경우 HSM이 제공하는 유일한 이점은 공격자가 은밀하게 비밀을 훔쳐 다른 시간에 사용하는 것을 방지하는 것이다. HSM과 같은 하드웨어 솔루션을 통합할 때 먼저 위협 모델, 차단하려는 공격 유형, 8장에서 언급한 다중 서명과 같은 임곗값 체계가 더 나은 솔루션이 아닌지를 판단하는 것이 좋다.

13.2.4. 보안 요소의 훌륭한 표준화, TPM

보안 요소와 HSM은 유용하기는 하지만 특정 사례로 사용이 제한되며 커스텀 애플리케이션을 작성하는 프로세스는 노동 집약적이다. 이러한 이유로 업계 관계자들이 결성한 또 다른 비영리 조직, **TCG**Trusted Computing Group는 개인용 컴퓨터와 기업용 컴퓨터를 대상으로 바로 사용할 수 있는 대안을 제시했다. 이를 **신뢰 플랫폼 모듈**Trusted Platform Module, TPM이라 한다.

TPM은 칩이 아니라 표준(TPM 2.0 표준)이다. 이 표준을 선택하는 모든 공급업체는 이를 구현할 수 있다. TPM 2.0 표준을 준수하는 TPM은 하드웨어 난수 생성기, 비밀 저장을 위한 보안 메모리 사용이 가능하며, 암호화 작업을 수행할 수 있고 모든 것이 변조 방지되는 보안 마이크로컨트롤러다. 어디서 많이 들어본 기능 아닌가? 그렇다. 보안 요소와 크게 다르지 않다. 실제로 보안 요소의 재패키징으로 구현된 TPM이 많다. 일반적으로 TPM은 엔터프라이즈 서버, 랩톱 및 데스크톱 컴퓨터의 마더보드에 직접 납땜되거나 연결되어 있다(그림 13.3 참조).

스마트 카드 및 보안 요소와 달리 TPM은 임의 코드를 실행하지 않는다. 대신 더 큰 시스템에서 활용할 수 있는 잘 정의된 인터페이스를 제공한다. TPM은 일반적으로 매우 저렴하며 오늘날 많은 일반 노트북에 TPM이 있다.

그림 13.3 마더보드에 연결된 TPM 2.0 표준을 구현하는 칩. 이 칩은 시스템의 마더보드 구성 요소와 컴퓨터의 OS에서 실행되는 사용자 애플리케이션에서 호출할 수 있다. 사진 출처: 위키피디아(http://mng.bz/Q2je).

이제 단점을 살펴보자. TPM과 프로세서 간의 통신 채널은 일반적으로 버스 인터페이스에 불과하며, 장치에 대한 일시적인 물리적 접근을 공격자가 쉽게 가로챌 수 있다. 대다수 TPM이 물리적 공격에 높은 수준의 저항을 제공하지만, 통신 채널이 열려 있다는 사실은 TPM의 응용을 대부분 소프트웨어 공격에 대한 방어로 축소시킨다.

이러한 문제를 해결하기 위해 TPM과 비슷한 칩을 메인 프로세서에 직접 통합되는 방식이 도입되었다. 예를 들어 애플에는 시큐어 엔클레이브Secure Enclave가 있고 마이크로소프트에는 플루톤Pluton이 있다. 안타깝게도 이러한 보안 프로세서 중 어느 것도 표준을 따르지는 않는 것 같다. 즉, 사용자 애플리케이션에서 해당 기능 활용이 불가능하거나 어렵다. 몇 가지 예를 통해 TPM과 같은 하드웨어 보안 칩이 무엇을 할 수 있는지 알아보자.

TPM의 가장 간단한 사용 사례는 데이터를 보호하는 것이다. 키를 보호하는 방법은 간단하다. 보안 칩에서 키를 생성하고, 키 추출을 허용하지 않기만 하면 된다. 키가 필요한 경우 칩에 암호화 작업을 수행하도록 요청하고, 데이터를 보호하려면 암호화한다. 개별 파일을 암호화하는 경우 **파일 기반 암호화**file-based encryption, FBE라 하고, 전체 디스크인 경우 **전체 디스크 암호화**full-disk encryption, FDE라고 한다. FDE는 모 아니면 도 방식이기 때문에 훨씬 더 좋게 느껴지며, 대부분의 노트북과 데스크탑에서 사용하는 방식이다. 그런데 실전에서 FDE는 그렇게 훌륭하지 않다. 즉, 사람이 장치를 사용하는 방법을 고려하지 않았다. 장치 사용자는 백그라운드 기능이 계속 실행될 수 있도록 장치를 끄지 않고 잠긴 상태로 둘 때가 많다. 컴퓨터는 컴퓨터가 잠겨 있어도 데이터 암호화 키data-encryption key, DEK를 유지하여 이 문제를 처리한다(스타벅스에서 화장실에 갈 때 잠긴 컴퓨터를 방치하고 있다고 생각해보자). 최신 스마트폰은 폰이 잠겨 있는지, 꺼져 있는지에 따라 다양한 유형의 파일을 암호화하여 더 많은 보안을 제공한다.

실제로 FDE와 FBE 모두 구현 문제가 많다. 2019년 카를로 메이어르Carlo Meijer와 베르나르트 판하스털Bernard van Gastel은 여러 SSD 공급업체가 완전히 안전하지 않은 솔루션을 가지고 있음을 보여주었다(<Self-encrypting deception: Weaknesses in the encryption of solid state drives (SSDs)(자체 암호화 속임수: 솔리드 스테이트 드라이브(SSD) 암호화의 약점)>). 2021년 맥시밀리언 징커스Maximilian Zinkus는 FDE에도 많은 문제가 있음을 발견했다(<Data Security on Mobile Devices: Current State of the Art, Open Problems, and Proposed Solutions(모바일 장치의 데이터 보안: 최신 기술, 공개 문제 및 제안된 솔루션)>).

물론 데이터를 복호화하기 전에 사용자를 인증해야 한다. 일반적으로 사용자에게 PIN 또는 암호를 요청하는 방식으로 이루어진다. 하지만 PIN 또는 암호는 간단한 무차별 대입 공격(특히 4자리 또는 6자리 PIN)을 허용하므로 충분하지 않다. 보통 솔루션은 DEK를 사용자 크레덴셜, 그리고 엔클레이브enclave에 보관된 대칭 키에 연결시킨다.

그러나 칩 제조업체가 생산하는 모든 장치에 동일한 키를 하드코딩할 수는 없다. 이런 방식은 DUHK 공격(https://duhkattack.com)과 같은 공격으로 이어진다. 실제로 수천 대의 장치가 동일한 비밀을 하드코딩하는 것으로 나타났으며, 이는 차례로 하나의 장치가 손상되면 모든 장치가 손상된다는 것을 의미한다! 이 문제의 솔루션은 제조 시 칩에 융합하거나, 하드웨어 구성 요소를 통해 칩 자체에서 생성되는 **물리적 복제 불가능 함수**physical unclonable function라는 장치별 키를 사용하는 것이다. 예를 들어 각 시큐어 엔클레이브에는 UID가 있고, 각 TPM에는 고유한 보증 키와 증명 키 등이 있다. 시큐어 엔클레이브는 무차별 대입 공격을 방지하기 위해 UID 키와 사용자 PIN을 암호 기반 키 파생 기능과 혼합하여(2장에서 다룸) DEK를 유도한다. 한 가지 정정하자면, 사용자가 자신의 PIN을 빠르게 변경할 수 있도록 DEK가 직접 파생되지는 않지만, 대신 키 암호화 키key encryption key, KEK로 암호화된다.

또 다른 예는 **보안 부팅**secure boot이다. 컴퓨터를 부팅할 때 원하는 화면이 나올 때까지 여러 단계가 실행된다. 사용자가 직면하는 한 가지 문제는 바이러스 및 맬웨어이며, 바이러스나 맬웨어가 부팅 프로세스를 감염시키면 악성 OS가 실행된다.

부팅의 무결성을 보호하기 위해 TPM과 통합 보안 칩은 신뢰의 근원, 즉 신뢰 루트를 제공한다. 즉 우리는 이를 100% 신뢰하기에 다른 것들도 신뢰할 수 있다. 이 신뢰 루트는 보통 덮어쓸 수 없는 읽기 전용 메모리(ROM)다(제조 중에 기록되어 변경할 수 없으므로 **일회성 프로그래밍 가능 메모리**one-time programmable memory라고도 함). 예를 들어 최근 애플 장치의 전원을 켤 때 가장 먼저 실행되는 코드는 애플의 시큐어 엔클레이브 ROM 내부에 있는 부팅 ROM이다. 부팅 ROM은 소형이므로 일반적으로 다음과 같은 작업만을 수행한다.

1. 보호된 메모리를 준비하고, 메모리에서 실행할 다음 프로그램(보통 다른 부트로더)을 로드한다.

2. 프로그램을 해시하고 ROM에 하드코딩된 공개 키의 서명을 확인한다.

3. 프로그램을 실행한다.

다음 부트로더는 마지막으로 부트로더가 OS를 시작할 때까지 동일한 작업을 수행한다. 참고로 애플에서 서명하지 않은 OS 업데이트를 스마트폰에 설치할 수 없는 이유도 이러한 방식 덕이다.

TPM과 TPM 유사 칩은 흥미로운 발명으로, 최근 몇 년 동안 장치의 보안을 크게 향상시켰다. 가격이 저렴해지고 표준이 됨에 따라 더 많은 장치가 혜택을 받을 수 있게 되었다.

13.2.5 TEE를 이용한 보안 컴퓨팅

스마트 카드, 보안 요소, HSM, TPM은 독립형 칩 또는 모듈이다. 자체 CPU, 메모리, TRNG 등을 가지며 다른 구성 요소와 유선 또는 NFC 지원 칩의 일무선 주파수를 통해 통신할 수 있다. TPM과 유사한 칩(마이크로소프트 플루톤, 애플 시큐어 엔클레이브)도 독립형 칩이지만 단일 칩 체제system on chip, SoC 내부의 메인 프로세서와 밀접하게 결합되어 있다. 이번 절에서는, 논리적으로 다음 단계인 **통합 보안**integrated security에 대해서 살펴볼 것이다. 메인 프로세서 자체 내에서 하드웨어에 의해 보안이 강제되는 방식을 말한다.

보안을 통합하는 프로세서는 프로그램이 별도의 안전한 환경에서 실행될 수 있도록 프로세서의 명령 집합을 확장하여 사용자 코드에 대한 **신뢰할 수 있는 실행 환경**trusted execution environment, TEE를 생성한다. 이러한 보안 환경과 우리가 이미 처리하는 데 익숙한 환경(**풍부한 실행 환경**rich execution environment이라 함) 간의 분리는 하드웨어를 통해 이루어진다. 결국 최신 CPU는 일반 OS와 보안 OS를 동시에 실행한다. 둘 다 고유한 레지스터 세트가 있지만 레지스터 세트를 제외한 CPU 아키텍처의 대부분을 공유한다. 보안 세계의 데이터는 CPU가 강제하는 로직을 사용하므로 바깥 세계에서 접근할 수 없다. 예를 들어 CPU는 일반적으로 메모리를 분할하여 TEE가 일부 메모리를 독점 사용하게 한다. TEE는 메인 프로세서에서 직접 구현되므로 TPM이나 보안 요소보다 빠르고 저렴한 제품일 뿐만 아니라, 대다수 최신 CPU에서 무료로 제공된다.

다른 모든 하드웨어 솔루션과 마찬가지로 TEE도 서로 다른 공급업체들이 독자적으로 개발한 개념이며 표준(글로벌플랫폼)은 이를 쫓아가기 위해 고군분투하고 있다. 가장 잘 알려진 TEE는 인텔의 SGXSoftware Guard Extensions와 ARM의 트러스트존TrustZone이다.

그럼 TEE의 장점은? 예를 들어보겠다. 지난 몇 년 동안 대기업에서 서버를 실행하여 데이터를 호스팅하는 새로운 패러다임인 클라우드가 등장했다. 아마존에는 AWS가 있고, 구글에는 GCP가 있으며, 마이크로소프트에는 애저Azure가 있다. 즉, 사람들이 코드를 스스로 실행하기보단 다른 사람의 컴퓨터에서 실행하는 것으로 트렌드가 옮겨가고 있다. 그런데 이로 인해 개인 정보가 중요한 시나리오에서는 문제가 발생한다. 이를 해결하기 위해 **기밀 컴퓨팅**confidential computing은 클라이언트 코드를 보거나 동작을 수정할 수 없는 상태에서 클라이언트 코드를 실행하는 솔루션을 제공하려 한다. SGX가 바로 서버가 볼 수 없거나 변조할 수 없는 코드를 실행하는 클라이언트를 위한 솔루션이다.

여기서 한 가지 흥미로운 문제는, 요청의 응답이 공격자가 아니라 SGX에서 온 것이라고 어떻게 믿을 수 있는지 여부로, 이는 **증명**attestation을 통해 해결할 수 있다. 증명에는 두 가지 종류가 있다.

- **로컬 증명**: 동일한 플랫폼에서 실행되는 2개의 엔클레이브는 보안 엔클레이브임을 서로 통신하고 증명해야 한다.
- **원격 증명**: 클라이언트는 원격 엔클레이브를 쿼리하고, 요청 결과를 생성한 정상적인 엔클레이브인지 확인해야 한다.

각 SGX 칩은 제조 시 고유한 키 쌍(**루트 실링 키**Root Sealing Key)과 함께 제공된다. 그런 다음 인텔 CA가 공개 키 부분에 서명한다. 하드웨어가 안전하다는 가정을 무시하면 첫 번째 가정은 인텔이 보안 SGX 칩에 대해서만 공개 키에 올바르게 서명한다는 것이다. 이제 실제 SGX 엔클레이브와 통신하고 있고, 특정 코드를 실행하고 있다는 서명된 증명을 인텔 CA에서 얻을 수 있다.

TEE의 목표는 무엇보다도 **소프트웨어 공격**을 막는 것이다. 이러한 소프트웨어 보안이 매력적인 듯 보이지만 실전에서는 최신 CPU와 동적 상태의 극도의 복잡성으로 인해 동일한 칩에서 실행을 분리하기가 어렵다. 이는 SGX 및 트러스트존에 대한 많은 소프트웨어 공격(https://foreshadowattack.eu, https://mdsattacks.com, https://plundervolt.com 및 https://sgaxe.com)으로 증명된다.

TEE는 개념적으로 물리적 공격에 대한 저항력을 제공한다. 이 미세한 수준의 것들은 값비싼 장비 없이 분석하기에는 너무 작고 촘촘하게 포장되어 있기 때문이다. 다만 능동적, 적극적 공격자에 대해서는 상황이 다를 수 있다.

13.3 어떤 솔루션을 고를까?

이 장에서 많은 하드웨어 제품의 솔루션에 대해 살펴봤다. 아래와 같이 요약할 수 있다(그림 13.4 참고).

- **스마트 카드는 결제 단말기와 같은 외부 장치에서 전원을 켜야 하는 마이크로 컴퓨터다.** 스마트 카

드는 작은 커스텀 자바와 유사한 애플리케이션을 실행할 수 있다. 은행 카드는 널리 사용되는 스마트 카드의 한 예다.

- **보안 요소는 글로벌플랫폼 표준에 의존하는 스마트 카드의 일반화다.** SIM 카드는 보안 요소의 예다.

- **HSM은 엔터프라이즈 서버를 위한 더 큰 플러그형 보안 요소로 볼 수 있다.** 더 빠르고 유연하며, 주로 데이터 센터에서 비밀 키를 저장하기 위해 사용되므로 키에 대한 공격 시도가 더 노출된다.

- **TPM은 개인 및 기업 컴퓨터 마더보드에 연결되는 재패키지 보안 요소다.** OS 및 최종 사용자에게 기능을 제공할 수 있는 표준화된 TCG API를 따른다.

- **보안 프로세서는 메인 프로세서에 매우 가깝게 구축된 TPM과 유사한 칩으로 프로그래밍할 수 없다.** 표준을 따르지 않으며 다른 플레이어가 다른 기술을 내놓았다.

- **트러스트존, SGX와 같은 TEE는 CPU 명령 세트 내에서 구현된 프로그래밍 가능한 보안 요소로 간주할 수 있다.** 더 빠르고 저렴하며 대다수 소프트웨어 공격에 대한 저항력을 제공한다. 대부분의 최신 CPU에는 TEE 및 하드웨어 공격에 대한 다양한 방어 수준이 함께 제공된다.

스마트 카드   보안 요소   HSM

TPM   통합 보안 칩   TEE

그림 13.4 이 장에서 배운 다양한 하드웨어 솔루션과 그 모습

나에게 가장 적합한 솔루션은 무엇일까? 자신에게 몇 가지 질문을 하여 선택 범위를 좁히자.

- **어떤 폼 팩터가 필요한가?** 예를 들어 소형 장치에 보안 요소가 필요하면 크기가 큰 솔루션은 사용할 수 없다.

- **어느 정도의 속도가 필요한가?** 초당 많은 수의 암호학 작업을 수행해야 하는 애플리케이션이라면 사용할 수 있는 솔루션이 매우 제한적이며, 아마도 HSM 및 TEE 정도를 선택 가능할 것이다.

- **얼마나 많은 보안이 필요한가?** 공급업체는 다양한 수준의 소프트웨어 또는 하드웨어 보안을 제공하며, 여기에는 제약이 거의 없기에 선택의 문제다.

어떤 하드웨어 솔루션도 만병 통치약이 아님을 명심하자. 솔루션은 그저 공격 비용을 증가시킬 뿐이다. 정말 교묘한 공격자에게는 이 모든 것이 거의 쓸모가 없다. 손상된 장치 하나가 모든 장치의 손상을 초래하지 않도록 시스템을 설계하자.

13.4 누출 저항 암호학, 그리고 사이드채널 공격 방어법

비밀 키의 직접 관찰 및 추출을 방지하기 위한 하드웨어적 방법을 살펴봤지만, 사실 하드웨어가 할수 있는 일은 많지 않다. 결국 이 모든 하드웨어 강화에도 불구하고 소프트웨어가 신경 쓰지 않고키를 제공할 수도 있다. 소프트웨어는 직접적으로 키를 누출하거나(백도어와 같이), 누군가가 키를 재구성할 수 있도록 충분한 정보를 간접적으로 누출할 수 있다. 후자의 옵션을 **사이드채널**side channel이라 하며, 사이드채널의 취약점은 대부분 의도하지 않은 버그다(그렇기를 바란다).

3장에서 타이밍 공격을 언급했는데, 여기서 MAC 인증 태그는 상수 시간에 비교되어야 함을 배웠다. 그렇지 않으면 공격자가 잘못된 태그를 많이 보내 응답을 기다리는 시간을 측정한 후 올바른 태그를 유추할 수 있다. 타이밍 공격은 물리적 측면 채널과 달리 네트워크를 통해 원격으로 수행될 수 있기에 일반적으로 실제 암호화의 모든 영역에서 심각한 문제로 인식된다.

가장 중요하고 잘 알려진 사이드 채널은 이 장 앞부분에서 언급한 **전력 소비**다. 이것은 1998년 코허Kocher, 자페Jaffe, 준Jun이 발견한 **차분 전력 분석**differential power analysis, DPA이라는 공격으로 알려졌다. 당시 그들은 오실로스코프를 장치에 연결하고 시간에 따른 장치가 소비하는 전력의 변화를 관찰하면서 알려진 평문의 암호화를 분석할 수 있음을 깨달았다. 이 전력 소비의 차이는 사용된 키의비트와 피연산자 비트가 설정되었는지 여부에 따라 XOR과 같은 연산이 더 많거나 적은 전력을 소비한다는 사실에 따라 발생한다. 이 관찰은 **키 추출 공격**key-extraction attack으로 이어졌다.

이 개념은 **단순 전력 분석**simple power analysis, SPA 공격으로 설명할 수 있다. 전력 분석 공격에 대한하드웨어 또는 소프트웨어 완화가 구현되지 않았다면, 비밀 키와 관련된 단일 암호학 작업의 전력소비를 측정하고 분석함으로써 키 추출이 가능하다(그림 13.5).

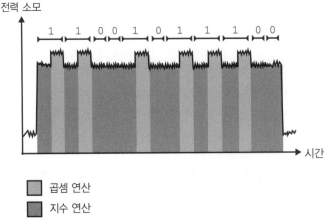

일부 암호화 알고리즘은 전력 소비를 통해 너무 많은 정보를 누출해서, 단일 전력 트레이스의 간단한 전력 분석(시간에 소모되는 전력)만으로 알고리즘의 개인 키가 누출될 수 있다. 예를 들어 이 그림은 RSA 지수의 자취를 나타낸다(메시지는 비밀 지수로 지수화된다. 6장 참조). RSA 지수는 비밀 지수의 비트를 반복하는 제곱 및 곱셈 알고리즘으로 구현된다. 각 비트에 대해 비트가 설정된 경우에만 곱셈 연산이 뒤따르는 제곱 연산을 적용한다. 예시에서는 곱셈이 확실히 더 많은 전력을 소모한다. 따라서 전원 추적의 선명도가 높다.

물리적인 사이드채널에 전력 소모만 있는 것은 아니다. 일부 공격은 전자기 복사, 진동 및 하드웨어에서 방출되는 소리에 의존한다. 하지만 비물리적인 사이드채널에 대해서도 알아보자. 이 장이 하드웨어 중심의 장이기는 하지만, 이러한 비물리적 사이드채널 공격은 많은 실제 암호학 애플리케이션에서 방어해야 하는 중요한 요인이다.

첫째, 오류 반환이 때때로 중요한 정보를 유출시킬 수 있다. 예를 들어 2018년에 ROBOT 공격은 TLS 프로토콜(9장에서 다룸)에서 RSA PKCS#1 v1.5 암호 복호화를 구현한 여러 서버에서 블라이헨바허 공격(6장에서 언급)을 악용하는 방법을 알아냈다. 블라이헨바허의 공격은 RSA 암호문에 유효한 패딩이 있는지 여부를 구별할 수 있는 경우에만 작동한다. 이러한 공격으로부터 보호하기 위해 안전하게 구현하려면, 상수 시간에 패딩 유효성 검사를 수행하고 패딩이 유효하지 않음을 감지한 경우 조기 반환을 방지해야 한다. 예를 들어 TLS의 RSA 키 교환에서 서버는 RSA 페이로드의 패딩이 잘못된 경우 성공적인 핸드셰이크를 완료한 것처럼 응답을 속여야 한다. 그러나 패딩 유효성 검사가 끝날 때 구현이 클라이언트에 다른 오류를 반환하기로 결정했다면(패딩의 유효성에 따라) 이 모든 것은 아무 소용이 없다.

둘째, 메모리 접근에 걸리는 시간은 데이터가 이전에 접근되었는지 여부에 따라 달라진다. 이는 컴퓨터에 존재하는 수많은 캐싱 계층 때문이다. 예를 들어 CPU에 필요한 것이 있으면 먼저 내부 메모리에 캐시되었는지 확인한다. 그렇지 않은 경우 점점 더 멀어지는 캐시에 도달한다. 캐시가 멀수록 더 많은 시간이 걸린다. 뿐만 아니라 일부 캐시는 코어(예: L1 캐시)에 고유하고, 일부 캐시는 멀티코어 시스템(L3 캐시, RAM, 디스크)의 코어 간에 공유된다.

캐시 공격cache attack은 악성 프로그램이 동일한 시스템에서 실행되면서 동일한 암호학 라이브러리를 민감한 암호화 프로그램으로 사용할 수 있다는 사실을 이용한다. 예를 들어 대다수 클라우드 서비스는 동일한 시스템에서 서로 다른 가상 서버를 호스팅하고, 많은 서버는 암호화 작업 또는 TLS 페이지 제공을 위해 OpenSSL 라이브러리를 사용한다. 악성 프로그램은 피해자의 프로세스와 공유되는 캐시에 로드된 라이브러리 부분을 제거하는 방법을 찾은 다음, 해당 라이브러리의 일부를 다시 읽는 데 걸리는 시간을 주기적으로 측정한다. 시간이 오래 걸린다면 피해자가 프로그램의 이 부분을 실행하지 않은 것이다. 시간이 오래 걸리지 않으면, 피해자는 프로그램의 해당 부분에 접근하고 캐시를 채웠으므로 프로그램을 디스크에서 더 멀리 떨어진 캐시로 다시 가져올 필요가 없는 것이다. 이는 전력 소모 궤적과 유사한 궤적이며, 실제로 유사한 방식으로 악용될 수 있다!

자, 사이드채널 공격은 충분히 다루었다. 이러한 사이드채널을 통한 암호학 공격에 관심이 있다면 다른 책이나 자료도 참고하자. 이번 절에서는 암호화 구현 시 일반적으로 사이드채널 공격을 방지할 수 있고 이를 위한 소프트웨어 완화 구현법이 있다는 점 정도만 다루고 싶다. 이러한 연구 분야를 **누출 저항 암호학**leakage-resilient cryptography이라 한다. 암호학자의 목표가 아무것도 누출하지 않는 것이기 때문이다.

물리적 공격자에 대한 방어는 끝없는 전투이기에, 방어를 위한 완화 방법 중 많은 부분이 독점적이고 난독화 특성을 가진다. 이번 절에서 살펴본 솔루션은 분명히 완전한 것은 아니지만, 응용 암호학자들이 사이드채널 공격을 막기 위해 어떻게 노력하고 있는지를 알 수 있었을 것이다.

13.4.1 상수 시간 프로그래밍

모든 암호화 구현에 대한 첫 번째 방어선은 상수 시간에 암호화에 민감한 부분(비밀과 관련된 모든 계산)을 구현하는 것이다. 상수 시간에 무언가를 구현하면 타이밍 공격이 취소되는 것은 분명하며, 캐시 공격 및 단순 전력 분석 공격과 같은 많은 유형의 공격의 여지도 제거된다.

상수 시간, 즉 상수 시간 처리를 어떻게 구현할까? 분기하지 않으면 된다. 입력이 무엇이든 항상 동일한 작업을 수행하는 것이다. 예를 들어 예제 13.1은 고랭 언어로 HMAC 알고리즘에 대한 인증 태그의 상수 시간 비교를 구현하는 방법을 보여준다. 직관적으로 두 바이트가 같으면 XOR이 0이 된다. 비교하는 모든 바이트 쌍에 대해 해당 속성이 확인되면 이를 OR 처리하면 값도 0이 된다(그렇지 않으면 0이 아닌 값이 된다). 상수 시간 트릭을 처음 보는 경우 이 코드를 읽는 데 상당히 당황스러울 수 있다.

예제 13.1 고랭에서 두 바이트 배열 간의 상수 시간 비교를 구현하는 방법

```go
func ConstantTimeCompare(x, y []byte) byte {
    if len(x) != len(y) {          ┐  길이가 다른 두 문자열을
        return 0                   │  상수 시간에 비교하는 것은
    }                              ┘  의미가 없다.

    var v byte                     ┐
    for i := 0; i < len(x); i++ {  │  이 부분이 핵심이다.
        v |= x[i] ^ y[i]           │  for문 내의 OR은 모든 바이트의
    }                              ┘  XOR을 값 v로 누적한다.

    return v  ◄──  v가 0이면 0을 반환하고
}               그렇지 않으면 0이 아닌 값을 반환한다.
```

MAC 인증 태그 비교는 여기서 멈추고, 분기(if와 같은 조건식 사용)를 통해 결과가 0인지 아닌지 확인하는 것으로 충분하다. 또 다른 흥미로운 예는 타원 곡선 암호학의 **스칼라 곱셈**scalar multiplication으로, 5장에서 배웠듯 자신의 점을 x번 추가하는 것으로 구성된다. 여기서 x는 우리가 스칼라라고 부르는 것이다. 이 프로세스는 다소 느릴 수 있으므로 이 부분의 속도를 높이는 영리한 알고리즘이 있다. 인기 있는 알고리즘 중 하나는 **몽고메리의 사다리**Montgomery's ladder로, 앞에서 언급한 RSA의 제곱 및 곱셈 알고리즘과 거의 동일하다.

몽고메리의 사다리 알고리즘은 두 점을 더하는 것과 점을 두 배로 늘리는 것(자신의 점을 더하는 것)을 번갈아 사용한다. RSA의 제곱 및 곱셈 알고리즘과 몽고메리의 사다리 알고리즘 모두 타이밍 공격을 완화하는 간단한 방법이 있다. 분기하지 않고 항상 두 작업을 모두 수행한다(그리고 이것이 상수 시간의 RSA 지수 알고리즘을 일반적으로 **제곱 및 곱셈**이라 하는 이유다).

NOTE 7장에서 서명 체계는 여러 방식으로 잘못될 수 있으며, 사용하는 논스의 몇 바이트를 누출하는 구현에 대한 키 복구 공격이 존재한다고 언급했다(ECDSA와 같은 서명 체계에서). 비슷한 시기에 발생한 미네르바Minerva 공격과 TPM-Fail 공격에서 일어난 일이다. 두 공격 모두 서명 작업에 소요되는 시간이 일정하지 않다는 점을 이용했으며, 많은 장치가 이 공격에 취약한 것으로 나타났다.

실제로, 곱셈 또는 조건부 이동에 대한 CPU 명령이 상수 시간에 있는지 여부가 항상 명확하지 않기 때문에 타이밍 공격을 완화하는 것이 항상 간단하지는 않다. 또한 컴파일러가 다른 컴파일 플래그와 함께 사용될 때 고급 코드를 컴파일하는 방법이 항상 명확한 것은 아니다. 이러한 이유로 작성된 상수 시간 코드에 대한 확신을 높이기 위해 생성된 어셈블리를 수동으로 검토하는 경우가 있다. 상수 시간 코드를 분석하는 다양한 도구(예: ducdect, ct-verif, SideTrail 등)가 있지만 실제로는 거의 사용되지 않는다.

13.4.2 마스킹과 블라인드

공격자를 방해하거나 최소한 혼란스럽게 하는 또 다른 일반적인 방법은 비밀과 관련된 모든 작업에 간접 계층을 추가하는 것이다. 이러한 기술 중 하나를 **블라인딩**blinding이라 하며 이는 공개 키 암호학 알고리즘의 산술 구조 덕분에 가능하다. 11장에서 암호로 인증된 키 교환 알고리즘과 같은 무시 알고리즘에서 사용되는 블라인딩을 살펴보았는데, 계산에서 누출을 관찰하는 공격자가 무시당하기를 원하는 것과 같은 방식으로 블라인딩을 사용할 수 있다. RSA를 예로 들어보자.

RSA는 암호문 c를 가져와서 비밀 지수 d로 올려 복호화한다. 여기서 비밀 지수 d는 암호문을 m^e mod N으로 계산하는 데 사용한 공개 지수 e를 상쇄한다. 자세한 내용이 기억나지 않는다면 6장을 참조하자. 간접 참조를 추가하는 한 가지 방법은, 공격자가 알고 있는 암호문이 아닌 값에 복호화 작업을 수행하는 것이다. 이 방법을 **기본 블라인딩**base blinding이라 하며 다음과 같이 진행된다.

1. 무작위 블라인딩 팩터 r 생성
2. 메시지 계산 message = (ciphertext $\times r^e)^d$ mod N
3. real_message = message $\times r^{-1}$ mod N을 계산하여 결과의 블라인딩을 해제한다. 여기서 r^{-1}은 r의 역수다.

이 방법은 비밀과 함께 사용되는 값을 블라인딩하지만 비밀 자체를 블라인딩할 수도 있다. 예를 들어 타원 곡선 스칼라 곱셈은 일반적으로 비밀 스칼라와 함께 사용된다. 그러나 계산이 순환 그룹에서 발생하므로 해당 비밀에 배수를 추가해도 계산 결과가 변경되지 않는다. 이 기술을 **스칼라 블라인드**scalar blinding라고 하며 다음과 같이 진행된다.

1. 난수 k_1 생성
2. 스칼라 $k_2 = d + k_1 \times order$를 계산한다. 여기서 d는 원래 비밀 스칼라고 $order$는 차수다.
3. $Q = P$를 계산하려면 $Q = [k_2]P$를 계산하자.

이러한 모든 기술은 꽤 효율적인 것으로 입증되었으며, 보통 다른 소프트웨어 및 하드웨어 완화와 함께 사용된다. 대칭 암호학에서는 **마스킹**masking이라는 또 다른 비슷한 기술이 사용된다.

마스킹은 입력(암호의 경우 평문 또는 암호문)을 알고리즘에 전달하기 전에 변환하는 것이다. 예를 들어 임의의 값으로 입력을 XOR한다. 그런 다음 최종적으로 올바른 출력을 얻기 위해 출력의 마스킹을 해제한다. 중간의 모든 상태는 마스킹되므로, 입력 데이터에서 어느 정도의 역상관성을 암호학 계산에 부여하고 사이드채널 공격을 훨씬 더 어렵게 만들 수 있다. 알고리즘은 원래 알고리즘의 올바른 동작을 유지하면서 내부 작업을 올바르게 수행하기 위해 이 마스킹 여부를 인식할 수 있어야 한다.

13.4.3 결함 공격 대처법

앞에서 결함을 유도하여 알고리즘 실행을 수정하는 침습적인 유형의 사이드채널 공격, **결함 공격** fault attack에 대해 이야기했다. 결함 공격은 예를 들어 시스템의 열을 증가시키거나, 목표 칩의 계산된 지점에 레이저를 쏘는 등 여러 창의적인, 물리적인 방법으로 수행할 수 있다.

놀랍게도 결함은 소프트웨어를 통해서도 유발될 수 있다. 대표적인 예로 플런더볼트Plundervolt 및 V0LTpwn 공격에서 발견된 방식은 CPU의 전압을 변경하여 자연적인 결함을 유발하는 방식이었다. DRAM 장치의 메모리에 반복적으로 접근하면 주변 비트를 뒤집을 수 있다는 것을 발견한 악명 높은 로해머rowhammer 공격에서도 발생했다. 이러한 공격은 시행하기는 어려울 수 있지만 매우 강력하다. 암호학에서 잘못된 결과를 계산하면 키가 누출될 수 있다. 예를 들어 일부 특정 최적화로 구현된 RSA 서명의 경우가 그렇다.

이러한 공격을 완전히 완화하는 것은 불가능하지만 공격의 복잡성을 증가시킬 수 있는 몇 가지 기술이 있다. 예를 들어 동일한 작업을 여러 번 계산하고 결과를 비교하여 출력 전에 일치 여부 혹은 결과를 확인한다. 서명의 경우 반환하기 전에 공개 키를 통해 서명을 확인할 수 있다.

결함 공격은 또한 난수 생성기에 대해 극적인 결과를 초래할 수 있다. 한 가지 쉬운 솔루션은, 실행할 때마다 새로운 임의성을 사용하지 않는 알고리즘을 사용하는 것이다. 예를 들어 7장에서 ECDSA 서명 알고리즘과 달리 서명에 새로운 임의성이 필요하지 않은 서명 알고리즘인 EdDSA에 대해 배웠다.

대체로 이러한 기술 중 어느 것도 완벽하지 않다. 매우 적대적인 환경에서 암호학을 수행하는 것은 항상 공격을 막기 위해 얼마나 더 많은 비용을 지불할 수 있는지에 달려 있다.

요약

- 오늘날의 보안 위협은 유선을 통해 메시지를 가로채는 공격자가 아니라, 암호학을 실행하는 장치를 훔치거나 변조하는 공격자다. 소위 사물 인터넷(IoT)의 장치는 종종 위협에 노출되며 기본적으로 정교한 공격자로부터 보호되지 않는다. 최근에는 클라우드 서비스도 사용자의 위협 모델에서 고려된다.

- 하드웨어는 매우 적대적인 환경에서 암호학 애플리케이션과 그 비밀을 보호하는 데 도움이 될 수 있다. 그 방법 중 하나가 암호학 작업을 저장하고 수행하기 위한 변조 방지 칩을 장치에 넣는 것이다. 즉, 장치가 공격자의 손에 넘어가도 키를 추출하거나 칩의 동작을 수정하기 어렵게 만드는 것이다.

- 적대적인 환경에서 암호학을 강화하려면 서로 다른 소프트웨어와 하드웨어 기술을 결합하는 것이 일반적이다. 그러나 하드웨어로 보호되는 암호학은 만병 통치약이 아니다. 단순히 심층 방어일 뿐이며, 효과적으로 공격 속도를 늦추고 공격 비용을 증가시킨다. 시간과 돈이 무제한인 공격자는 항상 하드웨어를 뚫을 것이다.

- 공격의 영향을 줄이는 것도 공격자를 저지하는 데 도움이 될 수 있다. 이는 시스템을 잘 설계해야 가능하다(예: 한 장치의 손상이 모든 장치의 손상으로 이어지지 않게 하기).

- 많은 하드웨어 솔루션이 있지만 가장 많이 사용되는 솔루션은 다음과 같다.

  - 스마트 카드는 비밀을 저장하고 암호학 작업을 수행하는 마이크로컴퓨터로, 상용화된 최초의 보안 마이크로컨트롤러 중 하나였다. 스마트 카드는 물리적 공격자를 저지하기 위해 여러 기술을 사용했다. 스마트 카드의 개념은 도메인마다 다르게 사용되는 용어인 보안 요소로 일반화되었지만, 이미 주 프로세서가 있는 더 큰 시스템에서 보조 프로세서로 사용할 수 있는 스마트 카드로 귀결된다.

  - 하드웨어 보안 모듈(HSM)은 보안 요소처럼 작동하는 플러그형 카드라고도 한다. 표준 인터페이스를 따르지 않지만 일반적으로 암호학 작업에 대한 PKCS#11 표준을 구현한다. HSM은 일부 NIST 표준(FIPS 140-3)을 통해 다양한 보안 수준으로 인증될 수 있다.

  - TPM(신뢰할 수 있는 플랫폼 모듈)은 TPM 2.0으로 표준화된 지정된 인터페이스가 있는 보안 요소와 유사하다. TPM은 일반적으로 랩톱 또는 서버 마더보드에 연결되어 있다.

  - TEE(신뢰할 수 있는 실행 환경)는 안전한 실행 환경과 잠재적으로 안전하지 않은 실행 환경 간에 실행 환경을 분리하는 방법이다. TEE는 일반적으로 CPU 명령어 세트의 확장으로 구현된다.

- 공격자는 소프트웨어 및 하드웨어 사이드채널 공격이 다양한 방식(타이밍, 전력 소비, 전자기 복사 등)으로 발생하는 누출을 악용할 수 있으므로, 하드웨어 보안은 매우 적대적인 환경에서 암호학 작업을 보호하기에 충분하지 않다. 사이드채널 공격을 방어하기 위해 암호학 알고리즘으로 소프트웨어 완화를 구현할 수 있다.

  - 상수 시간 알고리즘을 기반으로 한 암호학 구현은 모든 분기 및 비밀 데이터에 의존하는 메모리 접근을 방지한다.

  - 블라인드 및 마스킹을 기반으로 하는 완화 기술은 비밀 또는 작동되는 것으로 알려진 데이터의 민감한 작업을 역상관시킨다.

  - 결함 공격은 방어하기가 더 어렵다. 결함 공격을 방지하는 방법에는 작업을 여러 번 계산하고 결과가 나오기 전에 작업 결과(예: 공개 키로 서명 확인)를 비교 및 확인하는 작업이 있다.

- 적대적인 환경에서의 암호학 강화는 끝없는 전투와 같다. 원하는 허용 위험까지 성공적인 공격을 위한 비용과 시간을 늘리려면 소프트웨어와 하드웨어 완화를 조합하여 사용해야 한다. 또한 장치마다 고유 키를 쓰거나, 나아가서는 암호학 작업마다 고유 키를 사용하는 방식으로 공격의 영향을 줄일 수 있다.

14

양자 컴퓨터 시대의 암호학

이번 장에서 다룰 내용

- 양자 컴퓨터와 암호학에서 양자 컴퓨터의 영향
- 양자 컴퓨터의 공격을 막기 위한 양자 후 암호학
- 오늘날, 그리고 미래의 양자 후 암호학

MIT 수학 교수인 피터 쇼어Peter Shor는 '양자 컴퓨터는 암호학을 깰 수 있다'고 암시했다. 때는 1994년, 쇼어는 새로운 알고리즘을 생각해냈다. 그의 발견은 정수의 효율적인 인수분해 가능성을 열어, 양자 컴퓨터가 현실이 된다면 RSA와 같은 암호학 알고리즘을 파괴할 것임을 시사했다. 당시 양자 컴퓨터는 양자물리학에 기반한 새로운 종류의 컴퓨터라는 개념인 이론에 불과했으며 검증되지 않은 아이디어였다. 그런데 2015년 중반, 미국 국가안보국National Security Agency, NSA는 **양자 저항 알고리즘**quantum-resistant algorithm(양자 컴퓨터에 취약하지 않은 암호학 알고리즘)으로의 전환 계획을 발표함으로써 모두를 놀라게 했다.

> 아직 Suite B 타원 곡선 알고리즘으로 전환하지 않은 파트너 및 공급업체라면, 이 시점에서 타원 곡선 알고리즘 전환에 비용을 지출하기보다는 다가오는 양자 저항 알고리즘 전환을 준비하는 것이 좋다. (…) 불행히도, 타원 곡선 사용의 증가는 양자 컴퓨팅에 대한 연구의 지속적인 발전이라는 사실에 부딪혔다. 이는 타원 곡선 암호학이 한때 많은 사람들이 기대했던 장기적인 솔루션이 아님을 분명히 했다. 따라서 우리는 전략을 업데이트할 의무가 있다.
>
> —NSA (<Cryptography Today(오늘의 암호학)>, 2015)

양자 컴퓨팅quantum computing(양자역학 분야에서 연구되는 물리적 현상을 기반으로 컴퓨터를 구축하는 것)의 개념은 새로운 것이 아니지만, 최근 몇 년 동안 연구 보조금과 실험적 혁신 측면에서 큰 성장이 있었다. 그러나 양자 컴퓨터를 사용한 암호의 복호화를 증명한 사람은 아무도 없었다. NSA는 우리가 모르는 것을 알고 있었을까? 양자 컴퓨터가 정말로 암호학을 뚫을 것인가? 양자 저항 암호학이란 무엇인가? 이 장에서 이러한 모든 질문에 대한 답을 알아보자!

14.1 양자 컴퓨터가 뭐길래?

NSA의 발표 이후 IBM, 구글, 알리바바, 마이크로소프트, 인텔 등의 많은 대기업이 양자 컴퓨터 연구에 상당한 자원을 투자하면서 양자 컴퓨터에 대한 뉴스도 많아졌다. 그런데 당최 이 양자 컴퓨터는 무엇이며 왜 그렇게 무서운 것일까? 이 모든 것은 작은 물체(원자 이하를 생각함)의 거동을 연구하는 물리학 분야인 양자역학quantum mechanics(양자물리학quantum physics이라고도 함)에서 시작되었다. 이것이 양자 컴퓨터의 기초이자 이야기가 시작되는 지점이다.

> 신문에서 상대성 이론을 이해한 사람은 12명에 불과하다고 보도하던 때가 있었다. 나는 그런 시대가 있었다고 믿지 않는다. 한 사람만 그랬던 때가 있었을 수는 있다. 최초에 상대성 이론 논문을 쓴 유일한 한 사람이 있었을 것이기 때문이다. 그러나 사람들이 그 논문을 읽은 후 많은 사람이 어떤 식으로든 상대성 이론을 이해하기 시작했고, 확실히 12명이 넘을 수도 있다. 반면에 양자역학을 이해하는 사람은 아무도 없다고 자신 있게 말할 수 있다고 생각한다.
>
> —리처드 파인만Richard Feynman 《The Character of Physical Law(물리학의 특성)》, MIT Press, 1965)

14.1.1 작은 것에 대한 탐구, 양자역학

물리학자들은 오랫동안 우리의 암호 의사 난수 생성기처럼 세계가 결정론적이라고 생각했다. 우주가 이렇게 직동하는지 알고 있고 '우주 함수'를 계산할 만큼 충분히 큰 컴퓨터가 있다면, 필요한 것은 씨앗(빅뱅에 포함된 정보)으로부터 모든 것을 예측할 수 있다는 것이다. 그렇다. 우주가 시작된 지 137억 년 후에 독자 여러분이 이 줄을 읽게 된다는 사실까지 말이다. 그런 세계에서는 임의성이 있을 수 없다. 당신이 내리는 모든 결정은 과거의 사건, 심지어 당신이 태어나기 전에 일어난 사건에 의해 미리 결정된다.

세계에 대한 이러한 견해는 많은 철학자들을 어리둥절하게 만들었다. '그렇다면 우리에게 정말 자유의지가 있는가?' 그런데 1990년대부터 흥미로운 물리학 분야가 성장하기 시작했고, 그 이후로 많은 과학자들을 당황하게 했다. 우리는 이를 양자물리학(양자역학이라고도 함) 분야라고 부른다. 아주 작은 물체(원자, 또는 그보다 더 작은 물체)는 고전 물리학을 사용하여 지금까지 관찰하고 이론화한 것과는 상당히 다르게 행동하는 경향이 있는 것으로 나타났다. 이러한 (아)원자 규모에서 입자는 때때로 파동처럼 행동하는 듯 보인다. 다른 파동이 중첩되어 더 큰 파동으로 병합되거나, 짧은 순간 서로 상쇄될 수 있다는 의미다.

전자와 같은 입자의 측정 가능한 요소 중 하나는 **스핀**spin이다. 예를 들어 전자가 위로 회전하는지 아래로 회전하는지 측정할 수 있다. 여기까지는 별로 이상하지 않다. 이상한 점은, 양자역학에 따르면 입자가 이 두 가지 상태에 동시에 있을 수 있다고, 즉 동시에 위아래로 회전할 수 있다고 말한다! 이를 입자가 **양자 중첩**quantum superposition에 있다고 말한다.

이 특별한 상태는 입자의 종류에 따라 다른 기술을 사용하여 수동으로 유도할 수 있다. 입자는 우리가 측정하기 전까지 중첩 상태로 남아 있을 수 있다. 이 경우 입자는 이러한 가능한 상태(위로 회전 또는 아래로 회전) 중 하나로만 붕괴된다. 이 양자 중첩이 바로 양자 컴퓨터가 사용하는 것이다. 비트는 1 또는 0의 상태만 가질 수 있는 반면 **양자 비트**quantum bit 또는 **큐비트**qubit는 동시에 0과 1이 될 수 있다.

더 이상한 것은, 양자 이론에 따르면 중첩된 입자가 어떤 상태를 취할지 무작위로 결정하는 것은 측정이 일어날 때에만 발생하며, 측정 전에는 그렇지 않다는 점이다(각 상태가 관찰될 확률은 50%다). 어처구니가 없다고? 당신만 그렇게 생각하는 것은 아니다. 많은 물리학자들은 그들이 그린 결정론적 세계에서 물체의 이러한 거동 양상을 상상할 수 없었다. 이 새로운 이론에 문제가 있다고 확신한 아인슈타인은 한때 '신은 주사위 놀이를 하지 않는다God does not play dice'고 말했다. 그러나 암호학자들은 여기에 지대한 관심을 보였다. 이것이 마침내 진정한 난수를 얻는 방법이었기 때문이다! 실제로 **양자 난수 생성기**quantum random number generators, QRNG는 광자와 같은 입자를 중첩된 상태로 연속적으로 설정한 다음 측정하여 난수 생성을 수행한다.

물리학자들은 또한 양자역학이 우리 규모의 물체에서 발현되면 어떻게 되는지 이론화했다. 이는 **슈뢰딩거의 고양이**Schrödinger's cat라는 유명한 실험으로 이어졌다. 상자 안의 고양이는 관찰자가 내부를 들여다볼 때까지 죽어 있기도 하고, 살아 있기도 하다(이로 인해 관찰자를 정확히 구성하는 것이 무엇인지에 대한 많은 논쟁이 있었다).

> 고양이는 강철 방에 가두어져 있으며, 방에는 다음과 같은 장치(고양이의 직접적인 간섭으로부터 보호되어야 함)가 있다. 가이거 계수기에는 아주 작은 약간의 방사성 물질이 있다. 시간이 지나면 원자 중 하나가 붕괴되지만, 같은 확률로 아마도 전혀 붕괴되지 않을 수도 있다. 원자가 붕괴되면 카운터 튜브가 방전되고, 릴레이를 통해 시안화수소산이 담긴 작은 플라스크를 부수는 망치를

떨어뜨린다. 이 전체 시스템을 한 시간 동안 그대로 두는 동안 원자가 붕괴되지 않으면, 고양이가 여전히 살아 있다고 말할 수 있다. 최초의 원자 붕괴는 고양이를 독살시킬 것이다. 전체 시스템의 프사이 함수는 살아 있는 고양이와 죽은 고양이(표현을 용서하자)가 같은 부분으로 혼합되거나 번짐으로써 이것을 표현한다.

—에르빈 슈뢰딩거Erwin Schrödinger (<The Present Situation in Quantum Mechanics
(양자 역학의 현재)>, 1935)

우리는 일상생활에서 양자 거동을 접한 적이 없기에 이 모든 것이 매우 직관적이지 않다. 그렇지만 긴장하길, 이제부터 더 이상해진다!

때로는 입자가 서로 상호작용하여(이를테면 충돌하여) 결국 하나의 입자 없이 다른 입자를 설명할 수 없는 강력한 **상관관계**correlation를 가진 상태가 된다. 이 현상을 **양자 얽힘**quantum entanglement이라 하며, 이는 양자 컴퓨터의 성능 향상의 비결 중 하나다. 예를 들어 두 개의 입자가 얽혀 있는 상태에서 그중 하나를 측정하면 두 입자가 모두 붕괴되고, 하나의 상태는 다른 하나의 상태와 완벽하게 상관관계가 있는 것으로 알려져 있다. 예를 들어 두 개의 전자가 얽혀 있고 그중 하나를 측정해서 회전 중이라 확인되면 다른 전자가 회전하고 있음을 알 수 있다(그러나 첫 번째 전자가 측정되기 전에는 그렇지 않다). 더욱이 그러한 실험은 항상 동일하게 나타난다.

믿기 어렵지만 훨씬 더 놀라운 사실은, 얽힘이 매우 먼 거리에서도 작동한다는 사실이다. 아인슈타인Einstein, 포돌스키Podolsky, 로젠Rosen은 양자역학에 대한 설명이 불완전하며 아마도 얽힘을 설명할 **숨겨진 변수**hidden variable가 누락되었을 가능성이 높다고 주장했다(예: 입자가 분리되면 측정값이 정확히 무엇인지 알 수 있음).

아인슈타인, 포돌스키, 로젠은 또한 두 개의 얽힌 입자가 먼 거리(수 광년 떨어져 있다고 생각)로 분리된 다음 거의 동시에 측정되는 사고실험(각 과학자의 이름의 첫 글자에서 따온 **EPR 역설**EPR paradox)을 기술했다. 양자역학에 따르면 입자 중 하나의 측정은 다른 입자에 즉시 영향을 미치는데, 상대성 이론에 따르면 빛의 속도보다 빠르게 이동할 수 있는 정보는 없으므로 이는 불가능하다(따라서 역설이다). 이 이상한 사고실험은 아인슈타인이 '유령 같은 원격작용spooky action at a distance'이라고 불렀던 것으로 유명하다.

존 벨John Bell은 나중에 **벨의 정리**Bell's theorem로 알려진 확률의 부등식을 언급했다. 이 정리가 사실로 밝혀지면 EPR 역설에서 언급한 숨겨진 변수의 존재를 증명할 것이다. 그러나 이 부등식은 나중에 실험적으로(많이, 여러 번) 위반되어, 숨겨진 변수의 존재를 무시하고 얽힘이 실제임을 확신시킬 수 있었다.

오늘날 양자역학은 얽힌 입자를 측정하면 입자가 서로 조정하게 된다고 표현한다. 이는 통신이 빛의 속도보다 빠를 수 없다는 상대론적 예측을 우회한다. 실제로, 얽힘을 사용하여 의사 소통 채널을 고안할 수 있는 방법을 생각하다 보면 이는 불가능함을 알게 될 것이다. 하지만 암호학자들에게 '원거리의 으스스한 거동'은 키 교환을 수행하는 새로운 방법을 개발할 수 있음을 의미했다. 이 아이디어를 **양자 키 배포**quantum key distribution, QKD라 한다.

두 개의 얽힌 입자를 두 피어에 배포한다고 상상해보자. 그러면 누가 동일한 키를 형성하기 위해 각자의 입자를 측정할까(한 입자를 측정하면 다른 쪽의 측정 결과까지 얻게 된다)? QKD의 개념은 이러한 교환을 수동적으로 관찰하고, 해당 채널에서 전송되는 입자 중 하나의 정확한 사본을 만들 수 없다는 **복제 금지 정리**no-cloning theorem에 의해 훨씬 더 매력적인 이야기가 된다. 그러나 이러한 프로토콜은 사소한 중간자 공격(MITM)에 취약하며, 이미 데이터를 인증할 방법이 없다면 쓸모가 없다. 이 결함으로 인해 브루스 슈나이더와 같은 일부 암호학자들은 '제품으로서의 QKD에는 미래가 없다'고 말했다.

이 책은 어쨌든 암호학 책이므로, 양자물리학에 대해 더 깊이 들어갈 수는 없다. 방금 읽은 기괴한 것들을 믿을 수 없다고? 그럴 만도 하다. 레온 판도멜런Leon van Dommelen은 《Quantum Mechanics for Engineers(공학도를 위한 양자역학)》에서 "물리학이 양자역학으로 귀결된 이유는, 가장 논리적인 설명처럼 보였기 때문이 아니라 수많은 증거 때문에 피할 수 없었기 때문이다"라고 언급했다.

14.1.2 양자 컴퓨터의 탄생으로부터 양자 우위까지

1980년에 **양자 컴퓨팅**이라는 아이디어가 탄생했다. 양자 컴퓨터의 개념을 처음으로 설명한 사람은 폴 베니오프Paul Benioff다. 양자 컴퓨터는 지난 수십 년간의 양자역학에서 이루어진 관찰로 만들어진 컴퓨터다. 같은 해 말, 폴 베니오프와 리처드 파인만은 이것이 고전 컴퓨터의 한계를 뛰어넘는 양자 시스템을 시뮬레이션하고 분석하는 유일한 방법이라 주장했다.

IBM이 실제 양자 컴퓨터에서 실행되는 양자 알고리즘을 처음으로 시연한 것은 불과 18년 만이다. 2011년, 양자 컴퓨터 회사인 D-웨이브 시스템D-Wave Systems은 최초의 상용 양자 컴퓨터를 발표하고, 최초의 확장 가능한 양자 컴퓨터를 만들기 위한 산업의 시초를 이루었다.

실용적인 양자 컴퓨터는 아직 나오지 않았고 갈 길이 멀다. 집필 시점(2021년)에서 가장 최근의 주목할 만한 결과는, 2019년 53큐비트 양자 컴퓨터로 **양자 우위**quantum supremacy에 도달했다고 주장하는 구글이다. 양자 우위는 양자 컴퓨터가 처음으로 고전 컴퓨터가 할 수 없는 것을 성취했음을 의미한다. 구글의 양자 컴퓨터는 기존 컴퓨터로는 약 10,000년이 걸렸을 일부 분석을 3분 20초 만에 수행했다. 너무 흥분하지는 말아야 할 것이, 그리 유용하지 않은 작업에서 기존 컴퓨터를 능가한 것이다. 그럼에도 이것은 놀라운 이정표며, 앞으로 이 기술이 어디로 향할지 궁금해지는 부분이다.

양자 컴퓨터는 고전 컴퓨터가 계산을 수행하기 위해 전기를 사용하는 것과 같은 방식으로 양자물리학 현상(중첩 및 얽힘)을 사용한다. 양자 컴퓨터는 비트 대신 양자 비트, 즉 큐비트를 사용하며, **양자 게이트**quantum gate를 통해 큐비트를 변환하여 특정 값으로 설정하거나 중첩 및 얽힘 상태에 둘 수 있다. 이것은 고전 컴퓨터의 회로에서 게이트가 사용되는 방식과 유사하다. 계산이 완료되면 큐비트를 측정하여 고전적인 방식(0과 1)으로 해석할 수 있다. 그 시점에서 유용한 계산을 완료하기 위해 고전적인 컴퓨터로 결과를 더 해석할 수 있다.

일반적으로 N개의 얽힌 큐비트에는 2^N개의 클래식 비트에 해당하는 정보가 포함되어 있다. 그러나 계산이 끝날 때 큐비트를 측정하면 N개의 0 또는 1만 확보하게 된다. 따라서 양자 컴퓨터가 어떻게 도움이 될 수 있는지가 항상 명확하지는 않으며, 양자 컴퓨터는 제한된 수의 애플리케이션에만 유용한 것으로 밝혀졌다. 물론 추후 사람들이 양자 컴퓨터의 힘을 활용하는 영리한 방법을 찾음에 따라 점점 더 유용해질 수 있다.

오늘날, 여러분은 이미 집에서 편안하게 양자 컴퓨터를 사용할 수 있다. IBM 퀀텀(https://quantum-computing.ibm.com)과 같은 서비스를 사용하면 양자 회로를 구축하고, 클라우드에서 호스팅되는 실제 양자 컴퓨터에서 양자 회로를 실행할 수 있다. 물론 이러한 서비스는 현재(2021년 초) 매우 제한적이며, 몇 개의 큐비트만 사용할 수 있다. 그래도 자신만의 회로를 만들고 실제 양자 컴퓨터에서 실행되기를 기다리는 것은 정말 놀라운 경험이다. 이 모든 것이 무료다.

14.1.3 그로버와 쇼어의 알고리즘

앞서 말했듯 양자 컴퓨터가 모든 유형의 계산에 유용하지는 않으므로, 기존 컴퓨터에 대한 강력한 대체품은 아니다. 그럼 양자 컴퓨터는 대체 어디에 좋은가?

1994년, 양자 컴퓨터의 개념이 사고실험에 불과하던 시기에 피터 쇼어는 이산 대수와 인수분해 문제를 풀기 위한 양자 알고리즘을 제안했다. 쇼어는 양자 컴퓨터가 암호학에서 볼 수 있는 어려운 문제의 해를 신속하게 계산하는 데 사용될 수 있다는 통찰력을 가지고 있었다. 그리고 주어진 x에 대해 $f(x + period) = f(x)$를 충족하는 **주기**period를 찾는 데 도움이 되는 효율적인 양자 알고리즘이 존재한다는 것이 밝혀졌다. 예를 들어 $g^{x+period} = g^x \bmod N$을 충족하는 주기 $period$를 찾는 것이다. 이는 차례로 인수분해와 이산 로그 문제를 효율적으로 해결할 수 있는 알고리즘으로 이어지며 RSA(6장에서 다룸) 및 디피-헬먼(5장에서 다룸)과 같은 알고리즘에 영향을 주게 된다.

오늘날 사용되는 대부분의 비대칭 알고리즘은 이산 로그 또는 인수분해 문제에 의존하기에, 쇼어의 알고리즘은 **비대칭 암호학**에 치명적이다. 물론 이산 로그와 인수분해는 여전히 어려운 수학 문제며, 양자 컴퓨터에 대한 방어를 업그레이드하기 위해 알고리즘 파라미터의 크기를 키울 수도 있다. 하지만 안타깝게도, 2017년에 번슈타인 등은 파라미터의 확장이 효과는 있지만 매우 비실용적임을 보여주었다. 이 연구는 RSA의 매개변수를 1테라바이트까지 증가시켜야 양자 저항성을 이룰 수 있다고 추정했다. 이 정도의 파라미터 크기는 비현실적이다.

> 쇼어의 알고리즘은 배포된 공개 키 암호학의 기반인 RSA와 유한 필드 및 타원 곡선의 이산 로그 문제를 무너뜨린다. 환자 건강 관리 기록, 국가 비밀과 같은 장기 기밀 문서는 수년간 보안을 보장해야 하지만, 오늘날 RSA 또는 타원 곡선을 사용하여 암호화되고 저장된 정보는 양자 컴퓨터를 사용할 수 있을 때가 오면 에니그마 기계로 암호화된 메시지만큼 복호화하기 쉬울 것이다.
>
> —<PQCRYPTO: Initial recommendations of long-term secure post-quantum systems (PQCRYPTO: 장기 보안 양자 후 암호학 시스템의 초기 권장 사항)>(2015)

대칭 암호학의 경우 문제가 훨씬 덜하다. 1996년, 로브 그로버Lov Grover는 정렬되지 않은 목록에서 검색을 최적화하는 방법으로 그로버 알고리즘Grover's algorithm을 제안했다. N개 항목의 정렬되지 않은 목록에서 검색하려면 기존의 컴퓨터에서 평균적으로 $N/2$회의 연산이 필요하다. 반면 양자 컴퓨터에서는 $\sqrt{N}$회의 연산이 필요하다. 상당한 속도 향상이다!

그로버 알고리즘은 암호의 대칭 키를 추출하거나 해시 함수에서 충돌을 찾는 것과 같이 암호학에서 다양한 방식으로 적용될 수 있는 매우 다재다능한 도구다. 128비트의 키를 검색하기 위해 그로버 알고리즘은 고전 컴퓨터에서 2^{127}회의 연산을 수행하는 것과 달리, 양자 컴퓨터에서는 2^{64}회의 연산으로 실행된다. 이것은 우리의 모든 대칭 암호학 알고리즘에 대해 상당히 무서운 알고리즘이지만, 보안 파라미터를 128비트에서 256비트로 간단히 늘리기만 하면 그로버 알고리즘 공격에 대응하기에 충분한다. 따라서 양자 컴퓨터에 대해 대칭 암호학을 보호하려면 SHA-3-256 대신 SHA-3-512, AES-128-GCM 대신 AES-256-GCM 등을 사용하면 된다.

요약하면, 대칭 암호학은 대부분 괜찮지만 비대칭 암호학은 그렇지 않다. 그런데 이는 보기보다 꽤 심각한 문제다. 대칭 암호학은 상당 부분 양자 컴퓨터에 취약한 키 교환이 선행된다. 이것이 우리가 알고 있는 암호학의 종말인가?

14.1.4 양자 컴퓨터에 맞서는 양자 후 암호학

다행스럽게도 이는 암호학의 종말이 아니었다. 암호학 커뮤니티에서는 조직적으로 쇼어와 그로버의 공격에 취약하지 않은 알고리즘을 연구함으로써 양자 위협에 신속하게 대응했다. 이렇게 **양자 후 암호학**post-quantum cryptography이라고도 알려진 **양자 저항 암호화**(양자 내성 암호학)quantum-resistant 분야가 탄생했다. 인터넷의 여러 곳에서 표준화가 이루어지고 있지만 가장 잘 알려진 것은 2016년에 양자 후 암호학 표준화 프로세스를 시작한 NIST의 시도다.

> 현재 공개 키 암호화 알고리즘에 대한 간단한 대체재가 없을 가능성이 높다 보니 양자 후 암호학으로의 전환은 간단하지 않을 것으로 보인다. 새로운 양자 내성 암호 시스템을 개발, 표준화, 배포하려면 상당한 노력이 필요하다. 또한 이러한 전환은 대규모 양자 컴퓨터가 구축되기 훨씬 전에 이루어져야 나중에 양자 암호 복호화에 의해 손상된 정보가 더 이상 민감한 것이 아닐 것이다. 따라서 이러한 전환을 조기에 계획하는 것이 바람직하다.
>
> —NIST 표준화 프로세스 중 양자 후 암호학 페이지(2016)

NIST가 이 프로세스를 시작한 이후로 82명의 후보가 지원했고, 3라운드를 거치며 후보 목록은 7명의 결선 진출자와 8명의 대체 결선 진출자로 좁혀졌다(대체 결선 진출자가 표준화될 가능성은 별로 없지만, 결선 진출자가 뚫릴 경우 대체재로 고려할 수 있다). NIST 표준화 노력은 서명 체계 및 비대칭 암호화를 포함하는 가장 일반적인 유형의 비대칭 암호학 프리미티브를 대체하려 한다. 특히 비대칭 암호화는 6장에서 배운 것처럼 키 교환 기본 요소로도 쉽게 사용할 수 있다.

이 장의 나머지 부분에서는 표준화를 고려 중인 다양한 양자 후 암호학 알고리즘을 살펴보고, 그중 오늘날 사용할 수 있는 알고리즘을 소개한다.

14.2 해시 함수만 있으면 된다! 해시 기반 서명

모든 서명 체계가 해시 함수를 사용하는 듯 보이지만, 해시 함수만 사용하고 다른 것은 사용하지 않는 서명 체계를 구축하는 방법도 있다. 더욱이 이러한 방식은 해시 함수의 충돌 저항성이 아닌 역상 저항성에만 의존하는 경향이 있다. 응용 암호학의 상당 부분이 이미 견고하고 잘 알려진 해시 함수를 기반으로 하고 있기에 이는 상당히 매력적인 제안이다.

또한 최신 해시 함수는 양자 컴퓨터에 내성이 있으므로 이러한 해시 기반 서명 체계를 자연스럽게 양자 내성으로 만든다. 이러한 해시 기반 서명이 무엇이며 어떻게 작동하는지 살펴보자.

14.2.1 램포트 서명을 통한 OTS

1979년 10월 18일, 레슬리 램포트는 **일회성 서명**one-time signature, OTS 개념을 발표했다. OTS는 말 그대로 한 번만 서명하는 데 사용할 수 있는 키 쌍이다. 대부분의 서명 체계는 보안 증명을 위해 단방향 함수(일반적으로 해시 함수)에 (부분적으로) 의존한다. 램포트가 세운 체계의 아름다움은, 이 서명이 그러한 단방향 기능의 보안에만 의존한다는 점이다.

하나의 비트에 서명하고 싶다고 가정해보자. 먼저 다음 절차를 통해 키 쌍을 생성한다.

1. 비밀 키가 될 두 개의 난수 x, y 생성

2. x, y를 해시하여 공개 키로 게시할 수 있는 두 개의 다이제스트 $h(x)$ 및 $h(y)$를 얻는다.

0으로 설정된 비트에 서명하려면 비밀 키의 x 부분을 공개한다. 1로 설정된 비트에 서명하려면 y 부분을 공개한다. 서명을 검증하려면 서명을 해시하여 공개 키의 올바른 부분과 일치하는지 확인하기만 하면 된다(그림 14.1).

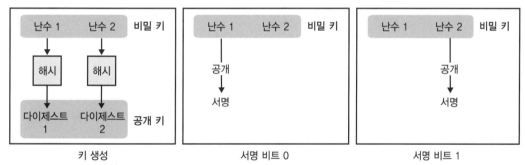

그림 14.1 램포트 서명은 해시 함수만을 기반으로 하는 일회성 서명(OTS)이다. 비트에 서명할 수 있는 키 쌍을 생성하려면 비밀 키가 될 두 개의 난수를 생성하고, 각각을 개별적으로 해시하여 공개 키의 두 다이제스트를 생성한다. 0으로 설정된 비트에 서명하려면 첫 번째 난수를 공개하고, 1로 설정된 비트에 서명하려면 두 번째 난수를 공개한다.

비트 하나에 서명하는 건 그다지 유용하지 않다고 생각할 수도 있겠지만, 램포트 서명은 비트당 하나씩 더 많은 비밀 쌍을 생성하여 서명하기만 하면 더 큰 입력에 대해서도 작동한다(그림 14.2 참조). 입력이 256비트보다 크면 먼저 해시한 다음 서명하면 된다.

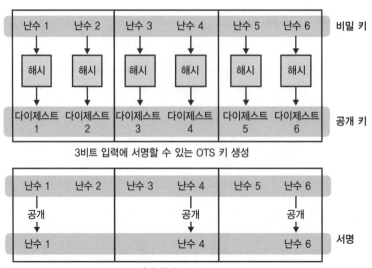

그림 14.2 n비트 메시지에 서명할 수 있는 램포트 서명 키 쌍을 생성하려면, 비밀 키가 될 2n개의 난수를 생성하고 각 숫자를 개별적으로 해시하여 공개 키의 2n개 다이제스트를 생성한다. 서명하려면 비밀과 n비트 쌍을 거쳐 첫 번째 원소가 0으로 설정된 비트에 서명하거나, 두 번째 원소가 1로 설정된 비트에 서명하도록 한다.

이 방식의 주요 제약은, 한 번만 서명하는 데 사용할 수 있다는 것이다. 이를 사용하여 두 번 서명하면 다른 사람이 두 서명을 혼합하여 다른 유효한 서명을 위조할 수 있게 된다. 이 문제를 개선하는 간단한 방법은, 하나의 키 쌍이 아닌 많은 수의 일회성 키 쌍을 생성한 다음 사용 후 키 쌍을 반드시 폐기하는 방법이다. 이렇게 하면 예상되는 서명 수만큼 공개 키가 커질 뿐만 아니라, 사용한 키 쌍을 추적해야 한다(추적하면 되도록 폐기해야 한다). 예를 들어 256비트 출력 크기의 해시 함수로 최대 1,000개의 256비트 메시지에 서명하려는 경우 비밀 키와 공개 키는 모두 $1000 \times (256 \times 2 \times 256)$비트, 약 16 MB다. 1,000회의 서명을 하기에는 제법 크긴 하다.

오늘날 제안된 대부분의 해시 기반 서명 체계는 더 많은 서명(때로는 실질적으로 무제한의 서명), 상태 비저장 비밀 키(일부 체계는 여전히 상태 저장이다) 및 보다 실용적인 파라미터 크기를 허용하기 위해 램포트에서 만든 기반을 개선하고 있다.

14.2.2 WOTS와 작은 키

램포트의 발표로부터 몇 달 후, 스탠퍼드 수학과의 로버트 윈터니츠Robert Winternitz는 여러 비밀의 여러 다이제스트를 사용하는 대신 비밀 해시의 해시, 즉 $h(h(...h(x))) = h^w(x)$를 사용하여 비밀 키의 크기를 최적화하는 방식을 제안했다(그림 14.3 참조). 이 체계를 제안자의 이름을 따서 **윈터니츠 일회성 서명**Winternitz one-time signature, WOTS이라 한다.

예를 들어 $w = 16$을 선택하면 16개의 서로 다른 값, 즉 4비트 입력에 서명할 수 있다. 이를 위해 비밀 키 역할을 하는 임의의 값 x를 생성하고 이를 16번 해시하여 공개 키 $h^{16}(x)$를 얻는 것으로 시작한다. 이제 비트 1001(10진수의 9)에 서명한다면 해시의 9번째 반복인 $h^9(x)$를 공개한다(그림 14.3).

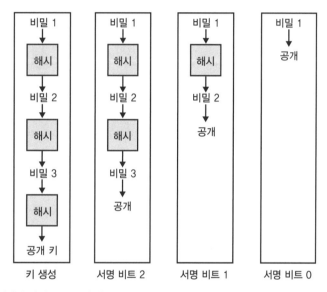

그림 14.3 윈터니츠 일회성 서명(WOTS) 체계는 서로 다른 많은 비밀과 마지막 공개 키를 얻기 위해 반복적으로 해시되는 하나의 비밀만을 사용하여 램포트 서명을 최적화한다. 다른 비밀을 공개하면 다른 번호에 서명할 수 있다.

이 체계가 어떻게 작동하는지 이해해보자. 문제가 있어 보이는가? 한 가지 문제는, 이 체계가 **서명 위조**를 허용한다는 점이다. 비트 1001에 대한 다른 사람의 서명이 있다고 해보자. 앞의 예에 따르면 이 서명은 $h^9(x)$이다. 이를 단순히 해시하여 $h^{10}(x)$ 또는 $h^{11}(x)$와 같은 다른 반복을 검색할 수 있다. 그러면 비트 1010, 또는 1011에 대한 유효한 서명을 만들 수 있다. 이 문제를 우회하는 간단한 방법은 메시지 뒤에 짧은 인증 태그를 추가하고 서명하는 것이다(그림 14.4). 이렇게 해서 위조 문제가 해결되는지 확인하고 싶다면 다른 서명에서 서명을 위조해보자.

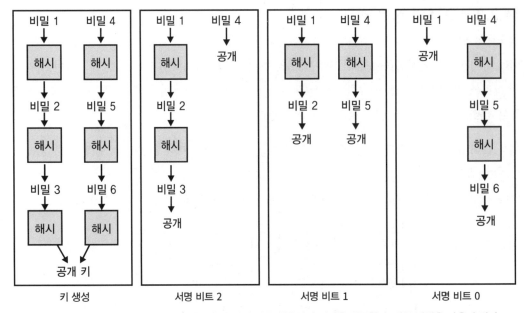

| 키 생성 | 서명 비트 2 | 서명 비트 1 | 서명 비트 0 |

그림 14.4 WOTS는 변조를 방지하기 위해 추가 서명 키를 사용하여 서명을 인증한다. 작동 방식은 다음과 같다. 서명할 때 첫 번째 비밀 키는 메시지에 서명하는 데 사용되며, 두 번째 비밀 키는 메시지 보안에 서명하는 데 사용된다. 설명된 모든 시나리오에서 서명을 변조하면 유효한 새 서명이 생성될 수 없다.

14.2.3 XMSS와 SPHINCS+를 통한 다회 서명

지금까지 해시 함수만 사용하여 서명하는 방법을 살펴보았다. 램포트 서명은 잘 작동하지만 키 크기가 크므로, WOTS는 키 크기를 줄임으로써 이를 개선했다. 그러나 이 두 체계는 모두 일회성 서명(키 쌍을 재사용하면 뚫리게 됨)이기에 확장성이 좋지 않으며, 따라서 파라미터의 크기는 필요한 서명의 수에 따라 선형적으로 증가한다. 그런데 다수의 서명에 대한 키 쌍의 재사용을 허용하는 체계도 존재하며, 이러한 체계를 **소수 시간 서명**few-time signature, FTS이라 한다. 마찬가지로 FTS도 너무 많이 재사용하면 서명 위조를 허용하므로 뚫리게 된다. FTS는 비밀 풀에서 동일한 비밀 조합을 재사용할 가능성이 낮다는 점에 의존한다. 이는 일회성 서명을 약간 개선한 것으로, 키를 재사용할 위험을 줄일 수 있다. 하지만 더 나은 방법이 있지 않을까?

이 책에서 배운 많은 것을 하나로 압축하는 기술을 하나 배웠다. 기억나는가? 정답은 머클 트리다. 12장에서 다룬 머클 트리는 '내 데이터가 이 집합에 있나?'와 같은 질문에 대한 짧은 증명을 제공하는 데이터 구조다. 1990년대에 머클 트리를 제안한 인물인 랄프 머클은 여러 일회성 서명을 머클 트리로 압축하는 해시 함수 기반 서명 체계도 발명했다.

이 체계의 개념은 매우 간단하다. 트리의 각 잎은 일회성 서명의 해시고, 공개 키로 사용되는 루트 해시의 크기는 해시 함수의 출력 크기로 줄어든다. 서명하려면 이전에 사용하지 않은 일회성 서명을 선택한 다음, 14.2.2절에 설명한 대로 적용한다. 서명은 일회성 서명이며 머클 트리(모든 이웃)에 속하는 머클 증명 역시 일회성이다. 트리에서 일회성 서명 중 하나를 재사용하지 않도록 주의해야 하므로 이 체계는 상태를 추적한다. 그림 14.5를 참고하자.

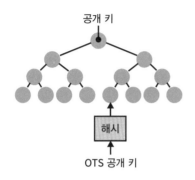

공개 키

해시

OTS 공개 키

그림 14.5 **머클 서명 체계**는 많은 OTS 공개 키를 더 작은 공개 키(루트 해시)로 압축하기 위해 머클 트리를 사용하는, 상태 저장 해시 기반 알고리즘이다. 트리가 클수록 더 많은 서명을 생성할 수 있다. 서명에는 서명과 연관된 OTS가 트리의 일부인지 확인할 수 있는 여러 인접 노드인, 멤버십 증명의 오버헤드가 있다.

RFC 8391에서 표준화된 **확장 머클 서명 체계**extended Merkle signature scheme, XMSS는 머클 체계에 여러 최적화를 추가하여 머클 서명을 생성하려 했다. 예를 들어 N개의 메시지에 서명할 수 있는 키 쌍을 생성하려면 N개의 OTS 비밀 키를 생성해야 한다. 공개 키는 이제 루트 해시일 뿐이지만 여전히 N개의 OTS 비밀 키를 저장해야 한다. XMSS는 시드와 트리의 잎 위치를 사용하여 트리의 각 OTS를 결정론적으로 생성하고 보유하고 있는 비밀 키의 크기를 줄인다. 이렇게 하면 모든 OTS 비밀 키 대신 시드를 비밀 키로 저장하기만 하면 되며, 트리 및 시드의 해당 위치에서 모든 OTS 키 쌍을 빠르게 재생성할 수 있다. 마지막으로 사용된 잎/OTS를 추적하기 위해 서명에 사용될 때마다 증가하는 카운터도 비밀 키에 포함시킨다.

하지만 머클 트리에서 보유할 수 있는 OTS는 너무 많다. 트리가 클수록 메시지에 서명하기 위해 트리를 재생성하는 데 시간이 더 오래 걸린다(머클 증명을 생성하기 위해 모든 잎을 재생성해야 하므로). 트리가 작을수록 서명할 때 재생성해야 하는 OTS 비밀 키가 더 적지만, 이렇게 하면 제한된 양의 서명만 할 수 있으므로 목적을 무효화한다. 해결책은 잎의 OTS를 메시지 서명에 사용하지 않고, 대신 OTS의 다른 머클 트리의 루트 해시에 서명하는 데 사용되는 더 작은 트리를 사용하는 것이다. 이는 초기 트리를 트리의 트리, **하이퍼트리**hypertree로 바꾼 구조로 XMSS^{MT}라고 하는 XMSS의 변형 중 하나다. XMSS^{MT}를 사용하면 동일한 기술을 기반으로 OTS 경로에 관련된 트리만 재생성하면 된다(그림 14.6).

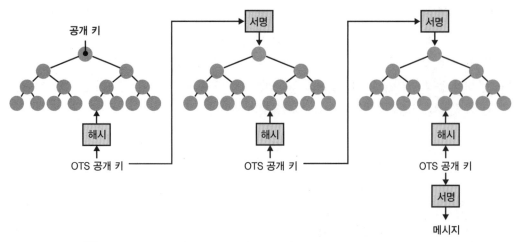

그림 14.6 XMSS^{MT} 상태 저장 해시 기반 서명 체계는 다중 트리를 사용하여 체계에서 지원하는 서명의 양을 늘리면서 키 생성 및 서명 시간의 작업을 줄인다. 각 트리는 메시지 서명에 사용되는 OTS가 포함된 최종 잎 경로에서 사용되는 경우에만 결정론적으로 생성된다.

XMSS 및 XMSS^{MT}의 상태 저장은 일반적으로 바람직한 속성은 아니다. 카운터 추적은 주류 서명 체계의 사용자에게 익숙하지 않기에 직관적이지 않다. 사용자가 이를 잘못 이해하면 오용으로 인해 OTS 재사용(그리고 서명 위조)으로 이어질 수 있다. 예를 들어 파일 시스템의 이전 상태로 롤백하거나 여러 서버에서 동일한 서명 키를 사용하면 하이퍼트리에서 동일한 경로가 메시지 서명에 두 번 사용되도록 유도할 수 있다.

XMSS(상태 저장)의 가장 큰 단점 중 하나를 수정하고, 우리에게 익숙한 서명 체계와 유사한 인터페이스를 노출하기 위해 NIST의 양자 후 암호학 경쟁의 일환으로 **SPHINCS+ 서명 체계**SPHINCS+ signature scheme가 제안되었다. 이 상태 비저장 서명 체계는 세 가지 주요 변경 사항으로 XMSS^{MT}를 확장한다.

- **동일한 메시지에 두 번 서명하면 동일한 서명이 생성된다.** EdDSA(7장에서 다룸)와 유사한 방식으로 하이퍼트리에서 사용되는 경로는 비밀 키와 메시지를 기반으로 결정론적으로 파생된다. 이렇게 하면, 동일한 메시지에 두 번 서명하면 동일한 OTS가 발생하므로 동일한 서명이 된다. 비밀 키가 사용되므로 다른 사람의 메시지에 서명하는 경우 공격자는 메시지에 서명하기 위해 어떤 경로를 택할지 예측할 수도 없다.

- **더 많은 트리를 사용한다.** XMSS^{MT}는 마지막으로 사용된 OTS를 추적하여 동일한 OTS를 두 번 재사용하는 것을 방지한다. SPHINCS+는 상태 추적을 피하기 위함으로, 의사 무작위로 경로를 선택할 때 충돌을 피할 필요가 있다. 이를 위해 SPHINCS+는 훨씬 더 많은 양의 OTS를 사용

하여 동일한 OTS를 두 번 재사용할 확률을 줄인다. SPHINCS+도 하이퍼트리를 사용하기 때문에 더 많은 트리를 쓴다.

- **FTS를 사용한다.** 이 체계의 보안은 동일한 경로를 두 번 재사용할 확률을 기반으로 하므로, SPHINCS+는 메시지 서명에 사용되는 최종 OTS도 앞에서 언급한 FTS로 대체한다. 이렇게 하면 동일한 경로를 재사용하여 두 개의 다른 메시지에 서명하더라도 서명 체계가 뚫리지 않게 할 수 있다.

SPHINCS+는 NIST 양자 후 암호학 경쟁에서 표준화를 고려하고 있지만 주요 경쟁자는 아니다. SPHINCS+는 느릴 뿐만 아니라 제안된 대안(이 장 뒷부분에서 배우게 될 격자 기반 등)에 비해 서명의 크기가 크다. XMSS와 같은 상태 저장 해시 기반 서명 체계는 더 빠른 속도와 더 나은 서명 크기를 제공한다(SPHINCS+의 경우 최소 8 KB에 비해 3 KB 미만이다. 공개 키의 크기 측면에서, 두 체계 모두 ECDSA 및 Ed25519와 같은 서명 체계와 유사한 크기를 제공한다). NIST에서는 보다 현실적인 파라미터 크기와 잘 알려진 보안 덕택에 XMSS를 초기 표준으로 권장하며, 관련 내용이 SP 800-208 '상태 저장 해시 기반 서명 체계에 대한 권장 사항'에 기술되어 있다.

다음으로, 양자 저항 암호학 프리미티브를 구축하는 두 가지 다른 방법을 살펴보겠다. 미리 주의를 주자면, 조금 더 복잡한 수학 내용을 포함한다.

14.3 격자 기반 암호학을 사용한 더 짧은 키 및 서명

많은 양자 후 암호학 체계는 이번 절에서 배우게 될 수학적 구조인 **격자**lattice를 기반으로 한다. NIST의 양자 후 암호학 대회 자체에서 결선에 진출한 알고리즘 중 절반이 격자 기반 방식을 선택했다. 덕택에 격자 기반 암호학이 NIST에서 표준을 차지할 가능성이 가장 높은 패러다임이 되었다. 이번 절에서는 두 가지 격자 기반 알고리즘, 즉 서명 체계인 **다이리튬**과 공개 키 암호화 프리미티브인 **카이버**에 대해 설명한다. 우선 격자가 무엇인지 알아보자.

14.3.1 격자란?

격자 기반이란 아마도 독자 여러분이 생각하는 의미와 다를 것이다. 비슷한 예로 인수분해 문제를 기반으로 하는 RSA(6장에서 다룸)를 생각해보자. 이것은 RSA에서 인수분해를 사용한다는 의미가 아니라, 인수분해가 RSA를 공격하는 방법이며 인수분해가 어렵기 때문에 RSA가 안전한 것이다. 격자 기반 암호 시스템도 마찬가지다. 격자는 어려운 문제가 있는 구조며, 문제가 계속 어려운 한 이러한 암호 시스템은 안전하다.

그래서 격자란 무엇인가? 격자는 **벡터 공간**vector space과 비슷하지만 정수가 있다. 벡터 공간이란 다음을 사용하여 만들 수 있는 모든 벡터의 집합이다.

- **기저**basis: 벡터의 집합. 예: (0, 1) 및 (1, 0).
- **벡터 간 연산**: 벡터를 더할 수 있다. 예를 들어 (0, 1)+(1, 0) = (1, 1)이다.
- **스칼라 연산**: 벡터에 스칼라 값을 곱할 수 있다. 예를 들어 3×(1, 2) = (3, 6).

예시에서 벡터 공간은 기저의 선형 조합으로 표현할 수 있는 모든 벡터를 포함하며, 이는 모든 스칼라 a 및 b에 대해 $a × (0, 1) + b × (1, 0)$ 로 표현 가능한 모든 벡터를 의미한다. 예를 들어 $0.5 × (0, 1) + 3.87 × (1, 0) = (3.87, 0.5)$는 우리의 벡터 공간에 있으며, $99 × (0, 1) + 0 × (1, 0) = (0, 99)$ 역시 우리의 벡터 공간 내에 있다.

격자는 관련된 모든 숫자가 정수인 벡터 공간이다(그림 14.7). 그렇다. 암호학은 유난히 정수를 좋아한다.

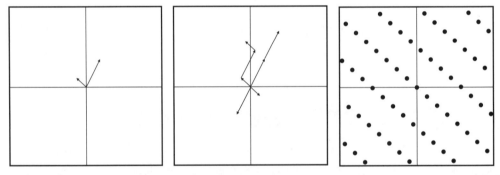

그림 14.7 왼쪽에는 두 벡터의 기저가 그래프에 그려져 있다. 하나의 격자는 두 벡터에서 가능한 모든 정수 선형 조합을 취함으로써 형성될 수 있다(가운데 그림). 결과적으로 격자는 공간에서 영원히 반복되는 점의 패턴으로 해석될 수 있다(오른쪽 그림).

잘 알려진 몇 가지 어려운 격자 공간 문제가 있으며 이러한 각 문제를 해결하는 알고리즘이 있다. 이러한 알고리즘은 우리가 생각할 수 있는 최선의 방법이지만 반드시 효율적이거나 실용적이라는 의미는 아니다. 그래서 더 효율적인 솔루션이 발견될 때까지 이러한 문제는 어려운 문제다. 가장 잘 알려진 두 가지 어려운 문제는 다음과 같다(그림 14.8).

- **최단 벡터 문제**shortest vector problem, SVP: 격자에서 0이 아닌 가장 짧은 벡터는 무엇인가? 라는 질문에 답하는 문제다.
- **최근 벡터 문제**closest vector problem, CVP: 격자에 없는 좌표가 주어지면 격자에서 해당 좌표에 가장 가까운 점을 찾는 문제다.

일반적으로 LLLLenstra-Lenstra-Lovász, 또는 BKZBlock-Korkine-Zolotarev와 같은 알고리즘을 사용하여 이러한 문제를 모두 해결한다(CVP는 SVP로 축소reduce할 수 있다). 두 알고리즘은 격자의 기저를 줄이는 알고리즘이다. 즉, 주어진 것보다 더 짧고 정확히 동일한 격자를 생성할 수 있는 벡터 세트를 찾으려 시도한다.

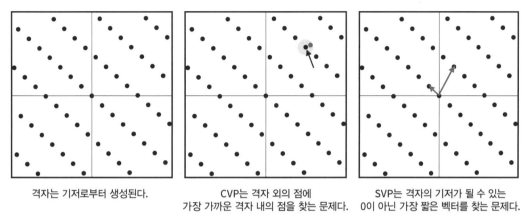

격자는 기저로부터 생성된다. CVP는 격자 외의 점에 가장 가까운 격자 내의 점을 찾는 문제다. SVP는 격자의 기저가 될 수 있는 0이 아닌 가장 짧은 벡터를 찾는 문제다.

그림 14.8 **암호학에서 사용되는 두 가지 주요 격자 문제인 최단 벡터 문제(SVP)와 최근 벡터 문제(CVP)**

14.3.2 오류를 통한 학습

2005년 오데드 레게브Oded Regev는 **오류를 통한 학습**(오류 수반 학습)learning with errors, LWE 문제를 도입했으며, 이 문제는 이 장의 일부 알고리즘을 포함한 많은 암호 체계의 기초가 되었다. 먼저 LWE 문제가 무엇인지 살펴보자. 먼저 정수 s_0과 s_1의 선형 조합인 다음 방정식으로 시작하겠다.

- $5 s_0 + 2 s_1 = 27$
- $2 s_0 + 0 s_1 = 6$

우리는 충분한 방정식이 주어지면, **가우스 소거 알고리즘**Gaussian elimination algorithm을 사용해서 s_0과 s_1이 무엇인지 빠르고 효율적으로 알아낼 수 있다. 여기서부터가 흥미롭다. 이러한 방정식에 약간의 노이즈를 추가하면 문제가 훨씬 더 어려워진다.

- $5 s_0 + 2 s_1 = 28$
- $2 s_0 + 0 s_1 = 5$

더 많은 노이즈가 있는 방정식이 주어지면 답을 알아내기 그리 어렵지 않을 수도 있지만, 관련된 숫자의 크기와 s_i의 수를 늘리면 어려운 문제가 된다.

보통은 미지수보다는 벡터가 주어지기는 하지만, 기본적으로 이것이 LWE 문제다. 좌표 모듈로 어떤 큰 숫자를 가진 비밀 벡터 s가 있다고 해보자. 크기가 같은 임의의 수의 무작위 벡터 a_i와 계산 $a_i s + e_i (e_i$는 임의의 작은 오류)가 주어지면 값 s를 찾을 수 있을까?

> **NOTE** 두 벡터 v 및 w에 대해 곱 vw는 각 좌표 쌍의 곱의 합인 **내적**dot product을 사용하여 계산할 수 있다. 예를 들어 v = (v_0, v_1)이고 w = (w_0, w_1)이면 vw = $v_0 \times w_0 + v_1 \times w_1$이다.

예를 들어 비밀 s = (3, 6)을 사용하고 임의의 벡터 a_0 = (5, 2) 및 a_1 = (2, 0)을 제공하면 예제를 시작할 때 사용한 방정식을 다시 얻을 수 있다. 앞서 살펴봤듯 격자 기반 체계는 실제로 격자를 사용하지 않는다. 그보다는 SVP가 풀리지 않는 문제로 남아 있어야 보안이 입증된다. 격자 문제로의 축소는 그림 14.9와 같이 앞의 방정식을 행렬 형식으로 작성하는 경우에만 볼 수 있다.

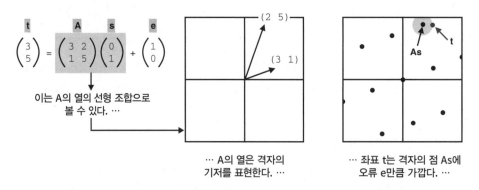

… A의 열은 격자의 기저를 표현한다. …

… 좌표 t는 격자의 점 As에 오류 e만큼 가깝다. …

그림 14.9 오류를 통한 학습(LWE)은 격자 문제로의 축소인 CVP의 존재로 인해 격자 기반 구조라 한다. 즉, CVP에 대한 솔루션을 찾을 수 있으면 LWE 문제에 대한 솔루션을 찾을 수 있다.

이 행렬 형식은 대부분의 LWE 기반 체계가 이러한 형식으로 표현되기에 중요하다. 시간을 두고 이 행렬 곱셈을 이해해보자. 눈치채지 못한 경우를 대비하여 행렬과 벡터를 포함하는 방정식을 읽는 데 매우 유용한 몇 가지 일반적인 표기법을 사용했다. 벡터는 굵게 표시히고 행렬은 항상 대문자다. 예를 들어 A는 행렬, a는 벡터, b는 그냥 숫자다.

> **NOTE** LWE 문제에는 여러 변형(예: 링-LWE 또는 모듈-LWE 문제)이 있으며, 기본적으로는 동일한 문제지만 좌표가 다른 유형의 군에 있다. 가볍고 최적화가 잘 되어 있기에 이러한 변형을 선호하는 경우가 많다. LWE의 여러 변형 간의 차이점은 다음 설명에 영향을 주지 않는다.

이제 LWE 문제가 무엇인지 알았으므로 이에 기반한 양자 후 암호학, **대수 격자용 암호학 스위트** Cryptographic Suite for Algebraic Lattices, CRYSTALS에 대해 알아보자. CRYSTALS는 **카이버**라는 키 교환과 **다이리튬**이라는 서명 체계의 두 가지 암호학 프리미티브를 포함한다.

14.3.3 격자 기반 키 교환, 카이버

NIST 결선에 진출한 두 체계는 밀접하게 관련되어 있다. CRYSTALS-카이버 및 CRYSTALS-다이리튬은 동일한 연구원 팀이 제출한 후보며 둘 다 LWE 문제를 기반으로 한다. **카이버**Kyber는 키 교환 프리미티브로 사용할 수 있는 공개 키 암호화 프리미티브로, 이번 절에서 설명하겠다. **다이리튬**은 다음 절에서 설명할 서명 체계다. 또한 이들 알고리즘은 여전히 개발 중이므로, 두 체계의 배경에 있는 아이디어와 직관에 대해서만 다룰 것이다.

먼저 모든 연산이 큰 수 q 모듈로 정수 그룹에서 발생한다고 가정해보자. 또한 오류 및 비밀 키를 **오차 범위**error range(0을 중심으로 하는 작은 범위)에서 **샘플링**(임의로 균일하게 선택)한다고 가정해보자. 오차 범위는 $[-B, B]$이고, B가 q보다 훨씬 작다. 항이 오류로 간주되려면 이러한 값보다 작아야 하기 때문에 오차 범위는 중요하다.

비밀 키를 생성하려면 모든 계수가 오류 범위에 있는 무작위 벡터 **s**를 생성하기만 하면 된다. 공개 키의 첫 번째 부분은 동일한 크기의 무작위 벡터 $\mathbf{a}_i$의 목록이고, 두 번째 부분은 노이즈가 있는 내적 $\mathbf{t}_i = \mathbf{a}_i \mathbf{s} + \mathbf{e}_i \bmod q$의 연관된 목록이다. 이것이 바로 이전에 배운 LWE 문제다. 중요한 것은 나머지를 행렬로 다시 작성할 수 있다는 것이다.

t = As + e

여기서 행렬 **A**는 무작위 벡터 $\mathbf{a}_i$를 행으로 포함하고 오차 벡터 **e**는 개별 오차 $\mathbf{e}_i$를 포함한다.

카이버로 키 교환을 수행하기 위해서는 1비트의 대칭 키를 이 체계로 암호화한다. 이는 6장에서 본 RSA 키 캡슐화 메커니즘과 유사하다. 암호화는 다음과 같은 4단계로 이루어진다.

1. 다른 피어의 **A** 행렬을 공개 파라미터로 사용하여 임시 비밀 키 벡터 **r**(여기서 계수는 오류 범위에 있음)과 연관된 임시 공개 키 $\mathbf{rA} + \mathbf{e}_1$을 무작위 오류 벡터 $\mathbf{e}_1$과 함께 생성한다. 행렬 곱셈은 오른쪽에서 이루어지며, **Ar**(벡터 **r**과 **A**의 행들의 곱)을 계산하는 대신 **A**의 열과 벡터 **r**을 곱하는 것을 포함한다. 이러한 디테일은 복호화 단계가 작동하는 데 필요하다.

2. 메시지에 영향을 미치는 작은 오류를 피하기 위해 $q/2$를 곱하여 메시지를 왼쪽으로 시프트한다. $q/2 \bmod q$는 일반적으로 q에 $2 \bmod q$의 역을 곱한 것을 의미하지만, 여기서는 단순히 $q/2$에 가장 가까운 정수를 의미한다.

3. 임시 비밀 키와 피어의 공개 키의 내적을 사용하여 공유 비밀을 계산한다.

4. 시프트한 메시지에 공유 비밀 및 무작위 오류 $\mathbf{e}_2$를 더하여 암호화하면 암호문이 생성된다.

위의 단계를 수행한 후 임시 공개 키와 암호문을 다른 피어에게 보낼 수 있다. 임시 공개 키와 암호문을 모두 수신한 후 다음 단계에 따라 메시지를 복호화할 수 있다.

1. 받은 임시 공개 키로 비밀의 내적을 계산하여 공유 비밀을 얻는다.

2. 암호문에서 공유 비밀을 뺀다(결과에는 시프트된 메시지와 오류가 포함된다).

3. 메시지를 $q/2$로 나누어 메시지를 원래 위치로 되돌리면 오류가 효과적으로 제거된다.

4. 메시지는 0보다 $q/2$에 가까우면 1이고 그렇지 않으면 0이다.

물론 1비트로는 충분하지 않으므로 현재의 방식에서는 이러한 한계를 극복하고자 다른 기술을 사용하고 있다. 그림 14.10에서 세 가지 알고리즘을 모두 요약했다.

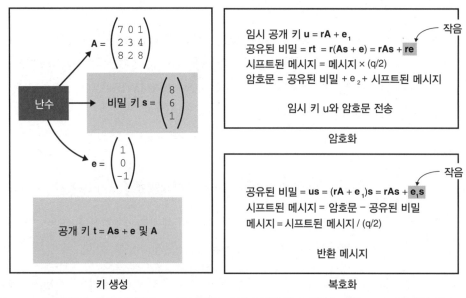

그림 14.10 카이버 공개 키 암호화 방식. r, s 및 오류가 q/2보다 훨씬 작기 때문에 re 및 e₁s도 모두 작은 값이므로 공유 암호는 암호화 및 복호화 중에 거의 동일하다. 따라서 복호화의 마지막 단계(오른쪽 방향 비트 단위 시프트로 볼 수 있는 q/2로 나누기)는 두 공유 비밀 간의 불일치를 제거한다. 모든 작업은 모듈로 q로 수행된다.

실제로 키 교환의 경우 피어의 공개 키로 암호화하는 메시지는 무작위 비밀이다. 그런 다음 피어의 공개 키, 임시 키, 암호문을 포함하는 키 교환의 비밀과 사본 모두에서 결과가 결정론적으로 파생된다.

카이버에 권장되는 파라미터는 약 1킬로바이트의 공개 키와 암호문으로 이어지며, 이는 기존의 암호화 체계보다 훨씬 크지만 여전히 실용적인 영역에 있다. 이러한 방식의 통신 오버헤드를 추가로 줄일 수 있는지 여부는 시간이 말해주겠지만, 지금까지의 결과를 보면 양자 후 암호학의 파라미터가 보통 더 큰 크기를 가진 것으로 보인다.

14.3.4 격자 기반 서명 체계, 다이리튬

다음에 설명할 **다이리튬**Dilithium도 LWE를 기반으로 하며 카이버의 자매 후보다. 지금까지 본 다른 유형의 서명과 마찬가지로(7장의 슈노어 서명과 같이) 다이리튬은 피아트-샤미르 기법을 통해 비대화형으로 만들어진 영지식 증명을 기반으로 한다.

키 생성의 경우, 다이리튬은 비밀 키의 일부로 오류를 유지한다는 점을 제외하면 이전 방식과 유사하다. 먼저 비밀 키 역할을 하는 두 개의 무작위 벡터인 s_1, s_2를 생성한 다음 공개 키를 $t = As_1 + s_2$로 계산한다. 여기서 A는 카이버와 유사한 방식으로 얻은 행렬이며 공개 키는 t와 A다. 메시지에 서명할 때마다 재사용해야 하므로 오류 s_2를 비밀 키의 일부로 간주한다(키 생성 단계 후에 오류가 폐기될 수 있는 카이버와의 차이점이다).

서명을 위해서는 시그마 프로토콜을 만든 다음 7장에서 슈노어 식별 프로토콜이 슈노어 서명으로 변환되는 방식과 유사한 피아트-샤미르 변환을 통해 이를 비대화식, 영지식 증명으로 변환한다. 프로토콜의 각 단계는 다음과 같다.

1. 증명자는 $Ay_1 + y_2$를 전송하여 두 개의 무작위 벡터, y_1, y_2를 커밋한다.
2. 이 커밋을 수신한 검증자는 무작위 챌린지 c로 응답한다.
3. 증명자는 두 벡터 $z_1 = cs_1 + y_1$ 및 $z_2 = cs_2 + y_2$를 계산하고 작은 값인 경우에만 검증자에게 보낸다.
4. 검증자는 $Az_1 + z_2 - ct$와 $Ay_1 + y_2$가 같은 값인지 확인한다.

피아트-샤미르 기법은 증명자가 서명할 메시지의 해시와 커밋된 $Ay_1 + y_2$ 값에서 챌린지를 생성하도록 하여 2단계에서 검증자의 역할을 대체한다. 7장과 유사하게 그림 14.11에 이 변환을 요약했다.

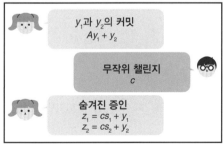

다이리튬 대화형 ZKP　　　　다이리튬 서명

그림 14.11 **다이리튬 서명은 피아트-샤미르 변환을 통해 비대화형으로 만들어진 비밀 벡터 s에 대한 지식의 증거다. 왼쪽 다이어그램은 대화형 증명 프로토콜을 보여주는 반면, 오른쪽 다이어그램은 y와 서명할 메시지 모두의 커밋으로 챌린지가 계산되는 비대화형 버전을 보여준다.**

다시 말하지만 이는 서명 체계를 크게 단순화한 것이다. 실제로는 키와 서명 크기를 줄이기 위해 더 많은 최적화가 사용된다. 일반적으로 이러한 최적화는 무작위 값을 줄이는 방식을 시도하는데, 더 작은 무작위 값에서 결정론적으로 무작위 데이터를 생성하고, 알려진 압축 알고리즘을 통하지 않고 커스텀 방법을 통해 압축하여 무작위가 아닌 데이터를 줄이는 등의 방법을 사용한다. 또한 LWE의 고유한 구조로 인해 다양한 추가 최적화가 가능하다.

다이리튬은 권장 보안 수준에서 약 3 KB의 서명과 2 KB 미만의 공개 키를 제공한다. 32바이트 공개 키와 64바이트 서명을 가진 이전 체계보다 훨씬 더 크지만 상태 비저장 해시 기반 서명에 비하면 훨씬 낫다. 이러한 체계는 여전히 매우 새로운 개념이며, LWE 문제를 해결하기 위해 더 나은 알고리즘을 찾는 과정에서 공개 키와 서명의 크기가 잠재적으로 증가할 수 있음을 알아두면 좋다. 이러한 파라미터의 크기를 줄이는 더 나은 기술을 찾는 것도 가능할 것이다. 일반적으로 양자 내성에는 항상 크기 증가라는 대가가 따른다.

이것이 양자 후 암호학의 전부는 아니다. NIST 양자 후 암호학 대회 진출작에는 다양한 패러다임을 기반으로 하는 많은 다른 구조가 있다. NIST는 초기 표준이 2022년에 발표될 것이라 했지만, 적어도 양자 내성 컴퓨터가 계속해서 실존적인 위협으로 여겨지는 한 이 분야는 계속 빠르게 발전할 것으로 기대한다. 아직 알려지지 않은 부분이 많지만 이는 흥미로운 연구의 여지가 많다는 의미이기도 한다. 더 자세히 알아보고 싶은 독자라면 NIST 보고서(https://nist.gov/pqcrypto)를 살펴보길 바란다.

14.4 양자 컴퓨터는 공포인가?

요약하자면, 양자 컴퓨터가 실현된다면 암호학에서 엄청난 이변이 일어난다. 그럼 어떻게 해야 할까? 지금 하고 있는 모든 것을 버리고 양자 후 암호학 알고리즘으로 전환해야 할까? 사실 그렇게 간단하지도 않다.

전문가에게 물어보면 다양한 답변을 받을 수 있다. 누군가는 5년에서 50년이 걸린다고 한다. 누군가는 결코 일어나지 않을 일이라고 한다. 양자 컴퓨팅 연구소Institute for Quantum Computing 소장인 미셸 모스카Michele Mosca는 "2026년까지 RSA-2048을 깨뜨릴 확률은 1/7, 2031년까지는 1/2"로 추정했으며, 프랑스 CNRS의 연구원인 미하일 디아코노프Mikhail Dyakonov는 공개적으로 말했다. "그런 시스템의 양자 상태를 정의하는 10^{300}개 이상의 연속 가변 파라미터를 제어하는 방법을 배울 수 있을까요? 절대 못 합니다." 암호학자가 아닌 물리학자 입장에서는, 자금을 조달하기 위해 자신의 연구를 과장하도록 장려할 수 있다. 필자는 물리학자가 아니므로 비정상적인 주장에는 회의적 시각을 가지면서도 최악의 상황에 대비해야 한다고 말하고 싶다. 진짜 질문은 '그게 되나?'가 아니다. '그게 확장되나?'다.

확장 가능한 양자 컴퓨터(암호학을 파괴할 수 있는)가 현실화되기 위해서는 많은 과제가 있다. 가장 큰 문제는 줄이거나 수정하기 어려운 노이즈와 오류의 양에 관한 것 같다. 텍사스 대학교의 컴퓨터 과학자인 스콧 에런슨Scott Aaronson은 이를 "모든 판자가 썩어서 교체해야 하는 경우에도 동일한 배를 유지하는 배를 만드는 일"과 같다고 말한다.

그럼 NSA의 주장을 어떻게 받아들여야 할까? 사실, 기밀 유지에 대한 정부의 요구가 개인과 민간 기업의 요구를 능가하는 경우가 많다는 것을 기억해야 한다. 정부가 일부 일급 기밀 데이터를 50년 이상 기밀로 유지하기를 원할 수도 있다고 생각할 수 있다. 그럼에도 이는 많은 암호학자를 당혹스럽게 만들었다(예를 들어 닐 코블리츠와 알프레드 메네제스Alfred Menezes의 〈A Riddle Wrapped In An Enigma〉 참조). 아직 존재하지 않는, 혹은 앞으로 절대 존재하지 않을 공격에 대비해야 하는가 하는 의문을 가진 것이다.

어쨌든 정말로 걱정이 되거나 자산의 기밀성을 장기간 유지해야 한다면 사용 중인 모든 대칭 암호학 알고리즘의 파라미터를 늘리는 것은 불가능한 일이 아니며 상대적으로 쉽다. 즉, AES-256-GCM 키를 얻기 위해 키 교환을 수행하는 경우 해당 비대칭 암호학 부분은 여전히 양자 컴퓨터에 취약하며, 대칭 암호학을 보호하는 것만으로는 충분하지 않다.

비대칭 암호학의 경우, 사용하기에 안전한 것이 무엇인지 실제로 알기에는 너무 이르다. 더 많은 암호 분석을 획득하고 결과적으로 이러한 새로운 알고리즘에 대한 더 많은 신뢰를 얻으려면 NIST의 공모가 끝날 때까지 기다리는 것이 가장 좋다.

> 현재 격자 기반 암호 시스템, 코드 기반 암호 시스템, 다변수 암호 시스템, 해시 기반 서명 등을 포함하여 여러 가지 양자 내성 암호 시스템이 제안되었다. 그러나 이러한 제안 대부분에 보안(특히 양자 컴퓨터를 사용하는 적에 대한)에 대한 확신을 높이고 성능을 개선하려면 추가 연구가 필요하다.

—NIST Post-Quantum Cryptography Call for Proposals(2017)

너무 급해서 NIST 공모의 결과를 기다릴 수 없다면 프로토콜에서 현재 방식과 양자 내성 방식을 모두 사용하는 것이 좋다. 예를 들어 Ed25519과 다이리튬을 사용하여 메시지를 교차 서명하거나 두 개의 서로 다른 서명 체계에서 두 개의 서명이 있는 메시지를 첨부할 수 있다. 다이리튬이 뚫린 것으로 판명되면 공격자는 여전히 Ed25519를 깨야 하고, 양자 컴퓨터가 실제임이 밝혀진다 해도 공격자는 여전히 위조할 수 없는 다이리튬 서명을 뚫어야 한다.

> **NOTE** 실제로 구글은 2018년에 이런 방식을 도입하였으며, 2019년에 클라우드플레어Cloudflare도 구글 및 클라우드플레어의 서버와 소수의 구글 크롬 사용자 간의 TLS 연결에서 하이브리드 키 교환 체계를 실험했다. 하이브리드 방식은 X25519와 하나의 양자 내성 키 교환(2018년 New Hope, 2019년 HRSS 및 SIKE)이 혼합된 방식으로 기존의 키 교환과 양자 내성 키 교환의 출력을 함께 HKDF에 혼합하여 하나의 공유 비밀을 생성한다.

마지막으로 해시 기반 서명은 관련 연구가 많이 이루어졌음을 다시 강조한다. 약간의 오버헤드가 있지만 지금도 XMSS 및 SPHINCS+와 같은 체계는 사용할 수 있으며, XMSS에는 즉시 사용할 수 있는 표준(RFC 8391 및 NIST SP 800-208)이 있다.

요약

- 양자 컴퓨터는 양자물리학을 기반으로 하며, 특정 계산에 대해 상당한 속도 향상을 제공할 수 있다.
- 모든 알고리즘이 양자 컴퓨터에서 실행될 수 있는 것은 아니며 모든 알고리즘이 기존 컴퓨터와 경쟁할 수 있는 것도 아니다. 암호학자를 걱정하게 만드는 두 가지 주요 알고리즘은 다음과 같다.
    - 이산 로그 문제와 인수분해 문제를 효율적으로 해결할 수 있는 쇼어 알고리즘. 오늘날의 비대칭 암호학 대부분을 깨뜨린다.
    - 2^{128}개 값의 공간에서 키 또는 값을 효율적으로 검색할 수 있는 그로버의 알고리즘은 128비트 보안으로 대부분의 대칭 알고리즘에 영향을 준다. 256비트 보안을 제공하기 위해 대칭 알고리즘의 파라미터를 늘리는 것만으로도 양자 공격을 막을 수 있다.
- 양자 후 암호학 분야는 오늘날의 비대칭 암호학 프리미티브(예: 비대칭 암호화, 키 교환, 디지털 서명)를 대체할 새로운 암호학 알고리즘을 찾는 것을 목표로 한다.
- NIST는 2016년에 양자 후 암호학 표준화 작업을 시작했다. 현재 7개의 결선 진출 알고리즘이 있으며 최종 선택 라운드에 진입하고 있다.
- 해시 기반 서명은 해시 함수에만 기반을 둔 서명 체계다. 두 가지 주요 표준은 XMSS(상태 저장 서명 체계)와 SPHINCS+(상태 비저장 서명 체계)다.
- 격자 기반 암호학은 더 짧은 키와 서명을 제공하므로 유망하다. 가장 유망한 두 후보는 LWE 문제를 기반으로 한다. 카이버는 비대칭 암호화 및 키 교환 프리미티브고, 다이리튬은 서명 체계다.
- 다른 양자 내성 방식도 존재하며 NIST 양자 후 암호학 대회에서 제안되고 있다. 여기에는 코드

이론, isogenies, 대칭 키 암호학 및 다변량 다항식을 기반으로 하는 체계를 포함한다. NIST의 공모는 2022년에 종료될 예정이며, 여전히 새로운 공격이나 최적화가 발견될 여지가 많이 남아 있다.

- 양자 컴퓨터가 암호학을 파괴할 만큼 효율적일지, 또는 효율적인 경지에 도달할 수 있기나 한지는 확실하지 않다.

- 장기간 데이터를 보호해야 하는 요구 사항이 있다면 양자 후 암호학으로의 전환을 고려해야 한다.
  - 256비트 보안을 제공하는 파라미터를 사용하도록 대칭 암호학 알고리즘을 모두 업그레이드 하자(예: AES-128-GCM에서 AES-256-GCM으로, SHA-3-256에서 SHA-3-512로 이동).
  - 양자 내성 알고리즘과 기존의 알고리즘을 혼합하는 하이브리드 방식을 사용하자. 예를 들어 항상 Ed25519와 다이리튬을 사용하여 메시지에 서명하거나 항상 X25519와 카이버 모두와 키 교환을 수행한다(두 개의 키 교환 출력에서 공유 비밀 파생).
  - 이미 연구되었으며 잘 알려진 XMSS 및 SPHINCS+와 같은 해시 기반 서명을 사용하자. XMSS는 이미 NIST에서 표준화 및 승인을 받았다는 장점이 있다.

차세대 암호학

필자는 이 책을 읽는 독자들이 실세계 암호학의 미래에도 관심을 가질 것이라는 생각에서 이 책을 집필하기 시작했다. 오늘날 사용되는 암호학과 그 응용에 대한 내용을 지금까지 다루었지만, 여러분이 이 페이지를 읽는 이 순간에도 암호학은 빠르게 변화하고 있다(최근 몇 년 동안 발전한 암호화폐의 예가 대표적이다).

지금 이 순간에도 수많은 이론적 암호학 프리미티브와 프로토콜이 응용 암호학 세계로 진출하고 있다. 아마도 이러한 이론적 프리미티브의 사용 사례를 마침내 찾았거나, 실제 애플리케이션에서 사용할 수 있을 만큼 충분히 효율적으로 발전했기 때문일 것이다. 이유가 무엇이든, 암호화의 실제 사례는 확실히 성장하고 있으며 더욱 흥미진진해지고 있다. 이 장에서는 세 가지 기본 프리미티브를 간략하게 소개하며 실세계 암호학의 미래(아마도 향후 10년에서 20년 사이)가 어떤 모습일지 그 맛보기를 제공한다.

- **다자 간 계산**secure multi-party computation, MPC: 서로 다른 참가자가 프로그램에 대한 자신의 입력을 반드시 공개하지 않고도 프로그램을 함께 실행할 수 있도록 하는 암호학의 분야 중 하나다.

- **완전 동형 암호화**fully homomorphic encryption, FHE: 암호화된 데이터로 임의의 계산을 수행할 수

있게 하는 프리미티브로, 암호학의 성배라고도 할 수 있다.

- **범용 ZKP(영지식 증명)**: 7장에서 배운 프리미티브를 사용하면 무언가를 밝히지 않고도 알고 있음을 증명할 수 있지만, 이번에는 더 복잡한 프로그램에 더 일반적으로 적용된다.

이 장에는 이 책에서 가장 고급스럽고 복잡한 개념을 포함한다. 먼저 16장으로 넘어가서 결론을 읽는 것도 좋다. 이러한 고급 개념에 대해 더 많이 배우고 싶어지면 이 장으로 돌아오자. 시작하자!

15.1 함께할수록 좋은 MPC

MPC는 1982년 유명한 백만장자 문제Millionaires' problem와 함께 등장한 암호학의 한 분야이다. 1982년 앤드루 C. 야오Andrew C. Yao는 자신의 논문 〈Protocols for Secure Computations(보안 계산을 위한 프로토콜)〉에서 다음과 같이 기술했다. "두 백만장자가 있다. 둘은 누가 더 부자인지 알고 싶지만, 우연히라도 서로의 부에 대한 추가적인 정보를 알고 싶지 않다. 둘은 어떻게 원하는 정보만 알아낼 수 있을까?" 간단히 말해서, MPC는 여러 참가자가 프로그램을 함께 계산하는 방법이다. 이 새로운 프리미티브에 대해 더 배우기 전에, 이것이 왜 유용한지 알아보자.

물론 신뢰할 수 있는 제3자의 도움이 있으면 모든 분산 계산을 쉽게 해결할 수 있다. 이 신뢰할 수 있는 제3자는 아마 각 참가자의 입력에 대한 프라이버시를 유지할 수 있을 뿐 아니라, 계산 결과로 특정 참가자에게 공개되는 정보의 양을 제한할 수 있다. 하지만 현실 세계에서 우리는 신뢰할 수 있는 제3자를 별로 좋아하지 않는다. 이러한 제3자를 찾아내기도 어려울뿐더러, 그들이 항상 약속을 지킨다는 보장도 없다.

MPC를 사용하면 분산 계산에서 신뢰할 수 있는 제3자를 완전히 제거할 수 있으며, 참가자가 각자의 입력을 서로에게 공개하지 않고도 스스로 계산을 수행할 수 있다. 이는 암호학 프로토콜을 통해 이루어진다. 시스템 입장에서 MPC를 사용하는 것은 신뢰할 수 있는 제3자를 이용하는 것과 거의 동일하다(그림 15.1).

그림 15.1 **다자 간 연산(MPC) 프로토콜은 신뢰할 수 있는 제3자를 통해 계산할 수 있는 분산 계산(왼쪽 이미지)을 신뢰할 수 있는 제3자의 도움이 필요하지 않은 계산으로 바꾼다(오른쪽).**

사실 앞에서 이미 MPC 프로토콜을 일부 다루었다. 8장에서 다룬 임곗값 서명 및 분산 키 생성은 MPC의 예다. 이러한 예는 **임곗값 암호학**이라는 MPC의 하위 분야로, 2019년 중반 NIST가 임곗값 암호학에 대한 표준화 절차를 시작하면서 최근 몇 년 동안 많은 사랑을 받고 있다.

15.1.1 PSI

MPC의 분야 중 잘 알려진 또 다른 것은 **PSI**private set intersection다. PSI는 다음과 같은 문제로부터 시작된다. 앨리스와 밥은 단어장을 가지고 있는데, 각자의 단어장을 공개하지 않으면서 양쪽 단어장에 공통으로 있는 단어가 무엇인지(또는 그런 단어가 몇 개 있는지) 알고 싶어 한다. 이 문제를 해결하는 한 가지 방법은 11장에서 배운 OPFR 구조를 사용하는 것이다(그림 15.2).

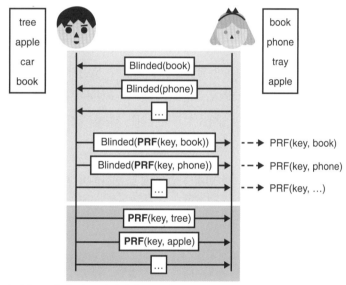

그림 15.2 앨리스와 밥은 PSI를 통해 두 단어장의 공통 단어가 무엇인지 알 수 있다. 첫째, 앨리스는 앨리스의 목록에 있는 모든 단어를 블라인드하고, 밥과 함께 OPRF 프로토콜로 각 단어에 밥의 키를 사용하여 PRF를 적용한다. 마지막으로 밥은 자신의 단어와 함께 키의 PRF를 앨리스에게 보낸다. 그런 다음 앨리스는 공통 단어를 찾기 위해 일치하는 항목이 있는지 확인한다.

1. 밥이 OPRF 키(key)를 생성한다.

2. 앨리스는 OPRF 프로토콜을 사용하여 목록의 모든 단어(word)에 대해 임의의 값 $PRF(key, word)$를 생성한다(즉 앨리스는 PRF 키를 모르고, 밥은 단어를 모른다).

3. 밥은 자신의 단어에 대한 $PRF(key, word)$ 값 목록을 계산하고 앨리스에게 보낸다. 앨리스는 이를 자신의 PRF 출력과 비교하여 밥의 PRF 출력이 일치하는지 확인한다.

PSI는 예전보다 훨씬 그 실용성이 검증되어 최근 몇 년 동안 점점 많이 채택되는 유망한 분야다. 예를 들어 크롬 브라우저에 통합된 구글의 비밀번호 체크업Password Checkup 기능은 PSI를 사용하여 비밀번호 유출 후 유출된 비밀번호 덤프에서 사용자의 비밀번호가 일부 감지되면 사용자의 비밀번호를 실제로 보지 않고도 경고를 날린다. 마이크로소프트는 엣지Edge 브라우저에서도 이 작업을 수행하는데, 엣지는 완전 동형 암호화(다음 절에서 소개할 예정)를 사용하여 PSI를 수행한다. 반면에 시그널 메시징 애플리케이션(10장에서 설명)에서는 PSI가 전화기의 연락처 목록을 기반으로 대화할 수 있는 사람을 파악하기 위해 연락처 검색을 수행하기에는 너무 느리다고 판단해서, PSI 대신 SGX를 신뢰할 수 있는 제3자로서 사용했다(13장에서 다룸).

15.1.2 범용 MPC

일반적으로 MPC에는 임의의 프로그램의 계산을 목표로 하는 다양한 솔루션이 있다. 범용 MPC 솔루션은 다양한 효율성(시간에서 밀리초까지)과 속성 유형을 제공한다. 예를 들어 다음과 같은 속성들이다. 프로토콜이 얼마나 많은 부정직한 참가자를 허용할 수 있는가? 참가자는 악의적인가, 아니면 정직하지만 정보에 목말라 있나('**반정직**semi-honest'이라고도 표현하며, MPC 프로토콜에 참여하여 정직하게 프로토콜을 수행하지만 다른 참가자의 입력을 알고 싶어 하는 집단을 뜻한다)? 일부 참가자가 프로토콜을 조기에 종료하면 모든 참가자에게 공정한가?

MPC로 프로그램을 안전하게 계산하려면 먼저 산술 회로로 변환해야 한다. **산술 회로**arithmetic circuit는 덧셈과 곱셈의 연속이며, 튜링 완전성을 가지므로 모든 프로그램을 표현할 수 있다! 산술 회로에 대한 설명은 그림 15.3을 참조하자.

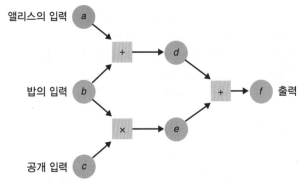

그림 15.3 산술 회로는 입력과 출력을 연결하는 많은 덧셈 또는 곱셈 게이트다. 그림에서 값은 왼쪽에서 오른쪽으로 이동한다. 예를 들어 d = a + b다. 여기서 회로는 하나의 값 f = a + b + bc만 출력하지만 이론상 여러 출력 값을 가질 수 있다. 회로에 대한 서로 다른 입력은 서로 다른 참가자에 의해 제공되지만, (모두에게 알려진) 공개 입력일 수도 있다.

다음 프리미티브를 살펴보기 전에 샤미르의 비밀 공유를 통해 만들어진 범용 MPC의 간단한 예를 살펴보자. 더 많은 방식이 있지만 이 방식은 매우 간단해서 회로의 각 입력에 대한 충분한 정보를 공유한 후, 회로의 모든 게이트를 평가하고 출력을 재구성하는 3단계 설명에 적합하다. 각 단계를 더 자세히 살펴보겠다.

첫 번째 단계는 모든 참가자가 회로의 각 입력에 대한 충분한 정보를 갖는 것이다. 공개 입력은 공개적으로 공유되는 반면, 개인 입력은 샤미르의 비밀 공유를 통해 공유된다(8장에서 다룸). 그림 15.4를 확인하자.

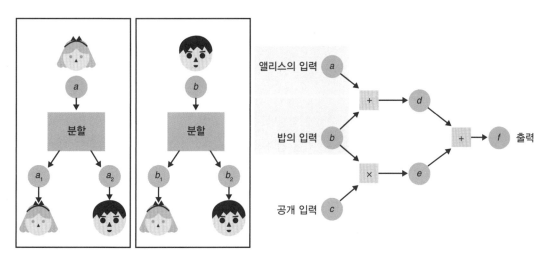

그림 15.4 비밀 공유가 있는 범용 MPC의 첫 번째 단계는 참가자가 각자의 비밀 입력을 분할하고(샤미르의 비밀 공유 방식을 사용) 모든 참가자에게 해당 부분을 배포하도록 하는 것이다. 예를 들어 앨리스는 입력을 a_1과 a_2로 분할한다. 예시에서는 참가자가 두 명뿐이므로 앨리스는 첫 번째 몫을 자신에게 주고 밥에게 두 번째 몫을 준다.

두 번째 단계는 회로의 모든 게이트를 평가하는 것인데, 기술적인 이유로 여기서 생략하겠다. 덧셈 게이트는 로컬에서 계산할 수 있지만 곱셈 게이트는 대화식으로 계산해야 한다(참가자가 일부 메시지를 교환해야 한다). 덧셈 게이트의 경우 가지고 있는 입력 공유를 더하기만 하면 된다. 곱셈 게이트의 경우 입력 공유를 곱한다. 여기서 얻는 것은 그림 15.5가 보여주는 것과 같이 결과 공유다. 이 시점에서 공유는 교환(출력을 재구성하기 위해)하거나 계산을 계속하기 위해 별도로 보관(중간 값을 나타내는 경우)할 수 있다.

마지막 단계는 출력을 재구성하는 것이다. 이 시점에서 참가자는 모두 공유한 결과를 소유해야 하며, 샤미르의 비밀 공유 계획의 마지막 단계를 사용하여 최종 출력을 재구성하는 데 사용할 수 있다.

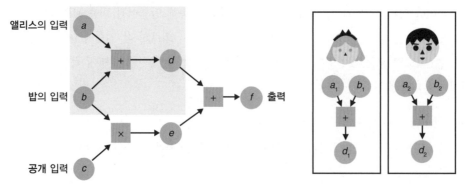

그림 15.5 **비밀 공유가 있는 범용 MPC의 두 번째 단계는 참가자가 회로의 각 게이트를 계산하도록 하는 것이다.**
예를 들어 참가자는 자신이 가진 두 개의 입력 샤미르 공유를 더하는 방식으로 덧셈 게이트를 계산할 수 있으며,
이는 출력 샤미르 공유를 생성한다.

15.1.3 MPC의 현재

지난 10년 동안 MPC를 실용화하는 과정에 엄청난 진전이 있었다. 이는 다양하게 응용 가능한 분야며, 이 새로운 프리미티브를 사용할 수 있는 잠재적 애플리케이션이 많다. 안타깝게도 아직 표준화가 진행되고 있지는 않으며, 오늘날 많은 애플리케이션에서 여러 MPC 구현이 실용적으로 쓰일 수 있지만 사용하기가 쉽지는 않다.

덧붙여서 이번 절의 앞부분에서 설명한 범용 MPC 구성은 비밀 공유를 기반으로 하지만, MPC 프로토콜을 구성하는 더 많은 방법이 있다. 잘 알려진 대안 중 하나로 **왜곡된 회로**garbled circuit가 있는데, 1982년 앤드루 C. 야오가 MPC를 소개한 논문에서 처음 제안한 구조다. 또 다른 대안은 완전 동형 암호화를 기반으로 하는 것인데 이는 다음 절에서 배우게 될 기본 프리미티브다.

15.2 FHE, 그리고 암호화 클라우드의 미래

암호학에서 오랫동안 많은 암호학자들을 괴롭히는 질문이 있다. '암호화된 데이터에 대해 임의의 프로그램을 계산할 수 있는가?' 값 a, b, c를 개별적으로 암호화하고, 암호문을 서비스에 보내고, 해당 서비스에 $a \times 3b + 2c + 3$의 암호화를 반환하도록 요청하고, 이를 복호화할 수 있다고 상상해보자. 여기서 중요한 것은 서비스가 사용자가 보낸 값을 모르는 상태에서 암호문의 계산을 처리한다는 것이다. 계산 자체가 대단한 것은 아니지만, 덧셈과 곱셈을 통해 암호화된 데이터에 대한 실제 프로그램을 계산할 수 있다.

1978년에 리베스트Rivest, 애들먼Adleman, 데르투조스Dertouzos가 처음 제안한 이 흥미로운 개념이 바로 **완전 동형 암호화**fully homomorphic encryption, FHE(심지어는 암호학의 성배라고 불렸다!)라는 개념이다. 그림 15.6에서 이 암호학 프리미티브를 도식화했다.

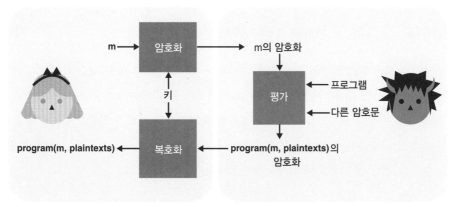

그림 15.6 완전 동형 암호화(FHE)는 암호화된 콘텐츠에 대한 임의의 계산을 허용하는 암호화 체계다. 키 소유자만 계산 결과를 복호화할 수 있다.

15.2.1 RSA 암호화와 동형 암호화의 예

이미 암호 체계 중 일부를 앞에서 살펴봤기에 이 개념이 익숙하다는 느낌이 들 수 있다. RSA를 생각해보자(6장에서 다룸). ciphertext = message^e mod N이 주어지면 누군가는 원하는 n에 대해(너무 클 수는 없지만) 암호문의 일부 제한된 함수를 쉽게 계산할 수 있다.

$$n^e \times \text{ciphertext} = (n \times \text{message})^e \bmod N$$

결과는 다음으로 복호화되는 암호문이다.

$$n \times \text{message}$$

물론 이는 RSA에는 바람직한 동작이 아니며, 실제로 공격의 여지를 열어주기도 한다(6장에서 언급한 블라이헨바허 공격이 그 예다). 실전에서 RSA는 패딩 체계를 사용하여 동형 특성을 깨뜨린다. RSA는 곱셈과 덧셈이 모두 필요하므로 임의의 함수를 계산하기에 충분하지 않은 곱셈에 대해서만 동형이다. 이러한 제한으로 인해 RSA는 **부분적 동형**partially homomorphic이다.

15.2.2 다양한 동형 암호화

다른 종류의 동형 암호화에는 다음과 같은 것이 있다.

- **제한 동형**somewhat homomorphic: 한 연산(덧셈 또는 곱셈)에 부분적으로 동형이고, 제한된 방식으

로 다른 연산에 동형임을 의미한다. 예를 들어 덧셈은 특정 수까지 무제한이지만 곱셈은 아주 적은 횟수만 수행할 수 있다.

- **단계 동형**leveled homomorphic: 덧셈과 곱셈이 모두 특정 횟수까지 가능하다.
- **완전 동형**fully homomorphic: 덧셈과 곱셈이 무제한이다(진정한 FHE).

FHE가 발명되기 전에 여러 유형의 동형 암호화 방식이 제안되었지만 어느 것도 완전한 동형 암호화를 달성할 수 없었다. 그 이유는 암호화된 데이터에서 회로를 평가하면 일부 노이즈가 증가하기 때문이다. 특정 시점 이후에 노이즈는 암호의 복호화를 불가능하게 만드는 임곗값에 도달했다. 그리고 수년 동안 일부 연구자들은 완전한 동형 암호화가 불가능함을 정보 이론을 통해 증명하려 했다. 그런데 어느 순간 완전한 동형 암호화가 가능해진 것이다.

15.2.3 FHE의 열쇠, 부트스트래핑

어느 날 밤 앨리스는 꿈에서 금, 은, 다이아몬드가 높이 쌓인 엄청난 재물을 본다. 그리고 거대한 용이 재물을 집어삼키고, 자신의 꼬리를 먹기 시작한다! 그녀는 깨어나며 안도한다. 그녀는 자신의 꿈을 이해하려고 노력하다 자신의 문제에 대한 해결책이 있음을 깨닫는다.

—크레이그 젠트리Craig Gentry (<Computing Arbitrary Functions of Encrypted Data
(암호화된 데이터의 임의 함수 계산)>, 2009)

2009년 댄 보네Dan Boneh의 박사 과정 학생인 크레이그 젠트리는 최초의 완전 동형 암호화 구조를 제안했다. 젠트리의 솔루션은 **부트스트래핑**bootstrapping으로, 이는 노이즈를 관리 가능한 임곗값으로 줄이기 위해 암호문의 복호화 회로를 자주 평가하는 것이었다. 흥미롭게도 복호화 회로 자체는 비밀 키를 드러내지 않으며, 신뢰할 수 없는 참가자도 계산할 수 있다. 부트스트래핑은 단계 동형 체계를 완전 동형 체계로 전환할 수 있다. 다만 젠트리의 구조는 느리고 매우 비실용적이어서 기본 비트 작업당 약 30분이 걸렸지만, 다른 모든 혁신과 마찬가지로 시간이 지남에 따라 개선되었으며 실용적이며 완전한 동형 암호화가 가능함을 보여주었다.

그럼 부트스트랩은 어떻게 작동하는 것일까? 먼저 대칭 암호화 시스템이 아니라 공개 키 암호화 시스템을 사용한다. 즉, 공개 키를 사용하여 암호화하고 비밀 키를 사용하여 복호화하는 시스템이다. 이제 암호문에서 특정 수의 덧셈과 곱셈을 실행하고 어느 정도 노이즈 수준에 도달했다고 상상해보자. 노이즈는 여전히 암호문을 올바르게 해독할 수 있을 만큼 충분히 낮지만, 암호화된 내용을 파괴하지 않으면 더 많은 동형 연산을 수행할 수 없을 정도로 높다. 그림 15.7을 참고하자.

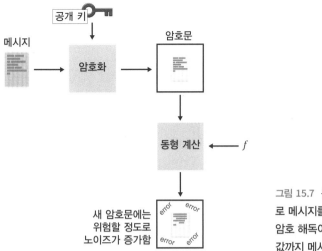

그림 15.7 완전 동형 암호화 알고리즘으로 메시지를 암호화한 후 이를 조작하면 암호 해독이 불가능해지는 위험한 임곗값까지 메시지의 노이즈가 증가한다.

여기서 막혔다고 생각할 수도 있지만, 부트스트래핑은 해당 암호문에서 노이즈를 제거하여 길을 다시 열어젖힌다. 그렇게 하려면 노이즈가 많은 암호문을 다른 공개 키(보통 **부트스트래핑 키**bootstrapping key라고 한다)로 다시 암호화하여 노이즈가 있는 암호문의 암호화를 얻는다. 새 암호문에는 노이즈가 없다(그림 15.8).

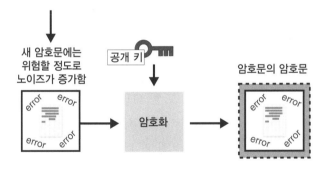

그림 15.8 그림 15.7을 기반으로 암호문의 노이즈를 제거하기 위해 암호를 복호화할 수 있다. 그러나 비밀 키가 없기 때문에, 노이즈가 많은 암호문의 새로운 암호문을 오류 없이 얻기 위해 다른 공개 키(부트스트래핑 키)로 노이즈가 있는 암호문을 재암호화한다.

여기서 마법이 시작된다. 평문이 아니라, 해당 부트스트래핑 키로 암호화된 초기 비밀 키가 제공된다. 즉, 이 비밀 키를 복호화 회로와 함께 사용하면 내부에 노이즈가 있는 암호문을 동형적으로 복호화할 수 있다. 복호화 회로가 허용 가능한 양의 노이즈를 생성하면 이는 작동할 수 있으며, 부트스트래핑 키로 암호화된 첫 번째 동형 연산의 결과를 얻을 수 있게 된다(그림 15.9).

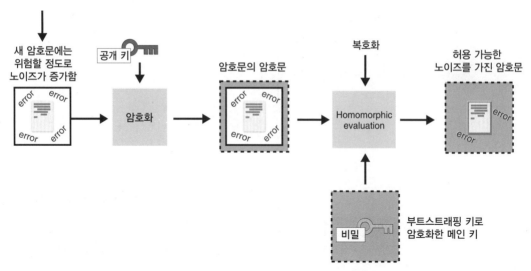

그림 15.9 그림 15.9를 기반으로 부트스트래핑 키로 암호화된 초기 비밀 키를 사용하여 해당 새 암호문에 복호화 회로를 적용한다. 이는 노이즈가 있는 암호문을 효과적으로 복호화하여 오류를 제거한다. 복호화 회로로 인해 약간의 오류가 있을 수는 있다.

남아 있는 오류 양으로 최소 한 번 이상의 동형 연산(+ 또는 ×)을 수행할 수 있으면 최고일 것이다. 실제로는 모든 연산의 전이나 후에 항상 부트스트래핑을 실행할 수 있기에 완전한 동형 암호화 알고리즘을 쓸 수 있게 된다. 부트스트랩 키 쌍은 초기 키 쌍과 동일하게 설정할 수 있다. 순환 보안이라는 이상한 점이 있기는 하지만 작동 자체에는 문제가 없으며 아직 보안 취약점은 알려져 있지 않다.

15.2.4 오류를 통한 학습 기반 FHE 체계

계속 진행하기 전에 14장에서 살펴본 오류 학습 문제를 기반으로 한 FHE 체계의 한 예를 살펴보자. 먼저 GSW 체계(크레이그 젠트리, 아미트 사하이Amit Sahai, 브렌트 워터스Brent Waters의 이름을 땄다)의 단순화된 버전부터 시작하자. 단순한 설명을 위해 알고리즘의 비밀 키 버전을 먼저 소개하겠지만, 이러한 체계를 부트스트래핑에 필요한 공개 키 변형으로 변환하는 것은 비교적 간단하다는 점을 명심하자. $\mathbf{C}$는 정방 행렬, $\mathbf{s}$는 벡터, m은 스칼라(숫자)인 다음 방정식을 살펴보자.

$$\mathbf{C}\mathbf{s} = m\mathbf{s}$$

이 방정식에서 $\mathbf{s}$는 **고유 벡터**eigenvector, m은 **고윳값**eigenvalue이다. 생소하게 느껴지는 단어겠지만 걱정하지 말자. 그렇게 중요한 건 아니다.

FHE 체계의 첫 번째 직관은 고유 벡터와 고윳값을 관찰해서 얻을 수 있다. m을 암호화하려는 단일 비트로 설정하고 **C**를 암호문으로, **s**를 비밀 키로 설정하면 1비트를 암호화하는 (안전하지 않은) 동형 암호화 체계가 성립된다(물론 고정 비트 m과 고정 비밀 키 **s**에서 임의의 암호문 **C**를 얻는 방법이 있다고 가정한다). 그림 15.10에서 설명한다.

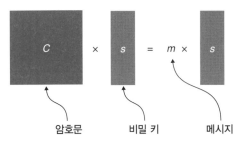

그림 15.10 m을 고윳값으로, s를 고유 벡터로 해석한 다음 암호문이 될 관련 행렬 C를 찾으면, 단일 비트 m을 비밀 벡터 s로 암호화하는 안전하지 않은 동형 암호화 체계를 생성할 수 있다.

암호문을 복호화하려면 행렬에 비밀 벡터 **s**를 곱하고, 결과가 비밀 벡터인지 0인지 확인한다. 두 암호문의 복호화를 더한 $(C_1 + C_2)$가 연관된 비트의 합과 일치하는지 확인하면 이 체계가 완전히 동형인지 확인할 수 있다.

$$(C_1 + C_2)s = C_1s + C_2s = b_1s + b_2s = (b_1 + b_2)s$$

또한 두 암호문의 복호화를 곱하면 $(C_1 \times C_2)$에 연결된 비트가 함께 곱해진다.

$$(C_1 \times C_2)s = C_1(C_2s) = C_1(b_2s) = b_2C_1s = (b_2 \times b_1)s$$

안타깝게도 이 체계는 **C**에서 고유 벡터(비밀 벡터 **s**) 검색이 가능하기에 안전하지 않다. 그럼 약간의 노이즈를 추가하면 어떨까? 이 방정식을 약간 변경하여 오류 학습 문제처럼 보이게 할 수 있다.

$$Cs = ms + e$$

이 식은 더 친숙하게 보일 것이다. 다시 한번, 덧셈이 여전히 동형임을 확인할 수 있다.

$$(C_1 + C_2)s = C_1s + C_2s = b_1s + e_1 + b_2s + e_2 = (b_1 + b_2)s + (e_1 + e_2)$$

여기서 예상한 대로 오류가 증가하고 있다($e_1 + e_2$). 곱셈이 여전히 작동하는지도 확인할 수 있다.

$$(C_1 \times C_2)s = C_1(C_2s) = C_1(b_2s + e_2) = b_2C_1s + C_1e_2 = b_2(b_1s + e_1) + C_1e_2$$
$$= (b_2 \times b_1)s + b_2e_1 + C_1e_2$$

여기서 b_2e_1은 작지만(e_1 또는 0이므로) C_1e_2는 꽤 클 수 있다. 이는 분명히 문제지만 디테일에 지면을 너무 많이 할애할 수는 없어 여기서는 다루지 않는다. 더 자세히 알고 싶다면 샤이 할레비_{Shai} _{Halevi}의 〈Homomorphic Encryption(동형 암호화)〉(2017)를 읽어보자.

15.2.5 어디에 사용할까?

FHE의 가장 잘 알려진 사용 사례는 항상 클라우드였다. 클라우드 제공자가 데이터를 보지 않게 하면서도 클라우드에 데이터를 계속 저장할 수 있다면? 또한 클라우드가 암호화된 데이터에 대한 유용한 계산을 제공할 수 있다면? 실제로 FHE가 쓰일 수 있는 애플리케이션이 많다. 몇 가지 예를 살펴보자.

- 스팸 탐지기는 이메일을 보지 않고 스캔할 수 있다.
- DNA에 대한 유전 연구를 수행할 때, 개인 정보에 민감한 인간 코드를 실제로 저장하고 보호할 필요가 없다.
- 데이터베이스는 데이터를 공개하지 않고 서버 측에서 암호화하여 저장되고, 사용자는 이를 쿼리할 수 있다.

그러나 필립 로거웨이는 2015년 〈The Moral Character of Cryptographic Work(암호학 작업의 도덕적 특성)〉에서 언급했다. "FHE는 (…) 새로운 활력의 물결을 일으켰다. 이론가들은 보조금 제안서, 미디어 인터뷰, 대담에서 FHE를 (…) 우리가 어디까지 왔는지에 대한 판도를 바꾸는 지표로 사용했다. 이 중 어느 것이 실무에 영향을 줄 수 있기는 한지, 이것이 얼마나 추측성 논의인지 이야기하는 사람은 아무도 없는 것 같다."

로거웨이가 틀린 말을 한 것은 아니다. FHE의 발전은 여전히 매우 느리다. 하지만 이 분야의 발전은 흥미진진하다. 집필 시점(2021년) 기준 연산 속도는 일반 연산보다 약 10억 배 느리지만, 2009년을 기준으로 하면 속도가 약 10^9배로 증가했다. 의심할 여지 없이, 우리는 최소한 일부 제한된 응용 분야에서 FHE가 가능한 미래를 향해 나아가고 있다.

게다가 모든 애플리케이션이 완전한 프리미티브를 필요로 하는 것은 아니다. 제한 동형 암호화는 광범위한 애플리케이션에서도 사용할 수 있으며, FHE보다 훨씬 효율적이다. 그리고 표준화는 이론적인 암호학 프리미티브가 현실 세계에 진입하고 있다는 좋은 지표며 FHE도 여기에 진입하고 있다. https://homomorphicencryption.org의 표준화에 많은 대기업과 대학이 동참하고 있다. 동형 암호화가 언제, 어디서, 어떤 형태로 현실 세계에 진입하게 될지는 아직 명확하지 않지만, 분명히 일어날 일일 테니 계속 지켜보자!

15.3 범용 ZKP

서명을 다룬 7장에서 ZKP에 대해 한 번 다루었고, 서명이 이산 로그에 대한 지식의 대화형 ZKP 와 유사하다는 점을 언급했다. 이러한 종류의 ZKP는 1980년대 중반 샤피 골드바서Shafi Goldwasser, 실비오 미칼리Silvio Micali, 찰스 래코프Charles Rackoff 교수에 의해 발명되었다. 얼마 후 골드라이히 Goldreich, 미칼리Micali, 위그더슨Wigderson은 이산 로그나 다른 유형의 어려운 문제보다 훨씬 더 많은 것을 증명할 수 있음을 발견했다. 일부 입력 또는 출력을 제거한 경우에도 프로그램의 올바른 실행을 증명할 수도 있다(그림 15.11의 예 참조). 이번 절에서는 이 범용 ZKP에 대해 알아보자.

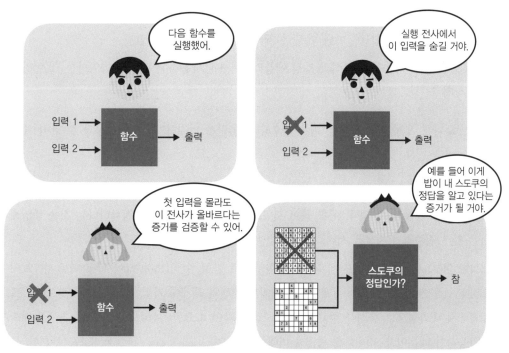

그림 15.11 **범용 ZKP를 사용하면 증명자가 계산과 관련된 일부 입력 또는 출력을 숨기면서도 실행 추적**(프로그램의 입력 및 실행 후 얻은 출력)의 무결성에 대해 검증자를 설득할 수 있다. 한 예로, 스도쿠가 풀릴 수 있음을 증명하려는 증명자를 생각해볼 수 있다.

ZKP 분야는 초기부터 엄청나게 성장했다. 주요 이유 중 하나는 암호화폐의 폭발적 성장, 그리고 온체인 거래에 더 많은 기밀성을 제공하고 공간을 최적화해야 할 필요성 때문이다. ZKP 분야는 집필 시점에도 계속해서 매우 빠르게 성장하고 있으며, 현재 존재하는 모든 현대적 체계와 범용 ZKP의 유형을 모두 따라잡는 것은 상당히 어렵다.

다행스럽게도 이 문제에 대한 표준화의 수요도 커져서, 2018년에는 산업계와 학계 관계자들이 "암호화 영지식 증명의 사용 표준화"를 목표로 ZKProof 표준화 그룹을 결성하여 표준화를 진행하고 있다. 자세한 내용은 https://zkproof.org에서 읽을 수 있다.

범용 ZKP는 매우 다양한 상황에서 사용할 수 있지만, 필자가 알기로는 지금까지 암호화폐 분야에서 주로 사용되어왔다. 아마도 암호화폐 분야와 암호화에 관심이 있고 최첨단을 달리는 기술에 관심을 가지는 사람들이 많기 때문일 것이다. 그럼에도 범용 ZKP는 ID 관리(공개하지 않고 자신의 나이를 증명할 수 있음), 압축(대부분의 계산을 숨길 수 있음), 기밀성(프로토콜의 일부 정보를 숨길 수 있음)과 같은 많은 분야에서 잠재적인 응용 가능성을 가지고 있다. 더 많은 애플리케이션에서 범용 ZKP를 채택하는 데 가장 큰 장애물은 다음과 같다.

- 수많은 ZKP 체계가 있으며, 매년 더 많은 체계가 제안되고 있다는 점
- 이러한 시스템이 작동하는 방식과 특정 애플리케이션에 사용하는 방법을 파악하는 데 어려움이 있다는 점

제안된 서로 다른 체계 간의 구별은 매우 중요하다. 혼란을 방지하기 위해, 다음과 같이 각 체계를 분류할 수 있다.

- **영지식 여부**: 일부 정보가 일부 참가자에게 비밀로 유지되어야 하면 영지식이 필요하다. 비밀이 없는 증명도 유용할 수 있다. 예를 들어 서비스에서 제공하는 결과가 정확하다는 것을 증명해야 하는 일부 집중적인 계산을 서비스에 위임할 수 있다.

- **대화형 여부**: 대부분의 ZKP 체계는 비대화형으로 만들 수 있으며(7장에서 이야기한 피아트-샤미르 변환 사용 가능), 프로토콜 설계자는 비대화형 버전의 체계에 가장 관심이 있는 것 같다. 프로토콜에서 대화형으로 통신을 주고받는 데 시간이 많이 소요될 수 있으며, 때로는 실시간 대화가 불가능하기 때문이다. 비대화형 증명을 **비대화형 ZKP**non-interactive ZKP, NIZK라고도 부른다.

- **간결한 증명 여부**: 최근 스포트라이트를 받고 있는 대부분의 ZKP 체계는 **영지식 간결한 비대화형 지식 증명**zero-knowledge succinct non-interactive argument of knowledge, 줄여서 **zk-SNARK**다. 그 정의는 다양할 수 있지만, 이 zk-SNARK 시스템에서는 생성된 증명의 크기(보통 수백 바이트 정도)와 이를 확인하는 데 필요한 시간(밀리초 범위 내)에 중점을 둔다. 따라서 zk-SNARK는 짧고, ZKP를 확인하는 데 사용하기 쉽다. 물론 zk-SNARK가 아닌 체계도 다른 애플리케이션에서 유용할 수 있다.

- **투명한 설정 여부**: 다른 모든 암호학 프리미티브와 마찬가지로 ZKP도 파라미터 및 공통 값 집합에 동의하는 설정이 필요하다. 이를 **공통 참조 문자열**common reference string, CRS이라 한다. 그러

나 ZKP에 대한 설정은 생각보다 훨씬 더 제한적이거나 위험할 수 있다. 세 가지 유형의 설정이 있다.

- **신뢰 가능**Trusted: CRS를 만든 사람은 누구나 증거를 위조할 수 있는 비밀에 접근할 수 있음을 의미한다(그렇기에 이러한 비밀을 '**독성 폐기물**toxic waste'이라고도 함). 이는 신뢰할 수 있는 제3자가 다시 생기는 등 상당한 문제가 되지만, 이 속성을 나타내는 체계는 종종 가장 효율적이고 가장 짧은 증명 크기를 가진다. 위험을 줄이기 위해 MPC를 사용하여 많은 참가자가 이러한 위험한 파라미터를 만드는 데 도움을 줄 수 있다. 정직한 한 명의 참가자가 있고, 계산이 끝난 후 키를 삭제하면 독성 폐기물을 없앨 수 있다.

- **범용**Universal: 신뢰할 수 있는 설정을 사용하여 모든 회로(일부 크기로 제한됨)의 실행을 증명할 수 있다면 이를 범용 설정이라 한다. 그렇지 않으면 단일 회로에만 해당된다.

- **투명성**Transparent: 다행히도 많은 체계가 투명 설정을 제공한다. 즉, 시스템 파라미터를 생성하기 위해 신뢰할 수 있는 제3자가 있을 필요가 없다. 투명한 체계는 범용적으로 설계된다.

- **양자 내성 여부**: 일부 ZKP는 공개 키 암호화와 **쌍선형 페어링**bilinear pairing(추후 설명)과 같은 고급 프리미티브를 사용하는 반면, 다른 ZKP는 대칭 암호화(예: 해시 함수)에만 의존하므로 자연스럽게 양자 컴퓨터에 내성을 가진다(그 대가로 보통 훨씬 더 큰 증명을 가지게 된다).

집필 시점에서는 zk-SNARK가 가장 최신 기술이므로 그 작동 방식을 다루는 것이 의미가 있을 것이다.

15.3.1 zk-SNARK의 작동 원리

무엇보다도 zk-SNARK 체계에는 종류가 많다. 너무 많다. 대부분은 이러한 유형의 구조를 기반으로 한다.

- 증명자가 검증자에게 무언가를 증명할 수 있도록 하는 증명 시스템
- 증명 시스템이 증명할 수 있는 것으로 프로그램을 번역하거나 편집하는 것

첫 번째 부분은 이해하기 어렵지 않은 반면, 두 번째 부분을 제대로 이해하려면 해당 주제에 대한 대학원 과정이 필요하다. 먼저 첫 번째 부분을 살펴보자.

zk-SNARK의 주 개념은 근root이 있는 다항식 $f(x)$를 알고 있음을 증명하는 것이다. 여기서 근이란 검증자가 염두에 두고 있는 몇 가지 값(예: 1, 2)이며, 검증자가 염두에 두는 비밀 다항식이 이러한 근을 대입했을 때 값이 0이 됨을 증명해야 함을 의미한다(예: $f(1) = f(2) = 0$). 1과 2를 근으로 하는 다

항식은 어떤 다항식 $h(x)$에 대해 $f(x) = (x - 1)(x - 2)h(x)$로 쓸 수 있다(잘 모르겠다면 $x = 1$과 $x = 2$를 대입해보자). 증명자는 목표 다항식 $f(x) = (x - 1)(x - 2)$에 대해 $f(x) = t(x)h(x)$가 되도록 하는 $f(x)$와 $h(x)$를 알고 있음을 증명해야 한다. 그리고 이 예에서 1과 2는 검증자가 확인하려는 근이다.

사실 이게 전부다! zk-SNARK 증명 시스템은 이를 일반적으로 제공한다. 다항식을 알고 있음을 증명하는 것이다. 이 말을 반복하는 이유는, 필자도 처음 이 개념을 배웠을 때 말이 안 된다고 생각했기 때문이다. 증명할 수 있는 것이 다항식을 안다는 것뿐이라면, 프로그램에 대한 비밀 입력을 알고 있다는 것을 어떻게 증명할 수 있을까? 이것이 zk-SNARK의 두 번째 부분이 어려운 이유다. 프로그램을 다항식으로 변환하는 것으로, 나중에 더 자세히 설명한다.

증명 시스템으로 돌아가서, $f(x)$와 같은 함수를 알고 있음을 어떻게 증명할까? 증명자는 $f(x)$를 $f(x) = t(x)h(x)$로 쓸 수 있도록 하는 $h(x)$를 알고 있음을 증명해야 한다. 그런데 잠깐, 이건 영지식 증명 이야기 아니었나? $f(x)$를 제공하지 않고 이를 어떻게 증명시킬 수 있을까? 답은 다음 세 가지 트릭에 있다.

- **동형 커밋**homomorphic commitment: 다른 ZKP에서 사용한 것과 유사한 커밋 체계(7장에서 다룸)
- **쌍선형 페어링**bilinear pairing: 흥미로운 속성을 가지는 수학적 구조로 뒤에서 자세히 다룬다.
- 다른 다항식이 대부분의 경우 다른 값으로 평가된다는 사실

그럼 하나하나 살펴보자.

15.3.2 증거의 일부를 숨기는 동형 커밋

첫 번째 트릭은 커밋commitment을 사용하여 증명자에게 보내는 값을 숨기는 것이다. 그러나 값을 숨길 뿐만 아니라, 검증자가 증명을 검증할 수 있도록 일부 연산을 수행할 수 있어야 한다. 특히 증명자가 다항식 $f(x)$와 $h(x)$에 대해 커밋을 제출하는지 확인해야 하며, 커밋을 제출하면 다음을 얻을 수 있다.

$$com(f(x)) = com(t(x))com(h(x)) = com(t(x)h(x))$$

여기서 커밋 $com(t(x))$은 다항식에 대한 합의된 제약으로서 검증자가 계산한다. 이러한 연산을 **동형 연산**homomorphic operation이라 하며, 해시 함수를 커밋 메커니즘으로 사용했다면 수행할 수 없었을 것이다(2장에서 다룸). 이러한 동형 커밋 덕분에 '지수 값을 숨길' 수 있으며(예: 값 v의 경우 커밋 g^v mod p 전송) 이를 통해 다음과 같이 ID 확인을 수행할 수 있다.

- 커밋 등가: $g^a = g^b$이면 $a = b$다.

- 커밋 덧셈: $g^a = g^b g^c$이면 $a = b + c$다.

- 커밋 곱셈: $g^a = (g^b)^c$이면 $a = bc$다.

그런데 마지막 검사는 c가 공개 값이고 커밋 (g^c)가 아닌 경우에만 작동한다. 동형 커밋만으로는 우리가 필요했던 커밋의 곱을 확인할 수 없다. 다행히도 암호화에는 지수에 숨겨진 이러한 방정식을 가져오는 또 다른 도구, 쌍선형 페어링이 있다.

15.3.3 동형 커밋을 개선하는 쌍선형 페어링

쌍선형 페어링을 사용하여 앞에서 마주친 장애물을 돌파할 수 있으며, 이것이 zk-SNARK에서 쌍선형 페어링을 사용하는 유일한 이유다. 쌍선형 페어링에 대한 내용을 너무 깊이 들어가기에는 어려우니, 이전에 곱할 수 없었던 원소를 한 군에서 다른 군으로 이동하여 곱할 수 있게 해주는 또 다른 도구라는 점 정도로만 알아두자.

쌍선형 페어링을 작성하는 일반적인 방법은 다음과 같다. $e(g_1, g_2) = h_3$를 만족하는 e를 사용한다. 여기서 g_1, g_2, h_3은 서로 다른 군에 대한 생성원이다. 여기에서 왼쪽 $(g_1 = g_2)$에 동일한 생성원을 사용하여 페어링을 대칭으로 만든다. 쌍선형 페어링을 사용하여 다음 방정식을 통해 지수에 숨겨진 곱셈을 수행할 수 있다.

$$e(g^b, g^c) = e(g)^{bc}$$

다시 말하지만, 쌍선형 페어링을 사용하는 이유는 덧셈뿐 아니라 곱셈에 대해서도 커밋을 동형으로 만들기 위해서다(곱셈이 단 하나로 제한되기에 이는 완전한 동형 체계가 아니라는 점에 유의하자). 쌍선형 페어링은 암호화의 다른 곳에서도 사용되며, 점차 일반적인 도구가 되고 있다. 동형 암호화 체계와 BLS(8장에서 다룸)와 같은 서명 체계에서도 쌍선형 페어링을 볼 수 있다.

15.3.4 간결성은 어디에?

마지막으로, zk-SNARK의 간결함은 서로 다른 두 함수가 대부분 다른 값으로 계산된다는 사실에서 비롯된다. 이것이 우리에게 무엇을 의미하는가? 검증자가 선택한 근을 실제로 갖는 다항식 $f(x)$가 없다고 가정해보자. 이는 $f(x)$가 $t(x)h(x)$와 같지 않다는 것을 의미한다. 그런 다음 임의의 점 r에서 $f(x)$와 $t(x)h(x)$의 값을 구하면 대부분 서로 다른 결과를 얻을 것이다. 거의 모든 r에서 $f(r) \neq t(r)h(r)$이다. 이는 그림 15.12에서 설명하는 **슈바르츠-지펠**Schwartz-Zippel **보조정리**로 알려져 있다.

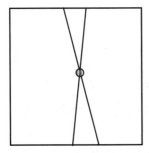

서로 다른 2개의 1차 다항식은
최대 1개의 지점에서 교차한다.

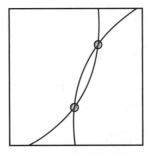

서로 다른 2개의 2차 다항식은
최대 2개의 지점에서 교차한다.

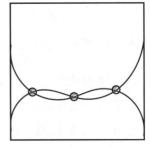

서로 다른 2개의 3차 다항식은
최대 3개의 지점에서 교차한다.

그림 15.12 **슈바르츠-지펠 보조정리는 차수가 n인 두 개의 다른 다항식이 최대 n개의 점에서 교차할 수 있다고 말한다.
즉, 두 개의 다른 다항식은 대부분의 점에서 다르다.**

이를 알면 임의의 점 r에 대해 $com(f(r)) = com(t(r)h(r))$임을 증명하는 것으로 충분하다. 이것이 zk-SNARK 증명이 매우 작은 이유다. 군 내의 점을 비교하면 훨씬 더 큰 다항식을 비교하게 된다. 그러나 또한 대부분의 zk-SNARK 구조에 신뢰 가능한 설정이 필요한 이유이기도 한다. 증명자가 같음을 확인하는 데 사용할 임의의 점 r을 알고 있으면, 여전히 같은지 확인하는 잘못된 다항식을 위조할 수 있다. 따라서 신뢰할 수 있는 설정은 다음과 같은 조건을 필요로 한다.

1. 난수 r 생성
2. r의 다른 지수(예: $g, g^r, g^{r^2}, g^{r^3}, \cdots$)를 커밋으로 제출하여, 증명자가 점 r을 모른 채 다항식을 계산하는 데 이러한 값을 사용할 수 있다.
3. 값 r을 파괴한다.

두 번째가 이해되는가? 증명자로서의 다항식이 $f(x) = 3x^2 + x + 2$인 경우, 해야 할 일은 $(g^{r^2})^3 g^r g^2$를 계산하여 해당 임의의 점 r에서 평가된 다항식의 커밋을 얻는 것이다(r을 모르는 채로).

15.3.5 프로그램을 다항식으로

지금까지 증명자가 찾아야 하는 다항식에 대한 제약 조건에는 '근이 존재한다'는, 즉 다항식을 0으로 만드는 값이 존재한다. 그러나 더 일반적인 진술을 다항식 지식 증명으로 어떻게 번역할 수 있을까? 현재 zk-SNARK를 가장 많이 사용하는 애플리케이션인 암호화폐의 일반적인 설명은 다음과 같은 형식이다.

• 값이 $[0, 2^{64}]$ 범위에 있음을 증명한다(이를 **범위 증명**range proof이라 한다).
• 주어진 (공개) 머클 트리에 (비밀) 값이 포함되어 있음을 증명한다.

- 어떤 값의 합이 다른 값의 합과 같다는 것을 증명한다.

- 기타 등등…

이제부터가 어렵다. 앞서 말했듯이 프로그램 실행을 다항식 지식으로 변환하기란 정말 어렵다. 모든 디테일을 여기서 다 다루지는 않겠지만 어떻게 작동하는지에 대한 감을 잡을 정도로는 설명하고자 한다. 이제부터 일어날 일은 다음과 같다.

1. 먼저 프로그램을 MPC에서 본 것과 같은 산술 회로로 변환한다.
2. 해당 산술 회로는 특정 형식의 방정식 시스템(R1CS라고 함)으로 변환된다.
3. 그런 다음 트릭을 사용하여 방정식 시스템을 다항식으로 변환한다.

15.3.6 프로그램은 컴퓨터를 위한 것. 우리에게 필요한 것은 산술 회로

먼저, 거의 모든 프로그램을 어느 정도 쉽게 수학적 식으로 다시 작성할 수 있다고 가정해보자. 이렇게 하려는 이유는 분명하다. 코드를 증명할 수는 없지만 수학은 증명할 수 있다. 예를 들어 다음 목록은 비밀 입력인 a를 제외한 모든 입력이 공개되는 함수를 제공한다.

예제 15.1 **간단한 함수**

```
fn my_function(w, a, b) {
    if w == true {
        return a * (b + 3);
    } else {
        return a + b;
    }
}
```

이 간단한 예에서는 a를 제외한 모든 입력과 출력이 공개되어 있으면 여전히 a가 무엇인지 추론할 수 있다. 위 코드 역시 영지식으로 증명하려 해서는 안 되는 예라고 할 수 있다. 어쨌든 이 프로그램을 수학적으로 다음 방정식으로 다시 작성할 수 있다.

$$w \times (a \times (b + 3)) + (1 - w) \times (a + b) = v$$

여기서 v는 출력, w는 0(거짓) 또는 1(참)이다. 이 방정식은 실제로 프로그램이나 회로가 아닌, 단순한 제약 조건처럼 보인다. 프로그램을 올바르게 실행한 다음, 방정식에서 얻은 입력과 출력을 채우면 등식이 정확히 성립해야 한다. 등식이 성립하지 않으면 입력과 출력이 프로그램의 유효한 실행에 해당하지 않는다는 것이다.

이것이 범용 ZKP의 대략적인 개념이다. 영지식에서 함수를 실행하는 대신(실제로 별 의미가 없다), zk-SNARK를 사용하여 어떤 입력 또는 출력이 생략된 경우에도 주어진 입력 및 출력이 프로그램 실행과 올바르게 일치하는지 증명하는 것이다.

15.3.7 R1CS 산술 회로

이제 프로그램 실행을 zk-SNARK로 증명할 수 있는 것으로 변환하는 과정의 첫 단계를 밟았다. 다음 단계는 이를 일련의 제약 조건으로 변환하는 것이며, 이렇게 하면 특정 다항식에 대한 지식을 증명하는 것으로 변환될 수 있다. zk-SNARK가 원하는 것은 **랭크 1 제약 시스템**rank-1 constraint system, R1CS이다. R1CS는 실제로 $L \times R = O$ 형식의 일련의 방정식이며, 여기서 L, R, O는 특정 변수의 덧셈의 결과이므로 곱셈은 L과 R 사이에서만 이루어진다. 실제로는 증명할 수 있는 최종 항목으로 변환할 때 도움이 된다는 점을 제외하고는 산술 회로를 방정식 시스템으로 변환하는 이유는 중요하지 않다. 앞에서 만든 방정식으로 이러한 변환을 시도한 결과는 다음과 같다.

- $a \times (b + 3) = m$
- $w \times (m - a - b) = v - a - b$

여기서 w가 실제로는 0 또는 1이라는 제약 조건을 잊어버렸다. 하지만 영리한 트릭을 써서 이를 시스템에 추가할 수 있다.

- $a \times (b + 3) = m$
- $w \times (m - a - b) = v - a - b$
- $w \times w = w$

이해가 되는가? 이 시스템을 일련의 제약 조건으로 봐야 한다. 프로그램 실행의 입력 및 출력과 일치한다고 주장하는 일련의 값을 검증자에게 제공하면 검증자는 해당 값으로 등식이 성립하는지 확인할 수 있어야 한다. 등식 중 하나가 틀렸다면 프로그램의 결과가 검증자가 받은 출력과 다르다는 것을 의미한다. 달리 말하면, zk-SNARK를 사용하면 프로그램의 올바른 실행에 대한 스크립트의 입력 또는 출력을 검증 가능하게끔 제거할 수 있다.

15.3.8 R1CS에서 다항식까지

하지만 문제가 여전히 남았다. 이 시스템을 어떻게 다항식으로 변환하지? 걱정하지 말자, 거의 다 왔다. 항상 그렇듯이 일련의 트릭을 사용하면 된다! 이 시스템에는 세 가지 다른 방정식이 있기에 첫 번째 단계는 다항식에 세 가지 근이 있다는 사실에 동의하는 것이다. 단순하게 1, 2, 3을 근으로 선택할 수 있다. 즉, 다항식은 $x = 1, x = 2, x = 3$에 대해 $f(x) = 0$을 푸는 것이다. 왜 이렇게 하냐고? 다항식에 1을 대입했을 때 첫 번째 방정식을 나타내고, 2를 대입했을 때 두 번째 방정식을 나타내는 식으로 시스템의 모든 방정식을 동시에 나타내도록 만들 수 있기 때문이다. 증명자의 임무는 이제 다음을 충족하는 다항식 $f(x)$를 만드는 것이다.

- $f(1) = a \times (b + 3) - m$
- $f(2) = w \times (m - a - b) - (v - a - b)$
- $f(3) = w \times w - w$

값이 원래 프로그램의 실행과 정확히 일치하면 이 모든 방정식의 결과가 0이 되어야 한다. 다시 말해, 다항식 $f(x)$는 올바르게 생성한 경우에만 근 1, 2, 3을 갖는다. 이것이 zk-SNARK의 전부임을 기억하자. 다항식 $f(x)$에 이러한 근이 있음을 증명하는 프로토콜이 있다(증명자와 검증자 모두 근을 알고 있다).

이것이 설명의 끝이라면 너무 간단할 것이다. 왜냐하면 이제는 증명자가 다항식 $f(x)$를 선택할 때 너무 많은 자유가 있다는 점이 문제기 때문이다. 증명자는 a, b, m, v, w 값을 신경 쓰지 않고도 근 1, 2, 3을 갖는 다항식을 간단히 찾을 수 있다. 원하는 것은 무엇이든 할 수 있다! 이제 진짜로 필요한 것은, 검증자가 알면 안 되는 비밀 값을 제외하고 다항식의 모든 부분을 잠그는 시스템이다.

15.3.9 지수에 숨은 다항식을 계산하기

요약하자면 우리에게 필요한 것은 비밀 값 a와 공개 값 b, w를 사용하여 프로그램을 올바르게 실행하고 출력 v를 얻어 게시하는 증명자를 원한다. 그런 다음 증명자는 검증자가 알아서는 안 되는 부분(값 a, m)만 채워서 다항식을 생성해야 한다. 따라서 실제 zk-SNARK 프로토콜에서는 증명자가 다항식을 생성한 다음 임의의 점으로 계산할 때 가능한 한 최소한의 자유도를 갖기를 원한다.

그렇기에 증명자가 자신의 부분만 채우고 검증자가 다른 부분을 채우도록 하는, 다소 동적인 방식으로 다항식이 생성된다. 예를 들어 첫 번째 방정식 $f(1) = a \times (b + 3) - m$은 다음과 같이 표현한다.

$$f_1(x) = aL_1(x) \times (b + 3)R_1(x) - mO_1(x)$$

여기서 $L_1(x), R_1(x), O_1(x)$는 $x = 1$을 대입하면 1이 되고, $x = 2$ 및 $x = 3$을 대입하면 0이 되는 다항식이다. 이는 첫 번째 방정식에만 영향을 미치기 위해 필요하다(라그랑주 보간과 같은 알고리즘을 통해 이러한 다항식을 쉽게 찾을 수 있다). 이제 두 가지 사항을 더 주목하자.

- 다항식의 계수로 입력, 중간 값, 출력이 있다.

- 다항식 $f(x)$는 $f_1(x) + f_2(x) + f_3(x)$이다. 여기서 $f_2(x)$와 $f_3(x)$를 정의하여 $f_1(x)$와 유사하게 방정식 2와 3을 나타낼 수 있다.

보다시피 첫 번째 방정식은 여전히 점 $x = 1$에서 표현된다.

$$f(1) = f_1(1) + f_2(1) + f_3(1)$$
$$= f_1(1)$$
$$= aL_1(1) \times (b + 3)R_1(1) - mO_1(1)$$
$$= a \times (b + 3) - m$$

방정식을 표현하는 이 새로운 방법(프로그램의 실행을 기억하고 표현)을 사용하면 증명자는 이제 다음과 같이 관련된 다항식 부분을 계산할 수 있다.

1. 지수에 숨겨진 임의의 점 r의 지수를 취하여 다항식 $L_1(r)$ 및 $O_1(r)$을 재구성한다.
2. $g^{L_1(r)}$을 비밀 값 a로 지수화하여 $(g^{L_1(r)})^a = g^{aL_1(r)}$을 얻는다. 이는 지수 내에 숨겨진 미지의 임의 지점 $x = r$에서 $a \times L_1(x)$를 표현한다.
3. $g^{O_1(r)}$을 비밀 중간 값 m으로 지수화하여 $(g^{O_1(r)})^m = g^{mO_1(r)}$을 얻는다. 이는 지수 내에 숨겨진 임의의 점 r에서 $m^{O_1(x)}$의 값을 표현한다.

그런 다음 검증자는 증명자가 사용한 것과 동일한 기술로 합의된 값 b에 대해 $(g^{R_1(r)})^b$ 및 $(g^{R_0(r)})^3$을 재구성하여 누락된 부분을 채울 수 있다. 이 둘을 더하면 검증자는 $g^{bR_1(r)} + g^{3R_1(r)}$을 얻는다. 이는 미지의 임의 지점 $x = r$ 에서 $(b + 3) \times R_1(x)$의 (숨겨진) 값을 나타낸다. 마지막으로 검증자는 쌍선형 페어링을 사용하여 지수에 숨겨진 $f_1(r)$을 재구성할 수 있다.

$$e(g^{aL_1(r)}, g^{(b+3)R_1(r)}) - e(g, g^{mO_1(r)}) = e(g, g)^{aL_1(r)} \times (b + 3)R_1(r) - mO_1(r)$$

이러한 기술을 전체 다항식 $f(x)$에 외삽하면 최종 프로토콜을 파악할 수 있다. 물론 이 역시 실제 zk-SNARK 프로토콜을 크게 단순화한 것으로, 여전히 증명자에게 너무 많은 권한을 남긴다.

zk-SNARK에 사용된 다른 기법은, 증명자가 수행할 수 있는 작업을 추가로 제한하여 누락된 부분을 정확하고 일관되게 채우고, 최적화할 수 있는 항목을 최적화한다. 더 자세한 내용이 궁금하다면 참고할 수 있는 최고의 설명은 막심 페트쿠스Maksym Petkus의 〈Why and How zk-SNARK Works: Definitive Explanation(zk-SNARK 작동 원리 및 방식: 확실한 설명)〉이다. 이 문서는 훨씬 더 깊이가 있고, 필자가 생략한 모든 부분을 설명한다.

이로써 zk-SNARK의 소개를 마쳤다. 이는 정말 소개에 불과하다. 진짜 zk-SNARK는 이해하기 힘들며 사용하기가 훨씬 더 복잡하다! 프로그램을 증명할 수 있는 것으로 변환하는 작업의 양이 많을 뿐만 아니라, 암호학 프로토콜에 새로운 제약이 추가되는 경우도 있다. 예를 들어 주류 해시 함수와 서명 체계는 범용 ZKP 시스템에 너무 많은 작업 부담을 주는 경우가 많아서 여러 프로토콜 설계자가 ZKP 친화적인 체계를 찾아 나서게 되었다. 또한 앞서 말했듯 다양한 zk-SNARK 구조가 있으며 사용 사례에 따라 범용 ZKP 구조와 더 관련이 있을 수 있는 다양한 비zk-SNARK 구조도 있다.

그러나 안타깝게도 만능 ZKP 체계는 존재하지 않는 것으로 보이며(예를 들어 투명한 설정, 간결성, 범용성, 양자 저항성이 있는 ZKP 체계) 어떤 것을 어떤 용도로 사용해야 하는지가 명확하지도 않다. 하지만 아직 새로운 분야며, 매년 새롭고 더 나은 체계가 발표되고 있기에 몇 년 후에는 더 나은 표준과 사용하기 쉬운 라이브러리가 나타날 것이라 예상한다. 이 분야에 관심이 있다면 계속 주의를 기울이자!

요약

- 지난 10년 동안 많은 이론적 암호학 프리미티브가 효율성과 실용성 측면에서 엄청난 발전을 이루었으며, 일부는 현실 세계로 나아가고 있다.

- MPC는 여러 참가자가 각자의 입력을 공개하지 않고 프로그램을 함께 올바르게 실행할 수 있도록 하는 프리미티브다. 암호화폐에는 임곗값 서명이 채택되기 시작했으며, 구글의 비밀번호 체크업과 같은 현대적인 대규모 프로토콜에서는 PSI 프로토콜이 사용되고 있다.

- FHE를 사용하면 암호화된 데이터를 복호화하지 않고 임의의 함수를 계산할 수 있다. 클라우드 애플리케이션을 통해 사용자 이외의 다른 사람이 데이터에 접근하는 것을 방지하는 동시에, 클라우드 플랫폼이 사용자를 위해 데이터에 대한 유용한 계산을 수행하도록 허용할 수 있다.

- 범용 ZKP는 사용 사례가 많아졌으며 최근에는 빠르게 검증할 수 있는 작은 증명으로 획기적인 발전을 이루었다. 주로 암호화폐에서 개인정보 보호를 구현하거나 블록체인의 크기를 압축하는 데 사용된다. 그러나 사용 가능성은 더 광범위하며, 더 나은 표준과 사용하기 쉬운 라이브러리가 점차 도입됨에 따라 점점 더 많이 사용되고 있다.

CHAPTER 16

암호학의 끝

이번 장에서 다룰 내용

- 암호학에서 마주치는 이슈들
- 더 나은 암호학을 위해 명심할 것
- 암호학 실무자의 책임과 주의 사항

여행자여, 먼 길을 왔다. 이제 마지막 장이지만 끝이 아닌 새로운 여정의 시작이다. 독자 여러분은 이제 실세계 암호학으로 들어가는 데 필요한 장비와 기술을 갖추게 되었다. 남은 것은 배운 것을 적용하는 것이다.

헤어지기 전에 도움이 될 몇 가지 힌트와 도구를 알려주고자 한다. 여러분이 직면하게 될 과제는 종종 동일한 패턴을 따른다. 즉, 도전으로 시작하여 기존 암호학 프리미티브 또는 프로토콜을 추구하게 된다. 거기에서 표준과 좋은 구현을 찾은 다음, 가능한 한 최선을 다해 사용할 것이다. 모든 것이 계획대로 진행된다면 말이다….

> **떠나기 전에**
>
> 이론과 실제 사이의 간극을 메우려는 사람은 많은 드래곤을 죽여야 한다. 여기 당신의 검이 있다. 받으라.

16.1 알맞은 암호학 프리미티브 또는 프로토콜을 찾는 지루한 작업

당신은 암호화되지 않은 트래픽, 또는 서로를 인증해야 하는 여러 서버, 또는 단일 실패 지점 없이 저장해야 하는 어떤 비밀을 취급해야 한다. 어떻게 해야 할까?

9장에서 다룬 TLS 또는 노이즈를 사용하면 트래픽을 암호화할 수 있다. 역시 9장에서 다룬 공개 키 인프라를 설정하면 특정 인증 기관의 서명을 통해 서버를 인증할 수 있으며, 8장에서 다룬 임곗값 체계를 쓰면 하나의 비밀이 누출되어 시스템이 뚫리지 않도록 비밀을 배포할 수 있다.

직면한 문제가 일반적인 문제인 경우, 해당 문제를 직접 해결하는 기존 암호학 프리미티브나 프로토콜을 간단히 찾을 수 있다. 앞에서 표준 프리미티브와 공통 프로토콜의 개념을 정리했으므로, 각 시점에서 암호학 문제에 직면했을 때 어떤 도구를 쓰면 될지 알 수 있을 것이다.

암호학은 도처에서 새로운 발견이 이루어지고, 새로운 프리미티브가 발명 및 제안되는 매우 흥미로운 분야다. 문제를 해결하기 위해 새로운 암호학을 탐구하고 싶다는 유혹이 있을 수도 있지만, 암호학 실무자의 책임은 보수적인 태도를 유지하는 것이다. 왜냐하면 **복잡성은 보안의 적**이기 때문이다. 어떤 일을 할 때마다 가능한 한 간단하게 하는 것이 훨씬 쉽다. 그동안 사치스러운 시도로 인해 너무나 많은 취약점이 도입되었다. 이 개념은 2015년 번슈타인이 **지루한 암호학**boring cryptography이라 명명했으며 구글의 TLS 라이브러리인 BoringSSL이라는 이름에 영감을 주었다.

> 암호학 제안은 현장에서의 사용을 위한 그럴듯한 후보가 되기 전에 수년간의 신중한 조사를 거쳐야 한다. 특히 제안이 새로운 수학적 문제를 기반으로 할 때 그렇다.
>
> – 리베스트 외 (<Responses to NIST's proposal(NIST 제안에 대한 응답)>, 1992)

문제를 해결하는 암호학 프리미티브나 프로토콜을 찾을 수 없다면 어떻게 할까? 그때는 이 책에서 다루는 내용이 아닌 **이론 암호학**의 영역으로 들어가야 한다. 이 영역을 탐구하고 싶은 독자들에게 몇 가지 자료를 추천한다.

첫 번째 추천은 댄 보네와 빅터 쇼프Victor Shoup가 쓴 무료 도서 《A Graduate Course in Applied Cryptography》로 https://cryptobook.us에서 볼 수 있다. 본서에서 다룬 내용을 훨씬 더 깊이 있게 다루는 책이다. 댄 보네는 또한 https://www.coursera.org/learn/crypto에서 무료로 제공하는 온라인 과정인 'Cryptography I'도 만들었다. 이론 암호학에 대한 훨씬 더 부드러운 소개 자료라 할 수 있다. 이 책과 이론 암호학의 중간쯤에 있는 책을 읽고 싶다면, 장필리프 오마송Jean-Philippe Aumasson의 《처음 배우는 암호화》(한빛미디어, 2018)를 추천한다.

이제 문제를 해결하는 기존의 암호학 프리미티브 또는 프로토콜이 있다고 가정해보자. 암호학 프리미티브 또는 프로토콜 자체는 여전히 이론적인 것이다. 바로 사용할 수 있는 실용적인 기준이 있다면 좋지 않을까?

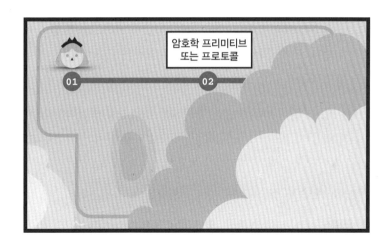

16.2 암호학 프리미티브 및 프로토콜을 사용하는 법? 표준과 형식 검증

자, 필요한 요구 사항을 충족하는 솔루션이 존재한다는 사실을 깨달았다고 하자. 다음 질문은 표준이 있는가 여부다. 표준이 없다면 실제 사용에 대한 고려 없이 제안된 프리미티브일 가능성이 많다. 암호학자는 프리미티브 또는 프로토콜 사용의 다양한 함정과 구현의 디테일을 생각하지 않는 경우가 많다. 리아드 S. 와비Riad S. Wahby는 구현에 신경을 씀으로써, 구현자가 실수할 여지를 거의 남기지 않는 표준을 가리켜 **정중한 암호학**polite cryptography이라 불렀다.

가난한 사용자에게는 스스로 목을 매기에 충분한 로프가 주어진다. 이는 표준이 해서는 안 되는 일이다.

– 리베스트 외 (\<Responses to NIST's proposal>, 1992)

정중한 암호학 표준은 안전하고 사용하기 쉬운 구현 인터페이스를 제공하고, 프리미티브 또는 프로토콜을 사용하는 방법에 대한 좋은 지침을 제공하여 모든 에지 케이스와 잠재적 보안 문제를 해결하는 것을 목표로 한다. 또한 좋은 표준에는 **테스트 벡터**test vector가 수반된다. 테스트 벡터란 정확성을 테스트하기 위해 구현에 적용할 수 있는 입력, 출력 쌍의 목록이다.

안타깝게도 모든 표준이 '정중한' 것은 아니며, 이러한 표준이 만드는 암호학의 함정이 이 책에서 다룬 대부분의 취약점을 만들어낸다. 때로는 표준이 너무 모호하거나, 테스트 벡터가 부족하거나, 동시에 너무 많은 작업을 수행하려 한다. 예를 들어 **암호학 민첩성**cryptography agility은 지원하는 암호학 알고리즘 측면에서 프로토콜의 유연성을 가리키는 용어다. 서로 다른 암호학 알고리즘을 많이 지원하는 표준이 우위를 점할 수 있다. 한 알고리즘이 손상되어 더 이상 사용되지 않을 때 다른 알고리즘을 쓸 수 있기 때문이다. 이러한 상황에서 유연하지 않은 프로토콜은 클라이언트와 서비스가 쉽게 대응하지 못하게 한다. 반면에 너무 많은 민첩성은 표준의 복잡성에 큰 영향을 미칠 수 있고 취약성을 초래할 수 있다. TLS에 대한 많은 다운그레이드 공격이 이를 증명한다.

주류 프리미티브 또는 프로토콜이 다루지 않는 극단적인 예외 상황에 맞닥뜨리거나, 문제가 표준화된 솔루션과 일치하지 않을 때 사고가 일어난다. 불행히도 이런 문제는 암호학자들이 기꺼이 인정하는 것보다 더 자주 일어난다. 그래서 개발자가 자체적으로 미니 프로토콜 또는 미니 표준을 만드는 것을 흔히 볼 수 있는데, 이는 또 다른 문제를 야기한다.

프리미티브의 **위협 모델**threat model(보호 대상) 또는 **합성 가능성**composability(프로토콜 내에서 사용하는 방법)에 잘못된 가정을 하면 취약점이 발생한다. 특히 암호학 프리미티브가 사일로에 구축되는 경우가 많다는 사실에 의해 이런 종류의 문제가 증폭된다. 사일로에 구축된다는 말은, 프리미티브가 여러 다른 방식으로 사용되거나 다른 프리미티브 또는 프로토콜 내에서 사용된다는 뜻이다. 이 책에서 이미 많은 예를 들었다. X25519가 에지 케이스 프로토콜을 깨는 것(11장), 고유한 것으로 간주되는 서명(7장), 누가 누구와 통신하는지에 대한 모호성(10장) 등… 이는 꼭 설계자만의 잘못이 아니다! 개발자가 암호학자를 넘어서서 아무도 존재하는 줄 몰랐던 함정을 만들어내기도 한다.

이러한 상황에 처한 경우 암호학자가 할 일은, 펜과 종이로 증명하는 것이다. 그러나 우리와 같은 실무자에게는 그런 증명이 별로 도움이 되지 않는다. 왜냐하면 실무자는 그 일을 할 시간이 없거나 (정말 많은 시간이 소요된다!) 심지어 전문 지식도 없기 때문이다. 하지만 우리는 무력하지 않다. 컴퓨터를 사용해서 미니 프로토콜을 분석하는 작업을 할 수 있다. 이를 **형식 검증**formal verification이라 하며 시간을 훌륭하게 절약할 수 있다.

형식 검증을 사용하면 일종의 중간 언어로 프로토콜을 작성하고 일부 속성을 테스트할 수 있다. 예를 들어 **타마린 프로토콜 증명자**Tamarin protocol prover(그림 16.1)는 다양한 프로토콜에서 공격 지점을 찾기 위해 쓰이는 형식 검증 도구다. 이에 대한 자세한 내용은 〈Prime, Order Please! Revisiting Small Subgroup and Invalid Curve Attacks on Protocols using Diffie-Hellman〉(2019) 및 〈Seems Legit: Automated Analysis of Subtle Attacks that using Signatures〉(2019)에서 찾아볼 수 있다.

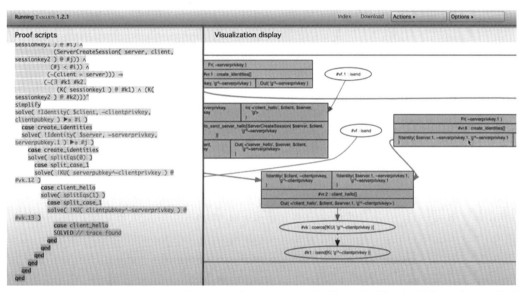

그림 16.1 **타마린 프로토콜 증명자**는 암호학 프로토콜을 모델링하고 이에 대한 공격을 찾는 데 사용할 수 있는 무료 형식 검증 도구다.

다만 형식 검증 도구에 익숙해지기란 쉽지 않다. 먼저 프로토콜을 언어로 변환하는 방법과, 도구에서 사용하는 개념을 이해해야 하는데 이는 간단하지 않다. 프로토콜을 형식적인 언어로 기술한 후에도 증명하고 싶은 것과 이를 형식적인 언어로 표현하는 방법을 알아내야 한다.

실제로 잘못된 증명을 하는 것은 드문 일이 아니므로, 누가 형식 검증을 수행하는지도 관건이다. 이 분야의 일부 유망한 연구는 개발자가 프로토콜을 공식적으로 더 쉽게 확인할 수 있도록 하는 것을 목표로 한다. 예를 들어 베리팔Verifpal 도구(https://verifpal.com)는 사용 편의성을 위해 공격 탐색의 완성도를 일부 포기했다.

또한 Coq, CryptoVerif, ProVerif와 같은 형식 검증 도구를 사용하여 암호학 프리미티브의 보안 증명을 검증한 후 다른 언어로 '형식적으로 검증된' 구현을 생성할 수도 있다(HACL*, Vale, fiat-crypto와 같은 프로젝트는 정확성, 메모리 안전성 등과 같은 검증된 속성으로 주류 암호학 프리미티브를 구현한다). 말하자면 형식 검증은 완벽한 기술이 아니다. 종이로 만든 프로토콜과 형식 검증 사이, 또는 형식 검증과 구현 사이의 간격은 항상 존재하며 치명적인 것으로 밝혀질 때까지는 항상 무해한 듯 보인다.

다른 프로토콜이 어떻게 실패하는지 연구하는 것은 동일한 실수를 피하는 훌륭한 방법이다. cryptopals.com 또는 cryptohack.org 챌린지는 암호학 프리미티브 및 프로토콜을 사용하고 구성할 때 무엇이 잘못될 수 있는지 배울 수 있는 좋은 방법이다. 기본적으로, 사용 중인 제품을 철저히 이해해야 한다! 미니 프로토콜을 구축하는 경우 신중해야 하며 해당 프로토콜을 공식적으로 확인하거나 전문가에게 도움을 요청해야 한다.

자, 이제 표준이나 표준과 유사한 것을 가진 단계까지 왔다. 이제 누가 이를 구현하는 책임자일까?

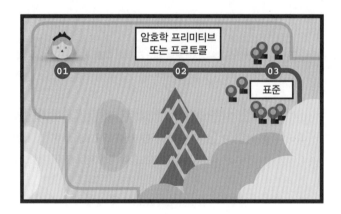

16.3 좋은 라이브러리는 어디에?

문제 해결에 한 걸음 더 다가섰다. 사용하려는 프리미티브 또는 프로토콜을 알고 있으며 이에 대한 표준이 있다. 하지만 구현 단계에 들어서면 사양에서 한 단계 더 멀어지기 때문에 버그가 발생할 수 있다. 우선, 코드는 어디에 있을까?

주위를 둘러보면 사용할 수 있는 라이브러리나 프레임워크가 많이 있음을 알 수 있다. 좋다. 그러나 여전히 어떤 라이브러리를 선택할지의 문제가 남았다. 그리고 가장 안전한 라이브러리가 무엇인지도 알아야 한다. 대답하기 어려운 질문이다. 물론 평판이 좋은 라이브러리가 잘 알려져 있는 경우도 있다. 이 책에서 선보였던 구글의 Tink, libsodium, cryptography.io 등의 라이브러리가 대표적이다.

그러나 사용할 만한 좋은 라이브러리를 찾기가 어려울 때도 많다. 사용 중인 프로그래밍 언어가 암호학에 대한 지원이 많지 않거나, 사용하려는 프리미티브 또는 프로토콜 구현이 없을 수도 있다. 이러한 상황에서는 조심스럽게 암호학 커뮤니티에 조언을 구하거나, 라이브러리의 저자를 찾아보거나, 전문가에게 코드 검토를 요청하는 것이 좋다. 예를 들어 레딧Reddit의 r/crypto 커뮤니티는 친화적이며 정보도 많다. 저자에게 직접 이메일을 보내는 것도 효과가 있다. 회의의 공개 마이크 세션 중에 질문을 던지는 것도 효과가 있을 수 있다.

절박한 상황에 처한 경우, 암호학 프리미티브 또는 프로토콜을 직접 구현해야 할 수도 있다. 이 시점에서는 수많은 문제가 발생할 수 있으며 암호학 구현에서 발생하는 일반적인 문제를 다 확인해야 한다. 다행히도 좋은 표준을 따른다면 실수를 저지를 가능성이 줄어든다. 그러나 여전히 암호학 구현은 하나의 예술이며, 피할 수만 있다면 피해야 한다.

암호학 구현을 테스트하는 흥미로운 방법 중 하나는 도구tooling를 사용하는 것이다. 하나의 도구가 모든 암호학 알고리즘을 충족할 수는 없지만 구글의 Wycheproof는 꽤 쓸 만하다. Wycheproof는 ECDSA, AES-GCM 등과 같은 일반적인 암호학 알고리즘에서 까다로운 버그를 찾는 데 사용할 수 있는 테스트 벡터 모음이다. 이 프레임워크는 다양한 암호학 구현에서 수많은 버그를 찾는 데 사용되었다. 다음 순서로 이동하기 전에, 암호학을 직접 구현하지 않고 암호학 라이브러리를 찾았다고 가정해보겠다.

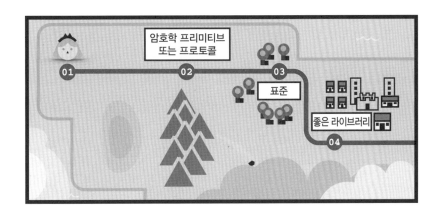

16.4 개발자가 적? 암호학의 오용

사용할 수 있는 코드를 찾았다. 자세히 들여다보니 버그가 생길 여지가 많음을 알게 되었다. 이 지점에서 응용 암호학의 대부분의 버그가 발생한다. 우리는 이 책에서 암호를 오용하는 예를 계속해서 보았다. ECDSA(7장), AES-GCM(4장)과 같은 알고리즘에서 논스를 재사용하면 문제가 생기고, 해시 함수의 오용이 발생할 때 충돌이 발생할 수 있으며(2장), 원본 인증 부족으로 인해 공격자가 사용자를 가장할 수 있다(9장).

> 조사 결과에 따르면 버그의 17%만이 암호학 라이브러리에 있고(종종 치명적인 결과를 낳는다), 나머지 83%는 개별 애플리케이션에서 암호학 라이브러리를 오용한 결과로 나타났다.
>
> —데이비드 라저David Lazar, 하오강 천Haogang Chen, 시 왕Xi Wang, 니콜라이 젤도비치Nickolai Zeldovich
> (<Why does cryptographic software fail? A case study and open problems>, 2014)

일반적으로 프리미티브 또는 프로토콜이 추상화될수록 사용하기에 더 안전하다. 예를 들어 AWS는 HSM에서 키를 호스팅하고 맞춤형 암호학 계산을 수행할 수 있는 키 관리 서비스인 KMS를 제공한다. 이런 식으로 암호학은 애플리케이션 수준에서 추상화된다. 또 다른 예는 때때로 서드파티 라이브러리보다 더 신뢰할 수 있는 표준 라이브러리 내에서 암호학을 제공하는 프로그래밍 언어다. 고랭의 표준 라이브러리가 훌륭한 예다.

암호학 라이브러리의 사용성을 높이기 위한 노력은, '개발자를 적으로 취급하라'로 종종 요약되기도 한다. 이는 많은 암호학 라이브러리에서 사용하는 접근 방식이다. 예를 들어 구글의 Tink는 실수로 논스를 재사용하는 것을 방지하기 위해 AES-GCM(4장 참조)에서 논스/IV 값을 선택하도록 허용하지 않는다. libsodium 라이브러리는 복잡성을 피하기 위해 자유를 제공하지 않고 고정된 프리미티브만 제공한다. 일부 서명 라이브러리는 서명 내에서 메시지를 래핑하여 메시지를 릴리스하기 전에 서명을 확인하도록 한다. 이러한 의미에서 암호학 프로토콜 및 라이브러리는 되도록 오용을 방지하도록 인터페이스를 만들 책임이 있다.

앞에서도 말했지만 다시 한번 말하겠다. 사용 중인 도구의 디테일을 반드시 이해하자. 이 책에서 살펴보았듯 암호학 프리미티브 또는 프로토콜을 오용하면 치명적인 방식으로 실패할 수 있다. 표준을 읽고, 보안 고려 사항을 읽고, 설명서와 암호학 라이브러리 설명서를 읽자.

16.5 사용이 편한 보안

암호학을 사용하면 애플리케이션에서 투명한 방식으로 문제를 해결할 수 있지만 항상 그런 것은 아니다! 때로는 애플리케이션 사용자가 암호학 사용을 인지하게 된다.

일반적으로 교육이 도움이 될 수 있다. 따라서 나쁜 일이 발생했을 때 사용자를 비난하는 것은 결코 좋은 생각이 아니다. 관련 연구 분야를 **사용이 편한 보안**usable security이라 하며, 이 분야에서는 보안 및 암호학 관련 기능을 사용자에게 최대한 투명하게 만들고 오용 가능성을 최대한 제거하는 솔루션을 찾는다. 한 가지 좋은 예는 SSL/TLS 인증서가 유효하지 않을 때 단순히 경고하던 브라우저가, 점차 사용자가 위험을 수용하기 어렵게 만드는 방식으로 전환한 것이다.

> 우리는 **경고 피로 이론**theory of warning fatigue과 일치하는 행동을 관찰했다. 구글 크롬에서 사용자는 가장 일반적인 SSL 오류를 다른 오류보다 더 빠르게 자주 클릭한다. (…) 또한 구글 크롬 SSL 경고의 경우 클릭률이 70.2%로 높아 경고에 대한 사용자 경험이 사용자 행동에 막대한 영향을 미칠 수 있음을 나타낸다.
>
> —데브다타 아카웨Devdatta Akhawe, 에이드리언 포터 펠트Adrienne Porter Felt (<Alice in Warningland: A Large-Scale Field Study of Browser Security Warning Effectiveness>, 2013)

또 다른 좋은 예는 보안에 민감한 서비스가 암호에서 2차 인증 지원으로 옮겨간 사례다(11장에서 다룸). 사용자에게 서비스별로 강력한 암호를 사용하도록 강제하는 것은 너무 어렵다 보니 암호 누출 위험을 제거하는 또 다른 솔루션을 만들게 된 것이다. 종단 간 암호화도 좋은 예다. 사용자가 대화의 종단 간 암호화가 무엇을 의미하는지, 지문을 적극적으로 확인하는 데 얼마나 많은 보안이 필요한지 이해하기 어렵기 때문이다(10장에서 다룸). 사용자에게 암호화를 강제할 때마다 사용자가 실수할 위험을 줄이기 위해 많은 노력을 기울여야 한다.

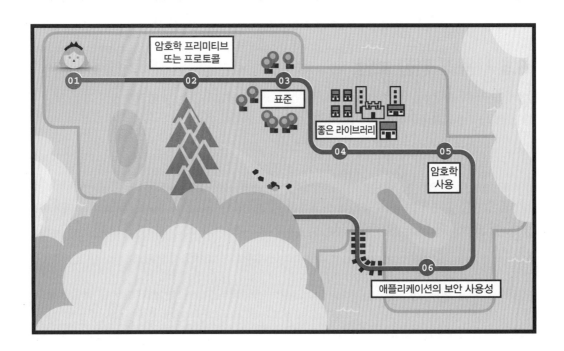

16.6 암호학은 섬이 아니다

일반적으로 암호학은 복잡한 시스템의 일부며, 이러한 시스템에는 버그가 있을 수 있다. 사실 대부분의 버그는 암호학 자체와 관련이 없는 부분에 있다. 공격자는 시스템의 가장 약한 연결 고리, 가장 공격하기 쉬운 지점을 찾고 암호학은 이러한 기준을 높이는 데 좋은 역할을 한다. 포괄적인 시스템은 훨씬 더 크고 복잡할 수 있으며, 그러한 성격이 접근 가능한 공격 벡터를 만들어내기도 한다. 아디 샤미르는 '공격자는 보통 암호학을 침투하기보다는 우회한다'고 말했다.

시스템의 암호학이 보수적이고 잘 구현되었고, 충분히 테스트되었는지 확인하기 위해 노력을 기울이는 것이 물론 중요하지만, 같은 수준의 노력을 시스템의 나머지 부분에 적용되도록 하는 것도 중요하다. 그렇지 않으면 이 모든 것을 헛되게 할 수도 있다.

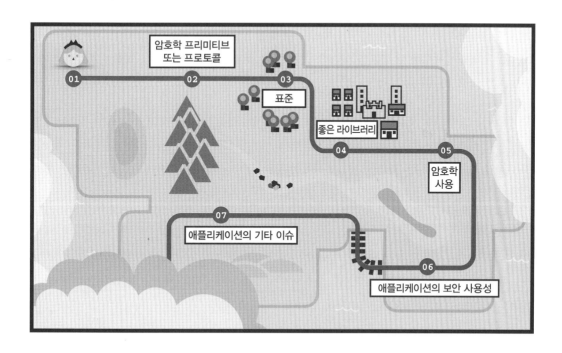

16.7 암호학 실무자의 책임: 자신의 암호학을 시험하지 말자

이것이 책의 끝이다. 이제 당신은 광야에서 자유롭게 질주할 수 있다. 그러나 한 가지 경고하고자 한다. 이 책을 읽어도 초능력이 생기지는 않는다. 오히려 무력감을 느낄 수도 있다. 암호학은 쉽게 오용될 수 있고, 가장 단순한 실수가 치명적인 결과를 초래할 수 있음을 아무리 조심해도 모자라지 않다!

이제 독자 여러분에게는 암호학 도구가 주어졌다. 주변에서 어떤 유형의 암호학이 사용되는지 인식할 수 있을 것이며, 어쩌면 공격자의 냄새를 맡을 수도 있다. 실무자로서 여러분은 설계 결정을 내릴 수 있어야 하고, 애플리케이션에서 암호학을 사용하는 방법을 알고, 더 많은 주의가 필요할 수 있는 위험한 일을 언제 시작하는지 이해할 수 있어야 한다. 어려운 상황에 처하면 주저하지 말고 전문가의 견해를 구하자.

'자신의 암호학을 시험하지 말자'는 소프트웨어 엔지니어링에서 아주 많이 남용되는 격언 중 하나일 것이다. 그러나 어느 정도 옳은 말이다. 자신의 암호학 프리미티브와 프로토콜을 구현하거나 생성할 수 있다는 자신감은 좋지만 이를 프로덕션 환경에서는 사용해서는 안 된다. 암호학을 제대로 만드는 데는 몇 년이 걸린다. 설계 관점에서도, 암호 분석 관점에서도 마찬가지다. 평생 암호학을 연구한 전문가가 만든 암호 시스템도 뚫리고는 한다. 브루스 슈나이어는 '가장 무지한 아마추어부터 최고의 암호학자에 이르기까지, 누구나 자신이 깨뜨릴 수 없는 알고리즘을 만들 수 있다'고 말한 것으로 유명하다. 이 시점에서 암호학 연구를 계속할지 여부는 당신에게 달려 있다. 이 책의 마지막 페이지가 여정의 끝이 아니다.

필자는 독자 여러분이 특권적인 위치에 있다는 것을 깨닫기를 바란다. 암호학은 정부 인사나 학자에게만 비밀리에 공유되는 비공개 분야로 시작하여 서서히 오늘날의 모습이 되었고, 지금은 전 세계에서 공개적으로 연구하는 과학이다. 그러나 어떤 사람들에게 우리는 여전히 냉전 한가운데에 있다.

2015년에 로거웨이는 암호학과 물리학을 흥미롭게 비교했다. 그는 물리학이 제2차 세계대전 말 일본의 핵폭탄 투하 직후 고도로 정치적인 분야로 변했다고 지적했다. 물리학이 많은 사람들의 죽음, 그리고 잠재적으로 더 많은 사람들의 죽음과 직접적으로 명확히 연관되기 시작했기에 연구원들은 깊은 책임감을 느끼기 시작했다. 실제로 로거웨이의 발언 이후 얼마 지나지 않아 일어난 체르노빌 사고로 하여금 이러한 감정을 증폭시켰다.

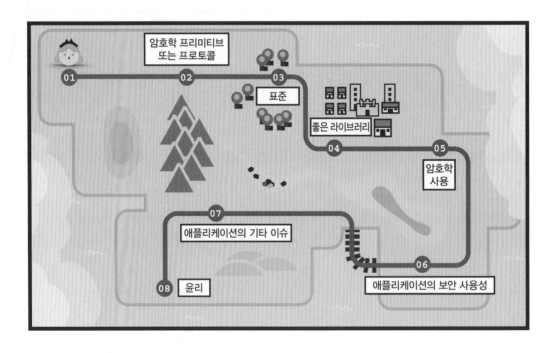

반면에 암호학 분야를 논할 때는 프라이버시가 전혀 다른 영역인 양 거론되는 경우가 많고, 이는 암호학 연구를 비정치적으로 만든다. 하지만 암호학자가 내리는 결정은 우리 사회에 오랫동안 지속되는 영향을 미칠 수 있다. 다음에 암호학을 사용하여 시스템을 설계하거나 구현할 때가 오면 어떤 위협 모델을 사용할지 생각하자. 자신을 신뢰할 수 있는 당사자로 취급하고 있는가? 사용자 데이터에 접근할 수 없거나 보안에 영향을 미칠 수 없는 방식으로 설계 중인가? 암호학을 통해 사용자에게 권한을 부여하는 방법은 무엇인가? 무엇을 암호화하는가? 전 NSA 국장 마이클 헤이든Michael Hayden(http://mng.bz/PX19)은 '우리는 메타데이터를 기반으로 사람을 죽인다'고 했다.

2012년, 샌타바버라 해안 근처에서 수백 명의 암호학자들이 조너선 지트렌Jonathan Zittrain의 'The End of Crypto(암호학의 종말)'라는 강연에 참석하기 위해 어두운 강의실에 모였다(https://www.youtube.com/watch?v=3ijjHZHNIbU). 세계에서 가장 인기 있는 암호학 콘퍼런스인 크립토Crypto의 한 행사였다. 조너선은 TV 시리즈 〈왕좌의 게임〉의 클립을 방에 재생했다. 영상 속에서 내시 바리스는 왕 티리온에게 수수께끼를 낸다. 수수께끼는 다음과 같다.

> 바리스: 위인 셋이 한 방에 있습니다. 각각 왕, 사제, 부자지요. 그 사이에는 평범한 용병이 서 있습니다. 위인들은 저마다 용병에게 다른 두 사람을 죽이라고 했죠. 누가 살고 누가 죽었을까요?
>
> 티리온: 그야 용병 마음이지.
>
> 바리스: 용병이 생사를 결정한다면 우리는 왜 왕에게 권력이 있는 것처럼 구는 걸까요?

그런 다음 조너선은 영상을 멈추고 청중을 가리키며 소리쳤다. "알겠습니까? 여러분이 바로 용병입니다."

요약

- 실세계 암호학은 대부분 이를 적용하는 과정에서 뚫리게 된다. 우리는 이미 대부분의 사용 사례에서 사용할 좋은 프리미티브와 좋은 프로토콜을 알고 있으며, 프리미티브와 프로토콜의 오용이 대다수 버그의 원인이 된다.

- 많은 일반적인 사용 사례는 이미 암호학 프리미티브와 프로토콜로 해결되었다. 대부분의 경우 문제를 해결하는 안정적인 구현체를 찾기만 하면 된다. 매뉴얼을 읽고, 어떤 경우에 어떤 프리미티브 또는 프로토콜을 사용할 수 있는지 이해하자.

- 실제 프로토콜은 암호학 프리미티브를 레고처럼 결합하여 구성된다. 인정받은 프로토콜이 문제

를 해결하지 못하면 레고 조각을 직접 조립해야 한다. 프리미티브는 특정 상황에서 사용되거나 다른 프리미티브 또는 프로토콜과 결합될 때 뚫릴 수 있기에 매우 위험하다. 이러한 경우 형식 검증은 문제를 찾는 훌륭한 도구가 되지만, 형식 검증의 사용은 만만치 않다.

- 암호학 구현은 단순히 어려운 일이 아니다. 다만 오용하기 어려운 인터페이스에 대해서도 생각해야 한다(좋은 암호학 코드는 사용자가 실수할 여지를 거의 남겨두지 않는다).

- 보수적인 자세로 검증된 암호학을 사용하는 것은 문제를 피할 수 있는 좋은 방법이다. 복잡성으로 인한 문제(예: 너무 많은 암호학 알고리즘 지원)는 커뮤니티의 큰 이슈 중 하나며, 과도하게 엔지니어링된 시스템에서 벗어나는 것을 '지루한 암호학'이라 부른다. 최대한 지루해지자.

- 암호학 프리미티브와 표준 모두 구현이 복잡하거나, 구현자가 주의해야 할 사항에 대한 모호성이 존재하기에 프리미티브나 표준 자체로 인한 구현 버그가 생길 수 있다. '공손한 암호학'은 구현과정에서 실수가 나오기 어려운 암호학 프리미티브 또는 표준을 일컫는 특성이다. 공손해지자.

- 애플리케이션에서 암호학을 사용하면 사용자가 암호학 사용을 인지하게 될 수도 있다. 사용이 편한 보안은 사용자가 암호학을 처리하는 방법을 이해하고 오용할 수 없도록 하는 것이다.

- 암호학은 외딴섬이 아니다. 이 책에서 제공하는 모든 조언을 따른다면 대부분의 버그가 시스템의 비암호학 부분에서 발생할 가능성이 있다. 이것들을 간과하지 말자!

- 이 책에서 배운 것을 바탕으로 책임감을 갖고, 자신의 작업 결과에 대해 숙고하자.

연습 문제 정답

2장

해시 함수가 커밋 체계로 사용되는 경우 숨김 및 바인딩을 제공하는지 알 수 있는가? (34쪽)

역상 저항성 속성 덕분에 해시 함수는 숨겨진다. 즉, 입력이 충분히 임의적이므로 아무도 추측할 수 없다. 이를 수정하기 위해 난수를 생성하고 입력으로 해시할 수 있으며, 나중에 입력과 난수를 모두 공개하여 커밋을 열 수 있다. 해시 함수는 2차 역상 저항성으로 인해 바인딩된다.

그런데 이 문자열이 256비트(32바이트)를 나타낼 방법은 없다. 어떻게 안전한 것일까? (36쪽)

충돌 저항성을 신경 쓰기보단 2차 역상 저항성을 중점으로 생각해본다면 다이제스트를 잘라 크기를 줄일 수 있다.

'Dread Pirate Roberts(실크로드 웹마스터의 가명)'는 웹사이트 이름이 포함된 해시를 어떻게 얻었을까?

Dread Pirate Roberts는 멋진 base32 표현으로 해싱될 때까지 많은 키를 만들었다. 페이스북도 동일한 작업을 수행했으며 facebookcorewwwi.onion(https://facebook.com/notes/protect-the-graph/making-connections-to-facebook-more-secure/1526085754298237)에서 접속할 수 있다. 이를 **가상 주소**vanity address라고 한다.

3장

가변 길이 카운터를 쓰면 공격자가 어떻게 인증 태그를 위조할 수 있을까? (59쪽)

다음 메시지를 보자(∥는 문자열 연결을 나타낸다).

```
MAC(k, "1" || "1 is my favorite number")
```

이 경우 공격자는 11번째 메시지에 대한 유효한 인증 태그를 위조할 수 있다.

```
MAC(k, "11" | " is my favorite number")
```

주의: 모든 MAC가 PRF인 것은 아니다. 왜일까? (61쪽)

다음 함수가 유효한 MAC 및 PRF라고 가정한다.

```
MAC(key, input)
```

그럼 다음 함수는 유효한 MAC일까? 그리고 유효한 PRF일까?

```
NEW_MAC = MAC(key, input) || 0x01
```

위조를 방지하는 유효한 MAC지만, 완전한 임의의 문자열과 출력을 쉽게 구별할 수 있으므로 유효한 PRF가 아니다(마지막 바이트는 항상 1로 설정되어 있기 때문).

6장

모든 사람과 동일한 공유 비밀을 사용하는 것은 매우 좋지 않은 일일 것이다. 왜일까? (120쪽)

이 공유 비밀로 당신에게 보내는 메시지를 암호화할 수 있다면, 다른 사람이 보낸 메시지도 복호화할 수 있다.

키 교환 출력을 바로 사용할 수 없는 이유는 무엇일까? (138쪽)

키 교환을 다룬 5장에서 배운 내용을 기억하자. (FF)DH에서 계산은 모듈로 큰 소수 p로 이루어진다. 65,537이라는 작은 소수를 예로 들어보겠다. 16진법에서 p는 0x010001로, 2진법으로 0000 0001 0000 0000 0000 0001로 기록된다. 참고로 2진법에서는 바이트(8비트의 배수)로 숫자를 나타내기 때문에 앞에 0으로 자리를 채운다.

모듈러 연산을 이해하고 있다면 이 모듈로 소수 p가 더 커지지 않는다는 것을 알 수 있다. 즉, 처음 7비트는 항상 0으로 설정된다. 또한 8번째 비트는 대부분 1이 아닌 0으로 설정된다. 균일하게 무작위가 아닌 것이다. 이상적으로는 모든 비트가 1 또는 0으로 설정될 확률이 동일해야 한다.

7장

3장에서 보았듯이 MAC에서 생성된 인증 태그는 타이밍 공격을 피하기 위해 상수 시간에 검증되어야 한다. 서명을 확인할 때도 상수 시간에 확인해야 할까? (141쪽)

그렇지 않다. 인증 태그 확인에 비밀 키가 포함되기 때문이다. 서명 확인에는 공개 키만 포함되므로 상수 시간에 확인할 필요가 없다.

8장

서로 다른 엔트로피 소스를 단순히 XOR하여 혼합한다고 상상해보자. 이는 기여가 아니다. 왜일까? (175쪽)

백도어 엔트로피 소스는 출력을 다른 모든 엔트로피 소스의 XOR로 설정하여 모든 엔트로피를 효과적으로 0으로 취소할 수 있다.

BLS와 같은 서명 체계(그림 8.5 및 7장에서 언급)는 고유한 서명을 생성하지만, ECDSA 및 EdDSA에는 해당되지 않는다. 왜일까? (176쪽)

ECDSA에서 서명자는 다른 논스를 선택하여 동일한 키 쌍 및 메시지에 대해 다른 서명을 생성할 수 있다. EdDSA는 서명할 메시지를 기반으로 논스를 결정론적으로 유도하는 서명 알고리즘이지만, 서명자가 선택한 경우 논스를 사용할 수 없다는 의미는 아니다.

9장

특정 시점에서 서버의 비밀 키가 손상되면 MITM 공격자가 이전에 기록된 모든 대화를 복호화할 수 있기 때문에 치명적이다. 어떻게 이런 일이 일어날 수 있는지 이해하는가? (198쪽)

공격자는 기록을 되감고 핸드셰이크가 수행된 시점으로 서버를 가장할 수 있다. 실제로 공격자는 이제 서버의 비밀 키를 가진 셈이다. 키 교환을 수행하고 핸드셰이크 후 대칭 키를 파생하는 모든 정보가 공개된다.

`signatureAlgorithm` 및 `signatureValue` 값은 실제 인증서인 `tbsCertificate`에 포함되지 않는다. 왜일까? (203쪽)

인증 기관(CA)은 인증서에 서명해야 하는데, 이는 역설로 이어진다. 서명은 서명 자체의 일부일 수 없다. 따라서 CA는 인증서에 서명을 추가해야 한다. 다른 표준 및 프로토콜은 다른 기술을 사용할 수 있다. 예를 들어 서명을 `tbsCertificate`의 일부로 포함하고 인증서에 서명하거나 확인할 때 서명이 모두 0으로 구성된 것처럼 가장할 수도 있다.

10장

이메일 콘텐츠가 암호화되기 전에 압축되는 이유는 무엇일까? (220쪽)

암호문은 암호의 정의에 따라 임의의 문자열과 구별할 수 없다. 이 때문에 압축 알고리즘은 암호화된 데이터를 효율적으로 압축하기 위한 패턴을 찾을 수 없다. 이러한 이유로 항상 암호화 전에 압축이 적용된다.

메시지에 서명하는 명확한 방법을 생각할 수 있겠는가? (221쪽)

콘텍스트를 인증한다. 이를 수행하는 방법은 서명에 보낸 사람과 받는 사람의 이름과 공개 키를 모두 포함하고 암호화하는 것이다.

11장

때때로 애플리케이션은 서버에 비밀번호를 보내기 전에 클라이언트 해시(비밀번호 해시 포함)를 사용하여 회원 가입 시 서버가 사용자 비밀번호를 익히는 문제를 해결하려 시도한다. 이것이 실제로 작동하는지 확인할 수 있는가? (247쪽)

악명 높은 pass-the-hash 공격으로 알 수 있듯, 클라이언트 측 해싱은 그 자체만으로는 작동하지 않는다(https://en.wikipedia.org/wiki/Pass_the_hash). 서버가 앨리스의 해시된 비밀번호를 직접 저장하면 이를 훔친 사람도 암호로 사용하여 앨리스임을 인증할 수 있다. 일부 애플리케이션은 클라이언트 측 해싱과 서버 측 해싱을 모두 수행한다. 이 경우 능동적 공격자가 원래 암호를 아는 것을 방지할 수 있다(능동적 공격자가 클라이언트 애플리케이션의 코드를 업데이트하여 클라이언트 측 해싱을 비활성화하는 것까지 막을 수는 없다).

장치에 안전하게 연결하기 위해 올바른 4자리 PIN을 입력해야 하는 프로토콜을 상상해보자. 추측만으로 정확한 PIN을 선택할 수 있는 확률은 얼마나 될까? (260쪽)

10,000번 중 1번의 확률로 정답을 맞힐 수 있다. 로또 확률이 이 정도라면 행복할 것이다.